让我们

一起追寻

HELEN RAPPAPORT

〔英〕海伦·拉帕波特 ＿ 著

杨慧 ＿ 译

罗曼诺夫四姐妹

末代沙皇的女儿们

The Lost Lives of
the Romanov Grand Duchesses

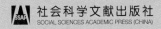
社会科学文献出版社
SOCIAL SCIENCES ACADEMIC PRESS (CHINA)

谨以本书纪念奥尔加、塔齐亚娜、

玛丽亚和阿纳斯塔西娅

四位杰出年轻女性

如今常存的有信，有望，有爱；这三样，其中最大的是爱。

——《哥林多前书》13：13

目 录

插图说明

1. 俄国沙皇之子尼古拉（后来的沙皇尼古拉二世）和黑森公主阿历克斯（后来的亚历山德拉皇后）订婚照，《基督教先驱报和我们时代的标志》头版。©TPG IMAGES

2. 1900 年代拍摄的尼古拉二世全家福。©TPG IMAGES

3. 女大公奥尔加，盖琳 - 伯顿巧克力公司的集换卡片，1906 年。©TPG IMAGES

4. 女大公塔齐亚娜，盖琳 - 伯顿巧克力公司的集换卡片，1906 年。©TPG IMAGES

5. 女大公玛丽亚，盖琳 - 伯顿巧克力公司的集换卡片，1906 年。©TPG IMAGES

6. 女大公阿纳斯塔西娅，盖琳 - 伯顿巧克力公司的集换卡片（局部），1906 年。©TPG IMAGES

7. 奥尔加、塔齐亚娜公主参加她们弟弟阿列克谢洗礼仪式的合影，拍摄于 1904 年夏。©TPG IMAGES

8. 罗曼诺夫四姐妹在 1910 年代的合照。©TPG IMAGES

9. 考斯一道亮丽的风景——俄国的女大公们。女大公奥尔加和塔齐亚娜在考斯的街上购物。她们的右手边是迈克尔大公，左手边是保证她们旅途安全的魁梧的俄国保镖。©TPG IMAGES

10. 罗曼诺夫家族的阿列克谢·尼古拉耶维奇是沙皇尼古拉二

世和亚历山德拉皇后的独子，也是沙皇皇位的继承人。他出生时患有血友病。照片中小阿列克谢正站在一辆马车前。©TPG IMAGES

11. 阿列克谢和照顾他生活的水手捷列文科，1910 年。©TPG IMAGES

12. 1911 年，尼古拉二世、亚历山德拉和四个女儿及儿子的合照。©TPG IMAGES

13. 沙皇尼古拉二世和阿列克谢乘坐皇家游艇"施坦达德"号。©TPG IMAGES

14. 阿列克谢穿着水手服站在"施坦达德"号的甲板上。©TPG IMAGES

15. 沙皇尼古拉二世、塔齐亚娜、奥尔加和亚历山德拉皇后划着小船，照片可能是在某个夏天从皇家游艇的角度拍摄。©TPG IMAGES

16. 俄国德米特里·帕夫洛维奇大公（1891～1942），尼古拉二世的表弟，1912 年短暂被沙皇夫妇考虑过选作女大公奥尔加的丈夫。他曾参与 1916 年对拉斯普京的谋杀行动，并且是少数在俄国革命后幸存的罗曼诺夫家族成员。©TPG IMAGES

17. 尼古拉二世一家出席罗曼诺夫家族统治俄国 300 周年庆典活动。这张照片是从莫斯科克林姆林宫的方向拍摄。照片中的阿列克谢刚刚从一场严重的血友病并发症中康复，必须由一名士兵抱着出席活动。©TPG IMAGES

18. 沙皇一家出席罗曼诺夫家族 300 周年庆典，1913 年。©TPG IMAGES

19. "拥有帝国红十字奖章的皇家护士：皇后（坐在右侧）和

她的女儿们为东部战区受伤的士兵提供护理。"第一次世界大战期间，亚历山德拉皇后、女大公奥尔加和女大公塔齐亚娜经常在这里进行护理工作，约 1914 年。©TPG IMAGES

20. 亚历山德拉皇后和女大公奥尔加及女大公塔齐亚娜，1914 年。©TPG IMAGES

21. 在被囚禁期间，女大公塔齐亚娜和女大公阿纳斯塔西娅在圣彼得堡皇村的花园里劳动，1917 年。©TPG IMAGES

22. 沙皇在皇村警卫人员的监视下打理菜园。照片右侧是水手纳戈尔尼。©TPG IMAGES

23. 罗曼诺夫家族是俄罗斯帝国最后一个皇室家族，他们的统治于 1917 年 2 月终结。照片中是尼古拉二世一家在被囚期间坐在一个谷仓顶上。©TPG IMAGES

24. 罗曼诺夫一家去世时所在的伊帕切夫别墅的地下室。1918 ~ 1919 年，地下室的墙壁被调查员拆掉以搜寻枪击留下的子弹残余和其他证据。©TPG IMAGES

作者说明

　　熟悉俄国历史的读者会知道，每一位作家在触及革命前的时期时，都必须应对两种历法系统——1918 年 2 月之前使用的儒略历以及之后在全世界普遍使用的格里高利历——所造成的混乱。俄国自 1918 年 2 月 14 日起启用格里高利历法系统。为表明晰，凡是在此日期发生之前的事件我们用儒略历（旧历）叙述（比格里高利历晚 13 天)[①]，而对于在这段时间内发生在欧洲并被外媒报道的事件或在俄国之外所写的信件仍按格里高利历（新历）标注日期。在某些容易造成混乱的地方，本书标注了两种日期或指出了是新历还是旧历，以防万一。

　　俄语单词的转写和专有人名的音译一直是一个混乱、充满争议和认知偏差的雷区，这取决于一个人所偏爱的音译系统。尚无一套音译系统被奉为铁律，然而作者们却常常因选用的音译系统可能有问题而受到指责。一些系统对于那些不讲俄语的读者来说显然毫无吸引力，另外很多则显得过于学究气。出于这个原因，我决定弃用俄文中的硬音和软音，它们通常由单引号"'"来表示，然而这种方法基本上只会让人困惑或分神。

---

　　① 作者的表述也不够准确，儒略历和格里高利历的区别在于儒略历每 400 年有 100 个闰年，而格里高利历有 97 个闰年，1582 年格里高利历刚诞生时，比儒略历早 10 天，16 世纪因为二者都有闰年所以差异仍然是 10 天，自 17 世纪起早 11 天，18 世纪早 12 天，到了 19 世纪早 13 天。——译者注

我的最终版本是在《牛津词典斯拉夫语篇》的音译系统基础上又做了一点小小调整，例如为了不给读者添麻烦，我在提到"亚历山大"这个名字时选用了 Alexander 来替代 Alexandr。此外，我还注意避免使用父称，除非在重名时用父称加以区分。

当我开始写《罗曼诺夫四姐妹》时，我需要做出一个非常明确的决断，即我的故事讲到何处结束。我在 2008 年出版的《叶卡捷琳堡》一书中已经讲述了这一家族的故事。在那本书中我对罗曼诺夫家族在叶卡捷琳堡伊巴提耶夫之宅度过的生命中的最后 14 天做了一个总结式的考察，对他们被杀的细节以及对他们尸体的处理做了法医学式的详述。在此我就不再重复那一部分内容了，因而决定在何时何处终止我的叙述变得有点困难，我将对这个决定负全责。希望读者们可以认为到书的尾声时我已经把最重要的事都讲完了。

最后，也是最重要的，我无意在接下来的叙述中给那些不计其数的冒充者留有余地。自 1920 年在柏林起，她们试图说服世界相信她们就是四姐妹中的一位，在血洗伊帕提耶夫之宅之时以某种方式奇迹般地逃脱了。这本书不是为任何一位想要更加了解那位神乎其神的安娜·安德森（也称为弗朗西丝卡·赞可夫斯卡）而准备的，同时，在广泛的、严密的科学分析以及 2007 年在科普恰奇森林采集的 DNA 的检测结果面前，本书也不会替那些仍然坚称阿纳斯塔西娅或者她的其他任何一位姐姐还侥幸存活下来的阴谋家做宣传。

这是一本关于真实的罗曼诺夫四姐妹的书。

人物列表

以下是书中最常出现的人物，选取的是其最常见的称呼形式。

亚历山德拉（舒拉）·切格列娃［Alexandra（Shura）Tegleva］：四姐妹的奶妈，后来成为女仆总管；嫁给了皮埃尔·吉利亚德（Pierre Gilliard）

爱丽丝（Alice）：大不列颠爱丽丝公主，后来是黑森和莱茵公国女大公，皇后亚历山德拉的母亲

阿丽基（Alicky）：维多利亚女王对亚历山德拉的爱称，过去用来区分她和威尔士亲王的王妃阿历克斯，在英国王室中，阿历克斯指威尔士王妃亚历山德拉

阿历克斯（Alix）：沙皇尼古拉二世对妻子亚历山德拉的爱称

安娜（纽塔）·捷米多娃［Anna（Nyuta）Demidova］：亚历山德拉的女仆

安娜·维鲁博娃（Anna Vyrubova）：亚历山德拉的密友，后被指定为皇后的侍女

比比（Bibi）：瓦尔瓦拉·维尔奇科夫斯卡娅的爱称，奥尔加和塔齐亚娜的朋友，以及她们在附属医院时的护士同事

切莫杜罗夫（Chemodurov）：捷伦提·切莫杜罗夫，尼古拉二世的随从

本肯多尔夫伯爵（Count Benkendorf）：帕维尔·本肯多尔夫，宫廷事务大臣

弗雷德里克斯伯爵（Count Freedericksz）：弗拉迪米尔·弗雷德里克斯（Vladimir Freedericksz），宫廷事务大臣

格拉贝伯爵（Count Grabbe）：尼古拉·格拉贝，沙皇卫队指挥官

捷列文科（Derevenko）：安德烈·捷列文科，阿列克谢的水手"叔叔"

迪基（Dickie）：巴腾堡的路易斯，后来的路易斯·蒙巴顿勋爵，四姐妹的表兄弟

德米特里·帕夫洛维奇（Dmitri Pavlovich）：德米特里·帕夫洛维奇大公，四姐妹的表兄

德米特里（米佳）·马拉马［Dmitri（Mitya）Malama］：塔齐亚娜在医院里最喜爱的受伤军官

德米特里（米佳）沙赫-巴戈夫［Dmitri（Mitya）Shakh-Bagov］：奥尔加在医院里最喜爱的受伤军官

多尔戈鲁科夫（Dolgorukov）：瓦西里·多尔戈鲁科夫公爵，尼古拉二世在斯塔夫卡（军队总部）时的副官长

波特金医生（Evgeny Botkin）：叶夫根尼·波特金，皇室的家庭医生

捷列文科医生：弗拉基米尔·捷列文科，阿列克谢的私人医生（和安德烈·捷列文科并无关系）

格多罗伊茨医生（Dr Gedroits）：维拉·格多罗伊茨公爵小姐，宫廷医院的高级外科医生

萨克森-科堡公爵夫人（Duchess of Saxe-Coburg）：前俄国女大公玛丽亚·亚历山德罗夫娜，同时也是爱丁堡公爵夫人

达姬（Ducky）：萨克森－科堡的维多利亚·梅丽塔公主的爱称，亚历山德拉的哥哥厄尼的第一任妻子

伊丽莎白·厄尔斯伯格（Elizaveta Ersberg）：亚历山德拉的女仆

伊丽莎白·纳雷什金娜（Elizaveta Naryshkina）：自 1910 年起，担任亚历山德拉的女侍长；是宫廷中资历最老的女侍官

伊丽莎白·奥博连斯卡娅（Elizaveta Obolenskaya）：亚历山德拉的女侍官

厄尼（Ernie）：黑森和莱茵公国的恩斯特大公，亚历山德拉的哥哥

莫索洛夫将军（General Mosolov）：亚历山大·莫索洛夫，御前大臣办公厅主席

斯皮里多维奇将军（General Spiridovich）：亚历山大·斯皮里多维奇，保卫部①基辅地区总长；1906 年之后负责沙皇的个人安全

格莱博·波特金（Gleb Botkin）：波特金医生的儿子，跟着父亲在托博尔斯克

弗拉基米尔大公夫人（Grand Duchess Vladimir）：年长的玛丽亚·帕夫洛夫娜，弗拉基米尔·亚历山德罗维奇大公的妻子；家里人也叫她米耶琴（Miechen）

格奥尔基大公（Grand Duke Georgiy）：格奥尔基·亚历山德罗维奇，尼古拉的弟弟，在 1899 年去世之前是俄国皇储

康斯坦丁大公（Grand Duke Konstantin）：康斯坦丁·康斯

---

① 全名是公共安全与秩序保卫部，在现代语言中也多译作"暗探局"或"奥克瑞纳"。——译者注

坦丁诺维奇（Konstantin Konstantinovich），约翰奇克的父亲

米哈伊尔大公（Grand Duke Mikhail）：米哈伊尔·亚历山德罗维奇（Mikhail Alexandrovich），尼古拉最小的弟弟

尼古拉大公（Grand Duke Nikolay）：尼古拉·尼古拉耶维奇（Nikolay Nikolaevich），尼古拉二世的叔叔，1915 年前是俄国军队的最高司令官，斯塔娜的第二任丈夫

帕维尔（保罗）大公（Grand Duke Pavel）：帕维尔·亚历山德罗维奇（Pavel Alexandrovich），尼古拉的叔叔；德米特里·帕夫洛维奇和玛丽亚·帕夫洛维奇的父亲

彼得大公（Grand Duke Petr）：彼得·尼古拉耶维奇（Petr Nikolaevich），米莉察的丈夫

格里高利/神父格里高利（Grigory/Father Grigory）：格里高利·拉斯普京（Grigory Rasputin），沙皇一家的精神导师

约翰奇克（Ioannchik）：约翰·康斯坦丁诺维奇公爵（Prince Ioann Konstantinovich），和四姐妹有同一个曾祖父的远房兄长

伊万·谢德涅夫（Ivan Sednev）：四姐妹的男仆，列昂尼德·谢德涅夫（Leonid Sednev）的叔叔

伊扎·布克斯盖夫登（Iza Buxhoeveden）：索菲亚·布克斯盖夫登女男爵，亚历山德拉的名誉女侍官；1914 年正式担任此职

卡佳（Katya）：叶卡捷琳娜·兹波罗夫斯卡娅（Ekaterina Zborovskaya），维克多·兹波罗夫斯基（Viktor Zborovsky）的妹妹，阿纳斯塔西娅在被囚禁时最频繁的通信者

哈里托诺夫（Kharitonov）：伊万·哈里托诺夫（Ivan Kharitonov），厨师；跟随罗曼诺夫一家前往托博尔斯克和叶卡

捷琳堡

克拉夫季娅·比特纳（Klavdiya Bitner）：孩子们在托博尔斯克的家庭教师，后来嫁给了叶夫根尼·柯贝林斯基

柯贝林斯基（Kobylinsky）：叶夫根尼·柯贝林斯基（Evgeny Kobylinsky），皇村卫队的司令官，托博尔斯克州长府的司令官

列昂尼德·谢德涅夫（Leonid Sednev）：厨房帮佣；跟随罗曼诺夫一家前往托博尔斯克和叶卡捷琳堡；伊万·谢德涅夫的侄子

莉莉·登（Lili Dehn）：尤莉亚·登（Yuliya Dehn），在最后几年里，亚历山德拉最亲近的女侍官之一，但是没有正式的宫廷授命

露易丝（Louise）：巴腾堡的露易丝公主；亚历山德拉的姐姐维多利亚的女儿；后来瑞典的露易丝王后；四姐妹的远房表姐（同一个曾祖父）

玛德琳（玛格达丽娜）·扎诺提［Madeleine（Magdalina）Zanotti］：亚历山德拉资历最长的贴身侍女，跟随她从达姆施塔特而来

玛格丽特·伊盖尔（Margaretta Eagar）：四姐妹的家庭教师；1904 年被解雇

玛丽亚·巴里亚京斯卡娅（Mariya Baryatinskaya）：玛丽亚·巴里亚京斯卡娅公爵小姐，亚历山德拉的侍女

玛丽亚·费奥多罗夫娜（Maria Feodorovna）：老皇后，尼古拉的母亲；威尔士王妃亚历山德拉，即后来的亚历山德拉王后；家里人也叫她明妮

玛丽亚·格林戈尔（Mariya Geringer）：亚历山德拉的主

要女侍官，负责她的珠宝首饰

玛丽亚·帕夫洛夫娜（Maria Pavlovna）：玛丽亚·帕夫洛夫娜女大公，德米特里·帕夫洛维奇的姐姐；四姐妹的堂姑

玛丽亚·图切尔别格（图黛尔/图多思）（Mariya Tutelberg）：亚历山德拉的女仆

玛丽亚·瓦西里奇科娃（Mariya Vasilchikova）：亚历山德拉的女侍官，1916 年被解雇

玛丽亚（玛丽）·维什尼亚科娃（Mariya Vishnyakova）：四姐妹的保姆；后来是阿列克谢的保姆

玛什卡（Mashka）：玛丽亚在家里的昵称

梅瑞尔·布坎南（Meriel Buchanan）：英国驻圣彼得堡大使乔治·布坎南之女

米莉察（Militza）：黑山的米莉察公主；彼得大公的妻子

纳戈尔尼（Nagorny）：克列门提·纳戈尔尼，阿列克谢的水手叔叔

娜斯佳/纳斯塔斯卡（Nastya/Nastaska）：阿纳斯塔西娅在家里的小名

娜斯简卡（阿纳斯塔西娅）·赫恩德里科娃〔Nastenka（Anastasia）Hendrikova〕：亚历山德拉的贴身侍女

尼古拉（科利亚）·捷缅科夫〔Nikolay（Kolya）Demenkov〕：玛丽亚最喜欢的近卫军官

尼古拉·罗季奥诺夫（Nikolay Rodionov）："施坦达德"号上的军官，塔齐亚娜喜爱的网球搭档

尼古拉·萨柏林（Nikolay Sablin）：尼古拉·帕夫洛维奇·萨柏林（Nikolay Pavlovich Sablin）；与尼古拉·瓦西里耶维奇·萨柏林并无关系

尼古拉·瓦西里耶维奇·萨柏林（Nikolay Vasilievich Sablin）："施坦达德"号上受人喜爱的军官；与尼古拉·帕夫洛维奇·萨柏林并无关系

奥尔加·亚历山德罗夫娜（Olga Alexandrovna）：奥尔加·亚历山德罗夫娜女大公，四姐妹的姑妈，尼古拉最小的妹妹

奥诺尔（Onor）：索尔姆斯－霍亨索尔姆斯－利希的埃莱奥诺雷公主（Princess Eleonore of Solms-Hoensolms-Lich），亚历山德拉的哥哥厄尼的第二任妻子

潘克拉托夫（Pankratov）：瓦西里·潘克拉托夫（Vasily Pankratov），托博尔斯克主管沙皇一家的人民委员；1918年1月被解职

帕维尔·沃罗诺夫（Pavel Voronov）："施坦达德"号上的军官，1913年与奥尔加坠入爱河

菲利普（Philippe）：菲利普大师或菲利普先生；尼济耶·昂泰尔姆·菲利普（Nizier Anthelme Philippe），来自法国的"治病术士"和神秘主义者

皮埃尔·吉利亚德（Pierre Gilliard）：女孩们的法语老师，瑞士裔

塞尔维亚的埃莱娜公主（Princess Helena of Serbia）：约翰奇克的妻子

戈利岑娜公爵小姐（Princess Golitsyna）：玛丽亚·戈利岑娜（Mariya Golitsyna），至1910年去世前担任亚历山德拉的女侍长

彼得·瓦西里耶维奇·彼得罗夫（Petr Vasilievich Petrov）：女孩们的俄语和文学家庭教师

丽塔·希特罗沃（Rita Khitrovo）：玛格丽特·希特罗沃

（Margarita Khitrovo），奥尔加的朋友，附属医院的随行护士

桑德罗（Sandro）：亚历山大·米哈伊尔大公，荷尼娅的丈夫

谢尔盖·麦里克－阿达莫夫（Sergey Melik-Adamov）：塔齐亚娜在医院里最喜欢的军官之一

舒里克（Shurik）：亚历山大·什维多夫（Alexander Shvedov）的爱称

什维布吉克（Shvybzig）：姑妈给阿纳斯塔西娅起的小名；也是阿纳斯塔西娅1915年死去的狗的名字

索菲亚·丘切娃（Sofya Tyutcheva）：四姐妹的侍女及非正式的家庭教师；1912年被解职

斯塔娜（Stana）：黑山的阿纳斯塔西娅公主；洛伊希滕堡公爵的妻子；1907年改嫁尼古拉大公

西德尼·吉伯斯（西格）［Sydney Gibbes（Sig）］：四姐妹的英语家庭教师，后来是阿列克谢的英语家庭教师

塔齐亚娜·波特金娜（Tatiana Botkina）：波特金医生的女儿，跟着他在托博尔斯克

塔吉雪夫（Tatishchev）：伊利亚·塔吉雪夫伯爵，皇家随员中的副官长，陪同尼古拉在斯塔夫卡（军队总部）

索拉（Thora）：海伦娜·维多利亚，海伦娜公主和石勒苏益格－荷尔斯泰因的克里斯蒂安王子之女，四姐妹的表姨

特琳娜·施耐德（Trina Schneider）：叶卡捷琳娜·施耐德，亚历山德拉的外籍女教师，经常扮演四姐妹年长女伴的角色

瓦莲金娜·切波塔列娃（Valentina Chebotareva）：奥尔加和塔齐亚娜在附属医院时担任高级护士

维克多（维佳）·兹波罗夫斯基［Viktor（Vitya）Zborovsky］：沙皇卫队里阿纳斯塔西娅最喜爱的军官

弗拉基米尔（瓦罗佳）·基克纳泽［Vladmir（Volodya）Kiknadze］：塔齐亚娜在附属医院最喜爱的军官之一

沃尔科夫：阿列克谢·沃尔科夫（Alexey Volkov），亚历山德拉的侍从

克谢尼娅（Xenia）：女大公谢尼娅·亚历山德罗夫娜，孩子们的姑妈，尼古拉的妹妹

季娜伊达·托尔斯泰娅（Zinaida Tolstaya）：四姐妹家的世交；囚禁时的通信者

序　章
开始与结束的地方

送走罗曼诺夫一家的那天，亚历山大宫变得荒凉寂静，无 人问津——俨然一座鬼魅之殿。在收到克伦斯基临时政府关于立即转移的简短通知后，罗曼诺夫一家花了三天时间急匆匆地打包行李。但当最后一刻到来时，即使孩子们带上了家里的狗，他们的猫——祖波洛夫卡，一只被阿列克谢从陆战部救下的流浪猫，连同它的两只小猫崽——还是被留了下来。皇子苦苦央求他人代为照顾它们。[1]

稍晚一些，当负责善后的皇后的高级女侍官玛丽亚·格林戈尔来到亚历山大宫时，这些饥饿的生灵如同阴影处乍现的鬼魂，猛地向她扑来，尖叫着吸引她的注意。全部 40 扇门都贴上了封条，宫殿的厨房也关闭了。所有一切都上了锁。只有猫被丢在了空无一物的亚历山大花园里，一家的其他成员正向东远赴几千英里以外的西伯利亚。

*

在 1917 年俄国革命之后的几年里，任何一个对于俄国最后一位沙皇的行踪感到好奇的人都可以到旧都 15 英里（24 千米）以外去一探究竟。你可以搭乘脏兮兮的近郊小火车，或者为了避免一路的坑坑洼洼而乘坐汽车，沿着古老的皇室的道路（这条道路像勋带一般笔直），穿过平坦的田野和低矮的林地，直通"皇村"——沙皇的村落。皇村一度被视作俄国的凡尔赛。正如一个先前居住在此地的人所说，在沙俄帝国的最后一段日子里，皇村集聚着越来越忧郁的气息，这是一种"帝国的悲伤"（*tristesse impériale*）[2]的气息。到 1917 年之前，距女皇叶卡捷琳娜二世首次委令建设已经过了 300 多年①，这座沙皇的村落已经预见了自己的陨落。

而苏联人确实急于将皇村同它之前的皇室联系割离开来，他们将其改名为"儿童村"——孩子的村落。因位居高地，远离芬兰湾的沼泽，未受污染的空气，及邸园环绕、规划有序的林荫大道，它被认为是进行剧烈运动的绝佳之地。亚历山大花园变成了一个运动和娱乐中心，用来培养共产主义的年轻健康的公民。共产主义，不管怎样，还是用了一定的时间给这座小小的、整洁的、几乎是木制的小城打上了自己的标记。在它朴素的集市广场后面，夏季别墅外的大街环绕着两座皇宫。这个村落由过去服务于宫廷的贵族建成。那里曾经的居住者——如今消失的俄国伟大家族巴里亚京斯基、舒瓦洛夫、尤苏波夫（Yusupovs）、科丘别伊（Kochubeys）——早已踪迹难觅。他们的府邸被苏联政府征用，因疏于维护而趋于衰败。[3]

在 1917 年革命前，这座舒适、宁静小城的中心是竖立着科林斯式白色圆柱的金黄色的亚历山大宫。几个世纪前则是更加宏伟的、与之毗邻的叶卡捷琳宫以其金色的巴洛克式的华美占据了舞台的中央。但在 1918 年，两座宫殿都被收归国有了，

---

① 此处似作者笔误，皇村是奉命为叶卡捷琳娜一世修建的，而叶卡捷琳娜二世下令扩建是在 1790 年前后，按时间推算应为约 130 年。——译者注

它们成了"罗曼诺夫家族最后一代审美衰退"[4]的实物明证。宫殿的底层房间在经过一番仔细盘点后于当年 7 月起对外开放。人们花上 15 戈比，进门呆望——不是因为看到了所预期的沙皇的奢靡之风，而是因为不敢相信如此朴素之地竟是沙皇最后的居所。[5]按照过去的皇家标准，这座宫殿的装潢克制到令人意想不到的程度，并不比一座首都公共图书馆或博物馆或一位（有些家财的）小康绅士的乡间别墅更加气派。但是对罗曼诺夫一家来说，亚历山大宫是他们的爱巢。

刚刚获得解放的无产阶级的忠实成员，"大嚼着苹果和鱼子酱三明治"，间或夹杂一两个爱冒险的外国人，每周三、五、日会被鼓励前去参观。[6]在确信他们穿上难看但似乎是必需的鞋套以防弄坏打过蜡的美丽的木条镶花地板之后，这些人会被领着穿过皇宫的房间，聆听一番对其过去的居住者——通常是轻蔑的——的品头论足。接受过培训的官方导游极尽其所能指责沙皇夫妇耽于享乐。然而老式的、新艺术风格的家具，廉价的、过时的石版画和感伤主义的油画，英式壁纸，散落得到处都是的小物件（基本都是工厂的大众货），这一切都使参观者联想到一间"典型的英国或美国公寓的客厅"或者一家"二等柏林餐厅"。[7]而这一家则被一句轻描淡写的苏联式套话"历史的不相关性"就盖棺定论了。

随着参观者穿过一间又一间屋子——这些屋子的门口立着曾经一度守卫在这里的身着金黄配猩红色制服的人的蜡像——他们越来越觉得尼古拉二世并不是那个被描绘在画中的专制统治者，而是一个无趣的居家男人，花大把时间在自己的研究和书房里，书房是他接见大臣并商讨国政要务的地

3

方。各个房间中摆着他的孩子们从婴儿到成年每一个时期的
照片：孩子和狗在一起、在小马上、在雪中、在海边以及冲
向用于家庭自制照片的"布朗尼相机"的一个大大微笑。他
们无论走到哪里都要带着这架相机。即便是在私人书房里沙
皇也备了一套桌椅，以便在他工作时，他身患残疾的儿子可
以坐在身边。这个男人——已然不在的沙皇皇权的中心——
表现得不能更普通、更居家和更疼爱小孩了。这里真的是
"血腥的尼古拉"最后的家吗？

4   私室彼此相连的沙皇夫妇套房更进一步印证了他们此
生的三大挚爱：彼此、孩子以及虔诚的宗教信仰。挤得满
满当当的卧室用英式印花壁纸及窗帘装饰，更像是一个俄
国东正教圣堂。两张非常朴素的铁架床拼在一起，摆进挂
着厚厚帘幕的凹室里。正如 1934 年一个美国参观者所观察
到的，这种铁架床是那种"二流旅馆"所配备的。在床后
边的墙面上，天花板到地板之间的每一英寸都挂满了宗教
画、十字架和"可怜的、廉价的、小小的锡制圣像画"。[8] 在
皇后的私人客厅中，每一个架子、每一张桌子上都被她摆上
了孩子和她亲爱的尼基的照片。几乎没有私人物品，而且物
件都出乎意料地细小琐碎——一只金顶针、一些女红缝料和
一把绣花剪刀，此外还有一些便宜的玩具和小装饰品——
"一只中国鸟和一个做成鞋子样的针垫，这些东西都像是孩
子送给她的"。[9]

在通向花园的走廊另一头，更衣室的柜子中仍然挂着尼古
拉二世熨烫得平平整整的制服。不远处，大图书馆的书柜玻璃
后满是用上好的摩洛哥皮革包好的法语、英语、德语书籍。很
多个晚上，尼古拉二世会在这间屋子里坐下来，大声地念书给

他的家人听。参观者们走到后面的山之厅①时，通常会被迎接他们的东西吓一跳。这间宫殿的正厅之一成了阿列克谢皇储楼下的游戏室。在这间由多彩的大理石、女像柱以及镜子打造的雅致大厅中央，一架木制滑梯，或者说是"美式滑梯"[10]占据了重要位置——沙皇的孩子们曾在上面高兴地玩耍，此外还有阿列克谢最爱的三辆小玩具摩托车。在一扇通向花园的门的旁边，是醒目刺眼地昭示着俄国最后一个皇室家庭之悲剧的"阿列克谢小小的轮椅，上面还铺着一层红色天鹅绒"，常常提醒着人们，他饱受使其丧失行动能力的血友病的无情攻击，阿列克谢的身形在轮椅上仍旧可辨。[11]

二段式的石头阶梯将参观者引到现已弃置的孩子们的房间，皇储的大游戏室同样占据了主要位置。房间里到处都是木制和机械小玩具——一只会奏马赛曲的八音盒、图画书、一箱积木、棋牌游戏以及他非常喜爱的一排铅制玩具士兵。在这些玩具中间还有一只如今显得无精打采的泰迪熊，它是沙皇给孩子最后的礼物中的一个，后来战争改变了一切。这只小熊站岗似的守在门边。[12]与这个房间相连的皇储的私人卧房常常会令参观者们发出怜悯的叹息。这里"充斥着残忍的外科器具——卡钳以及其他为胳膊和身体准备的帆布或皮革制箱子"，以帮助这个小男孩在因流血而暂时瘫痪之时支撑他的身子。[13]

再往后，皇储更大的房间旁谦逊地作为附属的（正如它们的主人在国人眼中也是次要于皇储的）是他四个姐姐——奥尔加、塔齐亚娜、玛丽亚和阿纳斯塔西娅的卧室、教室、饭

---

① 俄语中"滑梯"一词的其中一种叫法意同"山"，这个大厅因此得名。——译者注

厅以及会客室。她们明亮宽敞的卧室里摆着漆成象牙白色的抛光柠檬木家具，屋里挂着英式印花布窗帘。[14]年龄小一点的玛丽亚和阿纳斯塔西娅选择了印有粉红色玫瑰和青铜色蝴蝶中楣的粉色墙纸；而奥尔加和塔齐亚娜屋里的墙纸上印的则是旋花和棕色的蜻蜓。在女孩们配套的梳妆台上仍随意散落着小盒子、珠宝匣、修指甲的套组、梳子和小刷子，就像她们离开时那样。[15]她们的书桌上是成堆的练习本，这些笔记本的封皮五颜六色，几乎每一个封面上都裱有家人和朋友的照片。但是在这些充满女孩子气的大量琐碎小物件中，你不会忽略掉姐妹们房间中无处不在的圣像画以及各种流行题材的宗教画作。在她们的床边摆着福音书、祈祷书、十字架和蜡烛，而不是一般想象中的杂乱。[16]

在她们的衣橱里，姑娘们留下了许多衣服、帽子、阳伞以及鞋子。年长的姐姐们曾经身着制服，极其骄傲地在1913年罗曼诺夫皇朝300周年庆典的盛大军队阅兵仪式上侧鞍骑马走过。她们婴儿时的衣服和受洗袍也还在柜子里。在西伯利亚，她们可用不上制作精良的正式宫廷礼服。这里有四套完整的礼服——配套的带银色刺绣的粉色绸缎裙子，粉色的"阔阔式尼可"①，或说是四套夏天戴的很大的帽子，全都被极细心地放在盒子里。外边的走廊里还立着打包到一半的行李箱和大篮子，里边装着许多女孩的财物，这些东西准备好了最后一次征程，但并没有被带走。

在孩子们的餐室里，桌子上还摆着为下一餐准备的印有罗曼诺夫家徽的瓷器。"你仿佛感到孩子们正在花园中的某处玩

---

① Kokoshniki，一种俄国传统的盾环状头饰。——译者注

耍，"一个参观者在 1929 年写道，"他们似乎随时都会回来。"[17]但在门外，在环绕着宫殿的铁栅栏后，规划齐整的菩提树大道两旁成了荒野，两旁的柔软矮树丛中"巨大、重瓣、芬芳如玫瑰"的西伯利亚毛茛、五叶银莲花和勿忘我在春意下竞相盛放。[18]宫殿本身尚能被当作历史纪念物加以保护，但一度备受夸赞的花园此时已是荒草丛生，有的地方野草甚至已经齐腰高了。罗曼诺夫家的孩子们曾骑着他们的小马和自行车轧过的长长的林荫道；他们和父亲一起划船游过的纵横有序的运河；孩子岛上有被漆成蓝白色的小小的游戏室以及大片的铃兰；近旁有孩子们安葬宠物的小小公墓……一切与已然消逝的生命发生联系的地点和景物现在已经现出一种绝对的荒凉之感。

＊

亚历山大宫或许只是现在被指摘为"旧人"的皇室成员曾经的居所，如今，俄国人越来越不敢去谈起他们，但是，据那位尽忠职守的宫殿馆长所说，那股挥之不去的莫名的"皇室香气"从来没有完全消散。这种香气混合了抛光地板用的蜂蜡所带出的甜气、从沙皇图书馆飘散出的摩洛哥皮革的气味，以及皇后卧室中铁制灯具中溢出的玫瑰油的芳香——直到第二次世界大战爆发以及德军占领，才几乎消散殆尽。[19]

在战前的那些日子里，皇室宫殿之旅的高潮部分在于参观中心区——宫殿后部一个半圆形的大厅。这是沙皇正式接见名流显贵以及举办晚宴的地方，同时也是一战期间，每个周六沙皇一家欣赏电影的地方。在那最后一晚——1917 年 7 月 31 日至 8 月 1 日，沙皇一家也是聚在这里耐心地熬过一个又一个冗长的钟头，在害怕中等待让他们离开的最终命令。

早些时候，罗曼诺夫家的四姐妹不得不做出一些心痛的选择，即决定带上哪些珍贵物品——家庭相册、朋友的来信、她们的衣物，还是她们最爱看的书。她们不得不放下童年时期玩过的娃娃，将其小心整齐地码成排摆放在座椅和沙发上，同时还有一些珍爱的玩具和纪念品，期待后来到这里的人可以爱惜它们。[20]

有传言说在 1790 年，当这座叶卡捷琳娜二世责令建成的宫殿竣工之时，她正是通过这座半圆形大厅的正门，带着她年幼的孙儿——未来的亚历山大一世走了进去。后来叶卡捷琳娜二世又将宫殿作为礼物送给了亚历山大一世。127 年过去了，当 1917 年 8 月 1 日太阳刚刚升起之时，车已经在外边停好等待着他们，俄国的最后一个皇室家庭穿过了由意大利建筑师贾科莫·夸伦吉（Giacomo Quarenghi）设计的、镶有巨大拱形玻璃的、充满回声的 18 世纪大厅，穿过了同一扇玻璃门，走进了未知的未来——1314 英里（2158 千米）以外的西伯利亚托博尔斯克。

罗曼诺夫家四姐妹仍因当年早些时候遭受的一场严重的麻疹所产生的后遗症而显得有些虚弱，在离开这座承载着她们太多童年欢乐的寓所时，她们伤心欲绝。[21] 在她们离开之后，沮丧的玛丽亚·格林戈尔仍然念叨着她残存的愿望。或许姑娘们可以在流放之地各自有幸找到一个体面的、普普通通的男人，过上幸福的生活，她说道。对于她和留下来的其他仆从以及皇室友人来说，关于这四位可爱的姐妹的快乐记忆——她们的善良、她们分享的忧伤与欢喜、装饰着巨大花朵的帽子下露出的

笑脸将会长驻心中。[22]同样，还有关于她们快乐的小弟弟的记　　8
忆，关于他如何每天与威胁生命的病魔做斗争，拒绝被它吓
倒。然而诚如既往，始终徘徊在背景之中的，是一个女人的永
恒美德，也正是它，最终将他们毁灭——这就是致命且过剩的
母爱。

第一章
母　爱

　　　历史上，曾经有四个姐妹——维多利亚、艾拉、伊莲娜和阿历克斯，她们生活在德国西南部一个幽僻的公国之中，一个被格林兄弟描绘为神话，有着蜿蜒的鹅卵石路和黑森林的地方。在她们的时代，四位黑森和莱茵公国的公主被很多人誉为"维多利亚女王孙辈之中的娇花"，以此来赞美她们的美丽、睿智和迷人韵致。[1] 随着她们长大成人，她们成为那个充满了国际交易色彩的欧洲王室婚姻市场所密切关注的对象。尽管没有豪华的嫁妆和广阔的领地，但每个姐妹都嫁得很好，只有最小最美丽的那一位才注定要执起无上之手。

　　黑森四姐妹的母亲是爱丽丝公主——维多利亚女王的二女儿，父亲是黑森大公路易斯王子（路德维希四世）。1862 年 7 月，在父亲辞世不久之后，年仅 18 岁的爱丽丝嫁给了奥斯本的路易斯，她身着丧服、头戴面纱离开了英格兰。按照当时的王室标准，对于维多利亚女王的女儿来说，这场婚姻是一个非常低调的选择，但这也落入欧洲王室兄妹复杂的通婚巨网之中。在其漫长的统治期间，维多利亚精心策划了九个孩子的婚姻，甚至至其晚年依然好管闲事，以确保她的孙辈乃至曾孙辈的婚姻都能够稳固王室地位。若不是爱上了那个呆板无趣的路易斯王子，爱丽丝原本可以有更好的选择。就王室领地大小而言，黑森在其中只是一个小公国，财务上捉襟见肘，政治上软弱无力。"连一个英国贵族都可以给自己的女儿准备比爱丽丝公主更丰厚的嫁妆"，当时有报纸这样写道。黑森的都城达姆施塔特只是一个"朴实的小乡村，富于田园和农庄气息"，村中有座朴素的王宫，王宫虽然美丽，但其历史至今也无人问津。[2]

达姆施塔特坐落在欧登瓦德山橡树林中的一座小丘之上，在著名的贝德克尔旅行指南中它被视作"无足轻重之地"。[3]确实，一位当代的旅行者也认为它是"德国最乏味的小镇"，这是一个"通向任何地方"的歇脚处，除此以外别无其他。[4]它建立在一个统一的规划基础之上，拥有长长的、笔直的街道，以及在"丰衣足食的市民和知足常乐的主妇们"中间颇受欢迎的那种规规矩矩的房子。这座小城离达姆施塔特河不远，这里的人烟稀少又给了都城一种死气沉沉的感觉。[5]更古老的、中世纪的皇宫区自有一种喧闹和特色，但除却大公的宫殿，城里的歌剧院和堆满了各种化石的博物馆并不能挽救浸透着僵化无味的达姆施塔特的形象。前往黑森的爱丽丝公主感到很沮丧。

她所受的教育虽然是威权式的，但它是尊崇自由主义的，这多亏了她的父亲阿尔伯特亲王。对于后者来说，爱丽丝是"家中之美"，她的童年幸福且充满欢乐。[6]但她的婚礼却因其父亲的早逝以及母亲的极度悲伤而黯然失色。过于短暂的童年的那一点光芒很快又进一步被同她亲爱的兄弟姐妹，尤其是哥哥伯蒂的分离之苦所折损。所有这些都加重了她深深的失落感。一缕无法调和的悲伤气息萦绕着公主。

她在黑森的新生活也预示着平淡无奇。那里所坚持的旧制将压制住像她这样睿智而富有远见的女人。[7]美德和不出乱子

11 的家庭生活是那里所要求的一切，爱丽丝觉得黑森宫廷里那些陈旧迂腐的礼数很麻烦。一开始，她因无法发挥其相当进步而知性的天赋而苦恼不堪。作为弗洛伦斯·南丁格尔的崇拜者，爱丽丝本愿意从事护理工作，除了在她父亲 1861 年去世前的一段看护时光中证明自己以外，她还想要更多。如果这条路走不通，那么也会有另外一些法子让她在这个新家中才尽其用。

抱定这个想法，她开始投身于大量的慈善活动，其中包括定期去医院探望，推广女性健康，促成了 1864 年海登里希孕妇之家的创立。1866 年同普鲁士与 1870 年同法国的战争搅乱了达姆施塔特的幽静，爱丽丝的丈夫也上了战场。但是爱丽丝拒绝了任何劝她到英国避难的建议，独自承担起抚养孩子的工作。可这对于她坚定的社会良知来说仍然不够，在两场战争中，她组织了医院的伤者护理工作，并创立了"妇女联盟"以培养女护士。"生活，"爱丽丝 1866 年坚定地告诉她的母亲，"意味着工作，而不是愉悦。"[8]约束了她父亲一生的信条现在成了她的口头禅。

爱丽丝接连生了七个小孩儿，有着同她生了九个孩子的母亲一样的隐忍。但这对母女的相似之处也仅止于此了。与维多利亚女王不同，爱丽丝是一个讲究实际、动手实干的母亲，将孩子的生活照料得面面俱到，连育儿账目也是自己管理。此外，像她的姐姐维姬一样，她坚持母乳喂养其中几个孩子，对于维多利亚女王来说这个过程"难免令人产生厌恶"，以致女王给她在温莎的一头获奖奶牛取名为爱丽丝。[9]爱丽丝同时研究了人体解剖学和儿童保育学，为在孩子们生病时照顾他们而做准备。看上去爱丽丝对儿女的投入是没有边界的，但是她从不娇惯她的儿女；在孩子们的坚信礼前爱丽丝每星期只给他们

1 先令的零花钱，之后也不过是 2 先令。她是一个崇尚节俭的人，这一点很像维多利亚女王。当然，在眼下爱丽丝的节俭常常是非如此不可的。黑森的家远远称不上阔绰，爱丽丝经常会感受到"贫穷的夹痛"。[10]但是在 1864～1868 年用嫁妆修建的新宫中，爱丽丝布置了一个温暖的家，每一间屋子都用印花布和从英国带来的各种小玩意儿装饰起来，其间零乱地点缀着家族画像和照片。

出生于 1872 年 6 月 6 日，家里的第六个孩子、未来的俄国沙皇之妻阿历克斯是一个漂亮的、爱笑的、有一对酒窝的爱玩的小姑娘。他们叫她"阳光"，而祖母一开始就把她看作一个金子般的小孩。阿丽基实在是"太漂亮了……是我见过的最俊美的孩子"，维多利亚女王想，而且毫不掩饰自己的这种偏爱。[11]尽管爱丽丝公主比很多别的王室母亲更多地投入孩子的抚育中，但各种福利和慈善事业还是占据了她大把的时间，孩子们的日常生活交由他们的英国保姆长奥查德太太料理。

这个维多利亚时代的女人掌控着达姆施塔特这片简朴的育儿之地，她尽职尽责，遵循着仁慈、朴素、卫生保健和适度原则，同时提倡简单的食物、新鲜的空气（不管天气如何）、长时间散步以及骑马。有空的时候，爱丽丝会带着她的孩子们一起散步、同他们聊天、教他们画画、帮女孩子们装扮娃娃。她还会跟孩子们一起弹钢琴和唱歌，即便有些时候，正如她笑着抱怨的那样，他们的小小手指只是"强行钻入她的手指下，好像一个大人似的弹奏音乐"。[12]她教育她的女儿们自己动手，觉得不应该娇惯她们；她们的玩具并非十分华美，只是从奥斯本和温莎带过来的。黑森姑娘们的闲散时光总是被妈妈认为是实用的一些东西占据——烘焙、编织或做一些手工艺和刺绣。她们会自己叠床并整理屋子，当然还有定期地、尽责地给亲爱的外祖母写信，并每年都到巴尔莫勒尔、温莎和奥斯本探望她。而更朴素的家庭式假期——骑驴、划水、捉虾、堆沙堡——一般是在无树的、海风吹拂的比利时北海岸布兰肯堡或是在克兰尼希斯坦堡（奥登林山旁一座 17 世纪的狩猎屋）里度过的。

13　　　当讲到孩子们的信仰以及道德养成时，爱丽丝公主是颇为坚持己见的，她激励孩子们成为高尚的人。她的最大愿望就是孩子们可以带着来自家庭的欢乐和爱投入生命的战斗，[13]包括学会感激病痛或贫穷的折磨，以及每周六和圣诞节抱着一大捧鲜花去医院探望。但是爱丽丝自己的生活却越来越像一场慢性病，饱受头疼、风湿病、神经痛的困扰。同时，太多值得去做的事交托给她，弄得她筋疲力尽。家里的最后一个孩子梅出生于 1874 年，比阿历克斯小两岁。但到了那时，达姆施塔特的幸福童年田园诗已经终了。

　　黑暗不可逆转地降临到了这个家庭，爱丽丝第二个儿子弗里提在两岁即 1872 年的时候首次显露了血友病的症状。他的教父，维多利亚女王的第四个儿子利奥波德也遭受了这种疾病的摧残。仅仅一年以后，1873 年 5 月，这个阳光、迷人的小孩，这个爱丽丝十分宠溺的小孩，从 20 英尺（6 米）高的窗户上摔下来，因血流不止而亡。日后逐渐耗空爱丽丝的病痛也成了幸存下来的兄弟姐妹们年轻的生命中的一部分。这种隐痛显然承自爱丽丝寡居的母亲，意味着悲恸地执念于逝者、试炼以及苦难，而忘记了生命的欢愉。"愿我们都能跟从一条平静的、几乎没有挣扎和苦痛的路，并留给身后一个同样充满爱和光明的影像。"在弗里提死后爱丽丝这样对她母亲说。[14]

失去了她"漂亮的一双"儿子中的一个，弗里提的死使爱丽丝唯一剩下的儿子厄尼和他的下一个同胞阿历克斯之间的年龄差距拉到了 4 岁。[15]随着三个姐姐的长大，她们也不可避免地和阿历克斯疏远了起来，阿历克斯本能地被吸引到她的妹妹梅这一边，两人成了非常忠诚和投入的玩伴。随着时间的推移，爱丽丝公主从她"一对漂亮的女孩"处得到了安慰。"她们是如此的甜美、可爱、快乐和美好，我都不知哪一个是最爱，"她对维多利亚女王说，"她们两个都太迷人了。"[16]阿历克斯和梅确实是一剂安慰，但是弗里提的死却带走了爱丽丝眼里的神采，她的健康状况也在崩溃。有一段时间，爱丽丝同他的丈夫也开始哀伤地分房而睡，爱丽丝退守到一种一成不变的忧郁与身体的疲累中。"独睡对我来说很合适，"她对她的母亲说，"我躺在我的沙发上，眼睛里没有任何人。"[17]路易斯王子 1877 年继承黑森大公之位，爱丽丝自己被加封为大公夫人，但这些带给她的只是绝望，她即将拥有更多额外的责任。"对我的要求太多了，"她对她的母亲说，"而且我要处理太多事情，长久看来，不是我的能力所能达到的。"[18]全靠信念以及对她所珍爱的孩子的投入才让爱丽丝继续前行，但是她的这种宿命式的顺从却给她敏感的女儿阿历克斯蒙上了阴影。

1878 年 11 月一场白喉疫病降临到黑森家的孩子们身上。先是维多利亚，然后是阿历克斯生了病，随后感染了除艾拉以外的所有小孩，再接着是他们的父亲。爱丽丝全然投入，轮流护理他们每一个人，但即便是爱丽丝那精湛的护理技术也没能拯救梅，她死于当年的 11 月 16 日。当看到梅的小小棺木被埋葬之时，爱丽丝处于一种崩溃的状态。在接下来的两周里，她极力向孩子们掩藏梅已死去的事实。但当她在告知厄尼这一消息

14

之时，对他的安慰一吻足以使爱丽丝自己也染上这种疾病。正当她的孩子开始康复时，爱丽丝于12月14日撒手人寰。她死时只有35岁，和她亲爱的弗里提一起获得了期盼已久的安息。

接连看到自己的母亲和最好的玩伴梅死去，六岁的阿历克斯受到的创伤是巨大的。她童年的珍视之物——她的游戏、玩具和书也因怕残留病菌而被尽数销毁。厄尼虽然跟她年岁最相近，但是因要继承王位而在接受家庭教师的单独教育，阿历克斯尝到了强烈的孤独滋味。她最大的姐姐维多利亚曾经向她们的外祖母回忆起快乐的时光："仿佛昨天我们还在喝过下午茶后同梅在妈妈的房间里玩耍打闹，但现在我们已经是大姑娘了，即便是阿历克斯也变得严肃和敏感，房子里经常是那么安静。"[19]

老保姆——可靠的、让人安心的奥查德太太（阿历克斯叫她奥琦）以及家庭教师麦吉（杰克逊小姐）填补了爱丽丝丧母之后的可怕寂寥，但这个小女孩有了一种深深的被遗弃感。她的活泼天性渐渐隐去，转为一种阴郁和自省，而对陌生人的不信任感随着她年岁渐长而愈加根深蒂固。维多利亚女王急于扮演一个替代母亲的角色，阿历克斯一直是她最疼爱的外孙女之一。阿历克斯和她同胞兄姊的定期来访，尤其是在深秋时节前来巴尔莫勒尔，也给了寡居的、孤独的维多利亚女王以安慰。这种经常的亲近使得女王可以去指导阿历克斯所受的教育，阿历克斯在黑森的家庭教师们每月会给维多利亚女王寄去信件，汇报阿历克斯所取得的进步。阿历克斯似乎满足于扮演"非常可爱、守本分和心怀感恩的孩子"的角色，她会经常给女王写信，从不忘记在每一个生日、每一个节日寄去很多自己的精致的刺绣和手工艺品。[20]在母亲去世后，英国成了她的第二故乡。

＊

在她的一生中，爱丽丝公主对于她四个女儿的未来抱有十分强烈的预感。比起将她们培养成贤妻，她想要做得更多。"没有婚姻，生命同样充满意义"，有一次，她对自己的母亲说。而且按照她的观点，婚姻才是"一个女人所能犯下的最大错误"。[21]在逐渐成年之后，美丽但贫穷的黑森的阿历克斯公主所能期许的逃离达姆施塔特的烦闷无趣的最好方式就是嫁给欧洲王室某个不受重视的小王子。但当她1884年首次来到俄国之时（因其姐姐艾拉嫁给了大公谢尔盖·阿列克谢耶维奇），一切都改变了。俄国皇位的继承人、她的远房兄长尼古拉·亚历山德罗维奇喜欢上了她。他16岁而她只有12岁，但自此之后，尼基——正如她这样叫他——就被迷住了。五年之后，当路易斯大公带着阿历克斯到俄国做一个为期六个星期的访问之时，尼基仍然执意要迎娶她为妻。这个害羞的学生气的女孩已经成长为一个苗条纤细、有一种轻灵之美的年轻女子，让尼基深深爱恋。到那时为止，1889年，她对尼基讲得很明白，虽然她对他也怀有深情，但婚姻是绝无可能的。德行在先，她不能也不会改变自己的宗教信仰，但是她还是同意悄悄地给尼基写信，让艾拉帮忙传递。

而在那个时代的王室婚姻赌注上，一个黄金机会展现在眼前而不抓住它的女孩是不被原谅的。正如一份同时代的报纸所评论的："在王室圈子里，爱情这种情感并非盛行。"[22]看上去，阿历克斯的顽固似乎要使她失去同时代的许多王室年轻姑娘所渴求的一段基于爱情而非权宜的婚姻了。而对于被遗弃的尼基来说，似乎有一道不可跨越的深渊横亘在两人之间，所以

16

他允许自己暂时分心于其他一些佳人。而在阿历克斯这一边，她享受着回家的状态，好像一条大鱼游弋于黑森这个小水塘。她所崇拜的鳏居的父亲在处理宫廷事务方面开始越来越倚仗这个唯一待字闺中的女儿。阿历克斯成了他忠诚的伙伴。其余不多的独处时间她用于学习、画画、缝制和修补她朴素的裙子、弹钢琴（她最有成就的一项）以及大量的沉默以及宗教沉思。因此，当仅仅 54 岁的路易斯在 1892 年 3 月突然辞世之时，正如奥琦对维多利亚女王所说，"亲爱的阿丽基的悲伤"是"可怕的"。更糟的是，这是一种"无言的悲伤"，她将这种悲伤锁了起来，转身做了大部分事情。[23]阿历克斯忧心的外祖母将这个孤儿揽在了自己怀里，发誓"只要我活着，我将疼爱阿历克斯胜于我的任何一个孩子"。[24]阿历克斯投奔了她，于深深的哀痛中在巴尔莫勒尔度过了静静的、充满了女性关爱的几周。但此时的报刊并没有给王室的这份悲伤以尊重，它们有自己的盘算。

阿历克斯公主此时已年届双十，早就到了适婚年龄。传言四起，说她或许会嫁给年轻的乔治王子，后者是威尔士亲王伯蒂的次子。三年前果断到令人意外的小阿历克斯拒绝了女王让她嫁给伯蒂的继承人克拉伦斯公爵埃迪①的想法。阿历克斯——她那时已经爱上了尼基——放弃了成为未来英国皇后的机会，这让维多利亚女王感到极度失望。作为黑森家四姐妹中最后一个待嫁的女儿，阿历克斯的前景并不是太好。没关系，或许可以说服她嫁给乔治，女王心想，尤其是当可怜的埃迪在

① 克拉伦斯公爵是英国早期贵族的头衔，一般授予王室中年纪较小的贵族，历史上共有三任。而更准确地说埃迪（阿尔伯特）接受的应该是后来的克拉伦斯和埃文代尔公爵封号。——译者注

1892 年 1 月因肺炎而突然离世后。但这不起效。阿历克斯是 17
坚定不移的。而当乔治迎娶了埃迪郁郁寡欢的未婚妻特克的玛
丽①为妻时，阿历克斯究竟心系何人才天下大白。她的眼里只
有俄国皇储。维多利亚女王对于这桩婚配前景的焦虑与日俱
增。自克里米亚战争以后，她将这个大不列颠从前的敌人视作
"虚伪的"和"不友善的"，而且这个国家的大部分子民"有
一半东方血统"。俄国是一个"腐坏的国家，你不可以相信那
里的任何人"。[25]维多利亚女王给阿历克斯的长姐维多利亚以
及厄尼发去了信件，要求他们出面干涉此事："妹妹嫁给一个
帝国之子绝对不会有好的结果，他们不会走向幸福……俄国的
状况太糟糕了，它腐坏不堪，随时都可能会有可怕的事
发生。"[26]

　　在俄国，阿历克斯的另一个姐妹艾拉此时却在悄悄地对抗
着女王的安排，试图促成此桩婚事。她亲眼见到了害着相思病
的尼古拉，尽管尼古拉的父亲亚历山大三世及皇后在那时同样
反对这桩婚事，艾拉仍给予尼古拉全力支持。在所有有关阿历
克斯未来的私下讨论中，她本人保持了一种磐石般的沉默，将
自己锁进自己在父亲临终前许下的誓言当中，那就是她永远不
会改变自己的宗教信仰。在路易斯死后，她对厄尼投注了前所
未有的精力，为了他阿历克斯几乎扮演了黑森宫廷的中
心角色。

　　在难以捉摸的、近乎威严的冷淡背后，阿历克斯为自己心
灵的纯洁、思想的独立以及品性的正直而感到骄傲。"当然，
有时候我是欢快的，有时候大概也可以很亲切，"她向一位来

――――――――――

　　①　原书为 May of Teck，Mary 的小名是 May。――译者注

自罗马尼亚的造访者坦言，"可我毕竟是一个认真的人，一个喜欢洞见水深的人，不管它清澈见底还是深浊不堪。"[27]但是她的这种心智和德行有一个致命的缺陷——阿历克斯没有学到"德行应当是让人感到亲切的"。[28]她让自己和自己的生活太严肃了。在今后的日子里她将面对的是十二分的深水。

*

1894年另一桩皇室婚事又一次将阿历克斯和尼基拉到了一起。她的哥哥厄尼终于找到了合适的新娘，他的表妹维多利亚·梅丽塔（维多利亚女王的二儿子阿尔弗莱德之女）使开枝散叶的欧洲皇室家族的成员4月齐聚科堡。正是在这里，在尼基饱含深情、眼眶带泪的一番番说服下，阿历克斯最终顺从，同时得到了现在已经改宗俄国东正教的艾拉的一再保证。或许这里还有另外一个原因：阿历克斯知道，随着厄尼的成婚，她在黑森宫廷的重要地位将不再。"对于我来说生活将变得非常不同，我将会感到自己是个多余的人"，她这样告诉女王。[29]几个月过去，事实显示阿历克斯并没有成为她嫂子的候补，但嫁给尼基绝不仅仅意味着一场尚可接受的逃离。阿历克斯终于准许自己变得快乐。她将"所有关于表亲结婚所传言的可怕的事"抛到脑后（她和尼古拉是同一个曾曾祖父的远房表兄妹），拒绝去忧心那"大为可怕"的"可怜的弗里提所患之病"。"还有谁可嫁？"她这样问一个朋友。她至少还有这样好的运气因爱而婚。[30]

爱也征服了阿历克斯专制的外祖母。她迅速一扫失望以及失去一个形同自己女儿的孩子的失落——无疑是想起了1840年时的自己也同样是因为爱情而出嫁的。她将把外孙女推上这个"非常不稳定的王座"的本能不安以及政局动荡和遭到暗杀的危险放在一边，而专注于眼下的工作。[31] 她心爱的阿历克斯要为她即将扮演的麻烦的公众角色做准备，因此女王也立马宣布要回到英格兰和外孙女待上一段时间。就这样，阿历克斯的夏天过去了：安静地做做针线活、读读书、弹弹钢琴或是和外祖母出出游。阿历克斯也开始学习俄语，老师是艾拉之前的外教——特意从俄国派遣来的叶卡捷琳娜·施耐德，她要和里彭的主教伯伊德·卡朋特神父等人讨论一个重要的问题，即如何调和阿历克斯的路德教派信仰，使她转而信奉俄国的东正教。

　　然而，阿历克斯已不再健康，她已经患上了即将折磨她一生的坐骨神经痛。这使她的外祖母和其他一些亲戚有些担忧。 19
"阿历克斯的脚又跛了，她甚至无法走路，连去教堂都要乘马车，"前来探访的萨克森－科堡公爵夫人①在给她女儿的信中写道，"她的健康状况多么糟糕啊！"[32] 流言已经四散开来，说阿历克斯继承了她母亲的病弱体格以及神经质，但这是一个不容传到国外的消息，因为未来的俄国皇后必须首先要有一个很结实的身子骨，可以生下健康的孩子。此外，阿历克斯还患有耳炎、已上升为偏头疼的经常的神经性头痛以及血液循环不良。但还是那个经常严重到让她无法走路、骑马或打网球的坐骨神经痛是阿历克斯真正的问题。阿历克斯很少抱怨自己"不幸的腿"，但它们使她不得不花大量的时间卧床或是靠在

---

① 玛丽亚·亚历山德罗夫娜女大公，亚历山大二世的女儿，嫁给了维多利亚女王的儿子阿尔弗雷德王子。在阿尔弗雷德1893年继承萨克森－科堡公爵封号之前，她一直是爱丁堡公爵夫人，阿尔弗雷德的哥哥伯蒂放弃了继承这一爵位的权利。

沙发上休息。[33]欧洲的报刊已经捕捉到关于她健康问题的风声，1894年夏天，官方曾出面澄清关于公主健康状况的报道"毫无任何依据"，但围绕这一声明更是闲话不断。[34]

维多利亚力求万全。她一向对自己的健康状况非常警觉，坚信任何情况下都应该卧床休息。她懊悔阿历克斯之前没有像遵循严格的饮食规则一样遵循一套严格的养生法（这全赖黑森的那个家庭医生——"一个愚蠢的男人"），她也没能在去年秋天带上自己的外孙女去巴尔莫勒尔疗养，那里有"世界上最优质的空气"——可阿历克斯早前发觉苏格兰有点太"令人振奋了"。[35]女王确信年轻公主所有因订婚产生的压力和过度的疲劳让她的神经饱受折磨。因此，在阿历克斯自达姆施塔特抵达后就在5月22日被送去哈罗盖特做水浴疗养了。

阿历克斯的化名"斯塔肯女男爵"没能骗过任何人，流言很快传出，报纸上进一步添油加醋。"如果身体特别健康，阿历克斯公主是不会在这样一个多雨的伦敦时节泡在潮湿的约克郡的。"《威斯敏斯特预算报》（*Westminster Budget*）评论道：

> 宫廷急于否认阿历克斯身体不好的焦虑无疑源自一种担忧，担忧这一状况会使她的婚约被取消。对于俄国皇位继承人的妻子来说，身体强健是一个必要条件。娶一个健康状况不大好的新娘肯定会受到罗曼诺夫家规的反对。[36]

然而抛开压力不说的话，在女侍官格雷琴·冯·法布里斯的陪同下，阿历克斯在哈罗盖特度过的四个星期还是很愉快的。她住在位于哈罗盖特的展望广场——小镇尽头的富人区——一所带露台的宽敞别墅中，充分享受着家的舒适。但是每天早晨她都要饱受窥探的目光的夹击，有一些人甚至会透过剧场的小望远镜向她张望，观看她怎样坐在轮椅上或乘车下山，前往维多利亚浴场做泥炭浴和散发着恶臭硫黄味的水疗。每个下午她会再次出现，坐在一种特殊的科芬特里脚踏椅（一种浴椅和脚踏车的结合体）上去小游一番，欣赏当地某一个小景点，更加为约克郡迷人的空气所振奋。一个侦探保持在谨慎的距离内骑车尾随着她。[37]很快，阿历克斯不得不采取一种逃避策略，正像她告诉尼基的："他们簇拥在一起看我乘车出门，即便我到了后院，他们也会守着门然后一拨一拨跑来看我……当我去商店买花时，女孩们也会透过窗户盯着我。"[38]更加令她窘迫的是，跛脚使她不得不坐在轮椅上，她感到非常无助。在她停留的大部分日子里，哈罗盖特都是大雨倾盆，因此在她快离开的时候腿疼几乎没有好转，但从头至尾阿历克斯对随从和所遇到的当地人还是保持着和颜悦色与谦逊礼貌。所有人对她的印象都是"和蔼、不装腔作势，没什么不自然或拘谨的"。[39]

　　就在住进展望广场后不久，阿历克斯欣喜地发现她的房东艾伦太太刚生了一对龙凤胎，她觉得这是个幸运的兆头，表示要看一看孩子。阿历克斯在这家人周围格外地不拘礼，并且坚持让他们把她当作一个普通人对待，她就像"一个欢快的刚刚放学回家的英国女学生，在房子里愉快地走动和唱着歌"，

　　　　一会儿急急走进卧室，叫仆人一块儿帮她整理床被；一会儿又敲敲厨房的门，吓艾伦太太一跳，伴着一声甜美的"我可以进来吗"。或逗弄一下幸运的双生子，或是和艾伦太太在壁炉前站着，像一个约克郡人一样，聊一聊烹

21

饪方法，又或者和男爵夫人法布里斯长篇大论地谈一谈育儿和给孩子穿衣打扮的最好方式。[40]

在艾伦的请求下，阿历克斯同意以双胞胎教母的身份出席在 6 月 13 日哈罗盖特圣彼得教堂举行的受洗礼，两个孩子分别取名为尼古拉·查尔斯·伯纳德·黑森和阿历克斯·比阿特丽斯·艾玛。随后，她慷慨地将黄金做的珠宝送给孩子们作为礼物，又给了他们她和她未婚夫的照片，这样孩子们在长大以后就可以知道自己的教名是跟从谁而得的。① 这是一段愉快的小插曲，充满了她对于日后为人妻子、儿女环绕的期待；一时间阿历克斯恢复了她的天然本性——在她私密的家庭世界里的人面前坦率、深情而又慷慨。

6 月中旬，尼基也来到了英格兰——欣喜若狂地感到自己终于"投入了命中注定的爱人的怀抱，而她看起来甚至比以前更加美丽、更加可爱了"，他这样告诉自己的母亲。[41] 阿历克斯和尼古拉在泰晤士河畔的沃尔顿度过了田园诗般的三天。他们和阿历克斯的姐姐以及她的丈夫巴腾堡的路易斯待在一起。这一对恋人每天花时间散步；或者在栗子树的树下铺一块毯子——尼古拉读书而阿历克斯在旁边做针线活；又或者是一起去骑马，阿历克斯有一次是甩开了随从的。随后他们来到温莎与女王碰面，接着又一同去了奥斯本。在这段时间里，尼古

22

---

① 一年之后当双胞胎迎来了自己的第一个生日，阿历克斯送上了紫金和珐琅制的，印有俄国国徽和双胞胎名字首字母的刀叉、餐巾环和小盐瓶作为礼物，同时还有特别为生日订制的两条配套的粉色和蓝色衬裙。后来又在 1910 年双胞胎受坚信礼以及 1915 年双胞胎满 21 岁时送上了礼物。

拉的家庭牧师亚努舍夫神父自俄国远道而来，给阿历克斯东正教方面的指导。那段日子他可不好过：阿历克斯是一个一丝不苟的、爱问问题的学生。福音派的教诲让她不喜欢教条且固执地不肯正式声明路德教派是异端。必须达成一种妥协。

婚礼定于1895年春季进行，在此之前阿历克斯希望可以回到黑森安安静静地待几个月以做准备，但来自俄国的消息将这一计划突然打乱，亚历山大三世病危且康复无望。那时老沙皇已经妥协于这门婚事，希望临终前可以见一见她。阿历克斯极为匆忙地离开了黑森，由她忠诚的朋友格蕾琴陪伴，向南前往遥远的克里米亚半岛的辛菲罗波尔。和尼基在里瓦几亚的罗曼诺夫宫会合后，这对新人在垂死的沙皇面前正式订婚。阿历克斯正式改宗俄国东正教的第二天，也就是10月20日①，亚历山大三世就去世了。尼古拉成了沙皇，婚礼遂提上日程。但是这场婚礼并没有像他们所期待的那样，在里瓦几亚秘密举行。[42]俄国的大公们拒绝这一提议，宫廷礼节要求他们在首都举行一场隆重的婚礼。因而在冷极了的圣彼得堡，在三周令人精疲力竭和难以忍受的宫廷丧礼之后，阿历克斯和尼古拉，在成百上千的贵宾面前，于11月14日在冬宫的小教堂里结为连理。

那一天，阿历克斯看起来不能更美、更镇定自若了——一袭银白色的织锦婚裙衬出她高挑修长的身材，肩上披着金线缝织的皇室披风，身后拖着白貂制的沉重后摆。她的眼睛湛蓝清澈，一顶镶钻的婚礼皇冠戴在她波浪式的微金红色头发上，更

---

① 所有在1918年2月之前发生的事件均采用旧历，之后则选用新历。容易造成混乱之处，会在括号中标注出新历的日期。

显她的迷人。英国的特使卡灵顿勋爵印象深刻。"她是一个人所能想象到的走向圣坛的俄国皇后的最完美样子。"他向女王报告说。[43] 其他人注意到了公主的高大身材，而她身旁的配偶则比她略矮，看起来甚至有点小巧。无论从哪一点来看，她都是一个充满力量的女人，一个让人过目难忘的女人，"远超传统的公爵女儿的层次"。[44]

然而，这位皇室新娘严肃而充满戒备的眼神以及薄薄的紧抿着的嘴唇却述说了另外一个故事，关于一个个性强大、决心坚定的人要同对暴露于众人的目光之下的厌恶感相抗衡的故事，这种厌恶感自然而然但又十分强烈。相较之下，黑森宫廷长期以来一直保障了阿历克斯家庭生活的私密性。阿历克斯忍住了折磨，但是在婚礼举行到尾声的时候，像她的外祖母维多利亚之前一样，阿历克斯也因头痛而提早退席。在其他当天的在场者看来，如拉齐维乌王妃语，这是"一个我所见过的最叫人难过的场景"。当独裁的亚历山大三世还活着的时候，俄国的贵族们尚可以感到一种安全。但这种安全感随着他的突然离世而消失，取而代之的是一种"迫近的灾祸之感"。[45]

在尼古拉相对拥挤的单身寓所——圣彼得堡的阿尼奇科夫宫——待了几个晚上之后（他们在冬宫的婚房还在布置之中），新婚夫妇动身前往皇村的亚历山大宫。他们在老皇后位于东翼的卧房里安顿下来，1868 年，尼基就是在这里出生的，他们在这里度过了极其幸福的绝对私密的四天，正如尼基告诉妻舅厄尼的，"手挽着手、心连着心"。[46] 阿历克斯也在婚礼前给厄尼去了一封短信，让他确信"我是如此快乐，我将永远无法对上帝表尽我的感激，感激他赐予我尼基这样的珍宝"。[47] 晦暗严肃如阿历克斯，即便是自己的外祖母也称她为

"一个小小的德国公主，除了小小的德国宫廷之外一无所知"，她赢得的不仅仅是一个最忠诚的伴侣，而且是这个世界上最富有的男人。[48]

但是新皇后过早地离开了达姆施塔特，阿历克斯来到俄国时，她对当地的风俗和极深的迷信思想一无所知，对于这个国家的语言她也知之甚少，同时她完成了巨大的信仰跨越——从所虔诚信奉的极端朴素的路德教派到神秘的有大量繁复仪式的俄国东正教。文化隔阂是非常深的。阿历克斯在一个更大的格局上经历了她母亲在达姆施塔特遭遇的一样的困难，出于同样的原因，她的外祖父阿尔伯特亲王，一个恋家的科堡人，在45 年前来到了陌生的英国宫廷。阿历克斯的接收国同样小心机警，他们待她如一个德国人，一个闯入者——在近一个世纪的时间里这已经是第五位有德国血统的公主成了俄国的皇后，就像英格兰对待那个无名的萨克森－科堡小王子阿尔伯特一样。

阿历克斯或许已经从心底接受了东正教，但她是个彻头彻尾的英国人，有英国人的习惯、英国人的情感以及她的母亲和外祖母植入她骨子里的对待家庭生活的严肃态度。母亲和外祖母这样一个背景会使她在熟悉的西欧环境中自在优哉，但是俄国——除了她已经爱上的诱人的美丽风景——对于她来说仍然是未知的领地，一个因动荡的历史、无可比拟的财富与壮丽的宫廷而成为传奇的国家。19 世纪末，圣彼得堡的皇家风范与达姆施塔特新宫和玫瑰园内舒适的家庭生活相去甚远。

虽然如此，为了爱，"温和而单纯"的阿丽基还是凝聚了她所有的勇气，离开了她哥哥给她的宁静而平和的庇护所达姆施塔特，决心成为"伟大的俄国皇后"。[49]出于对不熟悉的要加以练习的宫廷礼节的恐惧，她关上了那道通向外部充满恶意

24

的世界的门，那里的一切都使她害怕。取而代之的是，她紧紧抓着少数让她感到安心的熟悉的事情，并扮好她作为尼古拉的"小娇妻"的角色。眼下，世界，以及俄国，还可以等待。

除了在一点上，在亚历山大三世过世后不久，尼古拉颁布了一项指令，宣布他的弟弟——格奥尔基·亚历山德罗维奇承接皇储这个名号，"直到，上帝保佑，不久之后和黑森－达姆施塔特的阿历克斯公主的结合可以带来一个男孩"。[50] 在皇朝的计划中，阿历克斯最基本也最急迫的职责就是给俄国的皇室生下一个继承人。

第二章
小女大公

在来到俄国的最初一段日子里，黑森的阿历克斯公主决定
对抗一切她视之为威胁到她宁静的家庭生活的事务，这样的生
活是她为她和她的尼基设想好的。在死亡夺走了她最珍贵的东
西以后，家成了她唯一的庇护所；她远离家乡，孤独又不安；
她非常害怕暴露于众，成为人们好奇的焦点。出于极度的不安
全感，她抓住每一个可以撤退的机会以保护自己。但从公众的
角度来看，她只成功地加重了本已凝聚在她周围的生人勿进的
气氛。亚历山德拉·费奥多罗夫娜，现如今她的新名号，已经
开始被动地接受来自俄国贵族的敌意。他们对她指指点点，评
论她的英国教养和举止，以及让他们惊骇的蹩脚法语，法语仍
然是俄国上流圈子的主要语言。[1]更糟的是，这位在众人眼里
微不足道的德国公主，竟然取代了备受爱戴且极善交际的老皇
后玛丽亚·费奥多罗夫娜——一位四十多岁的仍然精力旺盛的
寡妇，而占据了宫廷里的中心位置。

从一开始亚历山德拉就发现履行典礼仪式职责的疲劳感让
她几乎无法忍受。比如1895年1月，在新年的吻手礼上，她
不得不面对550位宫廷女官，这些人都等着在这一天亲吻皇后
的手。当有人试图靠得很近时，皇后写在脸上的不适和在惊恐
中的退缩很快被误读为一种乖僻个性的表现。她的新小姑奥尔

加·亚历山德罗夫娜后来回忆道："即便是在第一年——我记得太清楚了——如果阿历克斯微笑，她们就说是嘲笑，如果她看起来很严肃，她们就说是生气。"[2]因此，作为回应，亚历山德拉退缩到家的保护墙后面，全心全意做那件众人期盼她所做的最基本的事——怀孕。每一个人都在关注着她怀孕的迹象。康斯坦丁·康斯坦丁诺维奇大公在日记里指出，在婚礼的几周内，"年轻的皇后在教堂里又一次感到晕眩，如果这是因为整个俄国所翘首以待的那件事，那么感谢上帝"![3]果然，2月底的时候亚历山德拉向他的哥哥厄尼（厄尼自己的妻子在达姆施塔特也将生下他们的第一个孩子，亚历山德拉因此派皇家助产士甘思特女士去侍候她）吐露："我觉得现在我可以抱有希望了，有件事终止了，我想……噢，我不敢相信，这将是一件太美好太幸福的事。"她让厄尼发誓，不把这件事说出去。而她的姐姐艾拉"12月起就已经开始坐卧不安"，另一个姐姐伊琳娜也一样，但是阿历克斯将等时机到了再告诉她们。[4]而作为阿历克斯从达姆施塔特带来的保姆，"奥琦成日里以一种十分令人厌烦的方式照顾我"。这封信写完不到一周，亚历山德拉开始"有如此强烈的呕吐感"，以致都无法参加死于肺结核的年轻的阿列克谢·米哈伊洛维奇的葬礼，自此之后，她也因强烈的恶心感而不得不经常卧床。[5]奥琦还会哄诱着她喝下一些羊骨汤，而这些汤让她更加呕吐不止。亚历山德拉害怕别人关注她糟糕的健康状况，再三恳求厄尼不要将她早上孕吐的剧烈程度讲出去。[6]从现在开始直到亚历山德拉的预产期，官方一直封锁了她的健康状况。俄国的报纸上没有任何公告或会报提及此事，大多数人都对她的情况一无所知。

此时，新婚夫妇仍然暂住在圣彼得堡的阿尼奇科夫宫。亚历山德拉每天将自己藏在"角落的扶手椅里，这把扶手椅半隐藏在屏风之后"。在她亲爱的丈夫应付"烦人的家伙"时，亚历山德拉会读一读《达姆施塔特报》（*Darmstadter Zeitung*），缝一缝衣服或画一会儿画。她憎恨尼古拉的缺席，哪怕他只是在早上处理几小时公务（让人想起她外祖母维多利亚的唯我论，从不让她心爱的阿尔伯特离开她的视线）。但是她确实拥有尼古拉的下午："他一般会阅读大臣们多如牛毛的文书，而我在这时会一封一封看那些求援信，剪下为数不少的一张张的邮票"，后者是亚历山德拉根深蒂固的黑森式节俭的标志。[7] 国家政务看起来是一份恼人的工作——"一件极烦人的事"。[8] 晚上的时候一般是听尼古拉朗读，在这之后，尼古拉会溜走研究更多的文书，亚历山德拉会和她的婆婆玩一会儿跳棋消磨时光，直到尼基回到卧房去看更多的书。她如今常常会有剧烈的呕吐感，并伴随着持续的头痛，这使她被要求所尽的很少几件但非常机械的义务——接见外国使团和排着长队的大臣——加倍地令人不快。

28

尽管情况不妙，皇后仍然可以有充分的理由期待自己在今后生个男孩。统计数字明显倾向于此，过去的三位罗曼诺夫沙皇都多男嗣。1797 年保罗一世修改了继承法，在一个以男性长子继承权为根基的国家，男孩是至关重要的。[9] 沙皇宝座只有在家庭谱系中所有合法的男性继承人都过世的情况下才会传给女人。可是在当时的俄国，除了排在第一顺位的尼古拉的两个弟弟格奥尔基和米哈伊尔，其他一些大公也有很多男嗣。

就在迫切等待孩子降生的时候，亚历山德拉做了之前任何一位皇后都没有试着去做的事：她为她自己、尼基和即将出生的孩子创造了一个私密的小家。他们都喜欢位于皇村的亚历山大宫，看中它远离八卦的圣彼得堡城区的地理位置。"这里的宁静让人十分愉悦，"她对厄尼说，"和在城区相比，人们会觉得自己变了一个人。"[10] 她和尼古拉决定不去占用亚历山大三世位于东翼的卧房，而选择了更靠近皇宫大门的西翼卧房，这间房子当初不知怎的被弃置了，装修得也较为草率。这间房子将不会按皇家风格布置，也不会被装修成任何宏大气派的样子，而是按照亚历山德拉简朴的小地方风格进行重整，这里将会有她作为一个全心全意的主妇和母亲所期许的完美环境。简单的现代家具和亚历山德拉童年时在达姆施塔特所用的差不多，是从枫树公司订购的，而这只是一个把总部设在伦敦的制造商，从托特纳姆考特路的商店发出订单。除了从圣诞节到斋月这段日子，尼古拉和亚历山德拉的大部分时间都会待在这个以家为主题的房子里，这里有维多利亚式的舒适氛围，正如外祖母会喜欢的那样。圣彼得堡的众人自然又为新皇后的中产阶级品位所震惊，她竟然命令俄国的室内设计大师——罗曼·梅里泽将屋子重新打造成当时在德国流行的"青年风格"（Jugendstil）或说新艺术风格，而不是遵循更加匹配所处之地俄国及其传统内部装潢的风格。

　　1895 年那个夏天的燥热让人无法忍受，随着产期一天天临近以及怀孕所带来的种种不适，阿历克斯乐得逃往彼得宫城的下别墅去享受海风。下别墅是亚历山大花园的一部分，也是彼得宫城之内按照英式风格打造的六座园林之一。它有一片完完全全自己的小天地，从这里看不到彼得大帝大宫殿的金顶，而层叠的喷泉，园林景观和一座迷人的、由红白方砖堆砌的朴素洋房在此地错落有致。亚历山大三世在 1883 ~ 1885 年将后者从一座两层的塔状小屋改造成了一座四层的、带露台和嵌有玻璃的回廊的意式建筑。但它还是显得过于高而窄了，房间略小，天花板也很低，这使它更像是一座海边别墅而非皇家居所。不过它的位置绝佳，远远地躲在花园的东北角，位于一片阴暗的松树和落叶乔木林之后，还可以望见芬兰海湾的海岸线。而这座野花疯长野兔遍地的花园本身由 7 英尺（2 米）高的栏杆围绕，每隔 100 码（90 米）有一名配备着步枪用刺刀的士兵，哥萨克皇家卫队——尼古拉二世如影随形的私人护卫队也会骑着马在周围巡逻。[11] 下别墅的外围是一片草坪，栽种了一片铃兰、蜀葵、罂粟和甜豆荚。这让亚历山德拉想起了沃夫斯加登（wolfsgarten）——厄尼在黑森森林中心的狩猎小屋——的可爱花园，在这儿她感到很安全，像在家一样。考虑到需要更多的房间，尼古拉下令构建一个额外的侧翼，其内部装潢将会基本保留这对夫妇在皇村新居的风格，只是规模更小，摆放着朴素且大部分是白色的家具，熟悉的印花棉布编织物到处都是，还有一如既往的亚历山德拉的标记——"桌子、篮子和家具……上面摆放着罐子、花瓶和碗，里面插着刚刚剪下来的、散发着香味的鲜花"。[12]

从 6 月到 9 月，亚历山德拉在彼得宫城深居简出。怀孕让她筋疲力尽，小宝宝又非常不老实。正如她在 7 月告诉厄尼的："小家伙有时像疯了一样，让我觉得十分晕眩，在我下楼的时候他（她）让我想土［原文如此］。①"[13] 她每天的大部分时间躺在一个能望见海的沙发上休息，也会和尼古拉在一起散

30

---

① 亚历山德拉的拼写非常奇特，而语法的不一致显然是匆匆写就的结果。在引用她的信或日记中所出现的所有拼写错和语法错都会用［原文如此］标记出来。

一会儿步、搭一会儿车。在这两者之外的时间里她就画画素描和油画、给婴儿缝缝小棉被和衣服。"有一个属于自己的小小孩是一件多么令人欢喜的事，"7月的时候她给厄尼写信道，"我一直都期盼着上帝赐予我们自己的小孩，我亲爱的尼基也会非常快乐……他有这么多的烦心事，一个属于他自己的小婴儿将会让他振奋起来……他太年轻，却身兼重责，要同那么多事情对抗。"[14]

8月底的时候，皇村的卧房已收拾停当，可以入住了。屋子尽管不大，但整座皇宫以及长 14 英里（22.5 千米）的开阔草场仍然需要 1000 名强壮的大臣和仆人去打理，同时也需要一支更大的部队去守卫。[15]亚历山德拉喜爱她的新屋子并且忙着准备婴儿的全套服装，即便这让她的身体很不舒服。"我确实希望自己不用再等下去了，胎儿越来越重，胎动也已经非常明显了。"她告诉厄尼。[16]9月底的时候，她经历了一次腹部剧痛。甘思特太太被传唤而来且立即叫来了德米特里·奥特医生，后者是圣彼得堡产科学学院的院长，同时也是当时俄国最有影响力的妇科学家，不久之前，甘思特太太还和他一起迎接了尼古拉的妹妹克谢尼娅第一个小孩的降生。[17]其间亚历山德拉在琢磨为婴儿找一个保姆，和克谢尼娅一样，她也想要一个英国人："多么希望我能找到一个好的保姆——她们大多都害怕去这么远的地方，而且对野蛮俄国抱有夸张的想象，还有我不知道的其他废话——保姆当然要是一个俄国人。"[18]

尼古拉和亚历山德拉都确信他们的宝宝将会在 10 月中旬左右降生，不过直到艾拉 10 月底从莫斯科赶来时，孩子依然没什么动静。她觉得阿历克斯看起来"非常好，感谢上帝，她的脸色是我近些年看到的最健康的"。她向维多利亚女王报告说。但她担心胎儿"可能是个巨婴",不过阿历克斯被改变了,"她像一个孩子似的充满欢乐,在她含着微笑的脸上曾经因爸爸去世而烙下的可怕的悲伤印记消失不见了"。[19]

尼古拉一直小心翼翼地照顾着妻子:"婴儿又下沉了一点,这让她非常不舒服,我可怜的爱人!"他这样告诉他的母亲。[20]尼古拉是如此专注于这一迫近的时刻,以至于他希望大臣们可以在这一刻到来之时别把他置于工作里。他和亚历山德拉期盼着一个男孩,已经取好了"保罗"这个名字。不过玛丽亚·费奥多罗夫娜倒不是特别喜欢,因为这让她联系上被暗杀的保罗一世,但是她渴盼孩子降生时可以在场。"第一波征兆出现时你们就要尽快让我知道,这是可以理解的,对不对?我会飞向你们,我的孩子们,而且我绝不会是个讨厌的人,除了我要做一个警察,把所有人都赶得远远的以外。"[21]

胎儿的大小和位置让亚历山德拉的背和腿疼痛不已,以至于她大部分时间都被迫卧床或是在沙发上休息。"孩子不愿意出来,他(她)已经在门口却不愿意现身,而我已经期盼太长时间了。"她告诉厄尼。[22]奥特医生现在每天都在这儿守夜,甘思特太太也两周没有离开了。由于关于这位俄国皇后怀孕过程一直没有官方信息源传出,外面有大量的传言,就像在亚历山德拉结婚之前一样。这些谣言激起了英国报刊的一份正式辩驳,这份报道是据"达姆施塔特和柏林消息灵通的高层人士"所言: 32

> 针对一些关于皇后健康状况的流言以及关于其他的医生也应召入宫的说法,一名来自圣彼得堡的记者回应,根据医学顾问的声明,他们的皇后非常好,不需要也不想要任何外来协助。[23]

12 月 3 日，大概在凌晨 1 点的时候，亚历山德拉终于开始宫缩。艾拉和玛丽亚·费奥多罗夫娜在一起，正如她向维多利亚女王汇报的，她们"轻柔地摩挲着她的背和腿，让她的痛苦减轻了些"。[24]亚历山德拉非常感激她们和尼古拉的在场，她的生产过程持续了 20 个小时之久，尼古拉好几次落泪，老皇后也常常跪地祈祷。[25]终于，在晚上 9 点的时候，"我们听到了一声孩子的啼哭，所有人都如释重负地松了一口气。"尼古拉回忆道。[26]

不过，孩子并不是长久以来所盼望的男孩，而是一个女儿，艾拉的担忧也是正确的，"婴儿非常大，不过她非常勇敢，也非常沉静，对亚历山德拉是一个特别大的安慰"。[27]小奥尔加重达 10 磅（4.5 千克）；奥特和甘思特必须协力才使皇后诞下婴儿，在这个过程中用到了产钳和外阴切开术，同时还用了氯仿麻醉。[28]尼古拉在日记中写道："这是我将永生不忘的一天。"但是在"看着妻子生产的痛苦"时他也遭了很大罪，这个被他们起名为奥尔加的小婴儿看起来太强健了，以至于阿历克斯评论说她一点儿也不像是一个新生儿。[29]

听到这个消息，维多利亚女王重重舒了一口气："在卡莱尔接到一封尼基的电报，写道'亲爱的阿历克斯刚刚生下一个可爱的大婴儿奥尔加，我的喜悦无法言表。妈妈和女儿都做得很好'，我是这样感激。"[30]在女王从艾拉那儿听说"他们对于有了一个孩子的喜悦并没有一刻因为她是一个女孩而迟疑"时，她更是松了一口气。[31]确实，尼古拉很快就开始强调他和亚历山德拉的喜悦，一个小故事很快就在坊间流传开来。

33 当大臣齐聚祝贺沙皇的女儿降生时，据说他是这样回应的：

"我很高兴我们的孩子是个女儿。如果是一个男孩,那么他将属于人民,而女儿则属于我们。"[32]他们就是高兴坏了。"他们为彼此、为自己感到无比骄傲,他们认为没有什么比这更完美了。"一位外交官的夫人写道。[33]"对于我们来说性别不是问题,"亚历山德拉这样说道,"孩子就是一个上帝的礼物。"[34]她和尼古拉很快就回馈了拥有高超技巧、保证了皇后安全诞下小公主的奥特医生和甘思特女士:奥特被指定为宫廷的御用接生医生①,获得了一只镶钻的金制鼻烟壶以及一笔1万卢布的谢礼(他以后将会负责所有罗曼诺夫家族子嗣的接生工作);叶夫根尼娅·甘思特每帮助接生一次则会得到约3000卢布的酬金。[35]

然而不可避免的是,一种失望的情绪在罗曼诺夫家族蔓延,大公夫人这样说。她认为奥尔加的降生是"一件大喜事,只可惜不是男孩"![36]这样的忧虑在审查严格的俄国报界是不可能出现的。整个圣彼得堡都在热切期盼着这件大事,涅瓦河上加农炮的鸣响将告知结果。当这一时刻来临,"人们打开窗户,其他人冲上街头,聆听并记下炮响"。但他们只听到了101声炮响;如果是长子的话,依例应该鸣响301声。[37]新闻传到了圣彼得堡的各大剧院,人们看完晚间表演,正准备离场。演出"实实在在地进行了四返场,为满足观众的愿望,反复奏了好几遍国歌"。[38]在巴黎的俄国人聚居区,达鲁大街上的亚历山大涅夫斯基教堂里唱起了感恩赞美诗,以此庆祝皇后的安全生产。但是英国媒体很快就捕捉到了俄国政治外交圈的一点沮丧情绪,"男孩比女孩好,不过女孩

---

① Leib-akuscher,这是俄国对日常产科医师的称谓。

也聊胜于无"，《蓓尔美街报》（*Pall Mall Gazette*）观察道。[39]

34 在俄国和英国仍处于某种政治对抗之时，《每日纪事报》（*Daily Chronicle*）想要知道奥尔加小公主是否"可以为未来某天英俄之间的相互理解埋种善缘"。俄国和英国皇室家族之间已经播下了亲善的种子，还有什么比一场未来的皇室联姻更好的法子呢？

1895 年 12 月 5 日，为庆祝奥尔加女大公的降生，彼得堡宫廷发布了一项声明："这次添丁是上帝对皇室和帝国的赐福，我们向所有信奉的神明宣告了这一喜讯，虔诚地祈祷新降生的公主将会健康快乐地长大。"[40] 为庆祝女儿降生，尼古拉宽宏地赦免了政治犯和宗教犯，同时撤回了对一些寻常犯罪的指控。

但并不是所有人都认为小奥尔加的前景乐观。1896 年新年的时候，法国的报刊刊登了一则有意思的故事。丹麦的查尔斯王子（很快就将迎娶威尔士的莫德公主，亚历山德拉的舅舅伯蒂的女儿）正在沙皇幼女的身上练习他的预言技艺。王子预测奥尔加将在她 3 岁、4 岁、6 岁、7 岁和 8 岁的时候有健康之虞。他甚至觉得无法"保证奥尔加挺得过最后一次劫难，但如果她成功了，将会顺利地长到 20 岁"。至此，王子总结道，公主"将会有大概 20 年的平静日子"，但"很确定……她活不到 30 岁"。[41]

*

外曾孙女甫一降生，作为教母的维多利亚女王便将找一个好的英国奶妈视为己任，并迅速地开始搜寻。但她被阿历克斯和她母亲一样想要自己喂养孩子的念头吓坏了。英国的报刊迅速捕捉到了这一在当时算是轰动性的新闻。这对于帝国，尤其是沙皇俄国，是前所未有的事。这一消息"让所有俄国人震惊"，即便聘用一名奶妈作为后备的事已经确定。"一大群来自四面八方的乡下女人聚到一起"，等待被挑选。她们中"没有一个人有少于两个孩子或多于四个孩子的，皮肤黝黑的奶妈是优先选项"。[42]但是亚历山德拉的首次尝试并没有成功，因为小奥尔加拒绝了她的妈妈，尼古拉回忆道，最后的结果是"亚历山德拉非常成功地给奶妈的孩子喂了奶，而奶妈则给奥尔加喂了奶。这非常好笑"。"我认为一个母亲给自己的孩子喂奶是十分自然的事，而且这也是个很好的示范。"尼古拉随后向维多利亚讲道。[43]

可以预想到，亚历山德拉成了一个全职母亲；她和尼古拉的全部世界都开始围绕他们疼爱的新生的女儿。沙皇高兴地在他的日记里记下小公主生活里的每一个细节：一整夜没吵没闹、他怎么帮忙喂孩子和给孩子洗澡、宝贝长了新牙、女儿穿的小衣服、他给她拍的第一张照片。他和亚历山德拉当然都不会注意到其实小奥尔加并不算一个漂亮的小孩——她的头很大，长着一张月亮脸，一头难看的浅发慢慢取代了她长长的深色胎发，在某些皇室成员看来她甚至有点丑。但是她从一开始就是一个可爱的、肥嘟嘟的、快乐的小家伙。她那溺爱的父母几乎从不让她离开视线。

1895年12月14日的早上，在她父母的结婚纪念日及老皇后48岁生日庆典上，奥尔加·尼古拉耶夫娜·罗曼诺娃受洗了（根据东正教的习俗，她只有一个名字）。对于宫廷来说，这是一个尤为喜庆的日子，因为这标志着对沙皇亚历山大三世的服丧结束。小婴儿穿着尼古拉本人的受洗袍，待在六匹白马驾着的金色皇家马车里，由哥萨克沙皇卫队守护，前往皇村的小教堂——复活教堂。皇后的女侍长玛丽亚·戈利岑娜公爵小姐将奥尔加放进金色垫子上面的受洗盆中。遵从东正教的教规，尼古拉和亚历山德拉并没有参加真正的仪式，只有宗教会议成员、显赫的皇室亲戚、外交官及重要的外国使节聚首堂前，这些人全部身着正式的宫廷长袍。奥尔加有七位教父教母，其中包括维多利亚女王和寡居的老皇后，但他们中的大多数人都不能亲自到场，所以整场活动由玛丽亚·费奥多罗夫娜主持，她身穿富贵华美的传统俄国长裙，头戴镶了宝石的阔阔式尼可，许多俄国大公和女大公陪伴四周。在仪式中，婴儿"按照东正教的方式被浸入水中三次，随后立即被放入一个粉色的缎被裹成的婴儿袋里，全身赤裸，待身体被擦拭干净后，再次被送回到奶妈手中。奶妈身着灯芯绒服饰，也扮演了重要角色"。[44]随后，奥尔加的脸颊、眼睛、耳朵、手脚上被涂抹了圣油，由玛丽亚·费奥多罗夫娜抱着，左右再各有一名教父陪护，绕场三圈。仪式完成后，尼古拉授予了他的女儿圣叶卡捷琳娜勋章。

36

生奥尔加的艰难不可避免地让亚历山德拉非常虚弱，她直到 12 月 18 日才被允许下床。此后，她坐在轮椅上和尼基逛逛花园，她无视了她的哥哥厄尼和嫂子达姬（维多利亚·梅丽塔在家中的昵称）的存在，她几乎不需要他们的陪伴，即便他们只在那里待一个星期。达姬在信中向亲人抱怨亚历山德拉的无聊，说她喜欢与他们保持距离，而且无休止地谈论尼基，"持续不断地极尽所能地赞美他"，达姬得出的结论是，她的小姑子情愿一个人和她的丈夫待在一起。[45]亚历山德拉当然是在小心翼翼地守卫着她和尼基在一起的时光，余下的时间则是在照顾奥尔加。奥琦仍然很显眼，作为一个退休的家臣，被象征性地赋予了监管婴儿养护的角色，但是她并没有被委托照顾婴儿，即便是在甘思特太太——她作为妇产护士仍然待了三个月——生病卧休养的日子。[46]甘思特太太的存在引起了奥琦极大的不满，"奥琦睡在蓝色屋子里，几乎不同我们讲话，对于我们没把孩子交给她而感到非常生气"，亚历山德拉告诉厄尼。[47]

专业的英国奶妈会坚持一切照规矩来，并不喜欢自己的角色被人插手。在维多利亚女王的一手安排下，受人尊敬的英曼太太于12月18日抵达了宫廷，但她可不是一个快乐的人。尼古拉注意到他的妻子担心"这位新的英国奶妈将会在一些方面改变这个家的日常"。她确实这么做了，因为皇室的育婴礼仪要求"将我们小女儿的卧房移到楼上去，这非常无聊，也非常丑恶"。[48]英曼太太到来的第二天，小奥尔加确实被从尼古拉和亚历山德拉一楼的卧房抱到了楼上的儿童房。尼古拉已经给他的弟弟格奥尔基写信抱怨，他和亚历山德拉"并不是太喜欢英曼太太的长相"。"她的脸上总是浮现出一些古板且让人讨厌的神色，"他写道，"看上去是一个固执的女人。"他和亚历山德拉都觉得她将是"一个大麻烦"，因为英曼太太已经立即开始指手画脚，"她认为我们的女儿没有足够的房间，而且，按照她的观点，阿历克斯太常出现在幼儿室了"。[49]

眼下，俄国人民最可能看到沙皇和皇后的场景不是在宫廷，而是他们带着自己的小娃娃在亚历山大宫散步时。世人对他们的了解更少了。英国媒体曾期待皇后这种非正式的育婴方法会带来一种积极的政治影响："年轻妻子的这种决定所给人

37

的良好印象有可能比沙皇夫妇的其他很多重大举动更能让她的皇权得到认可。得到了这样的支持，皇后或许可以走得更远。"[50]这是一个野心勃勃的期望，但可能是一个会落空的期望，因为头胎没能诞下一个皇子已经成为很多俄国人不喜欢这位皇后的一个根由。

1896 年，为迎接圣彼得堡的社交季，亚历山德拉不得不放弃亚历山大宫的私密之地，转而搬到他们在冬宫新装修的套房，这让亚历山德拉很沮丧。尽管艾拉介入了房间的设计，脱离尘世的、不谙世故的亚历山德拉还是不习惯这座宫殿的宏伟以及肃穆的气氛。她和英曼太太的关系也没有缓和。"我一点也没被她蛊惑。"她告诉厄尼。

> 她对孩子很好，但她又是一个与他人格格不入的女人，这让我非常烦恼。她的举止也并不友善，在她谈论别人时会模仿他们，这是个惹人厌的习惯，在小孩子面前这样非常不好。她还非常固执（不过这一点我也一样，感谢上帝）。我已经预见了无休止的麻烦事，我真希望我有个其他的奶妈。[51]

38 　　在 4 月底的时候，亚历山德拉不得不放弃给奥尔加哺乳，她要为去莫斯科参加复杂的加冕礼而做准备。"这太令人难过了，我很享受这件事。"她向厄尼吐露。[52]此时，专横的英曼太太已经打包好了行李。尼古拉也发觉她"让人难以忍受"，欣然写道"我们很高兴终于可以摆脱她了"。亚历山德拉明显变得母爱泛滥，她的姐姐巴腾堡的维多利亚在参加1896 年 5 月亚历山德拉的加冕礼时注意到。她向维多利亚女王汇报。

> （阿历克斯）看起来好极了，而且非常开心，感觉像换了一个人。她变成了一个高大、美貌的夫人，玫瑰色脸颊，宽阔的肩膀让艾拉和她站在一起都显得娇小。她还是会时不时地犯腿痛和头痛，但是脸上已经没有她过去那种悲伤和疲乏的神情了。[53]

对于婴儿奥尔加，维多利亚认为她是"一个了不起的、阳光聪慧的小小灵魂。她尤其喜爱奥琦，什么时候望向她，都会笑逐颜开"。[54]尽管奥琦还在，她的角色却在减弱。在寻找替代英曼太太的人选期间，一个新的英国护士前来代理这一职务。[55]克谢尼娅女大公奶妈的妹妹科斯特小姐于5月2日抵达。她长了一个出奇长的鼻子，尼古拉不是特别喜欢她这副面容。[56]不管是有奶妈还是没有奶妈在，亚历山德拉在任何场合都非常果决地按自己的方式做事，她坚持让小奥尔加"根据我的意愿每天都进行一次盐浴，因为我希望她的体魄足够强壮，以支撑起这胖嘟嘟的小身体"。[57]在莫斯科令人疲惫的加冕礼之后另一场重要旅行又近在眼前：去巴尔莫勒尔拜访祖母，维多利亚女王终于可以好好地瞧一瞧小奥尔加了。

*

表面上看，这次去苏格兰完全是一场家庭式的私密访问，①

---

① 不过尼古拉还是趁此机会主持了几场同英国首相索尔兹伯里侯爵的重要对谈，包括广泛的政治议题。

但是后勤安保对于英国警察来讲就是一场噩梦，他们对于保护高危的、作为被暗杀目标的传奇俄国沙皇毫无经验。而俄国皇室一家到来之时正是英国媒体有关"炸弹阴谋"的离奇传闻四起之时——爱尔兰裔美国人正伙同俄国的虚无主义者企图刺杀女王和沙皇。[58] 幸亏在此次访问之前"阴谋者"在格拉斯哥和鹿特丹被逮捕，而另一场媒体暗示的刺杀沙皇行动被证明是子虚乌有。不过这种惊恐确实表明了对皇室夫妇安全的忧虑，这可是全世界受到最严密保护的两位君主。在探访前夕，女王的私人秘书亚瑟·比格爵士同伦敦警察厅警司查尔斯·弗雷泽中将详谈，后者递交了一份包含尼古拉二世的三位保卫部保镖在内的所有侦探的部署情况特殊报告。在沙皇来访期间，有十位警官负责在巴尔莫勒尔城堡及周边；铁路员负责巡逻沙皇列车所经过的全部线路；当地警署则负责监控所有的桥梁和间道。伦敦警察厅助理总监罗伯特·安德森向比格爵士坦言，他很高兴"沙皇是去巴尔莫勒尔而不是伦敦，否则我会非常非常焦虑"。[59]

9月22日（新历），在一场寒冷的苏格兰瓢泼大雨中，尼古拉和亚历山德拉乘坐他们的"施坦达德"号舰艇抵达了利斯港。"皇室小公主的小脸打动了人群中每一位女士的心，她们用手绢给她做布偶表演。"《利兹信使报》（*Leeds Mercury*）如此报道。[60] 从利兹到巴勒特，他们每走一站，山丘上都会点燃大篝火以示欢迎，一队高地风笛手和皇家苏格兰骑兵团骑士（尼古拉因与亚历山德拉结为伴侣，而被授予该骑兵团陆军上校荣誉军衔）在巴勒特列队欢迎他们。但很让人沮丧的是，当沙皇夫妇抵达时，暴雨将装饰的彩旗弄得肮脏不堪。不过尽管尼古拉在日记里说这场雨"很讨厌"，这也并没有浇灭围观群众的热情，他们聚集起来看着占了五条车道的俄国皇室车队经过，有一条大道是小女大公奥尔加和她的两名侍从专用的。[61]当小女大公奥尔加和他们抵达巴尔莫勒尔时，附近的克拉西教堂的钟声响起，风笛开始奏响，沿路站着一队庄园工人和身着苏格兰短裙的高地步兵，在细雨中举着燃烧的火炬。门口处，外曾祖母在等候着他们，在她的周围还有这一庞大家族的很多成员。

40

　　胖嘟嘟的、快活的、十个月大的小奥尔加迷住了巴尔莫勒尔的每一个人，包括她敬爱的外曾祖母。"这个小孩很了不得"，她告诉自己在柏林的大女儿维姬；总而言之她是一个"可爱的、有活力的小外曾孙女"。[62]"噢，你从来没见过像她这样的小可爱，"维多利亚女王的女侍官林登写道，"一张宽阔的、肥嘟嘟的面庞，戴着一顶可爱的约书亚·雷诺兹式软帽，眼睛看起来非常聪慧，一张樱桃小口，而且非常快乐，一整天都自得其乐。"林登小姐认为奥尔加"已经是一个小大人了，充满活力，幸福洋溢，并且非常清楚应该如何表现"。[63]英国的报刊注意到亚历山德拉"对于有了一个小女儿陪伴的骄傲和快乐""简直到了让人可怜的地步"。[64]"小女大公非常适应她的新环境，"《约克郡先驱报》（*Yorkshing Herald*）报道，"据说，当她第一次看到自己的外曾祖母时，她准许了这位威严的女士作她第一个也是最心甘情愿的奴隶，这让女王笑逐颜开。"[65]维多利亚女王对这个小曾外孙女视若珍宝，她甚至屈尊去看她洗澡，皇室的其他成员也会效仿女王，他们都很高兴看到一个快乐的、不那么拘礼的俄国皇后享受天伦之乐，和她平日的僵硬、傲慢举止形成了鲜明的对比。

　　在此时期尼古拉过得并不舒心，因为一颗迟迟没拔的牙而忍受着神经痛和水肿的脸（他害怕牙医）。他抱怨说这次出来他见到阿历克斯的机会反而比在家还少了，因为他的姨夫伯蒂坚持在寒冷、刮风和下雨的天气里拽他去猎鹿、打松鼠。"我被整日爬山还有一直站着……守在土丘里"弄得筋疲力尽，他在日记中写道。[66]

在沙皇一家驻留期间，小奥尔加正处于蹒跚学步的时期，而她两岁大的表哥戴维——约克公爵的儿子也就是后来的爱德华八世——对她产生了好感，他每天都会去看她，向她伸去鼓励的手。所以在他们要离开时，小奥尔加已经可以牵着戴维的手东歪西歪地穿过整个客厅。维多利亚女王注意到两个孩子的兴趣尤为相投。这是很可爱的一对，是"一对美丽的组合"，据说女王赞许地对尼古拉讲。英国媒体立刻想象力大发，声称甚至已经有了未成文的婚约。[67]

41

在访问期间一个稍好点的天气里，尼古拉、亚历山德拉在巴尔莫勒尔的庭院里同维多利亚女王拍下了此行的第一段也是唯一一段胶片影像，由皇家摄影师威廉姆·唐尼负责这项工作。临别之时，沙皇夫妇为纪念此次访问栽下了一棵树。亚历山德拉很享受这次返乡之旅并为离开而难过。"这次停留如此之短暂，我现在又要离开我亲爱的外祖母，我的心情十分沉重，"她这样对她原来的女家庭教师玛姬·杰克逊说，"谁又知道我们在何日何地才能再相见？"[68]

*

10月3日（新历）沙皇一家乘列车向南来到朴次茅斯，在这里搭乘"土星"号游艇前往法国进行为期五天的国事访问。从瑟堡到巴黎，他们一路被热闹的人群列队欢迎，法国总统福尔也在首都的爱丽舍宫为他们举办了一场迎接仪式。让法国人感到着迷的是，这样一位杰出的君王居然带着小女儿一起出访，而不是把她留给保姆照料。奥尔加的适应能力很强而且非常沉着冷静，所以她的旅行很顺利。皇室一家搭乘开放式的朗道马车，奥尔加坐在保姆的膝上微笑着出场，由她的保姆举着她的小手向人群挥舞并向他们飞吻，这让她赢得了每个人的心。"我们的女儿去哪里都给人留下了非常好的印象。"尼古拉告诉他的母亲。每一天福尔总统问候亚历山德拉的第一件事都是小女大公的健康。他们每到一处，都会有人大声欢呼"宝宝万岁"，有人甚至称她为小皇储（La tsarinette）。[69]有人特地谱写了一首波尔卡舞曲《致女大公奥尔加》（Pour la Grande Duchesse Olga），商店在售卖各式各样的绘有小女大公和她父母头像的纪念瓷器以及其他小礼品。到了尼古拉和亚历山德拉这趟外国之旅的尾声，这位小女大公已经成了世界上被讨论最多的皇室小孩之一。她无疑是最富有的，在她出生时，在英国、法国和其他地区，她的名下已经有了总价值100万英镑（差不多相当于现在的5900万英镑）的有价证券。[70]尼古拉当然会为她的女儿预备财产，就像他会为其他孩子做一样。但是这笔财富会比人们认为的庞大数目要少得多，而且也只占亚历山大三世留给他们的遗产中一小部分。[71]不过，克罗伊斯式的富贵传说集于婴儿一身，以致美国的媒体放出了奇异的消息，说小奥尔加被安放在贝母制的摇篮里，她的尿布被镶珍珠头、黄金制的别针固定在摇篮中。[72]

　　在看望达姆施塔特的厄尼一家——一场为期19天的私人探访——之后，尼古拉和亚历山德拉乘坐皇家专列回到了俄国，迅速回到了他们在皇村的安静生活之中。11月，他们在那儿为奥尔加庆祝了她的第一个生日。此时亚历山德拉已经再次怀孕，而且这一次被证明是非常艰难的一次。临近 12 月的时候，她身体一侧和背部开始感到强烈的疼痛，而且有滑胎之忧。[73] 奥特和甘思特太太被传唤到亚历山德拉的床前。但这一消息被完全压了下来，而且在 1897 年初，一些皇室成员甚至也不知道此事。在冗长的、令人厌倦的七个星期卧床休息之后，亚历山德拉终于可以坐着轮椅来到户外。她对于错过了彼得堡的冬季一点也不遗憾，但是公关方面这是一场灾难。远离公众视线以及关于她持续糟糕的身体状况的传言进一步削弱了她对俄国本就没有多少的善意。迷信和传言找到了一个立足点且自此以后绵延不绝，聚焦在皇后对生一个男孩几乎疯狂的渴望。其中一个传言是，在黑山的米莉察公主（彼得大公的妻子）的建议下，"四个从基辅来的盲眼修女"被传到皇村。米莉察本人是信念疗法和神秘力量的忠实信徒。据说，这些女人带给他们"四支受到祝福的蜡烛和四小瓶从伯利恒的井中取来的水"。在亚历山德拉睡的床的四角点燃蜡烛并且在她身上洒上圣水，她们确信皇后将会诞下一个男婴。[74] 另有传闻说，一个叫米佳·科利亚巴的半瞎且跛脚的畸形人也被传来向皇后施法，据说在他的癫痫剧烈发作时他就会有预言能力。在被带到皇后面前时他什么也没说，不过后来预言她将生一个儿子，感激的沙皇夫妇送了他很多礼物。[75] 但是没有什么可以缓解亚历山德拉日益加重的焦虑和她所承担的压力。她的姐姐伊莲娜——普鲁士的海因里希的王妃在 11 月生了第二个儿子，她的小姑克谢尼娅也在 1 月生了第二胎——一个男婴，这一切让亚历山德拉感到越来越糟。

尽管亚历山德拉已经可以下床走动，但她仍不愿意再次回到公众的视线之中，即便是坐在轮椅上，由于怀孕的不适她的坐骨神经痛又加重了。"我的肚子已经显形了，我很害怕复活节后挺着肚子去见奥地利皇帝，"她告诉厄尼，"我只能走半个小时，再多我就会感到非常疲累，而站着根本不可能。"[76] 她以特殊的坚韧忍耐着痛苦，因为"没有什么可以比给自己心爱的丈夫再添一个小生命更让他感到幸福"。至于奥尔加，"宝贝正一天天长大，牙牙学语，她的脸颊是漂亮的粉红色。她真是一束明亮的小阳光，永远开心，永远在微笑"。[77]

5月底，尼古拉和亚历山德拉逃到彼得宫城去迎接第二个小孩的降生，1897年5月29日，在奥特和甘思特再一次的陪伴下，皇后完成了生产。第二个孩子要小一些，大概有八又四分之三磅（3.9千克），皇后的生产过程没有那么拖延，即便再一次使用了产钳。[78]但这又是一个女儿。他们叫她塔齐亚娜。这是一个异常漂亮的小孩，暗色的小卷发，眼睛大大的。她继承了她母亲的相貌。

据说亚历山德拉在从生产时实施的氯仿麻醉中醒来之后，看到周围"焦虑而表情复杂的脸"，"她的歇斯底里开始爆发"。"哦，上帝！又一个女儿，"有人听到她在大哭，"国家会说什么？国家会说什么？"[79]

第三章
我的上帝！多令人失望！
……第四个女儿！

1897 年 6 月 10 日（新历），维多利亚女王给她的女儿比阿特丽斯公主写了一封尖刻的短笺："阿丽基又生了一个女儿，这我早就猜到了。"[1] 比起或许拥有预言艺术的天赋的女王，尼古拉平静地接受了第二个女儿的到来。他写道，这是"我们的家庭生活里第二个明媚的、快乐的日子……上帝保佑我们和我们的小女儿——塔齐亚娜"。他的妹妹很快来看望他们："我去看了阿历克斯，她正在给小女儿哺乳。她看起来好极了。这个小女儿太可爱了，她和她的妈妈就像一枚豆荚里的两粒豌豆！她的嘴很小，太漂亮了。"[2]

但是在皇室的其他成员中间开始蔓延一种忧郁。大公康斯坦丁承认："每一个人都很失望，因为他们都在期盼一个皇储。"尼古拉收到了他的弟弟格奥尔基发来的电报，后者正在高加索治疗肺结核，电报里他表示很遗憾兄长没能生一个儿子来接替他皇储的位置。"我本来已经准备好退位颐养了，但还是不行。"[3]

"沙皇又多了一件乐事，但几乎无法称心，"英国的报刊对这一新闻回应道，"皇后于昨日为沙皇陛下再添一个女儿，对于一个祈祷儿子和皇位继承人的君主来说，这不会令他满意。如果宫廷摇摇头，这一点也不让人感到惊奇，对于大公的渴望更甚了。"[4]尽管尼古拉并没有向公众显示出任何失望情绪，但没过几天，《波士顿环球日报》（*Boston Daily Globe*）还是报道称沙皇"至今没有一个男性继承人，这让他本人难以接受"，而且胡言沙皇"沉浸在悲伤之中"。在此期间，有人声称野心勃勃的弗拉基米尔大公的妻子，同时是三个儿子的妈妈玛丽亚·帕夫洛夫娜"已经咨询过一位吉卜赛算命人，这个人预测她的一个儿子将会登上俄国沙皇的宝座"[5]。

如此看来，尼古拉和亚历山德拉想要躲避这些阴险的谣言、逃到皇村远离公众视线便不足为奇了。虽然比第一次生产恢复得要更快一些，但亚历山德拉还是筋疲力尽。她现在有两个孩子要哺育，亚历山大宫家庭生活的重心越来越集中在那间梅尔泽式的淡紫色卧房里，她的大部分时间都花在了那里。随着家庭成员的增多，亚历山德拉又在其中添置了一些小物件，但除了日常用品，这个屋子里的东西在接下来的 21 年里就没有再被更换过。

两扇高窗面向东方，可以看到亚历山大花园和更远处的湖。窗里和靠近窗子的部分楔了两排木栏，摆满花瓶，里面全是新修剪的、芬芳馥郁的花儿，亚历山德拉所钟爱的丁香居多，此外还有玫瑰、兰花、香雪兰和铃兰。很多植物是为亚历山德拉的宫殿小花园特别栽培的，比如蕨类、棕榈树和箬叶，以及插满房间里的色福尔花瓶及其他瓷器的温室花朵。朴素的漆成白色的柠檬木家具，奶油色的木质镶板，灰白和淡紫色的墙帷和窗帘被精心地挑选出来，用以搭配亚历山德拉的带蕾丝靠垫的淡紫色贵妃榻。床被隐藏在一扇木质屏风之后，以便阻挡穿堂风。更远处是一架白色的立式钢琴、一张书桌以及皇后的私人藏书室，里面都是她喜爱的书。但手边也总会有一篮子孩子的玩具，一家人常常会在晚上一起做游戏。[6]

46　　1897 年 8 月，为促成法俄联盟，福尔总统对俄国进行了一次回访，他迫切地想再去看一下"小女大公奥尔加"。他非常享受在膝上逗弄她的时光，据说为此花费的时间远比"日程安排"的时间长得多。他也抱了小塔齐亚娜。[7]总统带来了一份昂贵的礼物，一个饰有奥尔加名字首字母和纹章的摩洛哥皮箱子，里面装着三个精致的法国娃娃。[8]其中一个有一套"完整的'嫁妆'：裙子、睡衣、帽子、便鞋以及一整套梳妆用品，每一样都工艺精湛"。[9]她身着饰有最上等蕾丝的蓝色软绸，当胸部的弹簧被按下，她就会轻启朱唇，问道："你好，亲爱的小母亲，你昨晚睡得好吗？"[10]

　　福尔总统并不是两姐妹唯一的拥趸，所有人都认为她们是最甜美、最迷人的小孩。"我们的女儿在长大，变成了快乐的小姑娘，"尼古拉在 11 月对他母亲说，"奥尔加的英语和俄语说得一样好，而且非常爱自己的妹妹。塔齐亚娜在我们看来自然是一个美丽非常的小孩，她的眼睛变得更深邃也更大了。她总是很开心，一天只哭闹一次，就是在洗完澡以后他们喂她的时候。"[11]很多人已经开始注意到奥尔加早熟而可爱的举止，玛丽亚·巴里亚京斯卡娅公爵夫人被她的外甥女——一位和她重名的女侍官——邀请到皇村去觐见皇后。

　　　小奥尔加待在皇后身边，当她看到我，就用英文问道："你是谁？"我说："我是巴里亚京斯卡娅！""但这不可能，"她回应道，"我们已经有了一位了！"这位小淑女以一种极大的震惊回应我。她凑近自己的母亲，调了调鞋子，我注意到这是一双新鞋。"新鞋子，"她说道，"你喜欢它们吗？"这句用的也是英语。[12]

每个人都注意到亚历山德拉在与孩子们相处时的放松，但是临近 11 月的时候她又开始感到非常难受，吃不下东西，体重也在减轻。玛丽亚·费奥多罗夫娜迅速地向她提出了自己的家庭医疗建议。

她应该早饭前在床上先尝试吃点生火腿。这对治疗呕 47
吐非常有效……她一定要吃点东西对抗体重的减轻，少食
多餐，每隔一个小时吃一点，直到她的胃口重新变好。我
亲爱的尼基，看护她，用尽办法照顾好她是你的责任。要
注意给她的脚保暖，穿着鞋子在花园里到处走是不行的。
这对她的健康来说非常糟。[13]

如果说另一个宝宝已经在路上了，那么并没有人注意到这件事，妊娠反应也没有再延续。那个时候亚历山德拉的英国表姐索拉（她姨妈海伦娜公主的女儿）正在对俄国做一个长达四个月的探访，但是她并没有提及此事。[14]索拉在 11 月写信给维多利亚女王，向她描绘了奥尔加的第二个生日。"早上有一个很简短的圣体礼……阿历克斯带着小奥尔加和我们大概待了 10～15 分钟。奥尔加的表现非常棒，而且她很喜欢那些歌，她试图加入的样子差点让我们大笑出来。"[15]当天晚些时候他们还去了一家为纪念奥尔加出生而创建的孤儿院，里面大概收留 180 个 6～15 岁的孤儿。它的创建基本上都是亚历山德拉自己出资的。[16]索拉告诉她的外祖母，皇村的生活是朴实且居家的。

这里的生活非常宁静，基本上没人会意识到这里就住着沙皇和皇后，因为在这个乡村，没有任何的公告。房间里没有男仆，仅有的一个女仆也只在自己的房间吃饭。所以除非是重大活动或是旁人来访，否则不会看到任何随从。[17]

维多利亚女王非常关心她外孙女的这种自欺欺人的与世隔绝（1860 年代她自己也曾为回归公众视野而经历过一个烦恼时期）。她要求索拉做出更精确的描述，后者回复："您说阿历克斯和尼基很少见人……我觉得她很清楚加深对社会的了解有多重要，但事实确实是她和尼基待在一起太开心了，所以他们不愿意放弃他们的夜晚而去接见他人。"[18]

那个冬天，即使是在圣彼得堡也没人见过亚历山德拉，而那些渴望从报纸上知悉他们皇室家庭生活的读者同样一点消息都没收到。"他们是否喝了加糖的茶或是吃了刷芥末的牛肉简直成了小型国家机密。"俄裔英国作家伊迪斯·阿尔梅丁根写道。[19] 在任何场合，亚历山德拉都一副病恹恹的或怀孕的样子——也可能两者皆是。1898 年 2 月，她在探访了一家她资助的慈善学校之后患了一次严重的麻疹，后来还引发了强烈的支气管并发症。[20] 在她恢复时圣彼得堡的社交季已经结束，娘家的很多皇室亲戚开始为她担忧。同年 8 月，萨克森－科堡公爵夫人出行俄国，但她选择待在圣彼得堡，而不愿忍受亚历山大宫无聊的家庭式生活。"看起来尼基和阿历克斯对外界的封闭更胜以往且对这些根本不上心，"她告诉她的女儿，又补充道，"阿历克斯一点都不受欢迎。"[21] 亚历山德拉自己很少在意这些。9 月 21 日，当尼古拉和他的母亲意外启程前去哥本哈根参加丹麦王后的葬礼时，她着实发狂："我不敢想象没有你的日子，你是我的唯一，我的全部，你就是我的生命。"这些话听起来很像她的外祖母每次要和阿尔伯特亲王离别时说的话。亚历山德拉全心全意想的只是她和尼基可以"过一种充满爱的平静的生活"；除此之外，她觉得自己好像又怀孕了。"但愿我能知道是不是又有事情要发生了，"在尼基离开后她写信给他，"上帝保佑是这样，我已经期待很久了，我想你也是，万岁。"[22]

在尼古拉不在的日子里，亚历山德拉去了克里米亚的里瓦几亚宫。10 月 9 日他俩再次团聚，但直到月底尼古拉的母亲才收到消息："我现在要告诉您，亲爱的妈妈，上帝赐福，我们在明年 5 月又要有一场喜事了。"但他补充道：

> 她恳求您先不要讨论此事，尽管我认为这是一种没什么必要的谨慎，因为这样的消息总是传播得非常快。所有在这儿的人肯定已经猜到了，在看到我们不在原来的餐室进餐、阿历克斯也不再骑马的时候。她在做圣体礼时两次晕倒，所有人都注意到了这一点，这是自然。[23]

私下里，亚历山德拉不仅因为孩子的性别，而且因为即将到来的生理上的不适而感到惴惴不安。"我从来不做计划，"她告诉她在英国的外祖母，"上帝知道这一切将如何结束。"[24]晕眩和强烈的孕吐让她不得不花很多时间躺在床上，或是坐在里瓦几亚宫的阳台上。她丈夫对她的全心照料可被视作典范。尼古拉每天推着他妻子的轮椅到处散步，每天花大量时间为她读书：先是《战争与和平》，然后是亚历山大一世的故事。他们

49

在里瓦几亚宫一直待到12月16日。在此之前他们一直用的是临时保姆，现在亚历山德拉开始盘算找一个长期的了。她表姐索拉的女侍官艾米丽·洛克在英国一直人脉很广并且知道关于这个问题该去问谁。12月她写信给亚历山德拉推荐了玛格丽特·伊格小姐。这位36岁的新保姆很好地掌握着各种家庭技能，如烹饪、打理家事以及女红，同时还具有相当丰富的照顾小孩的经验。她曾在贝尔法斯特接受了职业医护的训练，并曾在爱尔兰一家女性孤儿院做过保姆的工作。她的妹妹和艾米丽·洛克是朋友。艾米丽给亚历山德拉发去了伊格小姐的个人信息，同时强调她是多么老实和不懂世故，对于宫廷阴谋半点兴趣也无。在接到这份聘任消息的最初，玛格丽特是犹豫的，她害怕承担不起看护一个新生婴儿和两个小孩子的责任。但是作为家中10个孩子中的一个——其中有7个是女儿——她拥有丰富的照料家庭中更小的妹妹的经验，此外在前往俄国之前还接受了一些额外的训练。[25] 而且她在俄国的生活将处于完全的庇护之下。她将不会有机会和其他很多生活在圣彼得堡的英国保姆和家庭教师分享经验。她和孩子的任何一次外出，甚至是她自己的外出，都会被沙皇的秘密警察严格地监控起来，让她几乎没有机会去游览皇家园林之外的"沙皇的疆土"。[26]

1899年2月，玛格丽特·伊格从柏林搭乘火车抵达冬宫。休息过后，亚历山德拉带她来看她的新"主顾"。正逢圣母取洁瞻礼，奥尔加和塔齐亚娜"身着精致的半透明白色平纹细布裙，上有布鲁塞尔蕾丝作装饰；脚穿灰蓝色缎带鞋；再加上灰蓝色的腰带和肩上的缎带，共同构成了一套完整的装束"。当然还有"数不清的俄国保姆和清洁女仆"将会协助伊格小姐完成她的职责，其中包括1897年5月雇来的训练有素的保姆玛丽亚·维什尼亚科娃。玛丽亚·帕夫洛夫娜女大公①回忆起皇村的保姆装扮，"一身全白的装束，戴一顶小小的白纱护士帽。只有一个例外：这些保姆之中有两个是俄国农妇，所以她们穿的是当地一种十分华丽的农妇衣装"。[27]玛丽亚和她的弟弟德米特里（帕维尔·亚历山德罗维奇大公的子嗣）比奥尔加和塔齐亚娜年长一点，是姑娘们在皇族里的最初玩伴。姑娘所住的地方充满欢乐，玛丽亚回忆道，"房间明亮宽敞，挂着印花布作装饰，清一色摆放的是抛光的柠檬木家具"，让她觉得"奢华，但是和谐又舒适"。在二楼玩耍过后，孩子们会被带到幼儿室早早地吃晚饭，之后会被带下楼去见尼古拉和亚历山德拉，被他们的父母拥抱和亲吻。"皇后会从保姆的臂弯里接过小女儿，把她放在躺椅上挨着自己。"大女儿会坐下来翻看相册，"每一张桌子上都至少会摆放一本"这样的相册。每一件事情都极其放松随意。尼古拉会接过亚历山德拉递来的茶，一边坐下来拆开并阅读密封的急件。[28]

尽管亚历山德拉作为皇后对待她家庭生活的态度异乎寻常地不拘礼节，她还是很高兴有伊格小姐的帮助，因为到了1899年3月的时候，怀孕的状况让她感到极度不适。胎位不正加剧了她的坐骨神经痛，于是她再一次不得不在轮椅上打发她大部分的孕期时光。[29]5月9日，一家人从皇村出发前往彼得宫城，准备迎接他们家庭的新成员。这次的生产很平和，快速且顺利。1899年6月14日中午12点10分，另一个强健的女儿诞生了，10.1磅（4.5千克）重，为了纪念祖母而取名

① 玛丽亚（或玛丽）·帕夫洛夫娜经常被称为小玛丽亚，以区别于年长一点的弗拉基米尔大公的妻子，另一个玛丽亚·帕夫洛夫娜。为避免混淆，年长的玛丽亚·帕夫洛夫娜在文中将会被称为弗拉基米尔大公夫人。

51 玛丽亚。很快，亚历山德拉又开始愉快地哺育她。

尼古拉没有流露出明显的沮丧，他的宗教宿命观无疑在这种迟钝的回应中发挥了作用。不过，旁人注意到在孩子出生后不久，"他开始长时间地独自工作"。他"表面上像往常一样平和镇定"，他在日记中说，这是另一个"开心的日子"。"主赐予了我们第三个女儿。"愿上帝的旨意实现。他释怀了。[30]但康斯坦丁大公或许再一次说出了尼古拉内心深处的真正所想："如此，还是没有继承人。整个俄国会因为这个消息而感到失望。"[31]

"阿丽基恢复得很好，这让我很欣慰，"收到电报的维多利亚女王写道，但她无法掩盖因此而产生的一个皇朝大难题，"我因这第三个女儿而为国家感到遗憾。我知道一个皇储会比一个女儿更加受欢迎。"[32]"可怜的阿历克斯……又一个女儿，她和她可怜的小宝贝一直在一起，看起来很虚弱。"罗马尼亚王妃玛丽写信给她的母亲萨克森－科堡公爵夫人。"现在我想她会再从头来过，并且再一次封闭起自己，这让每一个人都感到不满。"[33]

欧洲媒体得到再生一女的消息之后炸开了锅。在圣彼得堡，人们谈论纷纷，据《劳埃德新闻周刊》（Lloyds Weekly Newspaper）报道：

> 沙皇生下第三个女儿是一个具有重大政治意义的事件。尽管听起来很荒谬，但实际上有一股很强大的势力正期待着这样的事发生以重新开始反对皇后的诡计，他们憎恨她的英德血统。众所周知，老皇后和她儿媳的关系并不热络，大家也期望老皇后的影响力有所提升。[34]

另一份报纸更冷酷地声称："非常迷信的老皇后在来到彼得宫城后对沙皇说了下面这段非难。'曾有人预言你将会有六个女儿，如今一半的预言已经应验了。'"[35] 在俄国本土，第三个女儿的降生无疑点燃了广泛流传的迷信说法，在亚历山大三世弥留之际亚历山德拉嫁入俄国，对这段婚姻来说本身就是一个坏征兆。"一连生了三个女儿而依然没有继承人被认为是这种预言的有力证据。"[36] 两周过后，在玛丽亚的受洗礼上，玛格丽特·伊格才认识到在东正教正统说法的表层下隐藏的是多么猖獗的迷信思想。在婴儿接受洗礼之后，"她的头发被剪去了四块，留下一个十字架形状。被剪去的头发被用蜡揉作一团，然后被扔到洗礼盆之中"。伊格得知"根据东正教的说法，孩子未来生活的幸与不幸取决于头发是沉还是浮"。她很开心地看到："小玛丽的头发按照东正教的习俗被放到水中，马上就沉下去了，所以不必为她的未来感到慌张。"[37]

尼古拉摆出刚强坚定的一面，并给妻子送去短笺："我怎敢有一丁点抱怨，拥有这世上如此的快乐，拥有像珍宝一样的你，亲爱的阿历克斯，如今还有三个小天使。我从心底感激上帝的赐福，将你赐予了我。它已经给了我天堂以及平和幸福的人生。"[38] 这样的深情和一个《泰晤士报》驻巴黎记者言之凿凿的说法不符，后者声称沙皇"厌烦了统治"。尼古拉对于第三个女儿的降生明显感到非常沮丧，因为此前他已经表示"对皇权感到失望和疲倦"，甚至打算逊位。"继承人的确刺激了他的迷信思想，"这个记者继续写道，"他将自己和一个俄国传说联系起来——一位没有子嗣的沙皇将会被一位名叫米哈伊尔、注定会占领君士坦丁堡的沙皇取代。"[39]

*

事实证明玛格丽特·伊格和新生的小公主相处愉快。她发现自己要照顾的孩子们全都可爱极了，特别是早慧的、爱问问题的奥尔加。两个长大一点儿的姑娘长得也都很好看，尤其是塔齐亚娜，更有一种精致的美。但是真正偷了玛格丽特心的还是最小的公主。玛丽亚"生得很好，我总是会想，原罪在她的身上几乎没有痕迹"。[40]谁能抗拒得了她呢？萨克森－科堡公爵夫人说她是"一位真正的美人，非常健硕，蓝色的眼睛大大的"。一位宫廷人士则给出了更好的说法，他称赞道："小玛丽亚拥有一张波提切利式天使的脸。"[41]

至1900年，罗曼诺夫家族的三姐妹在国外引起了相当多的注意，主要讨论她们当中谁最漂亮、谁最聪明、谁最惹人爱。《居家女性》（*Woman at Home*）杂志的观点是，"如果从相貌上看，塔齐亚娜是花朵中最出众的。她貌美非常，有一双深沉的、哀伤的大眼睛，还有一张不满足似的小嘴儿。但是最年长的女大公奥尔加是如此热烈、欢快，所有人都爱她"。文章的作者好奇，在巴尔莫勒尔之旅过后，就像其他人一样，"小奥尔加是否已被选定成为我们未来的皇后"。[42]

尽管亚历山德拉有一堆要处理的宫廷事务，她还是继续把她大量的时间花在幼儿室里，以至于"他们开始说她在宫廷里不像是一位皇后而只是一位母亲"。即便是在她的淡紫色卧房里处理她的日常公事时，她也是一只手抱着孩子或推着摇篮，"而另一只手签公文"。她和尼古拉几乎不现身，甚至他们自己的随从也看不到他们。女侍官们倒是有机会和皇后单独聊一会儿，但话题永远只有两个——尼基和孩子。巴里亚京斯卡娅公爵夫人回忆道，只有当聊到她发现"看着孩子一点点成长进步有多有趣"时，亚历山德拉哀愁且胆怯的脸"才有一瞬浮现出真正的快乐神情"。[43]

玛丽亚·费奥多罗夫娜强烈反对儿媳花费如此多的时间在养育小孩身上。一位皇后应当站在公众之前，应当完成她的公共职责，但是亚历山德拉固执地拒绝将她自己或是她的孩子们展现在公众面前，尽管她真心诚意地想要为一些博爱的事业积极地尽一份力，就像她母亲爱丽丝做的那样。她所做的社会工作包括为穷人建造济贫院、帮助工作的母亲设立托儿所、在皇村修建一所培训护士和一所培训女仆的学校。她尤其关心婴儿的高死亡率以及怀孕妇女的福利问题，同时想在乡下组织助产士队伍。[44]然而，插图画报只能靠想象创造出他们自己想象中的皇后的形象——"一位女人中的女人，生活在一栋隐蔽的房子里，喂养着自己的小孩"。《年轻女性》（*Young Woman*）杂志告诉自己的读者，她"不仅仅是一个挂名的皇后，即便除了哺育自己的孩子她什么也没做，但是皇后哺育孩子这一场景本身就难得一见"。[45]

54

*

俄国皇位继承权可能出现危机的最初预兆出现在1899年8月，尼古拉的弟弟、皇储格奥尔基大公突然在高加索的阿巴斯土曼离世之时。随后一项声明发布，称沙皇的第一顺位更替为尼古拉最小的弟弟米哈伊尔，但声明只宣布了米哈伊尔作为继承人的身份，却并没有授予他皇储的头衔，这是在期待尼古拉可以赶快生一个儿子以填上这个位置。俄国民众间谣言四起，据说这是沙皇夫妇出于迷信而蓄意为之，他们害怕米哈伊尔被封为皇储后从某种意义上来说会成为他们的灾星，而且会"阻碍他们生下自己的儿子"。[46]

但自格奥尔基大公去世之后，对皇储问题的担忧无疑加剧了，因为它第一次唤起了人们的真实恐惧，即他们的皇后可能不会有男嗣了。在玛丽亚降生之后，各种建议信函纷至沓来——英国、法国、比利时，甚至是遥远的美国、拉丁美洲国家和日本，献来了生儿子的秘方。很多写信来的人靠"泄露天机"从沙皇夫妇那里讨得数千美元的回报。很多方法其实都是当时的奥地利胚胎学家利奥波德·申克医生相关理论的变体，自 1896 年他的著作《论性别的决定》（*The Determination of Sex*）出版以来，这一话题一直被广泛讨论。申克医生自己是八个儿子的父亲，其中六个孩子活了下来，他认为这就是自己的方子奏效的证据。1898 年 10 月，当亚历山德拉准备要第三个小孩时，她明确指示一位在雅尔塔的医生"从头至尾地学习申克医生的理论，并和他取得联系"。随后她开始"严格依照申克医生的指示养胎"，由那名雅尔塔医生负责监督。这个故事最初是被申克医生在 1898 年 12 月爆料给一家美国报纸，文章称他现在"正和助手一起在俄国宫廷工作，俄国的沙皇非常想要一位男性继承人"。文章声称"皇后正在接受申克医生的疗法，这在俄国是一个公开的秘密，她正在潜心期盼着结果"。[47]

在那个时代，受精怀胎的概念还不为人所理解，所以申克的理论被很多同时代的医学同僚唾弃。但他仍然坚持己见，称孩子的性别是由哪一颗卵子被排出决定的：在经期不久之后排出的未成熟的卵子会导致生女孩，而成熟的则是男孩。另外申克相信在孩子的性别决定上营养也发挥了很大作用，所以他的建议也多集中在女性在备孕和妊娠过程中的营养问题上。他主张想生男孩的女性多吃肉以提升血细胞的水平（或许玛丽亚·费奥多罗夫娜也看了申克医生的书），男孩的血细胞数量比女孩多。国内也有很多主动奉上的良方，都是一些更加迷信的做法。①"让您的妻子，皇后，睡在床的左手边，"一封来信写道，同时指示沙皇睡在床的右手边，这是对一种流行说法的委婉暗示，"如果男人从左边上她的女人就会生一个女孩，而如果从右边就会生一个男孩"（这种"传教士体位"在俄语里被叫作"骑马"）。[48]

不管这些提供给他们的疗法是否奏效，1900年10月，当沙皇夫妇还在里瓦几亚的时候，尼古拉高兴地通知他的母亲，亚历山德拉又一次怀孕了。和她先前的怀孕经验一样，她不再接见别人，而且"整天都待在户外"，他说。[49]但这对快乐夫妇的恬淡生活在月末被突然打断了，尼古拉得了一场大病，最初被诊断为严重流感，而后又被判定为一种克里米亚独有的腹部斑疹伤寒症，外国报刊一般写成"因伤寒引起的持续高烧"。[50]它的发生激起了国内外对尼古拉的广泛关注，时值南非爆发布尔战争和中国爆发义和团运动，俄国在当时被视为一支重要的国际力量。

报纸上开始盛传沙皇的健康状况可能很差，说他看上去患了眩晕的毛病，剧烈的头疼也已经有三年了。[51]真实情况是除了是个烟鬼之外，尼古拉的身体状况非常好，而且非常热爱运

56

---

① 有超过260封这样的信被封存在圣彼得堡的国家历史档案馆（RGIA）。这些荒诞的建议在20世纪前的俄国一直被人们重视。在自传中，俄罗斯总统鲍里斯·叶利钦曾描述别人是怎样建议他"把一柄斧子和一顶尖顶帽放在枕头下以确保他的妻子会怀一个男孩"的。

动。伤寒的攻击虽然严重但最终被证实并不致命，不过他还是被勒令躺在床上休息了五周，忍受着背部和腿部难耐的疼痛，变得非常虚弱且瘦削。不顾自己有孕在身，亚历山德拉还是一手包揽了所有的养护事宜，并且证明自己是个异常能干的病床护士。除了来自玛丽亚·巴里亚京斯卡娅的忠实帮助，她几乎不让任何人接近他心爱的丈夫，而且把这一"强烈愿望"表露无遗。"在这样紧急的状况下，她孤立于众人，独守在沙皇身边"，她"以细腻的手法"审理关乎国事的一切紧急文件，"知道如何让沙皇远离一切会导致他兴奋或沮丧的东西"。[52]

尼古拉很享受妻子的这种格外的照料："我亲爱的阿历克斯就像最好的慈善修女一样照顾我。我不知道该怎样描绘她在我生病时对于我的意义。愿上帝保佑她。"[53]因害怕被传染，女孩们被送离皇宫，寄养在一个皇室随从家里，这个随从也有自己的女儿。亚历山德拉坚持每天都让女孩子来皇宫一次，到一个"她能透过窗子看到她们的地方，看上一会儿她们以让她相信她们是健康的"。在病房之外，关于俄国没有皇储的恐惧又一次加剧了，激起了人们自然而然的担忧，即如果尼古拉去世，那么俄国将会发生什么。

回到1797年，沙皇保罗一世修改了俄国的皇位继承顺序，废除了旧有的长嗣继承制，而改为清晰的男性继承制。此举是为了避免像他憎恨的母亲叶卡捷琳娜二世突然掌权那样的政变情形出现。[54]直到现在，前几任沙皇都没有动过心思修改关于继承的这个基本法，因为他们都有很多男嗣。尽管奥尔加还不满5岁，但是尼古拉和亚历山德拉都不希望看到沙皇的弟弟、21岁的米哈伊尔大公先他们的女儿或即将出世的孩子一步成为最接近皇位的人。她当然还是在为这样的前景而心烦意乱——下一个孩子也许是个男孩，而且她坚持认为在儿子成年前她应该被任命为摄政。尽管病得很重，尼古拉还是有他的妻子从旁打理事务。他的财政大臣维特伯爵同其他大臣一起在雅尔塔召开了一次会议。他们都认同在俄国没有过让一个有可能诞下皇子的有孕皇后去执政的先例，所以他们决定，如果沙皇去世，他们就会发誓效忠米哈伊尔，拥立他为新沙皇。[55] 如果亚历山德拉生的是男孩，维特自信米哈伊尔一定会支持他的侄子而选择放弃皇位。

在生病之后，尼古拉一直密切留意着他的大女儿在皇朝的利益，并责令大臣们起草法令，确保在他死后如无男嗣则可以让大女儿继承皇位。[56] 这次争取继承权的行动对亚历山德拉造成了深远的影响。从心理层面来讲，这是一种悄然蔓延的妄想症的肇端，即宫廷之中正有一个阴谋圈子企图夺取她未出世的儿子的皇位。这也进一步使她和她本就不相信的罗曼诺夫家族的其他成员更加疏远。有一件事是她绝对坚持的：她会为她未来儿子的皇位战斗，不管付出怎样的代价。

那个秋天，当她们的父母还在成日躲避公众视野之时，他们的三个女儿却频频现身于雅尔塔城里和城市周边。一位当地记者写道："没有比三个小公主乘马车出行更令人赏心悦目的情景了。她们喋喋不休地交谈、发问，每当行人路过向她们脱帽致敬时她们就会欠身回应。"写罢又有点讽刺地补充了一句："最小的公主就是申克教授理论无效的活证据。"[57] 在一个时期内，三姐妹是皇室家庭仅有的在公众面前抛头露面的成员，而且据报道她们一点都不骄纵，这要感谢皇后立下的原则，即"不要因她们的皇室血统和身份而给她们任何特殊优待"。她们永远很朴素地穿着"廉价的白裙子、英国短袜和平

58

整轻便的鞋子"；她们房间里的温度"永远是适中的"，所以即便是在最寒冷的冬日她们也敢跑出来。"一切无用的、繁复的礼节和奢侈都被禁止。"沙皇和皇后会经常去幼儿室看望她们，但更让人感到奇怪甚至有悖于皇室体统的是，"充满威严的父母竟然像寻常的父母那样和自己的女儿们玩耍"，记者带着不可思议的情绪写道。[58]

两个大一点儿的女孩已经开始有了各自鲜明的、不同于彼此的个性。奥尔加"非常善良，有一种高贵的品性"。她的英语和俄语说得都很流利，在音乐方面非常有天赋，而且已经是一个不错的钢琴演奏家了。尽管她和塔齐亚娜只有一头英国小毛驴，沙皇最近还是答应了奥尔加的请求，准许她"像成年人一样"侧骑在鞍子上，她非常爱慕皇家卫队哥萨克骑兵的英姿。与此同时，"迷人的塔齐亚娜性子更活泼，总是动作敏捷，喜爱玩闹"。两个人都很黏她们的保姆。[59]她们的性情确实如此，但尼古拉此前还注意到刚刚在学走步的玛丽亚"经常会摔倒，因为她的姐姐们会把她挤来挤去，没有人看着她们的时候，她俩甚至会很粗暴地对待小玛丽亚"。他愉快地告诉他的母亲伊格小姐做得非常好："幼儿室里保姆和小孩们相处得很好，对比那个阴沉沉的过去现在就是真正的天堂。"[60]

尼古拉的医生坚持让他在克里米亚长期休养，因此直到1901 年 1 月 9 日，皇室一家才搭乘"施坦达德"号离开了美丽温暖的雅尔塔。他们在塞瓦斯托波尔下船，改乘皇室列车前往圣彼得堡，此时他们接到了维多利亚女王去世的消息。女王已经病了一段时间，于 1 月 22 日（新历）在奥斯本逝世。当他们回到灰暗阴郁的圣彼得堡，俄国宫廷社交季立即被取消并开始哀悼。因为亚历山德拉此时已有四个月身孕，所以医生不准她回到英国参加葬礼。取而代之的是她去了首都一家英国教堂，参加了一场由尼古拉为她的外祖母举行的悼念仪式，在仪式上亚历山德拉公开落泪，这是很多人第一次也是唯一一次看到皇后在公众面前展露情绪。[61]

在第四次怀孕期间失去了钟爱的外祖母对亚历山德拉是个巨大的打击，但她还是坚强地扛了下来。当康斯坦丁大公在2月看到她的时候，他觉得亚历山德拉看起来"非常美丽"，而且皇后也觉得"不像从前几次经历，她感觉非常好"。出于这个原因，大公在日记中记录道："每个人都在焦急地盼望着这次可以生一个男孩。"但5月的时候，5岁的小奥尔加在彼得宫城感染了伤寒症，生男孩的头等大事被暂且搁在一边。[62] "她被同她的妹妹们隔离开来，住在楼上一个单独的房间里……但在屋顶下会非常暖和，"亚历山德拉告诉她的一位朋友，"我大部分时间都在陪她，但以我现在的状况上下楼很吃力。"奥尔加病了五周，变得苍白而纤弱。她的长长的金发不得不被剪短，因为疾病已经让她开始脱发。"她非常喜欢让我和她待在一起，只要我还走得动，我就愿意和她坐在一块，"亚历山德拉补充道，"去看望生病的孩子真的是一件很受伤的事，我的心在哭泣——上帝保佑她。"[63]疾病极大地改变了奥尔加的形容样貌，当塔齐亚娜被带去看她的姐姐时，她都没认出来她，塔齐亚娜一直在掉眼泪。

当甘思特太太来到彼得宫城准备接生皇后的第四个孩子时，她开始担心皇后如此尽心竭力地照顾奥尔加会引发早产的情况，所以她叫来了医生。[64]但一切还好。6月5日凌晨3点，亚历山德拉进入下别墅的产房。这一次非常快。3个小时之后她没费力气地生下了一个11.1磅重的女婴。尼古拉几乎没有时间流露出失望的情绪，一切发生得太快，让他和亚历山德拉有一种"平静且恍如隔世的感觉"。[65]他们给小女儿取名阿纳斯塔西娅，取希腊语"复兴"（*anastasis*）之意，东正教惯常将这个名字与 4 世纪的殉道者圣阿纳斯塔西娅联系在一起，她曾救助那些因信仰而入狱的基督徒，因此被称作"枷锁的破坏者"。为了庆祝阿纳斯塔西娅的降生，尼古拉二世特赦了那些参加上一个冬天圣彼得堡和莫斯科暴动的学生。[66]阿纳斯塔西娅并不是传统的俄国皇室成员的名字，沙皇和皇后或许是在表达一种深深的执念，愿上帝可以回应他子民的祈祷，让沙俄帝国复兴——通过生一个儿子。

俄国民众和皇室成员毋庸置疑地感到极度丧气。正如美国外交官夫人瑞贝卡·英斯利·卡斯帕观察的，阿纳斯塔西娅的到来"在举国叫嚷着要一位皇子的气氛中制造了难以形容的焦虑"。[67]"我的上帝！多令人失望！……第四个女儿！"克谢尼娅女大公大叫道。"请主宽恕我们，如果我们感到失望而不是愉悦。我们太想要一个男孩了，但这已经是第四个女儿了。"康斯坦丁大公也应声附和。[68]《揭秘！但是失望》（Illuminations, but Disappointment）是 6 月 19 日（新历）伦敦《每日邮报》（*Daily Mail*）的头条标题。"尽管大家都热切地盼望着一个皇子，心里潜藏着失望的情绪，但这还是一桩喜事。"报纸只能给予一些同情。"不管沙皇和皇后对自己第四个女儿的私下感情如何，他们延续香火的合理愿望被无情摧毁了……（这个女儿）降生在一个保守的、充满着使人痛苦的规矩的世界。"[69]俄国的反应又一次充满强烈的迷信色彩，满腹愤恨。法国外交官莫里斯·帕莱奥洛格记录道："我们这么说过，对不对！德国人，德国鬼子，有一双凶眼。由于她的邪恶影响，我们的君王注定要灭亡。"[70]

面对如此多的负面情绪，尼古拉决意展现他对于第四个女儿出世的骄傲之感，他命令在 8 月为小阿纳斯塔西娅举办一场和她的姐姐们同样规格的洗礼仪式，典礼过后，自"彼得宫城到首都一路鸣响加农炮"。之后，尼古拉宴请他显耀的客人们共进午餐，这些人"向这位可能很快乐的父亲道贺"。瑞贝卡·英斯利·卡斯帕说，只有一次，沙皇看上去差点没控制住自己的沮丧情绪，他转向自己的一位大使，悲伤地一笑，有人听到他说："我们必须再试一次！"[71]

三个月之后，尼古拉和亚历山德拉出访法国，在贡比涅拜会新一届法国总统埃米勒·卢贝。他们把孩子放在了基尔，由亚历山德拉的姐姐伊莲娜照料。周围的安保措施非常严格：小镇布满了法国警察，一些警察甚至"被派去搜索森林，不放过每一片灌木丛，看看有没有不良分子"。尼古拉和亚历山德拉下榻的庄园"从顶楼到地下室"都进行了仔细的检查，便衣警察也混入人群负责保护沙皇夫妇。[72]

沙皇夫妇看起来似乎非常专注投入，但萦绕在亚历山德拉四周有一种毋庸置疑的悲伤。俄国驻华盛顿大使的女儿玛格丽特·卡西尼觉得她的情绪明显很低落。她看起来耀眼如既往，一袭白裙，佩戴着华美的首饰，"大部分是珍珠和钻石，从耳朵到腰际"。但卡西尼不禁注意到"穿戴这些的她一点也不快乐"。法国人觉得这位阴暗忧郁的皇后很难揣摩。"噢啦啦！她看起来像一位葬礼上的女人。"他们用法语抱怨道。卡西尼思忖她的这种悲伤只是一种反射，因她是"一位只有女儿的母亲"。"您有孩子吗？"亚历山德拉会问每一位来到宫廷面见她的女侍官，只为听到那个让她心碎的答案。侍官们一边行屈膝礼一边回答："一个儿子，皇后陛下。"[73]

61

　　"尼古拉愿意用半壁江山换来一个儿子"，旅行作家伯顿·霍姆斯在那一年写道，人们好奇"这些小女大公里是否有一位在某一天可以登上曾经的叶卡捷琳娜二世的王座"。[74]

　　但在私下里沙皇夫妇仍然没有放弃希望。在阿纳斯塔西娅出生以后不到一个月，一张新面孔出现在他们皇村的小圈子里，被他们称作"我们的朋友"。菲利普——一位时髦的法国信仰治疗师兼神秘主义者——在彼得大公和他的妻子米莉察的邀请下来到俄国，住在他们的家里，离下别墅不远的兹纳缅卡庄园。[75] 正是在这里，尼古拉和亚历山德拉再次见到了菲利普，他们曾在 3 月和菲利普有过一次简短的会面，很快他们便陷入了同这位神秘的法国访客促膝而谈的漫漫长夜。在生儿子的极度渴望之下，他们开始转而求助信念疗法和神秘力量。

62

第四章
俄国的希望

在俄国皇室家族里有一项风俗，所有的新娘在婚礼前夜都要去圣彼得堡的喀山教堂，向创造神迹的圣母马利亚祈祷。俄国人迷信地认为，如果不履行这一仪式，就会导致不孕或只生女孩。所以在圣彼得堡开始有了谣言：皇后在1894年婚礼前就听闻了这一做法，可是她拒绝前去，说她无意顺从这种老掉牙的习俗。[1]对于高度迷信的俄国农民来说，到1901年，有一件事显而易见，"皇后是不受上天眷顾的，不然她早就会有一个儿子了"。[2]上帝生气了。

在这样大的压力下，亚历山德拉自然很容易受到像尼济耶·昂泰尔姆·菲利普这样狡猾阴险的人的影响。[3]他的背景不详，"神力"也非常可疑。他是萨伏依一个农民的儿子，曾在里昂他叔叔的肉店打工。13岁时，他开始宣称他有超感官能力。23岁时，在没接受过任何完整、正规的医学训练的情况下，他开始无照经营，贩卖神秘的"心灵秘药和星光之力"。[4]1884年菲利普提交了一篇论文《怀孕、分娩和哺育期的保健法则》（*Principles of Hygiene Applicable in Pregnancy, Childbirth and Infancy*），在这篇文章中，他宣称自己可以预测孩子的性别，更诡异的是，他甚至宣称可以通过自己的神奇力量改变在子宫里的孩子的性别。[5]菲利普还组织了催眠大会以

64　销售他的秘药，取得了商业上的成功，尽管他因为不法经营而被罚款数次。到了 1890 年代末期，他在巴黎的咨询室被法国上流社会人士围得水泄不通。俄国的贵族圈子从那时也开始对神秘主义和神秘事件感兴趣。在法国南部，黑山的米莉察公主恳求菲利普为他们生病的儿子罗曼治疗。[6] 她和她的丈夫彼得大公对菲利普可能拥有的治愈能力深信不疑，以致将他邀请到圣彼得堡。1901 年 3 月 26 日，他们把菲利普引荐给了尼古拉和亚历山德拉。"这个晚上我们遇见了神奇的法国人菲利普先生，"尼古拉在日记中写道，"我们和他交谈了很久。"[7]

　　很快米莉察开始缠着尼古拉，不顾医疗机构的反对，让他安排菲利普来俄国去展现奇迹。圣彼得堡军事医学院被迫授予了菲利普一个医学学位，他还获得了国务委员的头衔以及配有黄金肩章的皇家军医制服。包括克谢尼娅、玛丽亚·费奥多罗夫娜、艾拉在内的皇室近亲都很惊慌，他们警告尼古拉和亚历山德拉离菲利普远点，但所有质疑菲利普的行为在他们眼中都是失败的。甚至是在玛丽亚·费奥多罗夫娜的默许下，巴黎警卫队给尼古拉发来的关于菲利普可疑行为的报告也丝毫没起作用。尼古拉迅速解散了那个谋划此事的中介机构。[8]

　　沙皇夫妇相信他们终于找到了一个同情的声音，他们一有机会就会翻出"菲利普先生"的伪神秘、伪智慧言论。在菲利普 7 月来俄探访的 12 天内，沙皇夫妇每天都会乘马车从下别墅出发，到兹纳缅卡庄园看他，而且经常会待到很晚。"聆听他的话，我们非常触动，"尼古拉写道，"和我们的朋友待在一起的时光是多么美妙。"[9] 14 日的时候，他们甚至在去往剧院的路上临时改变主意，调转马头直奔兹纳缅卡庄园，和菲利普交谈到凌晨 2：30。在菲利普离开的前一个晚上，他们坐在一起祈祷，彼此心情都很沉重。在尼古拉和亚历山德拉去贡比涅进行一次简短访问期间，他们设法见了一次菲利普，等到后者于 11 月返回兹纳缅卡庄园后，沙皇夫妇又抓住机会与他见了一次面。

但在这种私人会面以外的世界，尽管已经是谣言四起，尼古拉和亚历山德拉同菲利普的这种关系还是被严密地封锁起来。据说，菲利普"在沙皇夫妇面前施展了催眠术、预言、化身、通灵等秘术"，菲利普声称运用他独特的"化学医学、天文学、精神力"结合术可以引导"胚胎发育的进展"。[10] 不管是不是心理暗示，在 7 月的访问期间菲利普让皇后树立了自信并且渗透进了她极私密的空间。在他离开以后，他依然在继承人生育方面给沙皇夫妇建议，同时，他公然做出政治预言，规劝尼古拉不要批准宪法，因为它"将会使俄国彻底毁灭"。[11]

65

1901 年底，在生下阿纳斯塔西娅五个月之后，皇后又一次怀孕了。这似乎印证了菲利普的祈祷以及沙皇夫妇自我暗示的力量。他们尽可能瞒着他们的亲戚，但是到了 1902 年的春天，皇后已经明显变胖，而且不再穿紧身胸衣了。正六度怀孕的克谢尼娅直到 4 月才确认此事，亚历山德拉给她写信，承认"很难再隐瞒下去。不要写信给亲爱的妈妈（寡居的老皇后），我希望能在她下周回来的时候再告诉她。我感觉非常好，感谢上帝。应该是在 8 月！这个冬天我的粗腰一定顶到你了吧"。[12]

1902 年 3 月，菲利普在圣彼得堡住了四天，和同样忠实于他的拥趸米莉察的妹妹斯塔娜以及她的丈夫洛伊希滕堡公爵待在一起。尼古拉和亚历山德拉再一次拜会了他。"我们在吃晚餐的时候听他讲话，随后一直待到凌晨 1 点。我们可以像这样永远听他讲下去。"尼古拉回忆道。[13] 菲利普对亚历山德拉的战术是这样的，他建议她不要让任何医生给她做检查，即便是在她的预产期将近之时。令人担忧的是，到了夏天，亚历山德拉几乎没表现出任何关于妊娠的生理迹象。无论如何，到了 8 月，待产已宣布就绪。当奥特医生入住彼得宫城准备为皇后接生时，他立刻意识到有什么东西不对劲。他花了很大工夫劝说亚历山德拉同意做一次检查，在这次检查中奥特立马指出皇后没有怀孕。

66

亚历山德拉的"幻想性怀孕"引起了皇室家族相当大的慌乱。"从 8 月 8 日开始，我们每天都在等待皇后孕情的确认，"康斯坦丁大公写道，"但我们一下子听到她没有怀孕，而且压根儿没有怀孕过。那些让我们怀疑是怀孕的迹象只是贫血的症状！对沙皇和皇后来说这是多么遗憾！可怜的人儿！"失望透顶的亚历山德拉给一直在乡下住所里焦急等待消息的伊丽莎白·纳雷什金娜写信道："亲爱的朋友，不要过来。不会有受洗！不会有孩子！什么都没有！这是一场灾难！"[14]

据传闻，为保全面子，宫廷医生奥特和古斯塔夫·格什于 8 月 21 日发布了一份关于皇后健康的官方公告："几个月之前，亚历山德拉·费奥多罗夫娜皇后陛下的身体状况指向她怀孕了。截至目前，受精卵发育异常并导致直接的流产，未发现任何并发症。"[15]

亚历山德拉的真实情况实在是太特殊了，因而从没有被公之于众。一份秘密报告被呈送给尼古拉，格什医生给出了具体的细节。亚历山德拉最后一次行经是在 1901 年 11 月，她确切无疑地认为自己已经怀有身孕，并期待来年 8 月可以产下宝宝。但即便是接近了她预想的日期，她的肚子也依然没有变大太多。8月16日她流过一次血，奥特和甘思特被召来，但是亚历山德拉拒绝让他们给她做检查。19日早上她经历了一次类似早期阵痛的感觉，且直至次日早晨又在不断流血。当她起身去清洗时，她排出了一个直径为胡桃大小的球形肉块。奥特医生在显微镜下对它进行了观察，证实它是一个三周多的死受精卵。依照他的观点，皇后一直以来患的是俗称为"葡萄胎"的病症。失血使得受精卵被冲了出来。[16]

皇后"流产"的消息并没有激起她的俄国子民的同情，可悲的是产生了相反的效果。它引发了一波恶意的诽谤和各式各样奇怪的谣言，说她生下了一个畸形的孩子，一个怪物，"一个长角的怪胎"。官方开始风声鹤唳，以致里姆斯基－科萨科夫的歌剧剧本《萨尔坦沙皇的故事》（*The Tale of Tsar Saltan*）被部分审查删减，就因为这一部分提到了"在那个夜里，皇后既没生一个儿子，也没生一个女儿，不是狗，也不是青蛙，而是一个未知的野蛮生物"。[17]可疑的俄国人民所能想到的是，这是上帝之手重重压在他们命途多舛的国家之上。很多人说，没有儿子是对沙皇酿成1896年霍登惨案的惩罚，在莫斯科举行加冕礼时，曾有数千人被踩踏致死。[18]

在英国，尽管怀有偏见，《盎格鲁－俄罗斯》报还是通过拥护俄国的女君主回击了那些加诸可怜的皇后身上，越来越多的有关她没能生下一个男孩的指责。

　　皇后又一次无视了萨利克法典，让持有性别歧视的俄国民众失望了，这些人不喜欢甚至憎恨这位天才的母亲……但只要是有一点点关于自然法则和历史的知识就可

67

以证明，"一位浑然天成的高贵女性"是"自然的加冕"，女君王向来是人民的救世主，预示着那个时代最大的物质和社会进步。[19]

外媒已经听到风声，说菲利普对沙皇夫妇的影响远不止帮助他们通过"心理疗法"生一个儿子这么简单，尼古拉甚至亲身接受"催眠试验"，菲利普"四度召唤了亚历山大三世的灵魂，预言了未来，激励沙皇做出一个又一个决定，不止关乎他的家务，还有国事"。[20]菲利普的声望下跌，人们指责他是执意插手国家事务的骗子，使他在俄国宫廷的地位不保。尼古拉和亚历山德拉同他仍然难分难舍，但是到了1902年末，菲利普还是返回了法国，带着对他感激不尽的皇室主顾馈赠的礼物，其中包括一辆塞波莱动力车。[21]在临别的时候菲利普送给亚历山德拉一幅带小铃铛的圣像画，告诉她一旦有会对她造成伤害的人走进屋子，这个铃铛就会发出声响来提醒她。她还保存着一个菲利普送的带干花的木框，菲利普声称这是被救世主的手触碰过的。然后他离开了，留下了最后一个诱人的预言："某一天你将会拥有另一个朋友，他会像我一样代表上帝同你讲话。"[22]

在对于没有皇子的持续的指责声中，继1902年皇后"流产"之后，开始有谣言称尼古拉已经被说服要和亚历山德拉离婚——类似拿破仑·波拿马和约瑟芬皇后在1810年所做的那样，在经历了14年的婚姻生活后，约瑟芬仍然没能给拿破仑生一个儿子。甚至有传闻说，如果下一个再生女儿，沙皇就会退位。在俄国国内，皇后的地位越来越"岌岌可危"。舆论大作，说她已经成了"成为一个儿子的母亲的愿望再次破灭之后那种深重且与日俱增的悲伤"的受害者，以致生男孩的渴望"对于她来说变成了狂热"。[23] 在此期间，外国人对于皇室四位姑娘的同情也在上涨，她们被俄国公众一点一点地边缘化了，例如匹兹堡的报刊在 1901 年 11 月所写的一则双关语。

盖斯维尔太太：俄国沙皇如今有四个小女儿了。

盖斯维尔先生：噢，亲爱的小皇女们（沙丁鱼们）。[24]

*

1903 年对于罗曼诺夫家族来说是重要的一年，首先是圣彼得堡建立 200 周年的纪念活动。身着宫廷礼服——后来证明，这是他们未来数年内的最后一套礼服——的尼古拉和亚历山德拉成了这场革命前所举办的最后一次盛大化装舞会的中心。亚历山德拉看上去富丽极了，如果不会感觉不舒服的话。她打扮成玛丽亚·米洛斯拉夫斯卡娅的样子，身穿沉甸甸的金线织锦礼服，头戴笨重的皇冠。亚历山德拉看上去像一道美丽的风景，仿佛是"拜占庭的圣母玛利亚越过大教堂众多的镶嵌圣像画款款走来"。[25] 她的丈夫站在她的身侧，光芒几乎被她掩盖，他穿得像他们最爱的沙皇阿列克谢一世一样。但这是一种遥远的专制形象，只有在圣彼得堡贵族精英群集的场面之中才能见到，强调了她和尼古拉完全隔离于寻常的俄国人民的事实。不过，在后来的那个夏天，在持续地祈祷生下男婴之时，俄国民众还是罕见地得以一窥皇室夫妇的容颜。

在菲利普回法国之前，他曾推荐沙皇夫妇邀请萨罗夫的圣

69

谢拉菲姆为他们代祷，这样他们就会生一个儿子。但有一个问题是，在东正教历上并没有正式出现这个圣名。一轮疯狂的搜索之后，最后确定在距离莫斯科 250 英里（403 千米）的坦波夫地区①，一位在萨罗夫季韦耶沃修道院的修士曾因施展神迹而被当地人尊崇。但是这些说法并没有被正式确认，而谢拉菲姆已经于 70 年前就过世了。当他的棺材被打开检查时，他的尸身也没能通过酸性检验，圣徒的尸体理应奇迹般地现出未腐化的状态，而这是一具高度腐化的尸体。不过作为君主，尼古拉仍有权力加封这个并不广为人知的奇迹制造者为圣徒，而不管他的尸身状况如何。莫斯科都主教发现他不得不为支持谢拉菲姆的神圣而寻找一种说法，"有充足的证据说明很多奇迹的发生和他的遗迹有关联，包括他下葬之地的泥土、他祈祷过的石头以及他所挖掘的井里的水——这些让很多信众得以从疾病中康复"。[26]伊丽莎白·纳雷什金娜注意到，亚历山德拉与那位新"朋友"的关系导致了圣徒谢拉菲姆的出现。"很难知道菲利普何时终止而谢拉菲姆何时开始。"[27]1903 年 2 月都主教最终册封谢拉菲姆为圣徒。

把女儿们交给玛格丽特·伊格照管之后，尼古拉和亚历山德拉冒着酷暑前往萨罗夫举行正式仪式，由玛丽亚·费奥多罗夫娜、尼古拉的妹妹奥尔加、艾拉和谢尔盖、米莉察和斯塔娜陪同。尼古拉很清楚，这次加封仪式还有一个重要目的，这是一次以共同的宗教信仰为支撑，拥护他的专制统治的行动。帝国的客人中有将近 30 万虔诚的朝圣者，他们从四面八方赶到

70

---

① 此处疑为作者笔误，季韦耶沃修道院应位于下诺夫哥罗德地区。——译者注

萨罗夫，连空气中都扬起了巨大的灰云。成群的盲人、病人和肢体残缺的人都在寻求奇迹，试图包围他们的小父亲，亲吻他的手。在浸透了神秘的宗教热忱的氛围下，在持续不断的钟声中，沙皇一家顶着酷热，连续三天出席了三场圣体礼，每场都在三个小时以上。[28]尽管腿疼不已，亚历山德拉还是非常虔诚地、没有丝毫怨言地跪下来做祈祷。萨罗夫众多朝圣者强烈的信仰更是加强了她自己对于沙皇同子民间存在着某种神圣的、不可侵犯的联结的坚定信念。尼古拉在仪式上帮忙抬着收有谢拉菲姆圣骨和遗物的棺材，最终在 8 月 19 日，将他安葬在专门以圣谢拉菲姆为名所修建的圣陵里。那天晚上，作为宗教信仰下一项重要的、有象征意义的行动，亚历山德拉和尼古拉两人私下来到临近的萨罗夫河，谢拉菲姆曾有一次在此地沐浴。依照菲利普的指示，他们让圣水浸没自己，以此希望可以得到生下男嗣的祝福。

＊

　　1903 年秋，罗曼诺夫一家前往达姆施塔特参加巴腾堡的爱丽丝公主和希腊的安德烈阿斯王子的婚礼。① 厄尼和达姬——一开始就不登对的两人——此时已经劳燕分飞，但厄尼一直在全心全意地照顾他们 8 岁的女儿伊丽莎白，每年她都有六个月待在父亲的身旁。婚礼结束以后，两家人一起去了沃夫斯加登享受一个私人假期，奥尔加和塔齐亚娜同她们的表姐玩得非常开心，一起骑车、骑小马或是去采蘑菇。伊丽莎白是一个古怪的、出尘脱俗的女孩，她的眼里满是感伤，有一头深色

---

　　①　他们是未来的爱丁堡公爵（伊丽莎白二世的丈夫菲利普亲王）的父母。

卷发，和她本身活泼温暖的个性并不相符。她把"小表妹"阿纳斯塔西娅带得很好，像母亲般地照顾她，又想把她带回自己在达姆施塔特的家里。[29]

当皇室一家离开黑森时，厄尼和伊丽莎白也和他们一起前往斯凯尔涅维采的狩猎小屋，这是帝国的产业，挨着比亚沃维耶扎——现属波兰的一片森林，尼古拉会定期来这里狩猎。但到了 11 月 15 日早晨，在没有任何征兆的情况下，伊丽莎白开始生病。一开始似乎只是喉咙很痛，但她的体温一直持续升高，在重病之下，她请求玛格丽特·伊格带她去见她的妈妈。然而疾病压垮了她，医生也无能为力。不到四十八小时伊丽莎白便死去了，这是由极其致命的伤寒症所引发的心力衰竭。[30]两姐妹因表姐的突然离世而感到极度悲伤，她们被立刻带回了皇村，以便她们在斯凯尔涅维采的房间可以开始熏蒸。奥尔加茫然无措："亲爱的上帝要将这样一个好朋友从我身边带走，这太让人遗憾了！"她哀伤地向玛格丽特说道。后来，在圣诞节，她又一次回想起了伊丽莎白，询问玛格丽特为什么上帝故意要"她（伊丽莎白）去天堂陪伴自己"。[31]

几乎就在厄尼把伊丽莎白可怜的小小棺椁带回达姆施塔特之时，亚历山德拉患上了严重的耳部感染。她没有去成伊丽莎白的葬礼，而是在斯凯尔涅维采整整卧床休息了六个星期。疼痛如此剧烈，以至于她特意从华沙召来了一位耳科专家。但亚历山德拉实在是太渴望和孩子们一起过圣诞节、装点圣诞树，以及为孩子和其他人准备礼物了，所以在还未完全康复的状态下就返回了俄国。[32]可她一到皇村便又染上了流感，正如玛格丽特·伊格所回忆，在圣诞节前夜，皇后"病得非常重以至于没法见自己的孩子"。[33]取而代之的是尼古拉负责监督圣诞树的装饰和礼物的分发。这并不是件轻松的差事，因为沙皇一家为圣诞节准备了八棵大树——有给他们自己的，也有给随从的，甚至有给沙皇卫队的。亚历山德拉喜欢完全自己动手装饰圣诞树。除此之外，她会按照德式风格在长桌上铺上雪白的桌布，上面再摆上一长列送给家人的礼物，像极了她的外祖母在温莎布置的那样。姑娘们照例会为自己制作的小礼物而感到骄傲，但那一年的圣诞节是悲伤而压抑的，她们表姐的离世以及母亲的被迫卧床使这种感觉萦绕不去。"我们很需要她，我们希望能更快乐一点。"玛格丽特回忆道。

72

皇后一直卧床休息到 1 月中旬，直到 2 月沙皇一家才前往圣彼得堡过冬。[34] 再度怀孕时又病倒对亚历山德拉来说很不好过。她的孩子可能是在斯凯尔涅维采怀上的，而她的病则加重了她的焦虑。3 月 13 日从玛丽亚·费奥多罗夫娜那里听说这一消息后，谢尼娅很同情亚历山德拉。"现在她的肚子已经很明显了，但是她，可怜的小东西，一直在掩盖，无疑是害怕人们太快发现这件事。"[35]

圣彼得堡的社交季因 1904 年 1 月日俄战争的爆发而突然中断，亚历山德拉因而没有受到进一步的指责。这场战争的诱因是尼古拉在中国东北南部推行的扩张政策，而这块领土一直被日本垂涎。许多宫廷人士认为这是菲利普潜在影响的直接结果，他曾使沙皇夫妇确信，一场短促激烈的战争将会成为一个典范，可以凸显俄国皇室专制统治的神圣不可侵犯。但这是一次由判断失误引起的冲突，因为俄国并没有做好准备，而军队更是如此，最初的爱国热情很快就消退了。

战争期间，小女大公们不可避免地受到宫廷之中普遍存在的种族主义以及仇外情绪的影响。玛格丽特·伊格回忆："看到愤怒的、怀恨的情绪在我的小主顾心里滋长，我感到非常悲伤。"玛丽亚和阿纳斯塔西娅被杂志上看到的日本皇储"古怪小孩儿"的形象所迷惑。"可怕的小人儿，"玛丽亚惊叫，"他们来摧毁我们可怜的小船，淹死我们的士兵。"妈妈告诉过她们"日本人都是一些小矮子"。"我希望俄国士兵可以杀光所有的日本人。"奥尔加有一天大声说道，玛格丽特向她解释，日本的妇女和儿童是不该被怪罪的。在提出的几个问题被解答之后，聪明又固执己见的奥尔加似乎满意了。"我不知道日本人是像我们一样的人。我原以为他们只是像猴子那样。"[36]

与此同时，战争也挖掘出亚历山德拉在慈善方面的天赋。她不顾有孕在身，着手于战争救济，为军队调遣战时移动小教堂①，组织补给，安排医院列车。这么多年以来她终于又一次不再躲藏，出现在圣彼得堡的公众视野之下，在冬宫的舞厅里监督聚集在此的妇女们做衣服，整理医用列车所需的亚麻布和绷带。正像维多利亚女王带着她的女儿们在 1854～1856 年克里米亚战争期间缝缝补补，亚历山德拉和她的四个女儿为军队编织帽子和围巾。尽管年纪还很小，但阿纳斯塔西娅证明了自己在编织上的特殊才干。[37]姑娘们还协助玛格丽特·伊格为大量受伤士兵所写的家书折叠信纸、粘贴邮票。

数月过去，皇后第五个孩子的预产期临近了，外媒不可避免地展开了各种猜测。《局外人》（Bystander）杂志编辑部观察道："有时重大事件会被微小的东西决定，这是一条不幸的真理。"

---

① 一种经过特殊改造的车辆，专供东正教神职人员使用，可让士兵在战时做祈祷。常有东正教所特有的镀金葱头圆顶为标识。其他各国也均有类似的专属教堂车。——译者注

几天的时间就可以决定皇后到底是全俄最受欢迎的人还是被大部分人视作一个在上帝盛怒之下被其抛弃的女人。据说她日夜祈祷一个男孩，以生下全俄君权的继承人来赢得她丈夫的子民的心。就在这一分钟，等待着上帝和自然神秘决定的皇后定格成了欧洲最为可怜的形象，尤其是她所处的位置让她无法躲避来自世人的同情和好奇。[38]

"皇室家庭会因为一些美国家庭完全不会想到的事而变得不开心，"另一篇关于这四个皇室小女孩的社论写道，这些天真无邪的小姑娘一直被忽视，"这里有四个小姑娘，她们聪明活泼，但是在俄国，除了她们的父母，没人想要她们。"在众多的猜测之中，尼古拉和亚历山德拉对这四个小女儿的爱一直是确信无疑的。亚历山德拉将她们比作"小小的四瓣三叶草"。"我们的小妞是我们的快乐和幸福，她们彼此相貌和性格都不同。"她和尼古拉深信一点，"孩子是上帝的使徒，日复一日，赐予我们爱、和平和希望"。[39]但伊迪斯·阿尔梅丁根观察道："不管这四个女孩被她们的父母怎样疼爱，她们只是一本有趣的书的序言，在她们的弟弟没有出生之前，这本书永远不会开始。"[40]

74

*

亚历山德拉的第五次分娩来得实在太快，1904 年 7 月 30日，正值艾拉和谢尔盖从莫斯科前来探访之时，在共进午餐时，亚历山德拉突然感受到了一阵强烈的阵痛，然后马上退到了楼上。几乎不到半个小时之后，下午 1：15，她生了一个重11.5 磅（5.2 千克）的男婴。她感觉非常好，看起来容光焕发，很快就开始给自己的孩子喂奶。[41]

圣彼得堡彼得和保罗要塞的大炮终于可以向着涅瓦河鸣放301响了，这是在宣布一个继承人的诞生，自17世纪以来第一次可以生而为储（而不只是皇子）。人们停下脚步，开始数每六秒响一次的炮声。"街上的景象"立刻发生了变化，圣彼得堡《每日快报》（Daily Express）的记者在首版写道："国旗似乎从四面八方涌现，当大炮发出它第102声愉快的鸣响后，五分钟之内，全城都飘扬起旗帜。人们自动停下了手中的活计，放任自己在这属于公众的喜悦之中。"那天晚上街上亮着双头鹰和罗曼诺夫皇冠的彩灯，管弦乐队在公园里重复演奏着国歌。稍晚一点，首都之内很多最棒的餐厅都开始不计成本地免费供应香槟。[42]

去宫廷拜访的索菲亚·布克斯盖夫登女男爵回忆道："我们几乎被一整天的钟声震聋了。"[43]尼古拉和亚历山德拉的祈祷终于得到了回应，"对于我们来说这是难忘的、伟大的一天"，沙皇在日记中记录道。"我确信这是谢拉菲姆所带来的。"他的妹妹奥尔加说。[44]快乐的夫妇感激遇到菲利普先生的那天。"请你设法向他传递我们的感谢和快乐之情……"尼古拉给米莉察写信说道。[45]

75　　其他国家的普遍感觉是"在这么多年无望的焦虑等待之后，一个继承人的诞生改写了俄国的命运"。对于尼古拉而言这肯定是一个充满戏剧性的时刻，在战时带来了全新的乐观情绪。"生一个继承人比看到军队打了一场胜仗都让我感到快乐，因为从现在开始，我可以镇定地面对未来而不再慌乱。有了这样的迹象，战争一定会有好的结果。"[46]有鉴于此，同时为鼓舞士气，尼古拉宣布在中国东北作战的整支军队为阿列克谢的教父。一项帝国声明紧随其后，声明给出了许多政治让步，取消了对农民和武装力量的肉刑，并免除了大量违法行为的罚金。针对囚犯（除了那些被指控犯有谋杀罪的）也颁布了大赦令。此外还为陆军和海军建立了一项基金。[47]

*

　　蓝蓝的大眼睛、金色的卷发，小皇储是一个无比美丽的婴孩，人们以罗曼诺夫家族的第二位沙皇，也即彼得大帝的父亲阿列克谢一世（1645～1676 年在位）为他命名，这个名字起源于希腊，意思是"拯救者"或"保卫者"。俄国已经有足够多的亚历山大和尼古拉了，沙皇说道。不像他那富有魅力的、向西方寻求灵感的儿子，阿列克谢一世是一位虔诚的沙皇，遵从着旧俄罗斯帝国的传统。尼古拉和亚历山德拉希望他们的儿子也能成为这样一位君主。一项官方公告很快宣布撤销了米哈伊尔大公继承人的任命。"从今日起，依照帝国基本法，帝国的皇储称号，以及一切相关的权力，将属于我们的儿子——阿列克谢。"[48]为表庆贺，尼古拉带着他三个大一点的女儿去下别墅的小教堂听了一场赞美诗。成百上千封道贺信和电报像雪片般飞到彼得宫城。奥特医生和甘思特太太因他们的服务而又一次被慷慨奖赏。医生这次除了拿到一大笔赏金外，还得到了一个法贝热制蓝色珐琅彩盒，上镶玫瑰切工钻石。[49]

　　就像他的姐姐们一样，阿列克谢也有一个俄国奶妈。确保奶妈可以吃到足够的上好食物是玛丽亚·格林戈尔的一项特殊职责。有一次她问奶妈的胃口如何。"我还有哪门子胃口，"奶妈向她诉苦，"如果这儿没一样食物是盐制或腌渍的。"奶妈可能抱怨了提供给她的朴素食物，但"这并不会阻止她的

76

体重成倍增加，因为她会把桌子上的东西都吃了，连点残渣也不剩下"。在阿列克谢断奶以后，奶妈收到了一笔抚恤金以及数不清的礼物。她在乡下的孩子也收到了礼物。每到圣诞节、复活节和她的命名日，感恩的亚历山德拉仍会记得儿子的奶妈而送来钱和礼物。[50]

12 天后到了阿列克谢的洗礼日时，一列加长的马车行列第五次蜿蜒前往彼得宫城的皇家小教堂。女侍长玛丽亚·戈利岑娜再次受托用金色垫子托着罗曼诺夫家的孩子到达圣洗地，但如今已上年纪的她害怕会摔了这位宝贵的皇子，为了预防这种情况发生，她的肩上挂了一条金色悬带用以连接垫子，同时换上了防滑的胶底鞋。婴儿的姐姐们，9 岁的奥尔加和 7 岁的塔齐亚娜也在行列之中，奥尔加还是婴儿的教母之一，她俩显然很享受第一次出席正式仪式的滋味。她们看上去特别美丽，穿着儿童尺寸的全套俄国宫廷礼裙，蓝色缎面，银线刺绣和银制纽扣，又搭配了一双银色鞋子。她们还戴着小一号的圣叶卡捷琳娜勋章，以及蓝色天鹅绒制、饰有珍珠和银环的小阔阔式尼可。两个自豪的小姐姐努力应对这个复杂的场面。"奥尔加因骄傲脸变得红扑扑的，她拉着垫子的一角，和玛丽亚·费奥多罗夫娜一起走到了洗礼盆前。"她和塔齐亚娜只有在经过比她们小的孩子——两个妹妹和其他几个小堂表亲——时才被允许放松地笑一笑。这些小家伙站在离门口不远的地方，当队伍经过时，他们张大了嘴凝视着。[51]

尽管还很小，但奥尔加给她在罗曼诺夫家族的一位远房兄长留下了深刻印象。16 岁的约翰·康斯坦丁诺维奇亲王——大家一般称呼他约翰奇克——为她着了迷。他这样跟自己的母亲说道：

　　我被她迷得神魂颠倒，甚至无法描述这种感觉，就像一场被风吹起的野火。她的秀发如波浪起伏，她的双眼在闪闪发光，唔，我甚至没法开始说！问题是我现在还没到想这些的年纪，再者，她是沙皇的女儿，而且，天哪！上帝不容！他们可能会认为我是出于什么不可告人的动机才这样做的。

　　约翰奇克在未来数年还一直抱着对奥尔加深深的迷恋和娶她的念头（据他说，这个念头第一次出现在脑海里是在1900年）。[52]

　　布克斯盖夫登女男爵那天也对两个姐姐记忆颇深，在长达四个小时的仪式上，她们始终保持着"法官般的庄严"。有一些人注意到，在阿列克谢被涂圣油的时候，他"抬起手，伸出手指，好像在祈祷祝福"。这样不经意的宗教符号不会逃过正统信徒的眼睛。"每个人都说这是一个非常好的兆头，对于他的子民来说他将会成为一个好父亲。"[53]这个珍贵的男孩的降生给了占卜者和预言家们大做文章的一天，虽然他们当中的一些人是非常恶毒的。即便到了现在，还有一种最坏的迷信的荒谬言论，说最小的皇子实际上是被调包的，尼古拉和亚历山德拉不想要自己的第五个女儿而让人把她抱走了。[54]

　　俄国以外，人们的意见更加客观。在这里，阿列克谢成了百年以来最受关注的皇室子孙。很多人像沙皇一样为亚历山德拉松了一口气。"她会获得一种威望，这种威望可以使她的影响力终于超越老皇后的。她现在是一个有儿子的母亲了！"一个半开玩笑的美国评论家写道，同时指出亚历山德拉之前越发艰难的处境——作为维多利亚女王的外孙女，她生活在一个"半野蛮"的亚洲国家，由于迷信的猖獗，没有人会对她重复生女孩的不幸遭遇表现出丝毫同情。[55]一位前驻俄美国大使重复着这样一个观点，他对亚历山德拉的命运有一种不好的预感，"如果最后一个孩子还是一个女儿……那么民众很有可能会要求沙皇另择佳偶，生个儿子"。[56]绝不止他一个人这么想。

78　　一些国外的观察家抗议加之于罗曼诺夫家族四个姑娘身上的性别歧视，严厉指责女孩只得到 101 响礼炮而男孩可以得到 301 响的事实。英国《广角》（*Broad Views*）杂志认为沙皇的四个小女儿更有能力"保证继位的稳妥"。

> 如果现任沙皇回归彼得大帝的想法，甚至不管未来是否能生儿子而立女大公奥尔加为他的继承人，那么俄国民众或许会认为几年之后，即便沙皇死于虚无主义者之手，他也已得到了一个年长到可以挥舞权杖的继承人的支持，毕竟奥尔加现在已经 9 岁了。但事实是，不管是否含有幽默的成分，这个婴儿一出生便被授予了骠骑兵上校的名号，如果真发生了那件很可能发生的事，国家恐怕难以保证不陷入长期摄政的灾难之中。[57]

在罗曼诺夫大家族内部，并不是每一个人都为这个新生儿感到高兴。美国驻外武官托马斯·本特利·莫特还记得和弗拉基米尔大公共进午餐时的场景。弗拉基米尔大公是尼古拉最年长的叔叔，按皇位继承顺序他本来只排在无子的米哈伊尔之后，再之后是他的儿子基里尔、鲍里斯和安德烈。7 月 30 日，在参加完一场盛大的军事演习后，莫特加入了大公的午宴。在他们到达之后，有人给弗拉基米尔呈上了一封电报，弗拉基米尔立刻走开了。他的客人们等了一个小时他才回来。

> 我们默默地坐下。主人不说话，余下的人也不敢开口。杯盘更迭，一位高个子哥萨克士兵不断地给大公递上雪茄，其余的时候就站在大公的椅子后面一动不动。除了这些响动外，饭桌上一片寂静。[58]

午餐结束后大公又消失了。后来莫特才知道，那封让整场午餐变得阴郁的电报提到了阿列克谢诞生的消息。

如果他得知尼古拉和亚历山德拉后来知道的事，那么他可能会少点阴郁。一般认为，直到 9 月 8 日，也就是阿列克谢生下大概六周之后，他才经历了第一次脐带出血。但事实是，在婴儿的脐带被剪断之时，出血就发生了，医生花了两天时间才把这种情况控制住。8 月 1 日，尼古拉代表亚历山德拉给米莉察写了一封详尽的信，这样告诉她：

> 感谢上帝，这一天过得还算安稳。敷药之后，从中午 12：00 到晚上 9：30，没有流过一滴血。医生希望这种状态能一直保持下去。科罗温会在这儿过夜。费奥多罗夫去了城里，明天就会回来……小宝贝出奇的平静，当他们给他换药时，他要么睡着，要么就躺在那里微笑。他的父母现在觉得安心些了。费奥多罗夫说阿列克谢在 48 小时之内的出血量大概是身体总血量的 1/9 至 1/8。[59]

流血是吓人的。但小阿列克谢看起来非常坚强，女大公克

79

谢尼娅第一次看到他时便说他有"勇士的神态"。[60]而米莉察从一开始就没怀疑过。那时的她和彼得大公与沙皇夫妇之间有一条专用通道，因此在阿列克谢出生那天他们就去了下别墅向他的双亲道喜。他们的儿子罗曼后来回忆道：

> 他们晚上返回兹纳缅卡庄园后，我父亲想起在他和沙皇告别时，沙皇跟他说，虽然阿列克谢是一个很重也很健康的宝宝，但医生对他襁褓上频繁印出的斑斑血迹还是感到有点担忧。当我的母亲听到这些，她大吃一惊，然后坚持说要让医生知道维多利亚女王家族的女性支脉有时会产下有血友病的子嗣，而皇后正是维多利亚女王的外孙女。我的父亲尽力让她镇定下来，并向她保证在他离开的时候沙皇的精神状态很好。尽管如此，我的父亲确实还是致电皇宫，向沙皇询问医生对于出血的说法。在沙皇回答这个问题时，他们都希望这种流血能很快止住。我的妈妈夺过了话筒，问他医生是否能解释流血的原因。当沙皇无法给出一个清楚的解释时，她用她所能维持住的最镇静声音问道："我求你，问问他们，是不是有血友病的迹象。"尔后她又补充说如果真的是这个情况，那么今日的医生会知道应该采取哪些措施。沙皇在电话的另一头沉默了很长时间，然后开始质疑我的母亲，最后他小声地重复着那个让他无法相信的词：血友病。[61]

玛丽亚·格林戈尔后来回忆起在阿列克谢出生不久亚历山德拉是如何把她召来的。皇后告诉玛丽亚，助产士甘思特把婴儿裹得太紧了，以至于诱发了出血。这是传统的俄式做法，但是在阿列克谢脐带上方这种紧紧的捆绑所造成的压力引发了大出血，让阿列克谢因痛苦的"狂乱"而大声尖叫。亚历山德拉一边流着苦涩的眼泪，一边挽起玛丽亚的手。"如果你知道我到底向上帝祈祷了多少次，请祂保护我的儿子免于这种遗传的诅咒。"她对玛丽亚说道，她已经完全意识到血友病的阴影已经降到他们身上。[62]尼古拉的堂妹玛丽亚·帕夫洛夫娜确信尼古拉和亚历山德拉几乎是一开始就知道了阿列克谢"带着某种绝症的种子"。他们甚至向最亲的亲人隐藏了他们的感情，但从那时起，她回忆道，"皇后的性格发生了变化，她的健康、身体和精神，也都大不如前了"。[63]

出于对最初那个月的自我提醒，沙皇夫妇保持着一种否认的状态，抱着最后一线希望，希望流血一停止，事情就都好了。但几乎是在六周以后，这种情况又发生了一次，证实了他们最深的恐惧。[64]深受尼古拉和亚历山德拉爱戴和信任的费奥多罗夫医生在圣彼得堡随时待命，尽可能地提供医疗建议。但有一件事已经很清楚了，这种病药石罔效。尼古拉和亚历山德拉小儿子的命运只能诉诸奇迹了：只有上帝可以保护他。但在俄国不能让人知道这个事实。小皇储——"俄国的希望"——时刻面临死亡的消息要被紧紧封锁起来，即便是他们最近的亲人也不能告诉。[65]尼古拉和亚历山德拉已经彻底打定主意，要将皇位完好无损地传给他们的儿子，所以任何东西都不能威胁到皇位的安全。

亚历山德拉·费奥多罗夫娜，俄国皇后，虽然只有32岁，但10年之间没有间断地怀孕、生产，这种身体上、精神上的损耗已经使她羸弱不堪。她一直不稳定的精神在发现阿列克谢的严重病情后崩溃，她折磨自己，憎恨自己稀里糊涂

81

地把血友病①传给了深爱和期盼已久的儿子。在不知情的人看来，她本来就很忧郁的神态如今变成了令人费解的凄惨神情。全家的焦点现在戏剧性地发生了扭转——保护阿列克谢不会遭遇事故或伤害，字面上理解就是保护他在严密控制的家庭世界里活下来。因此尼古拉和亚历山德拉放弃了他们在冬宫重新装修过的套房，并且到了宫廷社交季也不会待在城里。皇村和彼得宫城从此变成他们的避难所。

阿列克谢四位虽然还很小但是非常敏感的姐姐——奥尔加、塔齐亚娜、玛丽亚和阿纳斯塔西娅——会由于这种全家的后撤而比以往的关系更紧密，并且对她们身体虚弱的母亲表现出更多支持。1904 年夏末，四位罗曼诺夫女大公的世界开始缩小，而此时正是她们想要冲出去尽情探索的年纪。当然，后来没人知道沙皇的四个女儿可能是那种可怕的、有缺陷的基因的携带者，这是一枚隐匿在欧洲皇族之中已经开始引爆的定时炸弹。亚历山德拉的姐姐伊莲娜也是一个血友病基因携带者，她嫁给她的表哥普鲁士的海因里希亲王后，已经生过两个患血友病的男孩。最小的 4 岁的亨利已经因克谢尼娅口中"可怕的英国家族病"而死去，就在阿列克谢出生前五个月。在俄国，人们称它为"黑森病"，其他国家的人称之为"科堡的诅咒"。[66]无论怎样称呼，有一件事是确定无疑的。在 19 世纪初，一个患血友病的孩子的预期寿命大概只有 13 岁。[67]

① 即使是在 20 世纪初期，人们对血友病也知之甚少，认为它是由血管脆弱引起的。直到 1930 年代，科学家得出结论，血友病患者致命的问题在于血小板中缺乏蛋白质，从而阻碍了血液凝结（这种说法也不够准确，目前的临床医学认为，血友病的常见病因是先天性凝血因子缺乏，凝血因子是一种蛋白质组分，和血小板共同作用于出血点，但两者并无所属关系——译者注）。

第五章
"大的一对"和"小的一对"

1905 年初，尽管已经迎来了长久期盼的皇储，俄国还是因和日本的缠斗而陷入了危机。俄国皇家军队没有像菲利普先生所预测的那样在东方所向披靡，而是意志消沉、疲惫不堪、缺粮断草。新闻审查也因此变得更加严格。以任何形式将战争和沙皇体制联系起来并持批判态度的外国报纸和杂志都被严令禁止发行。一个深受其害的例子是查尔斯·洛先生发表在《伦敦新闻画报》（*Illustrated London News*）上有关俄国继承权的文章。这篇文章发表于阿列克谢出生后不久，同时附有一张亚历山德拉的肖像，加上了图注"未来沙皇的母亲"，祝贺俄国人"在民族的不幸中拨云见日"，但又挑衅地加了一句，"皇子的诞生可能阻止了一场革命"。经验丰富的俄国审查人员知道如何对付这种有煽动性的陈述。抹掉版面上的皇后肖像会被认为是一种亵渎，所以在这本杂志送达读者手里之时，除皇后肖像外，周边的文字全都被抹去了。[1] 这样严厉的审查不过是徒劳的姿态罢了。在圣彼得堡激愤难平的街道上，持续不断地上演着工人罢工和政治动乱。在康斯坦丁大公看来，"大坝似乎已毁"。俄国，他认为，"似乎被一种对于改变的渴望攫住了……革命在砰砰敲门"。[2]

东正教历（旧历）1 月 6 日，尼古拉出席了洗礼节的庆典，这是很少几个公开的仪式之一，标志着传统意义上圣诞节节期的结束。① 典礼最关键的时刻是沙皇要从冬宫的约旦楼梯走下来，前往结冰的涅瓦河畔，见证圣彼得堡的都主教将一枚金十字架浸入涅瓦河凿开的冰洞中三次，以纪念耶稣的受洗。之后会有人向沙皇呈上一壶用于他自己蘸点画十字的圣水。然而，在接下来的传统鸣炮礼上，不知是意外还是有人设计，三发从涅瓦河对岸打过来的炮弹被证明是实弹。有一发炮弹击中了冬宫尼古拉大厅的玻璃，大厅里挤满了客人。下落的散弹和玻璃砸向了冰面上临时搭建的木制小教堂，尼古拉、玛丽亚·费奥多罗夫娜和其他皇室成员全都聚集在这里。尼古拉毫发无伤，且"除了画十字以外没有移动分毫"，一个目击者回忆道，虽然他"安静地、顺从地微笑"看起来"十分诡异"。[3] 事后调查表明这是一次纯粹的失误——在加农炮射击训练后子弹被留在了炮筒里。然而宿命论的尼古拉深信，这些实心炮弹是为他准备的。[4] 对于要将一切灾祸都解读为是降临在这个薄命政权之上的不幸事件的民族来说，这则进一步证明了独裁统治注定要灭亡。

三天后，一场大规模的悲剧席卷了圣彼得堡，激烈的工业动荡已经持续了数周，对日俄战争的不满情绪更是加剧了这场动荡。手无寸铁的工人以及他们的家人在冬宫门前请愿，央求尼古拉进行政治和工业改革，哥萨克军队开枪朝他们射击，造成了数百人的伤亡。后来被称为"流血星期日"（又称"一日大屠杀"）的这一事件，彻底地改变了人们对于沙皇是保护他

---

① 旧历 1 月 6 日即新历 1 月 19 日，这一天是东正教的洗礼节（基督教中一般称主显节），在东正教的概念中，这一天圣父以声音、圣子以躯壳、圣灵以鸽子的形态显现，见证耶稣基督在约旦河接受圣洗。——译者注

们的"小父亲"的观念，随着时间的推移，动荡不安的国家陷入了极端暴力。2月，俄国军队在中国东北奉天被击垮；5月中旬，波罗的海舰队在对马海峡被摧毁；8月，俄国同日本进行了和平谈判。尼古拉的内政大臣彼得·斯托雷平在国内策动了一轮军事法庭审判和处决，以对抗不断升级的暴力。

与广泛的动乱相伴而来的是暗杀著名政府高官的戏剧性升级。斯托雷平的两位前辈相继被暗杀：1902年德米特里·西皮阿金，以及阿列克谢出生两周之前在圣彼得堡的街道上被炮弹炸死的维亚切斯拉夫·冯·普勒韦。罗曼诺夫家族长期以来一直生活在政治恐怖活动的阴影中，1905年2月，革命者们取得了截至当时最令人胆寒的成功，艾拉的丈夫、遭人痛恨的谢尔盖大公在莫斯科的炸弹袭击中被炸成了碎片。这被视作对皇室的威胁，因此尼古拉和亚历山德拉甚至无法去参加他的葬礼。接下来的袭击也是密集又迅猛：5月，保卫部基辅地区总长亚历山大·斯皮里多维奇被击中，伤势严重；1906年8月，俄国驻华沙军事总督冯里亚尔里亚尔斯基被暗杀；此外还有皇家近卫军团的司令官明将军，被一个女性革命者在彼得宫城火车站当着他妻子的面杀害。[5]

这些就是尼古拉现在面临的威胁，它"导致了一个奇怪的集监视和出卖为一体的复杂系统的建立"。间谍被派去监视间谍。空气中充满着低语、暗流、恐惧和不信任，让战线拉得过长的警察疲于应对。[6]尽管皇室一家从来不随意出现在圣彼得堡的拥挤场所，但每件可能发生的事都在他们的职责范围之内：比如他们在乘马或三驾马车出行时，或参加教堂礼拜或公共仪式时，在这种场合他们可能会被人群包围。这一精心编织的安全网络被一项禁令支持，任何报刊都不能报道沙皇一家

84

每日可能的行程或旅程。[7] 没有出版物可以逃脱新闻审查部门的严苛检查。因此，正如一家伦敦报纸所观察到的，俄国民众一点也感觉不到沙皇和皇后的"甜蜜家庭生活"，"报纸不会刊登，也鲜少被谈及，就算真的有，也让人屏住呼吸、小心翼翼"。有一些不痛不痒的公告被发布出来，还有一些官方照片，以及一些售卖的明信片，但这就是全部了。俄国的沙皇一家因"令人印象深刻地难以接近"而出名。[8]

现在有四张安全网保护着罗曼诺夫家族的一举一动：一组特殊的警察力量成了沙皇卫队在皇村的后备，他们负责监控周围的街道，并且审查一切前来宫殿的访客；一支特定的铁路部队负责监控从圣彼得堡到彼得宫城和皇村的路线；其他所有皇家列车会经过的路线也都在两侧设置了军队的警戒线来严加看守；而贴身护卫则为沙皇一家再提供一层额外的保护。[9] 即便是这样，亚历山德拉也坚持要把百叶窗拉起来，她拒绝让孩子们——甚至还有尼基——去窗边向路人挥手。御前大臣办公厅主席亚历山大·莫索洛夫回忆起一次出行，"孩子们把脸贴在窗帘和窗框之间的缝隙"，他们渴望看到外面的世界。[10]

那个时候沙皇一家住在彼得宫城的下别墅，刺杀明将军的行动距离家门实在太近了，这让尼古拉感到紧张不安，但对于亚历山德拉的影响还要大得多的多，她此后一直生活在对沙皇和孩子们生命安全的恐惧当中。[11] 这种愈演愈烈的隔离状态甚至被外媒捕捉到。《华盛顿邮报》（*Washington Post*）在 5 月底的时候刊登了一篇长文，题目是《没有笑容的孩子》，精选了最近的官方照片，谈论了罗曼诺夫家族小姐妹表情的甜美，但最终的结论是"悲伤在她们脸上打下了自己的印记"。一家人"几乎是宫殿里的犯人，被仆人和守卫环绕，由于过去事件的影响，他们也永远不能相信这些人"。[12]

受到政局进一步变动的威胁，1905 年的秋天，尼古拉勉
强同意成立了一个议院——国家杜马，1906 年 4 月才正式开
始运行。亚历山德拉憎恶这个决定，因为她对一切可能威胁到
阿列克谢继承皇位的政治让步感到愤怒。果不出所料，这个杜
马是短命的。尼古拉是一个保守到骨子里的人，并且很害怕改
变，因此丧失了勇气，在两个月之后便宣布撤销这个机构。他
认为，杜马是政治冲突的温床。暴力不可避免地升级了。1906
年 8 月 12 日的下午，总理大臣斯托雷平在他圣彼得堡乡下的
木制小别墅里遭遇了一场大规模炸弹袭击，他得以死里逃生。
那时屋子里挤满了访客，别墅基本被摧毁，30 人遇难，另有
32 人受伤，而斯托雷平自己奇迹般地平安无事。但当他被人
从废墟中挖出来的时候，他一遍一遍地重复道："我可怜的孩
子，我可怜的孩子。"[13] 他的两个孩子，儿子阿尔卡季和其中
一个女儿娜塔莉亚当时正在阳台上，他们被爆炸的冲击甩到了
下面的路上。3 岁的阿尔卡季只是伤到了屁股，但 15 岁的娜
塔莉亚伤势非常严重，她在医院里躺了好几个星期。当医生们
都以为她会死，或两条腿都要被截肢时，10 月 16 日，尼古拉
给斯托雷平和他的妻子寄去了一个短笺，说一个上帝派来的
人——"一个托博尔斯克来的农民"，想要用圣像和祷告来为
娜塔莉亚祈福。尼古拉和亚历山德拉最近才见过这个人，而他
给沙皇夫妇留下了"一个如此直接而强烈的印象"，以至于尼
古拉敦促斯托雷平准许他去医院看望孩子。[14] "当这个男人到
来之后，他并没有触碰这个孩子，而只是站在床脚，举起奇迹
制造者维尔霍图里耶的圣西缅的圣像，并且祈祷。"在离开的
时候他说："不要担心，一切都会好的。"娜塔莉亚很快就好

86

转而且最终痊愈了，尽管由于一侧脚后跟被炸伤而落得了跛足的终身残疾。[15]

这个神秘的治病术士是一个"怪人"——一个37岁的半文盲、世俗的朝圣者，他的名字叫格里高利·拉斯普京，自1903年大斋期间来到圣彼得堡之后，他以神秘主义者和治病术士的身份闻名当地。[16]尼古拉和亚历山德拉于1905年11月，在斯塔娜的家中——在彼得宫城附近谢尔吉耶夫卡的庄园——已经和他简短地会过一次面。1906年7月又见了他一次。菲利普此时已经过世，黑山姐妹接纳并起用了这个新的神秘主义者和治疗术士，她们了解阿列克谢无法被治愈的内情，便一起操控拉斯普京接近非常脆弱的沙皇夫妇。拉斯普京于1906年10月13日晚前来下别墅参见沙皇夫妇，他请求给他们一幅木制的圣西缅圣像画，圣西缅是西伯利亚人最爱朝拜的圣徒之一，也是拉斯普京尤为尊崇的一位。当时他被允许见一见孩子，并"给他们圣饼和圣像画，再对他们说上几句话"。[17]但会面也就仅止于此了，沙皇夫妇并没有回邀拉斯普京。尼古拉和亚历山德拉对他印象深刻，保持好奇，但同时小心翼翼。

斯托雷平孩子受伤事件所带来的震惊是持续性的，对于夫妻两人都是。尤其是斯托雷平和他的妻子也是在一连串生了五个女儿之后才有了第一个儿子。亚历山德拉对于阿列克谢的保护永远是没有限度的。她看上去似乎"会痉挛性地把小儿子搂到自己的身边，这是一个总活在失去孩子的恐惧当中的母亲"。[18]1905～1906年的可怕事件以及对阿列克谢血友病的焦虑已经给她带来了沉重的压力。当她的姐姐伊莲娜和维多利亚在那年夏天来看望她时，她们觉得亚历山德拉老了，且为她的神经痛如此频繁以至于丧失行动能力而感到惊慌失措。亚历山德拉也在抱怨自己的气短和胸口痛，她相信这是因为心脏"扩张了"。维多利亚为她的所见所闻感到非常难过，她带着这份心情回了家。在皇村，她"只有在四个迷人的小姑娘的脸上"，才能看到些许真实的快乐。[19]

俄国皇室消息的完全封锁与对英国王室每次乘车出行、剪彩、揭幕等宫廷琐碎日常的报道形成了鲜明对比。为了揭开围绕沙皇一家的神秘面纱，外国媒体记者也蜂拥而至，到圣彼得堡打探沙皇的"家庭生活"。"四位俄国的小公主"是英美女性杂志无限好奇的对象。[20]在1905年尼古拉和亚历山德拉搬离冬宫前，民众有时会在圣彼得堡的街道上看到这些小姑娘和她们的奶妈坐着带篷四轮小马车经过，她们常常表现得很不守规矩，会爬到座位上，站起来向行人致意，渴望记下周遭的一切。透过亚历山大宫的围栏，人们还是有很小的概率看到她们在庭园里骑她们的小马和自行车，抑或跑来跑去地采花。她们看上去充满活力、富有生气，但那些报纸急于了解更多。[21]

玛格丽特·伊格是第一批提供内部视角的人之一。1904年9月29日，在阿列克谢出生后不久，她几乎是突然从她现在的职位上"被辞退"。没有任何解释，伊格在后来的回忆录和文章中没有披露，尼古拉也没有在自己的简短日记中提及她的离去。不过有种可能是对于尼古拉和亚历山德拉来说，坦率直接的玛格丽特太过好斗。很像在她之前的英曼太太，玛格丽特坚持认为管束孩子是她作为奶妈的权利。有一次她鲁莽地和亚历山德拉理论了一通，坚称她是"受雇于陛下来教育小公主们的"。亚历山德拉不得不提醒玛格丽特她是在对俄国的皇后说话。[22]并且玛格丽特一直非常固执己见且爱嚼舌根，所以对于一直在焦虑地守护阿列克谢身体状况秘密的皇室夫妇来说，她可能也是一门不太稳定的加农炮。

然而，叫玛格丽特·伊格走并不是一件轻松的事，因为这位保姆相当尽职和专业，而且女孩们都很爱她。不过亚历山德拉决定亲自接过女孩们的抚养和教育事务，自此她不再雇用任何英国奶妈。这和俄国传统完全相悖，也和那时大多数贵族父母的一般做法不同，他们都会把孩子的日常照料交给一队随从来负责。当然，亚历山德拉也享受着一些俄国保姆的日常看护服务，其中两位最忠诚且服务时间最长的是玛丽亚·维什尼亚科娃和亚历山德拉（舒拉）·切格列娃，前者正越来越多地照顾着阿列克谢。

至于女儿们的教育，亚历山德拉已经亲自开始教她们英语和法语，以及一些简单的拼写，在她们能拿起针的时候已经在教授她们女红。她让自己的女教师特琳娜·施耐德来教授两个大女儿其他的主要课程。很像玛格丽特·伊格过去所做的那样，特琳娜在姑娘们出游时也扮演了一个年长女伴的角色。与此同时，针对其他学科亚历山德拉也在寻找一些男家庭教师。[23] 首先被雇用的一批人当中有彼得·瓦西里耶维奇·彼得罗夫，此人是一名前军官和教师，曾是一所军校的政府高级管理员。自 1903 年起，他开始教授奥尔加和塔齐亚娜学习俄语和俄国文学。尽管已经快要退休了，彼得罗夫对待他的主顾还是全心全意（下文中将以他姓名的首字母 PVP 来指代他）。[24] 但他发现她们是块烫手山芋。这个年纪的女孩子可以说是狂野和失控的。"她们会和他玩，尖叫、大笑、推搡他，大多数时候是毫不留情地捉弄他。"布克斯盖夫登女男爵回忆道。奥尔加和塔齐亚娜在学习的时候"像小老鼠一样温驯"，而一旦老师离开教室，一场"疯狂的抢夺战"就开始了，奥尔加会跳

89

上沙发，踩着紧靠墙码放整齐的座椅奔跑，两个小的也会从儿童房匆忙地跑过来，加入这场竞赛。直到下一位老师看到她们再一次假装正经地坐在位子上。

学堂里最重要的新造访者肯定要数26岁的瑞士裔家庭教师皮埃尔·吉利亚德了，他矮小利落，衣领笔挺，捋着他的八字胡和山羊须。1905年9月，他开始在彼得宫城教授奥尔加和塔齐亚娜法语课。此时的他仍受雇于洛伊希滕堡公爵夫人斯塔娜和她的丈夫。吉利亚德每周几次从公爵夫妇在谢尔吉耶夫卡的庄园出发，需要通过无休止的安全检查的层层考验。坐在课堂里的皇后让他感到非常不自在，直到她对他的授课质量表示满意。此后则换成了一个女侍官来做非正式的伴读。吉利亚德对于他的小主顾最初的印象是，奥尔加"像一匹脱缰的马一样精力充沛而且非常聪明"，相较之下，塔齐亚娜则显得"沉静而慵懒"。[25]他喜欢她们的坦诚，以及她们"从不试图掩盖自己的过错"，而且更喜欢的是沙皇一家人的质朴，和他在洛伊希滕堡公爵一家刻板单调、干巴巴且充满紧张气氛和阴谋的生活形成了鲜明的对比（公爵夫妇此时正处于分居和离婚丑闻的痛苦之中）。[26]

*

在彼得宫城短暂停留一夏后，皇村的生活又回到了正轨。尼古拉要比他的妻子起得早很多，他病弱的妻子通常要到9点后才起床。孩子们其间会在楼上的儿童房吃完早餐，她们吃的是英国家庭非常钟爱的简单食物——麦片粥、面包配黄油、牛奶加蜂蜜。尼古拉在去书房会见他的大臣之前偶尔会加入她们。到了8岁至10岁时她们会被认为已够格下楼和大人们一起共进早餐。午餐也总是很简单，经常会有客人或随从加入他们。当孩子们回去上课以后，亚历山德拉会用一下午织织衣服，或画会儿画，再或者写写信，5 点左右则会在她的淡紫色卧房享用下午茶。如果可能的话她喜欢让尼基和自己待在一起，孩子们只有在被邀请时才可以进来——穿着她们最好的衣服，即便在有特殊原因的时候她们可以随时来找她。当孩子们长大一些，也可以和父母共进同样非常朴素的家庭晚餐。结束之后孩子们和亚历山德拉会做更多的针线活，玩桥牌或其他一些牌类游戏直到睡觉，其间尼古拉经常会为她们大声朗读。[27]从没有人看到过这些女孩感到无聊或厌烦的样子，因为亚历山德拉总会保证她们有事可做。当她要陪同尼古拉履行公务时，她会给她们送去一些警告的小短信："你们要保证乖乖的，并且记得把胳膊肘从桌子上拿下来，坐正，好好地吃你们的饭。"[28]她总是期待收到她们的回信，即便是很简短的。以下是一封 1905 年塔齐亚娜给她母亲回复的很有代表性的短信：

J'aime maman, qui promet et qui donne

Tant de baisers à son enfant,

E si doucement lui pardonne

Toutes les fois qu'il est méchant. ①[29]

当沙皇一家的生活细节被曝给西方媒体时，最引人注意的一点是这一家的生活是多么简单和平凡。人们似乎对四姐妹"只享受寻常小孩的乐趣"感到惊奇。[30]记者们会对她们的英

91

---

① 意为："我爱妈妈，她总是允诺并给予她的孩子们许多吻，并且在她们淘气时会温柔地原谅她们。"塔齐亚娜显然是从什么地方抄过来这句话的，因为法语语法上如果这指的是自己，应该用"qu'elle est méchante"。

式教养印象深刻，她们的教育包含大量的户外活动和练习，严格遵循一个固定的课表。大约上午 11 点会有一个课间休息，亚历山德拉经常带着孩子们和她的一个名誉女侍官——布克斯盖夫登女男爵（她们称呼她伊扎）或特琳娜·施耐德——一起去公园散步或乘车游览。冬天，她和孩子们经常乘坐一辆四座大雪橇外出。此时的小阿纳斯塔西娅已经成了一个无可救药的小丑，她会滑到熊皮地毯下……坐下来，学母鸡咯咯叫或是模仿阿尔拉的叫声——阿尔拉是亚历山德拉的恶犬，以咬人脚踝著称。有时，随着雪橇滑动，姑娘们会唱起歌来，"皇后给出一个主音"，熊皮毯子下的阿纳斯塔西娅会发出咚咚咚的伴奏音，声称"我是一架钢琴"。[31]

罗曼诺夫家的姑娘很少打扮招摇，即便是在最冷的天气，她们也从不"用盛行的华装把自己包裹起来"，《每日镜报》（Daily Mirror）这样告诉他们的读者，"因为皇后是如此恪守英国的习惯"。[32]此时阿纳斯塔西娅已经 4 岁了，亚历山德拉开始给她的孩子们穿上颜色匹配的非正式"制服"，明显可分为"大的一对"和"小的一对"，亚历山德拉也这样称呼她的孩子们。但不管这种简称的初衷是多么和善亲切，这标志着这个家庭开始习惯把孩子分类而不是按照她们的个性对每个人进行区分。"大的一对"和"小的一对"同住一个房间，她们睡在简单的、紧窄的镍制行军床上（军队的一种可携带的床铺，这是尼古拉自己斯巴达式的童年的印痕）。早上她们只能用凉水洗浴，晚上才被允许泡个热水澡。大一点儿的姑娘要自己穿衣服，亚历山德拉还希望她们能自己收拾床铺并且打扫自己的屋子。路德教派清教徒式的生活准则确保她们的衣服和鞋子是一个传一个的。"皇家儿童房的玩具橱柜里并没有那些被中产阶级家庭视为不可或缺的贵重玩具"，《每日邮报》观察道。

92　确实，"维多利亚女王寄给她外曾孙女的华丽娃娃只有在节假日才会被拿出来"。[33]

　　外国观察者注意到的最明显的一点是母亲与父亲和孩子亲近的程度。尽管工作十分繁重，尼古拉还是从一开始就努力在每晚赶回来看最小的孩子洗澡，而且他总能设法找到时间陪他们一起玩耍或给他们读书。父母二人都给孩子树立了很高的道德标准；亚历山德拉受到美国长老会牧师詹姆斯·拉塞尔·米勒的启发，他所撰写的诸如《幸福家庭生活的秘密》（Secrets of Happy Home Life，1894）和《婚姻生活》（The Wedded Life，1886）等说教式的小册子每本都销售了百万册。她记录了很多米勒的语录，关于幸福家庭生活，关于孩子是"上帝的完美理想"，以及关于父母对于让孩子在一个基督教的、充满爱的家庭中成长所承担的责任。"愿上帝助我给他们良好的教育，愿他们超越所有的勇敢的小基督教战士，为我们的救世主而战。"1902年，她这样告诉她的老朋友毕肖普·博伊德·卡朋特。[34]

　　1905年，奥尔加快满10岁了。此时的她已经有了一种她是老大的命运使然的地位意识，喜欢在经过守卫的士兵时向他们致意。在阿列克谢出生之前，人们经常把她视作"小女王"，亚历山德拉也强调了这一点，在女侍官向奥尔加表达喜爱之情时，"女王"会让她们亲吻她的手而不是做出其他更冲动的表达。尽管奥尔加可以和她的妹妹们吵闹成一团，但她还是有严肃的一面。如果有一天她能成为女王，她的诚挚和正直将会很好地服务于她。从一开始亚历山德拉就在奥尔加身上培养了一种责任感，亚历山德拉常常在小纸条中提醒她这一点。"妈妈温柔地亲了亲她的小姑娘，并且向上帝祈祷她的孩子将永远是一个慈爱的耶稣徒。要向所有人传递善意，文雅温和，忠实真诚，这样所有人就会爱你。"1905年她写道。[35]

玛格丽特·伊格很清楚奥尔加在非常小的年纪就继承了母亲和外祖母爱丽丝的利他精神。她对于那些比她不幸的人的境遇非常敏感。有一次，她乘车行驶在圣彼得堡的街道上，看到警察逮捕了一个醉酒且衣衫不整的妇人，她求玛格丽特让他们把她放了。又有一次在波兰，当他们乘马车经过时，奥尔加看到贫穷的农民都跪在路边，这让奥尔加感到很不安，她想叫玛格丽特"让他们不要这样做"。[36]在某年的圣诞节后不久，他们坐车外出，奥尔加看到一个小女孩在路上哭。"看，"她极其激动地大叫，"圣诞老人可能不知道她住在哪里。"随后立即把马车里自己带着的娃娃扔给她，并且朝她喊道："别哭，小姑娘。这儿有一个娃娃给你。"[37]

奥尔加的好奇心很强，总有问不完的问题。有一次，一个保姆批评她的坏脾气，说她"下床时第一脚迈错了"①。第二天早上奥尔加突然发问"哪一只脚应该先迈出去"，以防"那只坏脚让我今天调皮捣蛋"。[38]奥尔加有时显得脾气很坏、傲慢、很难对付，尤其是在她青春期的时候，她的怒火显示了她阴暗的一面，而且她有时很难控制住这种情绪，但奥尔加也是一个梦想家。在孩子们的一个叫"我是间谍"②的游戏里，亚历山德拉注意到"奥尔加总是会想到太阳、云朵、天空、雨

① 古俄罗斯人认为早起下床时若右脚先着地，则这一天吉祥顺当；若左脚先着地，则这一天就会不吉利、不顺利。后来俄语口语中经常使用左脚先着地这一习语，指某人无缘无故心情不快、动辄生闷气等。——译者注

② 一种多人游戏。由出题人想出一个词语，用模糊的形容词描述它，直到有人猜出这个词。——译者注

水或一些属于天堂的东西，她解释说想到这些会让她非常快乐”。[39]1903年奥尔加8岁的时候，她第一次做了忏悔，在她的堂姐不幸早夭的同年，她开始迷恋天堂和死后世界。有一次和玛格丽特讨论一个盲女人的境况时，她坚持说："堂姐艾拉①知道这一切，她现在正坐在天堂里和上帝对话。上帝告诉她它是怎么做的以及为什么要这样做。"[40]

　　8岁的塔齐亚娜是一个皮肤苍白、苗条的小姑娘，一头红褐色的长发，眼睛的颜色要比她姐妹们的湖蓝色更深一些。她已经出落得十分美丽，"是她美丽母亲活脱脱的翻版"，她立体的五官和吊眼梢更是自然地增强了这种视觉冲击力。[41]表面上看，她似乎是一个很沉着冷静的年轻姑娘，但其实她和她的母亲一样，是一个在感情上小心翼翼且非常保守的姑娘。她和奥尔加不同，既不像奥尔加有时会表现出的那样放任自己的脾气，也不像她长大一点后就和母亲关系时远时近。塔齐亚娜非常乖巧听话，亚历山德拉正是对她才能时常说些心里话。她是最知礼仪的，在和大人们进餐时会表现出非常恭顺的样子。她被证明是一个天生的组织者，头脑清晰、脚踏实地，这是她的姐妹们比不上的。难怪她的姐妹们都叫她"女管家"。奥尔加喜爱音乐，弹得一手漂亮的钢琴；而塔齐亚娜则像她的母亲一样，是一个缝纫巧手。此外，她还是一个非常无私的人，总能记住别人对她的好。有一次，她发现了原来她的保姆和伊格小姐是因为没有自己的钱、为了生计而出来工作，于是在第二天的早晨她来到伊格小姐的床前，钻进被窝并抱了抱她，说道："无论怎样，这个至少不是你的报酬。"[42]

---

　　① 艾拉是前文夭折的小女孩伊丽莎白的小名。——译者注

第三个女儿玛丽亚是一个害羞的小姑娘,因为夹在两个姐姐和弟弟妹妹中间而感到不太好受。她的母亲或许将她和阿纳斯塔西娅搭在一起绑定作"小的一对",但随着时间的推移,玛丽亚偶尔觉得自己会抽离于阿纳斯塔西娅和阿列克谢的组合,他们才是更天然的小的一对。有时她会觉得并没有得到她所渴望的爱和关注。她的强健体格让她看上去很笨拙,她还获得了鲁钝和聒噪的声名。但对于很多了解这个家庭的人来说,玛丽亚是目前看来长相最美丽的。她粉嘟嘟的肤色、丰盈厚重的棕色长发,以及淳朴的俄国品格是其他几个孩子都不具备的。每个人都注意到她"像灯泡一样"闪闪发光的眼睛和她甜美的笑容。[43]她没有特别闪耀,却在画画上面有着真正的天赋。她的姐妹们会叫她玛什卡,她对自己的地位是最不敏感的。她"愿意和任何一个宫廷仆从握手,也会和她偶然碰到的清洁女仆或农妇交换亲吻"。[44]有一次,她从冬宫的窗口看到有一队检阅的士兵走过,便叫喊道:"噢,我爱这些可爱的士兵,我想把他们亲个遍!"在所有的姐妹中她是最直率、最真诚的,对待父母也极为恭敬。玛格丽特·伊格认为她是尼古拉二世最喜欢的女儿,他被她自然的情感打动了。有一次玛丽亚怯生生地承认她在茶点时间偷偷地多拿了一块饼干,尼古拉当时的感觉是松了一口气。因为他"一直很害怕孩子们的翅膀硬了"。这让他"很高兴地看到她只是个普通的孩子"。[45]

拥有这样一个顺从的性子,玛丽亚似乎不可避免地臣服于她的妹妹阿纳斯塔西娅专横的个性。这个最小的罗曼诺夫姐妹的存在绝对不容人忽视。即便到了4岁,她还是一个强健的小猴子,而且"无所畏惧"。[46]在所有的孩子中,阿纳斯塔西娅(或像他们称呼的纳斯佳)是长得最不像俄国人的一个。她有

95

一头像奥尔加那样的暗色金发和一双他父亲那样的蓝眼睛，但她的五官轮廓却与她母亲一边的黑森家族的长相很相似。她也不像她的姐姐们那样腼腆，实际上她非常直接，即便是面对大人时。她或许是四人当中最小的，但总要引起最多的注意。她天生就有很强的幽默感，"知道如何抹平每一个人额头的皱纹"。[47]在阿列克谢出生后不久的一天，玛格丽特发现阿纳斯塔西娅在用手抓着吃豆子。"我骂了她，话说得很严厉，'连刚出生的小婴儿也不会用手抓着吃豆子'。"她抬起头说："发（他）也是，发（他）也会用脚趾（手指）吃！"[48]阿纳斯塔西娅不会做任何教给她去做的事情。如果告诉她不要爬树，她就一定会去爬树。如果告诉她不要去吃果园里堆放的为晚餐准备的苹果，她就故意要去吃个饱。即便被训斥也死不悔改。"你不知道我在园子里吃的苹果有多棒。"她揶揄玛格丽特。为此阿纳斯塔西娅被禁止入园，直到一个星期之后她保证再也不会去偷吃了。[49]

围绕阿纳斯塔西娅的每一件事都是一场意志的战争。她是个很难对付的小孩。心不在焉、粗枝大叶，渴望做除了安静地坐着以外所有的事。尽管她在学业上的表现不佳，但是她有和人打交道的天赋。当做错事时她总是老老实实受罚，"她会坐下来权衡每一件她想做的事所需要付出的代价，并且'像一个士兵'一样接受惩罚。"玛格丽特回忆道。[50]但这从不会阻止她成为闹剧的主要煽动者，而且她得逞的时候比她的姐妹们多多了。待年纪稍长，和其他孩子玩耍时的她可以说是粗鲁甚至是有些恶毒的，她会抓对方的脸，拉扯对方的头发，这使得她的堂表亲们在前来拜访时，抱怨当事情不如阿纳斯塔西娅的意时，她"会成为一个魔鬼"。[51]

　　四个甜美的小姑娘身穿白色刺绣的麻纱裙，头系蓝色的　96
丝带，这种治愈系的公众形象很难或完全不能显示在亚历山
大宫闭锁的大门之后所养成的四种完全不同的个性。在 1906
年之前，通过广泛售卖的照片，罗曼诺夫姐妹的形象在公众
面前被固化了。但直到战争年代，这种形象一直是肤浅而甜
腻的。[52]

第六章
"施坦达德"号

　　经历过 1905 年的动荡，罗曼诺夫一家不得不选择回到彼得宫城，远离世人，成为事实上的囚犯。皇家私人保卫部的首领斯皮里多维奇将军（已从上次针对他的恐怖袭击中恢复过来）是为数不多的在皇室随从中能亲近这一家的人。[1]他甚至觉得彼得宫城也不够安全，于是在 1906 年的夏天，皇室一家坐上他们的皇家游艇"施坦达德"号外出度假，由斯皮里多维奇将军严密把控安保事宜。三周的时间里，他们航行于维罗拉赫蒂的花岗岩岩礁之间，这个地区临近喀琅施塔得和赫尔辛基港之间的芬兰南海岸。皇室一家会在一些最受欢迎的港口，比如比约克、兰金科斯基、皮特克帕西和普基奥岛停靠。安全警察对"施坦达德"号即将抵达地区的所有不良居民进行了全面调查。作为一项附加的保护措施，舰艇的停船处也在不停调换。但是官方的神经症如此之甚，以至于还调遣了皇家八支舰队中的一支来护送这艘游艇，其中包括了鱼雷艇和快艇，这些舰艇负责阻止其他船靠得太近。[2]"施坦达德"号的甲板上是看不到保卫队的，皇室一家相信军官们和船上全员极度忠诚。"我们组成了一个团结的家庭。"亚历山德拉评论道。[3]

　　孩子们很爱"施坦达德"号，他们认识 275 名水手和舱内船员中的很多人，记得他们所有人的名字。在甲板上他们感到非常安全，并且很快将"施坦达德"号看作另一个家。420
英尺（128米）长的"施坦达德"号是所有皇家舰艇中最大
最快的，而且拥有一系列最现代的设备，如电灯照明、蒸汽加
热和冷热自来水供应。它的豪华正舱配有吊灯和红木墙板，私
人祷告室里装饰了圣幛，餐厅可以供72位客人同时进餐。皇
室一家的房间非常舒适但非常朴素，延续了亚历山大宫和下别
墅那种普遍且家常的英式风格，除了照管人会随尼古拉的公务
箱定期送来同样成箱的从皇村新鲜剪下的花朵，以满足亚历山
德拉一个固定的小癖好。

　　起初，姑娘们在下层甲板上和她们的女仆共用狭小的客
舱。她们的父母认为这一安排是足够的，因为女孩子们还很
小。直到1912年后，她们才得到了在上层甲板上更大的属于
自己的客舱，即使这些房间仍没有预留给阿列克谢的套房宽
敞。[4]不管大小如何，姑娘们非常喜欢自己的客舱，但只有在
日光浴甲板上她们才得到了解放，她们会换上海军蓝水手服
（天气暖和的时候还有一套白色的）、硬草帽和双带扣长筒靴，
她们可以和军官们交谈，一起在甲板上做游戏或是在甲板平滑
的木制表面上滑旱冰。亚历山德拉总会在附近，坐在一把舒适
的柳条椅上，或是帆布篷下的沙发上，看着她们。每次航海出
游，罗曼诺夫一家的每个孩子都会被指派一名私人保镖或是一
个从船员当中选出的"叔叔"（dyadka）去守护孩子的出海安
全。1906年夏，孩子们第一次见"施坦达德"号的船员时还
很腼腆，但他们很快就和他们的"叔叔"要好起来，因为
"叔叔"会一坐几个小时，给他们讲航海的趣闻，或是他们的
家庭和家乡的故事。安德烈·捷列文科被特别授意照料阿列克
谢，他现在必须时刻严密注意阿里克谢的举动，防止他会跌

倒、磕伤自己而引发血友病。与此同时，姑娘们也有一些和自己特别亲近的军官；女孩们会在上岸时握着他们的手，和他们紧挨着坐，或是在他们划船时帮助摇桨。在大多数早晨，她们都会早起，在八点的时候来到甲板上，看着船员们聚在一起，伴着船上乐队演奏的《尼古拉进行曲》举行升旗仪式。

99　　　有幸在"施坦达德"号上服务的船员们都很喜爱四姐妹，认为她们非常迷人，尼古拉·瓦西里耶维奇·萨柏林后来在回忆录中写道："在船上一切都非常随意，以至于水手们都直呼四姐妹的名字和父称而不是以她们的头衔称呼她们。"从中可以看出天真无邪的、初识的朋友们已经发展出深厚的友谊。在1906年第一次的旅行中，奥尔加和尼古拉·萨柏林亲近起来，而塔齐亚娜则和另一个尼古拉·瓦西里耶维奇·萨柏林（二人毫无关系）熟悉起来。尼古拉·瓦德波尔斯基是玛丽亚的最爱。而阿纳斯塔西娅则意外地对一个叫阿列克谢·萨尔坦诺夫的沉默寡言的领航员大有好感。她让包括她的"叔叔"巴布什金和萨尔坦诺夫在内的所有人感到棘手和尴尬，从清晨到傍晚，她会疯狂地在舰艇上跑来跑去，在没人注意的时候爬到驾驶台上。她总是头发蓬乱、很难控制，只有在每天快要结束的时候才会在踢打和尖叫声中被带回床上。她冷淡的姐姐玛丽亚在船上则生活得放松惬意。正如萨柏林所回忆的，她"喜欢坐一小会儿，读一读书或吃点甜饼干"，如此一来她变得更胖了，不难解释她的姐妹们对她的昵称——"小胖狗（fat little bow-wow）"。[5]

在"施坦达德"号上亚历山德拉像换了一个人——比在其他任何地方都更放松、更快乐。她现在有了一个新觅的朋友——安娜·维鲁博娃的陪伴。安娜于1905年2月来到宫廷。

尽管从没有被正式封为女侍官,她还是迅速地填补了亚历山德拉最爱的女侍官索尼娅·奥尔别里阿尼公爵小姐的位置,后者自1898年起就陪伴着皇后,但现在受到一种慢性病的折磨而无法继续服侍下去了。[6]不久,安娜就成了皇后不可或缺的红颜知己,也成了她日常生活中几乎永远存在的角色。上帝给她送去了一个朋友,亚历山德拉说,在她居住的封闭世界实在是太难找到像安娜一样值得信赖的朋友了。

安娜·维鲁博娃脖子很短,胸部丰满,矮小、肥胖、无甚吸引力,她很容易上当受骗,而且"长着一张娃娃脸,让她看上去只是一个寄宿学校的学生"。[7]正是这份天真和柔顺吸引了亚历山德拉。安娜的头脑太简单了,根本玩不成阴谋,所以没有威胁。事实上亚历山德拉有点可怜她。她对这个20岁的傻姑娘的异常亲密,自然招来了其他资历更深的皇家女侍官,尤其是被替代的奥尔别里阿尼和玛德琳·扎诺提的愤怒和嫉妒。但在"施坦达德"号的甲板上,亚历山德拉和安娜形影不离。她们会经常一起表演二重唱或是四手联弹。温顺可爱的安娜把亚历山德拉的每一句话都奉为圭臬。不到一年,皇后像其母亲一样,帮助策划了她的婚事。

100

简单但田园诗般的芬兰航行假期成了1914年战争爆发前罗曼诺夫一家常规的旅行,对于四姐妹来说,这是她们最美好也最快乐的时光。与陆地上不同,这样的航海旅行给了她们同父母不一样的亲近机会,尤其是她们有更多的时间可以和她们都非常崇拜的父亲待在一起。"和爸爸一起出海——这是她们快乐的源泉。"沙皇的侍从武官格拉贝伯爵回忆道。[8]尼古拉对自己孩子的态度并不带有维多利亚时代那种居高临下的高傲感觉,反过来,仅仅是父亲的陪伴也可以让孩子们感到满足,使她们享受最简单的快乐。在"施坦达德"号上罗曼诺夫一家可以过上他们渴望的、理想的、无束缚的家庭生活，但他们永远无法在岸上享受这种生活。

沙皇一家沿着芬兰海岸，在金秋的阳光下悠闲地航行，他们穿过长着茂密冷杉、云杉和桦树的小岛，鲜有人问津的酒吧，几家渔民的小屋，一家人可以随意停歇下来。孩子们很高兴上岸，和保姆、"叔叔"们一起玩球类或是捉人游戏，野餐，或是采蘑菇和莓果。他们经常随父亲一起出来划船，斯皮里多维奇将军像鹰一样密切关注着沙皇一家的安全问题，他们的每次探险之旅都有将军拍下的大量照片。尼古拉从来都不是一个热心的猎人或是钓鱼爱好者，但他确实喜欢长时间且需要保持旺盛精力的徒步旅行，他的随从很少能跟得上他。即便是在假期，尼古拉也需要快速处理大量寄来的公文，但在空闲的时候，他偶尔会上岸在当地地主的庭院里打打网球，或是在黄昏降临时，独自乘着巴伊达尔卡（baidarka，一种皮艇）在静

101 止的水域里漂流，同时有一队军官保持着谨慎的距离划船跟随。在其他时候，他会走上甲板检查天气状况，跟旗舰舰长讨论导航的问题，或是检视全体船员，抑或就是简单地坐在亚历山德拉身旁，手里拿着香烟，读书或是和军官们玩多米诺骨牌。

宁静的日子一天天过去，空气清朗舒爽，9月的太阳在天空低悬，但很快夜幕降临，第一场霜降到了。1906年9月21日，皇室一家度过了他们"美妙且自由轻松的人生"的最后一天，尼古拉悲伤地描述道。[9] 在所有的地方中，他最爱维罗拉赫蒂，希望能在那里建一个避暑胜地或购买其中一个小岛。在游艇停靠到喀琅施塔得后，离别的时刻到来了，女孩们该上

岸了。她们彼此抱得紧紧的，不得不哭着与她们特殊的"家人"告别。在皇室一家离开之前，他们给予了所有工作人员丰厚的礼物，就像他们每次乘"施坦达德"号出行时一样。

*

1906年11月，皇室一家又一次在亚历山大宫安顿下来，姑娘们也像原来一样，最喜欢到花园里玩耍。她们喜欢在结冰的小池塘上滑冰，穿越冰面，来到尼古拉一世在孩子岛中心为孩子们建造的小房子，这座小房子建于1830年，在这里她们可以进到自己的神奇游戏天地。[10]但是自她们长大到可以坐到父亲的膝盖上之后，她们冬天的最大向往就变成了和他一起玩滑雪橇，而冰山则是为她们特制的。在那个特别的冬天，她们欣喜地收到了一座新筑成的"美国山"——一座拥有20英尺（61米）长的人工雪道的假冰山。《华盛顿邮报》的一名记者在报道皇村的安全部署时，有幸捕捉到了这一幕。她们争先恐后、不分长幼地坐到雪橇上，"趁官员们一个不留神"，她们推了一把雪橇，然后嗖地滑了下来，雪橇上一个随从也没有。家庭女教师们因惊恐、小女大公们因高兴而尖叫起来。很显然她们之前也玩过这个把戏。此后，官员们坚持要拉住雪橇，这让女孩们很反感，因为她们一直试图在无人看管的情况下自己滑下来。"第十次滑行以玛丽亚女大公猛然摔坐到滑道的冰面边缘，试图完成康尼岛人①都知道的'炸弹'壮举而闻名。"[11]

漫长黑暗的日子还因尼古拉的妹妹奥尔加姑妈的定期拜访而变得明亮。每周六她都会从圣彼得堡的家搭乘小火车来到皇

① 美国最早的大型游乐城。——译者注

村。"我想，可以说每次我去看望他们，给他们的生活带来些许改变时，他们都会高兴疯了，"后来的日子里，她回忆道，"我做的第一件事就是跑到楼上的儿童房，一般会赶上奥尔加和塔齐亚娜结束她们午饭前的最后一堂课……如果我来得比教授结束晨课的时间要早，她们会非常高兴被打断，确实有过这种情况。"[12]下午1点她们会"从儿童房飞奔着下楼去妈妈的房间"，之后，她们会一起吃午餐，接着，她们会在淡紫色卧房坐下，边聊天边做做女红。随后她们会去亚历山大花园散步。在换下大衣和靴子后，奥尔加和女孩们还会经常在楼梯上大玩大闹一番。在她们下楼时，会把灯熄灭，"有一个人会躺在某一级台阶上，当我踩到她时，她会抓住我的脚踝，挠我痒，或是想到其他的把戏。当我们从楼梯上一个个滚下来，头撞在手扶栏杆上时，我们会大笑并且尖叫"。[13]

这些年来，在所有的女性亲戚中女孩们最亲的就是奥尔加姑妈。她就像是一个长姐，会填补因母亲生病造成的裂痕，定期陪同她们去履行她们的公共职责。"总要有人在那儿确保孩子们的举止得体，必要的时候她们要起立，适时向人们致意，还有其他一切应该注意的事项，"她后来回忆道，"最后，她们去哪儿我就去哪儿，就变成了一件理所应当的事。"[14]奥尔加姑妈和最年长且和她同名的侄女最亲近，两人的年龄只相差13岁。"她的性格和我的很像，也许这就是为什么我们总能很好地理解彼此。"但随着时间的推移，她无法掩饰对极具魅力的小阿纳斯塔西娅的特殊感情，她亲切地称呼后者"什维布吉克"（Shvybzik，德文的口语表达，意思是"小淘气"），以欣赏她不可救药的举止行为。这个孩子如此勇敢、如此热爱生活，把一切当作伟大的冒险来拥抱它。奥尔加姑妈认为阿纳斯塔西娅无疑是四姐妹当中最聪慧的。[15]

星期六和姑妈待在一起的时光是值得珍惜的。"以下是我们每周六下午待在茶桌旁的景象——开心、大笑不止、为'其他人'认为是可怕的事情争论不休。"[16]黄昏降临，一家人会一起去做晚祷，奥尔加姑妈会一直待到四姐妹晚上睡觉时，之后她再坐车回圣彼得堡。那一年年末，她说服了尼古拉和亚历山德拉允许她在皇村过夜，而在第二天的早晨带姑娘们去她的住处待一天。[17]所以在阿尼奇科夫宫和祖母玛丽亚·费奥多罗夫娜共进完午餐后（即使是阿纳斯塔西娅也会努力表现得很好），她们会去奥尔加姑妈那里，见她们最喜欢的皇家卫队军官，和他们一起喝茶，玩游戏，欣赏音乐，跳舞，直到某一位女侍官从皇村赶来把她们带回家。

在后来的人生中，奥尔加·亚历山德罗夫娜会回想起战前和她的侄女们所度过的"特别星期日"。亲密无间但又独立自主是罗曼诺夫四姐妹的标签，同时还有她们令人动容的孩童的纯真无邪。但她们成长的环境确实很奇怪。"我的侄女们没有任何玩伴，"奥尔加女大公伤感地观察道，"不过她们拥有彼此，也许就不会想其他的人了。"[18]

*

而远在英国，尽管已经离职四年，玛格丽特·伊格仍然无法忘记自己的老主顾。此时的她生活拮据，在荷兰公园一间正在经营中的寄宿公寓里，还在一封一封地给女孩们写信，并且在她们生日时寄去礼物。可是当她像往常一样，坐在客厅里，凝视着银质画框里的许多珍贵照片时，她非常渴望听到她们的消息。玛格丽特憎恨伦敦的雾。她告诉玛丽亚·格林戈尔，她的生活"糟透了……我希望我可以回到俄国。我不认为在英国我能够再得到快乐"。在1908年6月给塔齐亚娜送去生日祝福时，她恋恋不舍地说道："我猜你还是会吃蛋糕和杏仁太妃糖。它们曾经是多么美好！"[19]

女孩们无疑也在想念她，自从1904年末玛格丽特离开，家庭教育纪律的缺失已经对她们产生了不好的影响。女孩们拥有极其旺盛的精力和对世界巨大的好奇心，所以变得越来越无法无天。亚历山德拉经常无暇或因身体原因无法照看好自己的女儿，只能让特琳娜·施耐德来管教她们。特琳娜或许非常稳重和敬业，可她很明显地感受到了这种压力。同样还有女孩们脾气不好的保姆长——玛丽亚·维什尼亚科娃，女孩们会经常躲起来不让她找到。[20]

因此，1907年3月，亚历山德拉决定雇用索菲亚·丘切娃为女孩们的侍女兼家庭教师，上一个夏天她在彼得宫城担任女侍官，现在则负责帮四姐妹一起准备课程或在散步和旅行时陪护她们。索菲亚是由大公夫人艾拉举荐的，她出生在一个拥有古老血统的家族，祖父是俄国著名诗人费多尔·丘切夫。索菲亚具有非常强烈的保守主义倾向，坚持举止得体，而且对待自己的工作非常认真。但有一项挑战是"女孩们不听管教且用尽了所有方式来挑战她的耐心"，她回忆道。她向奥尔加求助："你在你的妹妹们面前是有影响力的。你最年长，可以说服她们按我说的去做，不能太贪玩。""噢不，"奥尔加回答，"那样我就永远得守规矩了，这是不可能的！"索菲亚禁不住想奥尔加是对的，要求一个年纪还这么小的姑娘永远在她的弟弟妹妹们前树立榜样是一件很困难的事，尽管后来有一次她无意中听到奥尔加在教训阿纳斯塔西娅，责备她的淘气。她说：

"停下来，不然萨瓦娜（丘切娃的爱称）会走的，对于咱们来说这会更糟糕！"[21]

　　同年，另一位新的女性玩伴——莉莉·登——进入了女孩们的生活，她的丈夫——一位沙皇卫队的中尉——已经是罗曼诺夫一家最喜欢的客人之一了。女孩们一下就接受了莉莉，因为她就像奥尔加姑妈一样，愿意加入她们通常很傻且手脚并用的游戏，她还会和孩子们一块玩阿列克谢游戏室里的滑梯。在这个亲近的家庭小圈子之外，所有人都认为四姐妹就像"灰姑娘一样在家庭生活中处于屈从地位，而家庭的注意力都给了皇储"，但莉莉发现这并不属实。[22]亚历山德拉很爱她的女儿们，"她少不了她们的陪伴"。但四姐妹的生活确实是极度被遮掩的。"她们不知道生活丑陋的一面。"莉莉回忆道。外国媒体的主要猜测是罗曼诺夫家族的孩子过的是一种畸形的生活，为了安全，躲避在"一个存放着大批弹药的地方"，他们不得不"被大批士兵和成千上万高薪聘请来的间谍守卫起来"。不过，到了1908年，还是有足够的信息流出，让全世界的人知道奥尔加是"一个非常有趣的女孩，极富想象力，喜欢阅读"。[23]不仅如此，她在算术上也颇具天赋，并且英语比俄语还好。[24]

　　实际上四姐妹的英语口语都很不错，而且自1905年之后还有一个叫约翰·艾普斯的苏格兰人给她们额外补习英语。[25]但罗曼诺夫一家和爱德华七世舅舅在1908年曾短暂地会过一次面，后者指出奥尔加和塔齐亚娜所学的英语里带着艾普斯自带的奇怪的苏格兰鼻音（他还认为她们或许是从玛格丽特·伊格那里学会了爱尔兰口音）。[26]为换掉艾普斯，索菲亚推荐了一个名叫查尔斯·西德尼·吉伯斯的英格兰人。吉伯斯毕业

105

于剑桥大学且已在圣彼得堡执教多年。索菲亚给亚历山德拉的秘书写了一封短笺，这封短笺当中还包含了一封皇家法律学校校长所开具的推荐书，吉伯斯最近在这所学校教授现代语言学，这封推荐书称赞他"极富才华"。[27]

1908 年 12 月，吉伯斯到皇室就任，丘切娃带他认识了 13 岁的奥尔加和 11 岁的塔齐亚娜。他觉得她们"很好看，很有活力，天真无邪，且非常容易相处"。虽然有时她们会漫不经心，但是"她们非常聪慧，只要用心，就可以学得很好"。然而作为伴读的丘切娃的在场使得上课的气氛不知为何显得有些紧张。[28]吉伯斯偶尔也会给玛丽亚上一些单独的小课，他认为她甜美可爱且性情温顺，同时对她在素描和油画上表现的天赋印象深刻。1909 年，8 岁的小阿纳斯塔西娅的到来使得教室里刮起了一阵旋风，随之一切发生了改变。吉伯斯后来委婉地指出她并不总是一个让人感到轻松的学生，但正如其他人一样，阿纳斯塔西娅靠她的活力四射和古怪精灵赢得了他的心。吉伯斯认为她"娇美脆弱……是一位处变不惊的小小姐，永远阳光，永远快乐"。他也看出她有无穷的创造天赋，总是有"一些新奇的言行，而且对自己着装打扮的完美掌控是不同寻常的"——他从来没看到过其他孩子可以做到这一点。[29]而至于阿列克谢，和其他老师一样，吉伯斯很少与他有交流，除了偶尔在课间休息时意外碰到他。这个小男孩面对陌生人会极度害羞，他会走进教室，然后同吉伯斯"严肃地握握手"。[30]

现在，吉伯斯给女孩们上的课包括上午的英语语法、拼写和用法以及下午的听写。而皮埃尔·吉利亚德除了担任法语老师外，也被正式指定负责女孩们的全部课程。就像吉利亚德一样，吉伯斯选择保持他的私人空间，仍然住在圣彼得堡，但每周五次坐车到皇村给孩子们上课。同时，和丘切娃（也就是萨瓦娜）一样，吉利亚德和吉伯斯也有自己的爱称——舒里克和西格，后者是基于吉伯斯的名字首字母。其他老师也都是从城里赶来皇村的。PVP（彼得·瓦西里耶维奇·彼得罗夫）仍然教授俄语；康斯坦丁·伊万诺夫教授历史和地理；M. 索伯列夫教授数学；克莱肯伯格先生教授奥尔加和塔齐亚娜德语——一门她们从没喜欢上的语言，对这位先生也是；俄罗斯皇家美术学院的一位教授德米特里·卡尔多夫斯基是她们的美术老师；而亚历山大·瓦西里耶夫神父则带着她们钻研东正教教义。[31]

1907 年 3 月，一场针对尼古拉、他的叔叔尼古拉大公和总理大臣斯托雷平的重大暗杀阴谋在圣彼得堡被揭穿，政府先发制人地逮捕了 26 位"非常著名的无政府主义者"并收缴了一军械库的炸弹和枪支。[32]这个故事不可避免地成为西方媒体耸人听闻的报道材料，说沙皇"生活在恐惧之中，连自己的首都都不敢回去"，说亚历山大宫"是一座巨大的具有棱堡的要塞，窗户被打上了木栏，让人联想起幽暗的监狱"。[33]然而，实际上，在这个高度警戒的时刻，皇宫里采取的唯一安全措施乃是承自亚历山大二世多年前就形成的一个习惯，即尼古拉和亚历山德拉轮流在不同的房间里用餐。一位新近拜访沙皇并被邀共进午餐的俄国将军惊讶地发现餐桌被摆在了皇后的淡紫色卧房里。注意到他的惊讶，塔齐亚娜冒冒失失地说道："下一次……我猜我们会在浴室里吃午餐了！"[34]

1907 年皇室一家的常规芬兰假期一如既往地采取了极度严苛的安保措施。直到 8 月 29 日，一切都按照正常的、平安无事的模式行进，船艇以 15 节的速度驶向瑞拉赫提港。船上还有一名经验丰富的芬兰领航员，然而在离汉科港不远时发生了一场可怕的触礁事故。安娜·维鲁博娃回忆道：

> 我们坐在甲板上喝下午茶，乐队在演奏，风平浪静，船艇航行着，忽然我们感到一阵可怕的震动，从船头到船尾，茶具一下撞向了甲板。我们惊恐地跳起来，只感觉到船体正在向右舷急剧倾斜。水手立刻涌到甲板上，执行船长的严厉命令，并帮助照看女士和小孩的安全。[35]

虽然"施坦达德"号没有立即面临沉没的危险，但是船长还是下令迅速撤离。这引起了一阵突然的恐慌，因为他们在甲板上没有发现阿列克谢，他最后一次被看到还是在与船上的猫和它生的小猫崽玩耍。亚历山德拉的恐惧开始发作，一轮疯狂的搜索开始，直到"叔叔"捷列文科带着阿列克谢出现。当撞击发生时，由于担心锅炉会爆炸，捷列文科夹着阿列克谢去了更安全的船头。[36]尼古拉仍然保持着他一贯的那种异乎寻常的冷静，镇静地计算着船体的倾斜度，以及离它沉没还有多长时间，与此同时有 15～20 艘外航护卫舰匆忙前来援助破损的"施坦达德"号。[37]由尼古拉·萨柏林护送孩子们到安全处；亚历山德拉恢复了镇定，和安娜·维鲁博娃一起冲进她的客舱，把所有贵重物品都收了起来；尼古拉也把所有重要的国家文件都带了出来。在他们登陆时，船体已经倾斜了 19 度。

当萨柏林和其他军官后来进入船体检查损伤时，他们在船体底部发现了一个巨大的凹痕，如果这一块被砸穿，船艇就会很快沉没。事实是只有一个分隔仓注满了水，这一个还保持了密封性。[38]官方调查显示，造成这一事故的礁石在海图上是未被标明的，在另外一些地图上，这块礁石被称为布洛姆奎斯特。不幸的是，芬兰领航员并没有认出它来。参加了迅速而及时的疏散以及保护船艇的船员们获得了金钱、金银质手表以及奖章的奖励。与此同时，这场事故吸引了全球媒体的广泛关注，大批报社记者拥入汉科港。俄国报界表示了巨大的震惊，首先他们将矛头指向了芬兰人，然后是革命者，再之后是整个沙皇体制。很多人相信这是一次恐怖袭击，船艇撞上了一枚鱼雷，或是有人在船的底部安放了炸弹。

　　尽管如此，孩子们却因为经历一次真实的海难而兴奋不已，在被转移到"亚历山德里亚"号之前，他们甚至还在一艘护航舰又小又脏的客舱里挤了一晚。皇室一家最终还是选择搭乘老皇后的"极星"号继续度假。再一次，孩子们高兴地在卡沃岛上野餐、采蘑菇、在篝火上烤土豆或是和尼古拉一起在帕提玛的树林里散步、采花。[39]

第七章
我们的朋友

　　1907 年秋天，阿列克谢已经换下婴儿服，开始穿裤子了。他女孩子气的鬈发正在变成棕色且越来越平直，但他仍然是一个美丽动人的小孩，和塔齐亚娜长得很像。他外表的苗壮掩盖了他其实是一个"在祈祷中成长的孩子"（莉莉·登这样称呼他）的事实。[1] 因为对他皇室继承人的身份没有太多可以说的，所以外国媒体开始大量报道关于绑架和谋杀皇储，或是给他的面包、黄油和麦片粥里下毒的传奇故事。也有报道已经开始讨论他"病弱的身体"，目前是"归咎于沙皇的很多住所从卫生条件来讲不尽如人意"。[2]

　　围绕着皇储的第一个故事更多关注于他被宠坏的言行举止。小阿列克谢有自己的想法，而且拥有和阿纳斯塔西娅一样强烈的个性。即便只有 3 岁，他还是很爱和他父亲一起巡视军队或参加军事演习，穿着迷你制服，挎着玩具木制步枪，扮演暴君的角色。他已经开始坚持要求得到他作为皇储所应得到的尊重，有时还会表现出傲慢无礼的神色（他对他最亲近的姐姐们也表现出这一点）。[3] 他相当喜欢待在船上时被军官行过时的吻手礼，并且"不错过每一个夸耀的机会，在他的姐姐们面前摆架子"，斯皮里多维奇回忆道。在最近一次搭乘"施坦达德"号在芬兰巡航时，阿列克谢突然想到让船上的乐

队半夜起来为他演奏音乐。"这是培养独裁君主的方式！"尼 110
古拉评论道，带着一个父亲的骄傲。[4]然而有段时间，尼古拉
还是可以控制住他儿子的傲慢行为的，比如当他发现阿列克谢
特别喜欢冷不丁地悄悄靠近站在亚历山大宫前的守卫，然后
"用余光看到他们迅速做立正姿势，并且像雕塑一般等待他漫
不经心地走过"后，尼古拉下令不再让守卫向阿列克谢行礼，
除非有其他皇室成员陪伴在他身旁。而"当别人略过他而不
敬礼时"，男孩的那种窘迫，据说"让他第一次尝到了纪律的
滋味"。[5]

有一段时间每个人不得不苦于应付"恐怖的阿列克谢"
（尼古拉这样称呼自己的儿子）的暴政，但谢天谢地他逐渐摆
脱了那些最恶劣的行径，[6]其中一些无疑是他因身体状况所处
的有限环境而造成的。因为在这里他是一个拥有一切的小
男孩：

> 最昂贵的玩具，一条极棒的铁路，车厢里还有玩偶假
> 装乘客，有路障、车站、建筑物、闪光的引擎，还有奥妙
> 之极的信号装置，一个营的锡制士兵，城镇的微缩模型，
> 包含圆顶的教堂塔楼、航船模型、带玩具工人的设备齐全
> 的工厂以及精准仿真的矿场，还有矿工在升降。[7]

所有这些都是机械的，只要按一个按钮就可以启动。但是
阿列克谢却没能拥有自己的健康。日子一天天过去，关于什么
事情可以做、什么事情不可以做的限制增加了，他在反抗持续
听到的每一个"不许"。"为什么别的男孩可以拥有一切而我
什么都没有？"他不停地愤怒地问道。[8]捷列文科"叔叔"有

时会觉得阿列克谢难以控制，因为他天生就很爱冒险，而且总是不断地挑战所有负责照顾他的人。他最喜欢的就是玩亚历山大宫的室内滑梯或是骑着他的脚踏车到处兜风，但是每一次磕碰或撞击都有潜在的危险。

在1900年代初期，医生们根本无法控制皇储因无数次的小事故所造成的关节出血状况，只能采取冰敷的疗法或是让他卧床休养。当时，乙酰水杨酸——1890年代阿司匹林的雏形——被认为是一种有效的止痛药（亚历山德拉曾因她的坐骨神经痛而服用水杨酸），但是在阿列克谢的身上它却起到了相反的效果，因为它稀释了血液，而使出血加剧。尼古拉和亚历山德拉坚定地反对使用吗啡，因为它具有太强的成瘾性，所以保护阿列克谢最好和唯一的方式就是时刻把他看好了，但这并没能阻止发生在他身上的一场最严重的事故。1907年秋，在亚历山大宫玩耍时，阿列克谢跌倒并磕伤了自己的膝盖。几乎没有任何可见的擦伤，但跌倒引起的内部出血使他痛苦不堪。奥尔加·亚历山德罗夫娜闻讯急忙赶来，事后她回忆道："这个可怜的孩子躺在床上，痛得厉害，眼底一片黑斑，小小的身子都扭曲了，腿肿得可怕。"[9] 医生们束手无策，著名骨科医生阿尔伯特·霍法从柏林紧急前来救治，但这同样无济于事。"他们看上去比我们任何人还要害怕，彼此之间交头接耳，"奥尔加·亚历山德罗夫娜回忆道，"他们似乎无能为力，几个小时过去了，直到他们放弃了所有的希望。"[10]

亚历山德拉在绝望中想起了格里高利·拉斯普京是如何救治斯托雷平的女儿的，于是她打电话给斯塔娜，她知道斯塔娜和拉斯普京保持着定期联系。斯塔娜派仆人出门寻找拉斯普京，后者匆忙赶去皇村。他到得有些迟，从一个侧门进入皇宫，从后面的台阶爬上楼，如此一来就不会被人看到。尼古拉、亚历山德拉和四姐妹在皇储的卧室里焦急地等待着他，此外还有安娜·维鲁博娃、皇家医生叶夫根尼·波特金和大修道院院长费奥方（沙皇和皇后的告解神父）。拉斯普京的女儿玛丽亚后来描述了他父亲告诉她的场景：

> 爸爸抬起了他的手，开始做十字的手势，他祝福了房子以及房屋的居住者……然后转向了生病的男孩，观察着这张苍白的、饱受病痛的脸。然后他跪在床边，开始祈祷。在他这样做了以后，每一个人好像都被一个灵性的存在而征服，全部跪了下来，加入了沉默的祈祷中。在十分钟的时间里，除了呼吸声，什么都听不到。[11]

最后，拉斯普京站起身来，告诉阿列克谢可以睁开他的眼睛。男孩感到很困惑，环顾四周，最终把目光定格在拉斯普京的脸上。"你的疼痛已经远去。你会很快就好的。你必须感谢上帝治愈了你。现在，去睡觉吧。"他温柔地对阿列克谢说。在拉斯普京离开的时候，他向尼古拉和亚历山德拉担保："皇储会活下来的。"在他离开后很短的时间里，阿列克谢腿上的肿块开始消退。当他的姑妈奥尔加第二天早上看到他时，发现他"不仅活下来了，而且状态非常好。他在床上坐着，眼神清澈明亮，没有一点腿上有肿块的迹象"。[12]

阿列克谢骗过了死神，可是没人能解释他奇迹般地康复的原因。拉斯普京显然拥有直觉感知和自我暗示的巨大力量，它们能起到类似镇定药物的作用，让出血的血管收缩（很像会起到相反作用使血管扩张的肾上腺素的作用）。[13]很多追随者

112

认为拉斯普京的治愈能力源自西伯利亚萨满教巫师所从属的古代雅利安民族的传统能力，后者相信平凡世界和神灵世界的关联。阿列克谢的主治医生谢尔盖·费奥多罗夫曾在多次危急时刻被传唤而来，和所有的皇室医生一样，他对拉斯普京有着本能的反感，但是他不能解释为什么拉斯普京的法子奏了效，而传统的药物却没有发挥作用。[14] 在治疗皇储的问题上，拉斯普京坚持认为不能用阿司匹林或是所有的麻醉药，只能依靠祈祷和精神治疗，而稍显讽刺的是这一点在一定程度上确实有用。但是他不是唯一具备止血能力的人，其他的民间治疗师也有这样的天赋。正如伊扎·布克斯盖夫登所注意到的，俄国农民在治疗他们受伤的牲畜时通过"按压细小血管从而使流血止住"，这其实并不罕见，但这是他们"小心守护"的一种秘密才能。[15] 芭尔芭拉·多尔戈鲁卡娅①公爵小姐也回忆道：

> 在俄国的农民中有最杰出的治疗师。一些人可以治愈烧伤，一些人可以止血，还有一些人可以让牙痛不再——我知道一些特殊的牙痛病例，这种疼痛并不只是止于一时，而是被一劳永逸地解决了。此外，在很远的地方……我还知道一个人，后来是一位俄国淑女的好朋友——德恩女士，通过触摸受伤的位置并且轻声呢喃些什么就能治愈烧伤。[16]

有一件事是确定的：尼古拉和亚历山德拉对格里高利（他们这样称呼他）无条件的信任是建立在一种深刻而真诚的信仰上的，他们纯粹且单纯地相信格里高利不仅是一个治疗

113

---

① 经查该公爵小姐似应名为芭尔芭拉，此处疑作者笔误。——译者注

师，更是上帝的人，在没人能帮助他们的时候上帝派他来到他们的身边。所以如果阿列克谢因格里高利的帮助而化险为夷了，那么这也就是上帝的旨意。[17]

在最初拉斯普京偶尔去皇村拜访时（对于他多久来一次说法不一），奥尔加和塔齐亚娜有时可以和父母一起聆听拉斯普京谈论宗教，但是更小一点的姑娘，尤其是阿纳斯塔西娅，一度被禁止参与。玛丽亚·格林戈尔记得有一天晚上她因有要事，匆忙赶去见皇后，而阿纳斯塔西娅"从走廊里冲过来，拽着她的胳膊，挡住她的去路，说'你和我不能去那里，新来的（阿列克谢对拉斯普京的称呼）在那里呢'"。在拉斯普京造访时，阿纳斯塔西娅被禁止进入，因为她"在拉斯普京谈起宗教或读教义的时候总是大笑"，没办法严肃对待这样的讨论。[18]

然而即使是她也在不久后开始黏着拉斯普京。有一次奥尔加姑妈前来拜访，尼古拉和亚历山德拉把她带到了楼上，她看到拉斯普京和"穿着白色的睡衣……被保姆送到床上"的孩子们。

当我看到他时，我感觉到了从他身上散发出的柔光和温暖。所有的孩子看上去都很喜欢他。和他在一起时他们显得极度放松。我还记得当小阿列克谢装成一只小兔子在房间里一蹦一跳时他们的大笑。之后，几乎是突然的，拉斯普京抓住男孩的手，让他回到自己的卧室，我们三个尾随着他们。我们好像进入了教堂一般，有一种宁静的感觉。在阿列克谢的卧室里灯都是熄灭的，只有一些美丽的圣像画前的烛火点亮着。男孩安静地站在这个低着头的巨人的旁边。我知道他在做祷告。这真让人印象深刻。我还知道我的小侄子也加入了祷告。[19]

114　　　奥尔加·亚历山德罗夫娜总是直言不讳地说自己从没喜欢过拉斯普京——他是"原始"和"粗鲁"的，对宫廷的语言礼节毫不在意，称呼皇室一家时用不正式的"你"而不是正式的"您"，并且经常叫尼古拉和亚历山德拉"爸爸和妈妈"。拉斯普京毫无顾忌的自来熟让她很尴尬，她认为这是一种入侵和无礼的举动，或许还是一种性威胁。然而这只是一种寻常的反应，格里高利·拉斯普京无论走到哪里，都会引起巨大争议。在近代俄国皇朝历史上，他是被着墨最多的人之一，招来了最耸人听闻和最矛盾的言说。正如和他有过几面之缘的英国小说家和旅行作家卡尔·艾瑞克·贝克霍夫回忆的："在我去俄国之前以及长期待在那里的时候，我对拉斯普京的描述从没有两次是彼此相符的。"贝克霍夫认为，他所感知到的拉斯普京的邪恶程度总是"在很大程度上与记者的政治自由主义立场有关"。[20]拉斯普京是虔诚温和、与人为善还是一副完全相反的面孔，这取决于一个人是站在他这一边还是他的对立面。但他真实的样子是怎样的——是"充满肉欲的伪君子"还是"创造奇迹的神秘主义者"？[21]近百年的历史仍旧在努力盖棺论定。

　　显而易见，拉斯普京除了是一位宗教人士，还是一个精明的机会主义者，且从不掩饰自己的肉体欲望。一抵达首都，他便举办了一系列以颓废腐败著称的圣彼得堡世纪末沙龙，以讨好那些富有阶层的女士，并在其中建立了一个追随者圈子，后者正在浅尝随后流行开来的信念疗法、"桌仙"以及东方神秘学的滋味。对于他的恶意批评者来说，他是一个很容易用漫画丑化的形象：宽松肥大的农夫衫、长靴、沉重的身体、油腻腻的黑色长发和大胡子，以及肿胀的嘴唇。但是没人能否认他人格中的惊人力量。他洪亮的声音极具催眠性，而那一双传奇的、显然能够随意张大的蓝色眼睛赋予了他一种旧约先知的形象。拉斯普京有意识且巧妙地利用了以下两种天赋的特有戏剧性——他所讲的陌生的、古老的教会斯拉夫语和一种古怪的出世姿态。在他周围流传的污秽的言语似乎没有对他的忠实追随者产生影响，后者仍然被他不可思议的力量深深吸引。确实，拉斯普京对病人巨大且强烈的影响力绝对毋庸置疑。到了1907年，易受影响的安娜·维鲁博娃已成了他的一个热心追随者，并且定期邀请拉斯普京去她离亚历山大宫不远的小房子里。

　　亲眼看到了儿子的康复，皇后拼命想要相信这位圣僧无法解释的神力，在这个所有传统的药石无法起效的时刻至少还有这样的一线生机。拉斯普京并没有对他的治愈力量以及为什么会奏效有任何夸大的言辞，他也没有因提供服务而获得金钱报酬（有一次他向莉莉·登抱怨，甚至没人付给他马车费，尽管他经常收到尼古拉和亚历山德拉的厚礼，包括时常会送来的亚历山德拉亲手绣的短祭袍）。[22] 对于拉斯普京来说，治愈只是简单地出于不加质疑的信仰以及祈祷的力量。而在基督教军械库中的两大武器——信仰和祈祷——同样是亚历山德拉信条的基础。她叫他格里高利——"我们的朋友"，不只把他看作儿子的救星，而是更伟大的存在，一个圣人或是一位先知。她热情地回应了他的基督智慧以及语言的朴素："一个人必须活着去赞美上帝……别无所求，贡献所有。"[23] 这是一个来自人民的普通的人、一个真正的农夫，以及一条宝贵的能连通她和尼古拉——巴图实卡和玛图实卡（小父亲和小母亲）——与俄国人民的管道。[24] 在一个草木皆兵的时期，尼古拉和亚历山德拉觉得他们终于遇到了一位可以真心相信的人。

但他们想象不出拉斯普京的好色。不受控制的流言蜚语在城里四散，将希望寄托在他身上很可能会招致丑闻。考虑到这一点，亚历山德拉召来了尼古拉·萨柏林，这是她和尼古拉最信赖的一个朋友，而且他和孩子们也玩得出奇的好。亚历山德拉指派他去圣彼得堡找出更多真相。萨柏林对拉斯普京一无所知，但是在去之前皇后告诉他，拉斯普京"非常虔诚和睿智，是一个真正的俄国农民"。[25] 他厌恶拉斯普京的外表，认为他116 的举止很令人不适，但后者十分生动地同他聊起了皇室一家、宗教和上帝。和所有人一样，萨柏林也承认在拉斯普京浅色、深沉的眼睛里有一些令人信服的东西。他意识到拉斯普京急于向皇室一家谄媚，确定的是，他已经在炫耀他和皇室之间非同一般的关系了。萨柏林建议他不要主动求见沙皇，作为回应，拉斯普京嘟曦道："他们需要我为皇储祈祷时就会召我过去，他们不需要时就不会！"[26]

在几次见面之后，萨柏林别无他法，只得向皇后承认他对拉斯普京的印象不好。亚历山德拉拒绝接受他的观点。"你不懂他，因为你和这样的人离得太远了，"她固执地答道，"但就算你是对的，那也是上帝的旨意。"[27] 在她看来，是上帝让他们和格里高利相遇，也是上帝让其他所有人都轻慢他。这是格里高利所要背负的十字架，就像将血友病传给阿列克谢并使他痛苦不已是亚历山德拉自己要背负的十字架一样。在与被驱逐者拉斯普京的交往过程中，亚历山德拉真心相信，在他的虔诚之下，他会战胜流言诽谤，更重要的是，他能够保住她那宝贵的孩子的命。

西德尼·吉伯斯后来写下了他对拉斯普京的印象。在皇室任职后不久，他被邀请到圣彼得堡与拉斯普京见了一面。孩子们听说了这个消息，第二天早上冲进了教室。"您觉得我们的朋友怎么样？"他们问道，"他是不是很棒？"吉伯斯注意到拉斯普京在沙皇和皇后面前总是表现出最好的一面，"他那广受批评者抱怨的餐桌礼仪只是一种得体的农夫做派"。他从来没觉得拉斯普京会对宫廷施加任何影响，但承认其有一种本能的"单纯的诡诈"。可毋庸置疑的是拉斯普京具有"为男孩止血的无穷威力"，拉斯普京总是能够治好他，吉伯斯回忆道，有一次"甚至只是通过在电话上对男孩说了几句话"。[28]

1908 年 3 月，阿列克谢又摔了一次，这一次是磕到了脑门。肿块非常严重，以致他连眼睛都睁不开了。但这一次拉斯普京没有被传唤来，因为他此时正远在西伯利亚西部巴克罗夫斯科耶的老家（在那儿他有一个老婆——普拉斯科威娅和三个孩子）接受教堂的调查。他的敌人们指控他传播错误的教义，是一个被称作"鞭身派"（Khlysty）的邪教的头子，这一教派以在宗教仪式中自虐而臭名昭著。[29]

直到三个星期之后尼古拉才放下心来写信给他的母亲，告诉她阿列克谢正在恢复当中，"肿块和瘀伤完全消失了，他像他的姐姐们一样健康快乐"。[30]没有人知道这究竟是拉斯普京哪次介入的结果，是通过电报还是电话。但两个月后，阿列克谢还是没有痊愈，此时更大范围内的皇室家族成员聚集到了皇村，来参加女孩们的儿时玩伴——女大公玛丽亚·帕夫洛夫娜和瑞典的威廉王子的婚礼。尽管非常紧张自己的儿子，亚历山德拉还是硬撑着坐了全场，她看上去美丽非凡，但难掩焦虑。

117

一天的圣体礼结束后，亚历山德拉来到了阿列克谢的卧室。护士告诉她在晚上8点的时候男孩的烧终于退了。有一封电报在等她——来自身在巴克罗夫斯科耶的格里高利。她打开电报，信里格里高利向她保证一切都会好转，说"他会在当晚8点为阿列克谢做一次特别的祷告"。[31]无论是否巧合，格里高利为他的儿子所做的祈祷展现出的神力都是让皇后确信他可以凭一己之力就能拯救皇储的证据——即便是在有相当距离的情况下。她怎能不把所有摆脱绝望的期待寄托在他身上？试问又有哪一位母亲不会这样做？

很多曾经来参加尼古拉和亚历山德拉婚礼，但对阿列克谢的血友病一无所知的欧洲皇室亲戚都在指摘到了1908年皇室一家变得多么与世隔绝，"关上了和其余世界联系的大门"，罗马尼亚王妃玛丽观察道。在她看来，尼古拉和亚历山德拉奋力营造的"快乐家庭生活"值得嘉许，但是"这种排他性的生活几乎无助于维系良好的、忠诚的皇室关系，而这种关系在前两位沙皇在任时乃是皇室的一种传统，同时构成了一种强大的力量"。[32]玛丽觉得他们两个"太以自我为中心，只对自己的孩子有兴趣"，在这样做的时候忽略了自己的欧洲亲戚，而这导致了他们之间的疏离。尼古拉1907年夏天乘"施坦达德"号携子做短暂的国事访问，1908年到波罗的海地区的瑞威尔①参加同爱德华七世和威廉二世的会议，以及去斯德哥尔摩探访瑞典的国王和王后也没能扭转这种普遍的舆论。与此同时，关于皇储身体病弱的流言还在不断传出，人们在窃窃私语，说皇子有某种"抽搐"的毛病，"是一种确定的小儿结核

---

① Reval，爱沙尼亚首都，现称塔林。

病的症状，而这更加剧了恐慌"；另一种说法是"他的皮肤缺了某一层"，这使他经常容易出血。[33]但到此时为止还没有人公开提到那个可怕的词——血友病。

由于对阿列克谢的身体情况严格保密，对于此后四年他究竟承受了多少次伤害，以及拉斯普京多么频繁地拜访皇村或是远程治疗几乎没有记录留下。但正是在1908年圣诞节前夕，在拉斯普京一直待在巴克罗夫斯科耶的情况下，远在莫斯科的费奥多罗夫医生被紧急召回，来看护小阿列克谢。[34]而当亚历山德拉自己的健康转坏之后家庭内部的焦虑进一步加剧了。她在床上躺了八周。"看到（阿历克斯）总是忍受病痛，无法做任何事，真是太令人痛苦和心碎了，"玛丽亚·费奥多罗夫娜写信给尼古拉，"你的生活里已经有足够多的烦恼了，还要再加上看着在这个世界上你最心爱的人受苦。"[35]

亚历山德拉的女儿们也因母亲的常年病痛而觉得和她日益疏离，只能给她送去可怜巴巴的短笺。"亲爱的妈妈"，奥尔加在12月4日写道：

> 很难过不能单独见您，不能跟您说话，所以施（试）着给您写信。当然朔（说）话会更好，但是如果没有时间也只能这样做，我也听部（不）到亲爱的妈妈会跟我说的甜蜜的话。再见。上帝保佑您。来自您挚爱的女儿的吻。[36]

塔齐亚娜尤其难以接受，"我希望您今天不会太雷（累）"，1909年1月17日她写道：

> 而且可以起床吃午餐。您很雷（累）或是无法起床

119

的时候我总是特变（别）遗憾……也许我有很多挫
（错），但是请您原谅我……我现在尽我所能地听从玛丽
（玛丽亚·维什尼亚科娃）……好好休息，我希望您就不
会太雷（累）了。爱您的女儿塔齐亚娜。我会在教堂为
您祈祷。[37]

亚历山德拉以慈母的告诫在病房里给她回信："尽你所能
表现得最好，别让我担心，这样我就会满足了。"她告诉塔齐
亚娜："我真的无法爬上楼，检查你们的课业，看看你们是如
何表现和讲话的。"[38]

在大多数情况下，奥尔加还是得承担树立榜样的义务。
"首先要记得，你永远要给弟弟妹妹们树立一个好的榜样，"
亚历山德拉在新年的时候对她说，"这样我们的朋友就会对你
很满意了。"[39]亚历山德拉建议奥尔加要善待包括仆人在内的
每一个人，尤其是玛丽亚·维什尼亚科娃，奥尔加最近正在生
她的气。"听她的话，恭顺一点，且永远善良……对她和 S. I.
（索菲亚·伊万诺夫娜·丘切娃）永远要好。你已经到了能听
懂我的话的年纪。"[40]奥尔加对此充满感激地回应道："亲爱
的妈妈，您能告诉我如何去做对我的帮助很大。我会禁（尽）
我所能地做好。"慈母的劝诫又细又密："试着与塔齐亚娜和
玛丽亚严肃地谈谈她们应该如何对待上帝。""你读了我 1 号
给你写的信吗？它会在你跟她们说话的时候帮助到你。你必
须对她们有积极的影响。"[41]很明显，让奥尔加感到沮丧的
是，她和她的母亲没有时间好好地把事情讨论完。"快可以
了，"亚历山德拉再次向她保证，"但是现在我太累了。"[42]然
而她还是担心奥尔加很难对她的弟弟妹妹保持耐心。"我知道

这对你来说很艰难，因为你对事物的感受非常深刻，而且你的脾气很火爆，"亚历山德拉告诉她，"但是你必须学会管住你的嘴。"[43]

至此，孩子们已经开始享受在母亲生病卧床时来自拉斯普京的探访，并把它视作一种令人愉悦的转移注意力的方式。他会和他们一起玩，让他们骑在他身上在屋子里转悠。他会给他们讲俄国民间童话，并且以一种听起来完全自然的方式和他们谈论上帝。他显然扮演着女孩们的道德守护者这一关键角色，并与她们保持着经常性的联系。他会给她们发送电报，比如在一封 2 月收到的电报中，他感谢孩子们记得他，"为了你们的温柔话语，为了你们纯洁的心和对上帝的爱。爱上帝的全部天性，爱他的全部造物，尤其是在这片土地上"。[44]1909 年 3 月 29 日他不期而至，这让所有的孩子都感到非常高兴。"我很高兴你有这么长的时间可以和他待在一起。"亚历山德拉在病床上对奥尔加说。[45]6 月，小奥尔加在彼得宫城给此时去探访瑞典国王的父亲写了一封短信："我亲爱的善良的爸爸，今天的天气很好，非常温暖。小不点儿们（阿纳斯塔西娅和阿列克谢）在光着脚跑来跑去。格里高利今晚会来看望我们。能再见到他我们真是太高兴了。"[46]

虽然奥尔加·亚历山德罗夫娜本人对于这个男人仍有顾虑，但她总是驳斥任何关于拉斯普京对她的侄女举止不轨的暗示。"我知道她们的教养会体现在哪怕是最微小的细节上。在拉斯普京身上被称为最小的'新鲜事'的一点点迹象都会让她们目瞪口呆！没有一件事发生过。女孩们总是很高兴见到他，因为她们知道他对她们的弟弟的帮助有多大。"[47]虽然如此，亚历山德拉还是持续对缠绕拉斯普京的负面八卦感到忧心

120

怦怦。尽管异端邪说的指控已被放在一边，但其他的指控接踵而至，斯托雷平（没有被 1906 年拉斯普京的床边祈祷的行为打动）对他进行了警方调查。[48]圣彼得堡充斥着关于拉斯普京恶劣的酗酒行为、他的性丑闻和可疑的不正当关系的言论。即使是他昔日的支持者米莉察和斯塔娜对他的信念也开始减退，尤其是当她们很轻视的安娜·维鲁博娃得到优先见到他的特权，代替她们成为连接皇室和拉斯普京的桥梁的时候。黑山姐妹开始积极地试图劝阻尼古拉和亚历山德拉与拉斯普京的进一步来往，她们现在视他为"一个恶魔"。结果是她们至此为止所享受的与皇室的亲密关系土崩瓦解了。皇室夫妇拒绝受流言蜚语的影响，固执地坚持将格里高利视为真正的朋友，而无视他显而易见的缺点——皇室夫妇对此绝非不知情。他们对拉斯普京的友情以及与日俱增的依赖的真正原因——阿列克谢的血友病——"是一个严守的秘密，这让参与其中的人彼此的关系更加紧密，却使他们和外界更加遥远"。[49]

到了 1909 年末，亚历山德拉开始定期向格里高利寻求灵性咨询，并且在安娜·维鲁博娃的房子和他会面。她对于拉斯普京非常信任，以致会毫无戒备且可能是带有让步意味地给他写信："我只求一件事：可以睡着觉，睡在您的肩膀上，在您的怀抱中。"这句话被她的敌人抓住，成了日后对付她的把柄。[50]女孩们也定期给他写短信，感谢格里高利的帮助，希望很快能见到他并向他寻求建议。奥尔加已经进入了一个非常敏感的年龄，由于没有其他更合适的良师益友，她几乎把这个朋友当成了她的告解神父。她在 1909 年 11 月给格里高利写信，告诉他自己是多么想见到他，因为此前她向他倾吐过一段少女心事，而且感觉很难像格里高利所建议的那样控制住自己的感情。12 月她再次给他写信以询问该如何去做：

> 我敬爱的朋友！我们经常想起您，想起您来看我们并且和我们谈论上帝时的样子。没有您的日子很艰难。没有人可以分担我的苦恼，而苦恼又是这么多。我现在要说说我的痛苦。尼古拉已经快把我折磨疯了。我只能去索菲亚教堂①，只要能看到他，我甚至可以爬上墙。我的整个身体都颤抖了……我爱他……我想扑到他的怀里。您建议过我要小心。但在我根本无法控制自己的时候我怎么可能做到这一点呢……我们经常会去安娜的家，每次去我都在想也许会在那儿遇见您，我亲爱的朋友。噢，如果我能在那儿再看见您该有多好，我就可以听听您关于尼古拉的建议了。为我祈祷并祝福我吧。吻您的手。您爱的奥尔加。[51]

奥尔加的三个妹妹也以同样信任的姿态给格里高利写信。塔齐亚娜在 1909 年的 3 月给他也写了一封信，问他还要多久才会从巴克罗夫斯科耶回来，并且希望大家都能去那儿看望他。"这一天什么时候能到呢？"她不耐烦地问道，"没有您很无聊，太无聊了。"塔齐亚娜的话也得到了玛丽亚的响应。玛丽亚告诉拉斯普京她一直在期盼他回来，没有他的到访、没有他亲切的话语，日子过得单调乏味。"我早上一起床就会从枕头下面拿出您送我的福音书，然后亲吻它……我感觉好像在亲吻您一样。"即便通常是破坏分子的阿纳斯塔西娅也在问她什

122

---

① 奥尔加指的是皇村村郊索菲亚的圣母升天大教堂。在他们的私人教堂——临近亚历山大宫的费奥多罗夫斯基教堂建成前，皇室随从会在这座教堂祷告。

么时候可以再见到格里高利：

> 我爱您向我们谈起上帝的样子……我经常会梦到您。您也会梦到我吗？您什么时候再来？……请快点来，然后我就会像您告诉过我的那样努力做个乖孩子。如果您一直在我们身边，那我就会一直很乖。[52]

这就是 1909 年前罗曼诺夫四姐妹遗世独立的生存境况，除却相互之间的陪伴以及和其他皇室堂表亲的偶尔联系，她们的友谊在很大程度上有赖于和成人的交往：她们的奥尔加姑妈，一些亲近的军官、仆人、女侍官，以及一个 40 岁的恶棍加宗教异见者——这个人对他们家庭生活的持续影响已经埋下了使其最终毁灭的种子。

第八章
皇室表亲

1909 年夏末，罗曼诺夫姐妹终于迎来了一件让她们兴奋和期盼的事——去英国拜访她们的皇室堂表亲。这是她们第一次正式的出国访问，此前只是私下去达姆施塔特和沃夫斯加登看望过舅舅厄尼。在穿越北海的时候，"施坦达德"号遭遇了来自南方的强风，水面波涛汹涌。所有的孩子都开始晕船，很多随从也是。[1] 船员们开辟出一片小区域，放上毯子和枕头，让孩子们睡在上面，但是塔齐亚娜仍然难受得厉害。她从来不是一个合格的乘船者，有几次船艇还未出发时她就已经开始晕船了。"满满一箱来自美国的特效药"被送来，但并没有奏效。[2] 在前往英国的途中，一家人在基尔短暂地停留了一下，拜访了亚历山德拉的姐姐伊莲娜和她的家人，接着在瑟堡对法国总统法利埃进行了为期三天的访问，在那里他们一如既往地受到了热烈欢迎——礼炮、彩旗、人群以及演奏马赛曲的乐队。在这三天中，他们出席了外交会议，共进了晚餐，并且参观了法国舰队，姐妹们非常兴奋地用她们的布朗尼相机拍摄了法国潜艇的照片，随后"施坦达德"号终于起航去英国了。[3]

尼古拉和舅舅爱德华七世此前一年在瑞威尔已经见过三天，在 1905 年的恐怖事件过后，两人都期盼在世人眼里恢复俄国的名誉，这一时期关于对德战争的说法也在升温。但这同

124 时是一次难得的家庭团聚的机会。然而有个问题，迫近的沙皇
之行引起了英国议会和报界相当大的不安，比 1896 年的还要
大得多。1905 年的流血事件发生后，英国激进组织指责尼古
拉二世是一个残暴的君主，是俄帝国式压迫的缔造者。在访问
前夕，尼古拉在特拉法尔加广场和其他地方的社会主义集会上
遭到了进一步的诋毁，证据是面对群起而攻之的政治活跃分
子，斯托雷平采取了镇压手段。简言之，尼古拉二世被视为万
恶之源——"'流血星期日'的沙皇""斯托雷平的沙皇"
"大屠杀和黑帮分子的沙皇"。[4] 即将成行的沙皇到访之旅在英
国引起了舆论的分裂，尽管英国外交部副秘书长哈丁勋爵压制
住了大部分人的恐慌情绪，并且对特拉法尔加广场上的"示
威者"不屑一顾，驳斥他们不过是一群混杂的家伙，"五百个
法国人、六百个德国侍者、少量俄裔犹太人和意大利人冰贩
子"。[5] 工党领袖凯尔·哈迪是此次尼古拉出行最激烈的反对
者之一，在他的影响下，产生了 130 项递交给内政大臣谴责这
次访问的决议，分别来自社会组织、学校、新教团体、工会、
反战主义者、工党分支和妇女劳动联盟。[6] 在一些激进的会议
上，人们公开宣称如果尼古拉敢踏上英国的土地，就将遭到
暗杀。

　　考虑到怀特岛警察所要面临的巨大安保问题，事情很快就
弄清了，沙皇和他的家人不会停留在陆地上，而是要待在停靠
在考斯沿岸的"施坦达德"号的甲板上，在那里他们更容易
被保护，有两艘俄国巡洋舰、三艘驱逐舰，以及英国舰队的舰
艇被安置在"施坦达德"号周围。尽管如此，最精密的安保
措施还是被采纳实施，成百上千个便衣警察负责监视着"每
一种可能进入的渠道，不只是进入考斯，包括进入怀特

岛"——码头、公路和铁路，"甚至还有内地喜好和平的田园村庄"，此外还有 30 个人组成的特别的"自行车队"对他们进行支援。大多数侦探穿戴双排扣的海军夹克和白色的水手帽作为暗号，但正如一家报纸所言："比起隐藏这更像是一种警察当班的广告。他们没有躲避关注，反而在吸引它们……成双结对的船员在走来走去，没有可见的工作，他们是被标记了的人。"[7]而在考斯当地，自由党党员萨菲尔德勋爵回忆道："挤满了留意每场可能的暗杀的侦探，而且每个人看上去都在为可怜的猎物沙皇提心吊胆。侦探也不全是英国人，斯皮里多维奇将军带了自己的护卫人员。"萨菲尔德觉得这一切都让人不安："我不知道一个男人会如何顺从于这样的束缚和奴役。做一个君主的代价太大了。"[8]

8 月 2 日（新历）的晚上，"施坦达德"号和船上的人们驶向索伦特地区的斯皮特黑德海峡，与在"维多利亚和阿尔伯特"号上的英国皇室会和。两个皇室家庭共同出席了 152 艘船的海上观阅式及赛船会，这一事件也被拍摄和录了下来。随后皇家舰艇驶入了考斯港，迎接他们的是一大队插满彩旗的蒸汽船和帆船以及形形色色的舰艇。[9]之后的四天是密集的接待和会议，在这几天之中唯一不用与英国皇室在一起享用的只有早饭。这种紧绷写在了皇后的脸上，被爱德华七世的老情人爱丽丝·凯佩尔看得一清二楚。在"施坦达德"号的甲板上，亚历山德拉保持着"冷漠的镇定"，而甲板周围被一大堆人围得水泄不通。而不可思议的是，亚历山德拉道德中的正直竟没有阻止她邀请爱丽丝·凯佩尔到她的套房里坐坐。爱丽丝回忆道，船舱的门在她们的身后甫一关上，"气氛就好像被一道闪电打破"。"皇后摘下了她帝王的面具，变成了一个友善的主妇。'告诉我，我亲爱的，你的毛线是在哪儿买的？'她急切地求助。"[10]

罗曼诺夫家的孩子们摆脱了宫廷作风的压力，但对于一窥一个全新的世界来说，这趟旅行实在太短暂了，尽管对于保护他们的人来说这又是一场安保的噩梦。此前，他们几乎没有见过除了圣彼得堡、皇村和彼得宫城的家里之外的任何东西。8月3日的早上，他们第一次上了岸，到了东考斯，且坐着敞篷的马车去了一趟奥斯本湾，就在奥斯本宫（宫殿的大部分如今已经用作海军军官训练学校）之下。在这里他们和自己的堂兄、表姐等一起在私人海滩上玩耍，她们在海里划水、捡贝壳、堆沙堡，很像他们的妈妈和外祖母爱丽丝之前会做的。那天下午奥尔加和塔齐亚娜临时第二次登上岸，前往西考斯，由年长女伴和一队侦探伴随左右。她们很高兴自己被允许走路而不是搭乘马车到主街去购购物。她们能以这样的方式随处走动真是一件稀罕事。西考斯的鹅卵石高街或许并不是迷人的涅瓦大街，但是"施坦达德"号上的军官尼古拉·瓦西里耶维奇·萨柏林注意到这里的许多商铺都是伦敦大商铺的分店，专为游艇季和考斯的船赛而开，有很多奢侈品和纪念品，觊觎着女孩子们的零花钱。在整个过程中奥尔加和塔齐亚娜都非常活跃。她们用英语同店员交谈，并且非常高兴地把钱花在一家报刊发行商的店里，她们买了各国的三角旗，以及印有她们的皇室亲戚甚至是她们父母照片的纪念明信片。在转到珠宝店时，她们给船员们抢购了很多礼物，还在别肯父子（Beken & Son）药房犒赏了自己几瓶香水。[11]

与此同时，西考斯陷入了瘫痪，有关这些穿着漂亮的灰色套装、头戴草帽的迷人的俄国游客的消息迅速传播开来，很快镇上就聚集起了一大群好奇的度假者，他们尾随两姐妹，她俩跨过浮桥回到东考斯，在这儿又参观了惠平汉姆教堂，并且看到了她们的外曾祖母在出席宗教仪式时会坐的椅子。正如8月7日《泰晤士报》所报道的，在整次出行中，奥尔加和塔齐亚娜的"行为完全独立，当一两个狂热者为她们欢呼时，她们回以微笑。在三小时的游玩结束后她们仍然在兴高采烈地说笑"。[12]

第二天全家都上了岸，女孩们和阿列克谢向人群鞠躬并挥手致意，他们正要去奥斯本宫的私人厢房和"瑞士小屋"，这是阿尔伯特亲王在花园里亲手打造，为了让孩子们玩耍和学习技能的游戏房——阿列克谢在这儿玩得尤其开心。在巴顿庄园喝过了五点茶后，他们和尼古拉的表兄威尔士亲王乔治以及他的家人一起坐下来拍照。亲王夫人觉得罗曼诺夫家的小孩们"非常可口"，每个人都在说他们未受丝毫影响，是多么快乐。[13]两位表兄弟，乔治和尼古拉，已经有12年未见了，他们看上去惊人的相似，都有蓝色的眼睛、精心修剪过的络腮胡，身量也很像，尤其是当他们和他们的儿子一起拍照时，戴维穿着海军制服（这位未来的爱德华八世正在达特茅斯的皇家海军学院学习），而阿列克谢则穿着他自己标志性的白色小水手服。[14]戴维被委派陪同他的表亲们，这一任务本来是交给他的弟弟伯蒂（未来的乔治六世）的。但是伯蒂在他们访问前不久突然得了百日咳，而帝国医生偏执地认为不能让皇子暴露在任何可能的感染源中，于是他就被带往巴尔莫勒尔，而他的任务则交给了他的哥哥。在沙皇一家出访期间，戴维对塔齐亚娜颇有好感（尽管他的曾祖母视奥尔加为他未来新娘的可能人选）。他可以看到她对她羞怯的小弟有多强大的保护力，而且不禁注意到阿列克谢那双大眼睛中流露出的"恐惧"的情绪。[15]但是他也看到沙皇的每一步行动都有"精心部署的警卫"在周围晃动，之后他回忆说，"我很庆幸自己不是一个俄国王子"。[16]

1909年8月，沙皇一家享受了田园诗般的、阳光明媚的四天，"整个世界尽在水上"，而索伦特"像是玻璃的海洋，太阳像一颗红球，冉冉落下，让整个傍晚平静而温暖"，宏大的仪式一个接着一个。斯皮里多维奇将军随后回忆道，聚集在考斯的庞大的舰队"安静得好像睡着了，仿佛是童话里的情景"，所有停泊在岸边的船所发出的光照亮了夜空，使此情此景更加梦幻。在罗曼诺夫一家离开的前一晚，有乐队、烟花、舞会，海军元帅费舍尔勋爵依次和每个姑娘都跳了舞。随后大家坐下来享用最后一顿丰盛的大餐——女士们和亚历山德拉一起坐在"施坦达德"号上，而男人们则和国王爱德华坐在"维多利亚和阿尔伯特"号上。5日，在最盛大、最狂野、本年度最佳的送别午餐派对过后，下午3：30，"施坦达德"号起了锚，尼古拉、亚历山德拉和他们的五个孩子站在甲板上，向他们在"维多利亚和阿尔伯特"号上的欧洲亲戚挥手说再见，皇家舰艇驶入英吉利海峡。随着它从视野中消失，有人看到考斯警察队的警长奎因"从一个华丽的金烟盒里拿出一支香烟，金烟盒焕发着新的气息，暗示自己是'沙皇的礼物'"。他的一个同事"围着一条围巾，由一枚帝国皇冠钻石别针别住，而另一个则在炫耀一块金表"。所有这些都是感恩的俄国沙皇和皇后"为他们的照顾而送的礼物"。尽管如此，对于他们的离去，英国警方还是感到强烈地"松了一口气"。[17]

总而言之，俄国皇室出访英国是一个巨大成功——两个伟大的皇室令人难忘的聚会，将历史性地成为旧世界秩序行将毁灭的时光中一个不可磨灭的象征。"四位俄国女大公迷住了所有人，而令人心疼的小皇储则融化了每个人的心。"[18]但很多人都认同亨利·威廉姆·路西男爵的清醒看法：

> 因此，这位伟大的独裁者——数百万条生命的主人——被剥夺了这世上最卑微的游客所享有的特权。他来英格兰访问，但连一只脚也没踏上这片大陆，只是匆匆忙忙、遮遮掩掩地去拜访了一下奥斯本宫①。[19]

英俄王（皇）室成员之后再也没有见过面。

*

在罗曼诺夫一家回到家中后，亚历山德拉又一次病倒了。"看看我为旅途的疲劳付出了多大的代价，"8月26日她写信给厄尼，"在床上已经躺了一个星期了。"[20]她的健康引起了严重的关切，因为自1907年冬天以来，她的身体状况在持续恶化。在那两个月中她竟传唤了自己的私人医生费舍尔42次之多。[21]斯皮里多维奇将军差不多在同一时期私下咨询了一位非常知名的俄国医学教授。他得出结论，认为皇后继承了某种黑森家族在神经类疾病上的"脆弱性"以及"高度的易感性"，她的神经症状带有一种明显的"歇斯底里的天性"。这些导致了在身体上出现的状况——全身乏力、心脏一带血液循

129

---

① 建在英国南部的怀特岛上，远离大陆，是维多利亚女王最爱的一座行宫。——译者注

环不良所引发的下肢水肿、神经血管系统的问题，表现在皮肤上出现红斑——在皇后接近中年时这些症状还会加重。"至于精神方面的问题，"教授总结道，"将主要通过极度抑郁的状态、对周围的人和事毫不关心以及一种宗教玄想的倾向表现出来。"[22]

1908 年费舍尔医生再次被传唤而来，治疗已经涉及影响亚历山德拉睡眠的神经痛。[23]作为神经疾病方面的专家，他开出方子，强调绝对的静养。此外，他还注意到安娜·维鲁博娃非常强烈的存在，后者现在几乎每天都和皇后待在一起，即使不对皇后造成很大伤害，至少也是不利的。[24]他写信给尼古拉，说在安娜如此靠近皇后的情况下他一直不能给予皇后正确的治疗。但亚历山德拉不赞同让安娜离开宫廷，而在此之后不久费舍尔就请辞了。1908 年 4 月，叶夫根尼·波特金接替了他的位子。尼古拉此时正要前往黑海舰队检阅，波特金医生立刻提议，前往克里米亚对皇后的病情有好处。

自此之后，除了波特金医生之外，亚历山德拉不会向任何人咨询。但是宫廷医生这一任命对于波特金来说其实是一盏金杯毒酒。亚历山德拉是那种只能忍受同意她自行诊断结果的医生的病人。他讨好卖乖地赞同皇后的观点，即她是一名慢性病患者，且正像格里高利神父告诉她的那样，她必须"以作为祭品的天性"来承担自己的苦痛。[25]她所确信的自己的病弱成了在处理女儿举止不当的问题上的一个有用工具，她的女儿们显然因她常年缺席家庭生活而受到影响。"当上帝认为到了我该好转的时候他自然会这么做，但在此之前不会。"她告诉她们。于是，她们会表现得更好，以确保这一天会来临。[26]

1909 年 9 月，一家人乘火车前往克里米亚。这是孩子们经历过的最长的一段路程，也是他们第一次到达这个行政区，因为自亚历山大三世在 1894 年过世之后，尼古拉和亚历山德拉没有真正在这个地方待过。在塞瓦斯托波尔的码头，他们上了"施坦达德"号，沿克里米亚海岸环行，希望在去距此 53 英里（85 千米）外里瓦几亚的老旧夏季行宫之前看一看雅尔塔的烟火和彩灯，享受一下友好的假日气氛。在这个假期中，孩子们骑马、打网球、在私人海滩游泳，而且经常和他们最喜欢的 18 岁的堂叔德米特里·帕夫洛维奇大公在一起，后者现在会花很多时间陪伴这一家人。尼古拉很高兴有德米特里在身边，他总是对这个小伙子表现出好感，他们会一起外出散步或骑马很久。[27]亚历山德拉大部分时间都躺在床上，或者坐在阳台上，不见任何人，甚至不和家人一起共进午餐。她恢复得很慢，影响了每个人的情绪。但是她拒绝见任何的专家，只相信波特金医生和喝胡萝卜汁的自我药疗，"说这种物质可以促进她的血液流动，她的血太稠了"。[28]也许她严格的素食疗法是有益的。到了 10 月底，她已经恢复得很好，可以和女儿们一起散步或乘车和她们一起去雅尔塔购物了。

那个秋天，在里瓦几亚，阿列克谢又遭受了一次流血不止，他又一次伤了自己的膝盖。一位法国的医学教授被传唤而来，且秘密拜访了三次。但他是一位肺结核专家，"宣称自己没有能力诊断这是什么病"，显然是没有被告知这孩子患有血友病。另一位从圣彼得堡传唤来的医学专家也不能让他的病情有任何缓解。[29]这一次，斯皮里多维奇将军意识到，掩盖事实已经越来越困难，即皇子身上出了某种大问题，"这个问题就像悬在沙皇一家头上的达摩克利斯之剑"。很明显，在阿列克谢以及她自己的案例中，亚历山德拉抛弃了传统医学，在她的精神顾问格里高利的影响下，"只依靠上帝的帮助"[30]。阿列克谢的病情加上他母亲的健康状况不佳，意味着这个家庭在里瓦几亚几乎要一直待到圣诞节。但是当明亮且充满阳光的克里米亚之秋转变到寒冷潮湿的冬天时，能将这一家人从巨大的无聊当中转移开来的只有无穷无尽的多米诺骨牌、哈尔玛棋、落托数卡牌戏以及偶尔的电影放映。

131 　母亲的慢性病对于女儿们来说，是她们一直努力承担的情感重担。"上帝保佑最亲爱的妈妈今年冬天不要再生病了，"11 月奥尔加给格里高利写信，"不然就太可怕、太让人伤心，也太难了。"塔齐亚娜也很焦虑，告诉格里高利"看到她这个样子我们很难过。要是您知道对于我们来说忍受妈妈病痛的样子是多么困难就好了。但是是的，您是知道的，因为您无所不知"。[31]1909 年天气最好的六个月里，皇室一家几乎完全没有出现在俄国公众的视野之中。四姐妹开始显示出她们与现实世界隔绝且缺乏与同龄的年轻人的自然交流的迹象。但即使是到了这时，尼古拉和亚历山德拉还在盘算着继续后撤——为了亚历山德拉和阿列克谢不佳的身体状况。在圣诞节他们离开里瓦几亚之前，他们下令新建一座宫殿，取代现在这个又黑又潮湿的主殿（尽管不远处亚历山大三世过世时所住的宫殿马里宫还处于被遗弃的状态）。他们打算每年的春夏都在这个新家里度过。对于普通的俄国民众来说情况还是老样子，就像一句土话——"上帝在很高很高的地方，而沙皇在很远很远的地方。"[32]

*

对于俄国皇室来说 1910 年是阴郁的新的一年。这一年的头两个月宫廷都在为沙皇的叔祖父米哈伊尔·尼古拉耶维奇哀悼，他于 1909 年 12 月 18 日（新历）在戛纳逝世。1910 年 4 月，亚历山德拉痛失了自己的女侍长——玛丽亚·戈利岑娜公爵小姐，后者是亚历山德拉认为在宫廷中最亲近的女侍官以及闺中密友。仅仅一个月后，她又因舅舅爱德华七世的离世而陷入了黑暗之中。[33]

正常情况下尼古拉和亚历山德拉应该在圣彼得堡带领民众为米哈伊尔大公哀悼，但是亚历山德拉此时还在生病。那一年每一处地方都在谈论"皇室一家与世隔离的老把戏"，越来越多的人担心"沙皇和皇室一家长时间不在首都会对舆论和国家造成的影响"。[34]正如驻圣彼得堡的美国外交官珀斯特·维勒所回忆的：

132

> 他们在克里米亚的里瓦几亚度过了春秋两季。夏天他们也不在彼得宫城，而是乘坐"施坦达德"号出游了。芬兰海岸的人看到他们的次数都比在沙皇的首都的人多。在余下的时间他们待在皇村，"沙皇的城市"不过在几英里开外，但就圣彼得堡而言，好像有 100 英里那么远……整个社会无所事事，十分松散。无论对于他们还是整个国家来说，这都不是一个健康的状态。所以流言四起。[35]

圣彼得堡变成了"一座眉头紧锁的城市"，被历史压迫的阴暗地方，英国记者约翰·福斯特·弗雷泽总结道。[36]首都的社会生活宛如一潭死水，腐败日益猖獗，贵族阶层对政治变革或社会改革深恶痛绝，故步自封。落后的、果戈理笔下的官僚政府仍然把民众分为两个主要阵营——官员和非官员。与此同时，民众则视膨胀的政府官僚为"吸血鬼"。"恨意被掩盖、被抑制，但它一直在那里。"福斯特·弗雷泽如是说。[37] 在这个两极化系统的中心，站着一个让人难以捉摸的沙皇——"胆怯又勇敢，迟疑又机敏，神秘又开明，多疑又轻信"——这个男人，远非预想中的嗜血，而是一个善良、真诚、谦逊、专一的丈夫与慈爱的父亲；但作为沙皇，他在情感上和道德上都全然没有能力去承担他与生俱来的这项意外任务。责任的重担在加速尼古拉的衰老，还有病妻和病儿的情感压力。"天性把他塑造成一位恬静的乡绅，穿着亚麻衫穿行于花圃之间，握着手杖而非利剑。但这些从不是沙皇的品质。"珀斯特·维勒总结道。[38]

由于沙皇和皇后的缺席，圣彼得堡一直停滞不前。面对尼古拉无可救药的懦弱，一些反动的大公和他们的妻子开始越来越多地左右这个社会，这些"道德标杆"视自己为"帝国权力的捍卫者"，一心想保卫自己的财富和权力，坚决反对民主改革，支持着摇摇欲坠的专制政权。[39] 圣彼得堡，就像一位法国大使的妻子所言，"由两三百个派系组成，他们都是蓄谋已久的杀手"，他们的后台是宫廷官员们所组成的克莫拉式的黑手党组织，他们中的很多人都极度反感沙皇夫妇。[40] 占据舞台中央的是尼古拉的婶婶玛丽亚·帕夫洛夫娜，她的丈夫弗拉基米尔大公（一个一掷千金的恶徒，在赌博和女人身上挥洒了成千上万的卢布）在去年 2 月过世了。弗拉基米尔大公夫人具有德国血统，这一点她自己也经常提到。她像皇后一样，转而皈依了东正教，虽然这是在她丈夫去世前不久，她对儿子们能够获得皇位的前景抱有坚定的想法。她本人几乎嫁得像亚历山德拉一样好，她也来自一个相当小的公国——梅克伦堡－什未林。

弗拉基米尔大公夫人奢华的、佛罗伦萨风格的宅邸位于涅瓦河畔的宫廷滨河路上,这处宅邸比亚历山大宫还要华美。趁俄国真正的君主不在,弗拉基米尔大公夫人主持自己的私人宫廷,她惊人的财富让她有条件举办最铺张的招待会、慈善义卖市集和化装舞会。她主持的为期四天的市集一般于圣彼得堡的圣诞节到大斋期之间开放,在接下来的日子里,她的邀请函是全城最抢手的。大公夫人傲慢而强势的举止或许是令人胆怯的,但是她卓越的社会关系和天然的活力确保她对俄国上流社会了如指掌。这同样意味着她站在首都针对越来越不受欢迎的皇后的很多阴谋的中心。

因她对文学的广泛兴趣,1909 年底,弗拉基米尔大公夫人邀请了一位尊贵的外国客人来俄探访并留驻。英国畅销书作家埃莉诺·格林近来因她的长篇浪漫小说《三个星期》(*Three Weeks*)而在俄国大火,大公夫人提议格林或许愿意来到俄国写一部以俄国为背景的小说。[41] 她告诉格林:"每个人都会写关于我们的农民的书,来写一本关于真实人民生活的书吧。"很少有比这更能说明她所处的阶级对于普通俄国民众令人难以置信的冷漠的了。[42] 对于格林来说,不幸的是,她本期待沙皇和皇后可以从皇村出来,在圣彼得堡的社交生活中占据更活跃的位置,可当她抵达这座城市时全城都在为米哈伊尔大公哀悼。从社交角度来讲,远比这更糟糕的是,她带来了一整衣橱由女装师露西尔·达夫·戈登所设计的新服装以及巴黎设计师卡罗琳·瑞邦所设计的帽子,但是她并没有带哀悼服。英国大使的妻子不得不前去援救,给她买了"规定的帽饰……一种用于哀悼的黑色绉绸女帽,配有长长的垂下的面纱"。[43]

134

从英国大使馆的窗子向宫廷滨河路上望去，在一个寒冷的灰蒙蒙的日子里，天上下着小雪，地上都是雪泥，格林看着葬礼车队穿过涅瓦河和兔子岛，驶向彼得保罗大教堂，皇后"蜷缩在马车里"，而尼古拉和大公们跟在后面，他面色苍白，像他的堂亲们一样清楚地意识到他们对于暗杀者来说有多么脆弱。炸弹爆炸事件的事先警告促使当局禁止人们从窗口观看（英国大使馆除外），士兵和警察"肩并肩、背靠背"，沿着长达 3 英里（4.8 千米）的线路"排成两排，注视着两边的街道"。[44] 游行队伍经过，格林注意到聚集在那里的大批民众"沉默但并不悲伤"，这和她所见的 1901 年维多利亚女王的葬礼哀悼完全不同。"空气中弥漫的不是难过而是不安，不是悲痛而是劫数。"[45] 对于格林来说，"紧闭百叶窗的、安静的房子，拥挤的守卫，以及怀有敌意的人民已经向全世界宣告了这个悲剧政权的必然毁灭"。那个晚上她在日记中写道："噢！我们该如何感谢上帝赐予我们亲爱的、自由的、安全的、快乐的英格兰。"[46]

第二天，格林被盛大的葬礼仪式、蜡烛、熏香，以及神职人员美丽但仿佛来自天外的诡异的歌声深深打动了。只有尼古拉在场，保持着"不自然的镇定，好像戴了一层面具"。别人告诉她，亚历山德拉"拒绝"前来。[47] 这无疑是那些爱拨弄是非的人对于她的缺席的认知。而事实是皇后可能无法站着坚持长达四个小时的典礼。但残酷的是，这些一点一滴关于她的负面流言正在起作用。格林说道："我很震惊，皇后的不受欢迎几乎等同于一种仇恨情绪，甚至早在 1910 年就是这个样子了。"[48] 她给人一种直观的印象，即弗拉基米尔大公夫人才是圣彼得堡社交界所视作的真正皇后，因为亚历山德拉现在几乎半步也不踏出隐居地皇村。[49]事实上，格林公开声称她"震惊地感受到"亚历山德拉的病态人格所覆在俄国宫廷之上的"痛苦和恐惧的气氛"，即便是在她不在的情况下。[50]而正是引领哀悼的紧张但庄严的尼古拉给了她这种印象。但他出现在大公的葬礼上被那些负责他安全的人认为是鲁莽的，特别是他坚持在街上走在棺材的后面，"对于每一个相关的人来说都是让人焦虑的一天"。

"当宫廷哀悼解除时，沙皇和皇后会来冬宫吗？"两个月后每个人都在问，"那样就意味着一场宫廷舞会，总好过什么都没有。"[51]在外交圈，去圣彼得堡任职被认为是"讨厌的"任命，很少有人因此高兴。在圣彼得堡任职六年的珀斯特·维勒收到了很多对于罗曼诺夫家族的女儿们行动受限的批评，一位社交名媛向他抱怨：

> 可怜的小家伙们！……养育皇室小孩到底用的是什么方法！不如把她们带到彼得保罗要塞（要塞监狱）好了。对于小阿纳斯塔西娅和玛丽亚来说还好……但对于塔齐亚娜，尤其是已经15岁的奥尔加，太荒谬了。[52]

母亲强加给女儿们的人为隔离被很多人认为是残忍和狭隘的想法。"她想让她们在成长的过程中不受她所谓的'俄国宫廷的悲剧'的影响"，一位女士声称，暗指亚历山德拉对这种道德败坏的恐惧。[53]这些经历使得看上去如此自然且富有表达力的四姐妹显得更加不一般。每一个见过她们的人都赞同她们是非常出色的年轻女士，她们显示了爱、忠诚以及对于她们所扮演的角色的强烈意识。"她们从不会让你忘记她们是女大公，但是她们也不会让你忘记对她们的其他感觉。"一位女侍官评论道。[54] 但在城市里能看到孩子们，尤其是阿列克谢的情况极少，在皇村看到他们的机会要多得多。珀斯特·维勒回忆起有一次和托尔斯泰伯爵夫人一起去皇村，有幸碰到了皇储和一个哥萨克守卫外出。男孩被"裹在一件长长的大衣里，阿斯特拉罕式的衣领，活泼开朗，歪戴着一顶毛皮帽子"，他"急切地说着话，打着很多手势，时不时停下来去踢一片雪"。"我目不转睛地看着他，"维勒承认，"这孩子几乎是一个传奇，我认识的人里没人见过他。"对于皇室一家非常了解的伯爵夫人则非常同情阿列克谢："可怜的孩子！只能和他的姐姐们在一起，没有同他一个岁数的男孩子和他一起玩！皇后对他犯了一个大错，对她的女儿们也是，但是没人能让她认识到这一点！"[55] 对皇室子嗣持有的这种广泛观点自然无法被撼动，然而作为皇村的客人，有一位英国探访者却获得了少有的能看到阿列克谢和姑娘们的特权。

> 他看上去好像有点害羞，站在房间的一角，被他美丽、年轻的姐姐们围着，她们穿着朴素但非常整洁。他们似乎很自在，行为举止是那种寻常人家未经熏染、教养良好的孩子所有的。在他们进门的那一刻，慈母的微笑笼罩着皇后的面容，她向他们张开手臂，亲切地拢过儿子的脖颈。[56]

阿列克谢毫无疑问是他母亲的宇宙中心，因此罗曼诺夫家的女儿们看上去似乎注定是一种淡而无味的替代品，永远待在她们有超凡魅力的弟弟的阴影下。然而，五姐弟之间幕后的关系才刚刚开始转变。在自己频繁不断患病期间，亚历山德拉把任务越来越多地交给奥尔加，让她确保固执的小弟弟可以在公开场合表现得体。有一次，在参加童子军游行时，阿列克谢努力想从马车上下来，但当奥尔加拦住他时，他"用尽他的全力甩了奥尔加一耳光"。作为回应，奥尔加没有畏缩，而是牵过他的手轻轻抚摸，直到阿列克谢恢复了平静。只有当他们安全地回到家中后她才跑到自己的房间放声大哭。阿列克谢及时地忏悔了。两天来，他"感到悔恨不已，并让奥尔加接受他的那份晚餐甜点"。他爱奥尔加可能胜过其他姐姐，每当他受到父母的训斥时，他都会"声称自己是奥尔加的小孩，拾起他的玩具，跑到奥尔加的房间"。[57]

　　此时，奥尔加和塔齐亚娜已经很明显地和"小的一对"逐渐分隔开来，而玛丽亚，四个人中最不爱出风头的一个，开始感到难受了。嫉妒也在悄然滋长，因为她意识到她母亲似乎更偏爱阿纳斯塔西娅。"我和阿纳斯塔西娅之间没有任何秘密，我不喜欢秘密，"亚历山德拉在一封短信中让她放心，而仅仅过了几天又写了另一封，"亲爱的小孩，你必须向我保证你不会再认为没有人爱你。这种奇特的想法是怎么进入你的小脑瓜的？赶快把它忘掉。"在感觉到她的姐姐们不想跟她玩后，玛丽亚近来一直在克谢尼娅唯一的女儿——堂姐伊琳娜——那里寻求友情的安慰。但亚历山德拉告诉她这只能让事情更糟：她的姐姐们会"认为你不想和她们在一起，可你现在正在变成一个大姑娘，你应该跟她们更多地待在一起"。[58]

　　玛丽亚很显然非常渴望赢得她的姐姐们的认可和关注，所以可能在1910年5月给亚历山德拉写了这样一封短信来表达自己的立场：

　　　　我亲爱的妈妈！您感觉如何了？我想告诉您奥尔加非

137

常有可能在彼得宫城得到一个自己的房间了，因为她和塔齐亚娜的东西太多而住的地方又太小了。妈妈，您是在多大的时候有了您自己的房间呢？请告诉我这是否能安排。妈妈，您是在多大的时候开始穿长裙的呢？难道您不认为奥尔加也愿意穿长裙了吗？妈妈，为什么您不让她们搬走或只是让奥尔加搬走呢？在阿纳斯塔西娅得白喉的时候我觉得她们在您原来躺的地方会很舒服。吻您。玛丽亚。附：给您写信是我的主意。①[59]

与此同时，玛丽亚自私自利的胞妹阿纳斯塔西娅则沉浸在自己的小世界里，她正沿着一条完全不同的、奇特的路子思考，她在笔记本上潦草地写下了那一年她想要的生日礼物清单：

138 　　在我的生日时我希望能收到玩具梳子（给娃娃梳头），一台我能写字的机器，一幅奇迹制造者尼古拉的圣像画，还有一张大床，像玛丽亚那样的，为了克里米亚，我想要一只真狗，在我写书和其他东西时扔废纸的纸篓……还有一本我可以用来写孩子们可以表演的小短剧的书。[60]

在青春期的关键几年里，由于母亲的缺席，越来越需要有人来照顾这四个个性迥然不同且还在逐渐成长的孩子，但1910年一整年，这个问题都因主要被移交给一个人——索菲

---

① 玛丽亚的英文写作还不是很流畅，所以略有不通顺之处，照原文翻译如上。——译者注

亚·丘切娃——而更成了一个问题。丘切娃没有太多朋友，有些仆人也很讨厌她独裁的态度。一个日记作者曾因她专横的态度以及把正在长大的姑娘们当作顽童来对待而用"穿裙子的男人"来指代她。[61] 尽管很喜欢这些姑娘，但在德行上非常刻板的丘切娃很担心姑娘们的生活当中越来越多的注意力（更准确地说是分心）会集中在"施坦达德"号上的年轻军官身上，在芬兰度假期间她对她们和这些军官的关系会变得更加紧密而感到忧心忡忡。[62]

尽管她对皇室一家的尽心尽力大家有目共睹，而且她的出发点是好的，但索菲亚动辄品头论足的言行举止以及持续不断定下的规矩意味着她正面临着一种危险，即正在跨越她作为护理人以及亚历山德拉作为孩子母亲的责任之间的界限，她而不是皇后正在肩负女孩们道德方面的健康成长这一终极的责任。丘切娃从没和皇后相处得愉快过，而且她也不赞成对姑娘采取更放松的"英式"教育。据安娜·维鲁博娃说，"她希望改变整个系统，让它变成完全斯拉夫式的，不接受任何国外的想法"，而且现在竟然在皇后的指令面前公然指责她。[63] 她从一开始就讨厌拉斯普京，非常看不惯姑娘们和皇后同他的关系，她认为这是自降身份且极为不妥。四姐妹明显对围绕格里高利聚集起的敌意感到很焦虑，塔齐亚娜在 1910 年 3 月写给母亲的一封短信中暗示道："我非常害怕 S. I.（索菲亚·伊万诺夫娜·丘切娃）会对玛丽亚（·维什尼亚科娃）讲一些我们的朋友的坏话。我希望我们的保姆现在对我们的朋友能友好一点。"[64]

1910 年 1 月和 2 月，阿列克谢的胳膊和腿都疼得厉害，拉斯普京十次造访皇村，经常会待到很晚，和他们说上很长时间的话。皇后曾告诫索菲亚·丘切娃不要再和孩子们谈论有关

139

拉斯普京来访的事，丘切娃收敛了一阵，但之后就再一次向克谢尼娅姑妈八卦起拉斯普京可以自由接触皇室一家，尤其是涉足孩子们的事。"他总是在那儿，进入儿童房，在奥尔加和塔齐亚娜准备好要睡觉的时候去看望她们，坐在那里同她们说话，并且爱抚和亲吻她们。"丘切娃告诉她。① 在母亲的指引下，孩子们变得越来越喜欢遮遮掩掩，即便是伊丽莎白·纳雷什金娜（近来她从已故的戈利岑娜那里接过了女侍长的位置）也觉得这出于他们的母亲对于丑闻的恐惧，孩子们被训练得"要向其他人隐藏对拉斯普京的想法和感觉"。[65]康斯坦丁大公认为"让孩子们习惯这样的伪装几乎毫无益处"。[66]当然，丘切娃在1910年夏天重新发起的攻击有些言过其实，但这进一步动摇了皇室内部对于拉斯普京的看法，即便是她的姐姐艾拉和小姑克谢尼娅也在质疑亚历山德拉持续维护拉斯普京的这一做法。

那些像莉莉·登一样喜欢亚历山德拉并尊重她对拉斯普京的信任的人把丘切娃的行为归结为"怨恨和嫉妒"。安娜·维鲁博娃和伊扎·布克斯盖夫登都相信，她是流传在圣彼得堡很多关于皇后和拉斯普京风言风语的源头。但是伤害已经造成了，谣言变得越来越可怕了。莉莉很快就有了要感谢拉斯普京帮助的很好理由，她2岁大的儿子亚历山大（大家都叫他提提）患了白喉症。看到提提病得这么厉害，亚历山德拉和安娜·维鲁博娃说服了她去向格里高利寻求帮助。当他到达后，

---

① 在玛丽亚·拉斯普京的著作《我的父亲》第56页中，她强烈否认了这一指控："我的父亲从没去过陛下的房间，也没有去过女大公们的，他只去过阿列克西斯·尼古拉伊耶维奇［原文如此］的房间或是其中一间客厅，一两次是在教室。"

他在男孩的床边坐了很久，目不转睛地看着男孩。突然间提提
醒了，伸出他的小手，一边大笑，一边口齿伶俐地叫着"叔
叔，叔叔"。

　　提提告诉他，他的头疼得"从没这么厉害过"，但拉斯普
京所做的只是"牵起男孩的手，手指滑到他的鼻子旁边，抚
摸了他的头并亲吻了他"。在走的时候他告诉莉莉烧已经退
了，她的儿子会活下来的。[67]第二天早晨，提提的症状确实减
轻了，几天后他恢复了健康。莉莉还是坚信这与拉斯普京的来
访纯属巧合，但她清楚亚历山德拉对他的信任是基于她绝对相
信拉斯普京是唯一能够帮助她的儿子的人。在这点上，就莉莉
自己的考虑来说，拉斯普京对于皇后的巨大影响力仅仅是在神
秘学上的，与政治和金钱无关。[68]

　　但是在颇具影响力的日报《莫斯科公报》（ *Moskovskie
vedomosti* ）以及其他地方，对皇后与她的"朋友"的诋毁中伤
正在加剧。讽刺杂志《星火》（ *Ogonek* ）采访了拉斯普京的追
随者，透露了在进入他的圈子时那种骇人听闻的"吉卜赛之
夜的入会仪式"的细节。[69]斯托雷平重新开始了对拉斯普京的
调查，后者再一次感到撤回到安全的西伯利亚是最好的方法。

140

第九章
在圣彼得堡工作，在里瓦几亚生活

　　1910 年夏，面对健康状况持续戏剧性恶化的皇后，波特金医生说服她去黑森的瑙海姆温泉城做一次疗养，同时还可以去看望厄尼和其他的欧洲亲戚。"让她恢复身体非常重要，对于她自己、孩子们以及我都是如此。"尼古拉在出行前这么告诉自己的母亲。"我担心她从健康到精神完全崩溃了。"他对安娜·维鲁博娃说的话甚至更直率。"我可以做任何事，"他悄声绝望地说，"如果她能康复，我甚至可以坐牢。"[1]

　　8 月末，罗曼诺夫一家抵达毗邻瑙海姆温泉城的弗里德贝格城堡。有 140 个强壮的随员（安保官员太多而使得这一数字如此之大）护送他们，其中大多数人都被派驻在当地人的家里。尽管厄尼和他的家人很欢迎他们，但是这趟出行是一场后勤噩梦，更不用提巨额的开销了。这是一次完全私人的旅行，在他们停留的四个星期中，尼古拉曾有一次便服出游，偶尔也会化名到镇上走走。然而，安保防护像 1909 年在考斯一样让人窒息，枪手和猎犬在城堡的地域之上巡逻，而沙皇一家身边则有尼古拉的哥萨克卫队以及在斯皮里多维奇将军监管之下的安保官员如影随形。[2]

　　一位英国访客，作家兼沙龙女主人维尔列特·亨特，回忆起罗曼诺夫一家到来的兴师动众。某个晚上在她居住的宿膳公

寓里贴出了一张告示，恳请客人们

> 不要去跟踪、骚扰或围攻俄国沙皇，他此时正待在弗 142
> 里德贝格，离此地 3 千米远，每天会和皇后及皇子皇女们
> 前来造访……他将自己的生命如此明目张胆地置于险境，
> 且危险又如此迫近，谨小慎微又务实的弗里德贝格市政当
> 局于是竟然坚持让沙皇自掏腰包来保障自己在公共场合的
> 安全！

斯皮里多维奇将军采取了果决的措施，"四处散播沙皇出
行之处的假消息"，以混淆想要追寻沙皇夫妇行踪的好奇者的
视听。"当大家认为（尼古拉）去温泉宫时你只会在娱乐馆找
到他，当他去了骑术学校时看起来更像是要去湖边。"[3]维尔
列特·亨特在那里看到了他，"一个忧郁的身影，正在鼓励他
的儿子驾驶他的小船或是做划船手的一员"。她经常看到亚历
山德拉去泡温泉，"一身黑裙再配上珍珠……她的脸似乎是一
张悲剧的假面……傲慢又沮丧。她看上去是一个可爱的傻瓜，
而且现在几乎谈不上可爱——一个病态的皇后的身影"。[4]在
镇上一家满是威尼斯彩色玻璃的店里，亨特又一次碰到了尼古
拉和阿列克谢，他们正在专心致志地凝视一些艺术品：

> 透过美丽干净的玻璃我看到了他（尼古拉）的脸，
> 他的脸上几乎没有恐惧，因为他是一个勇敢的人，但一瞬
> 间它看上去似乎蕴含着一种总结，一张混合了多种痛苦的
> 履历表，而这种混合的痛苦被这个家族的所有沙皇都清醒
> 地标记为毁灭。他的祖父、他的叔叔，以及在他之下的独

子，延续着这个畸形的、腐坏的王族！[5]

也许尼古拉确实很担忧，在停留于弗里德贝格期间，有消息传来，10 月 5 日，葡萄牙发生了一场针对他们的立宪君主曼努埃尔二世的政变。另外还有一个警示：曼努埃尔的父亲就像尼古拉的祖父一样，也是被暗杀的（于 1908 年）。一位女士目击了尼古拉在温泉宫享受下午茶时收到报童消息时的反应。"沙皇看上去脸都白了，明显是受到了极大的震惊。"用一个硬币打发走那个报童之后，他从头至尾读了一遍这则新闻，"从他的脸上我可以看出他受到了多大的触动。他的眼中尽是恐惧，偶尔看上去几乎是绝望。在做了一些努力后他压制住了自己的感受，且意识到了自己成了一些好奇之人注视的对象。他假装若无其事地上了等待他的汽车"。[6]

在弗里德贝格，这两家人又迎来了另外几个欧洲亲戚——希腊的安德烈阿斯王子和他的妻子爱丽丝，还有他们的两个女儿玛格丽特和西奥多拉，以及亚历山德拉的姐姐巴腾堡的维多利亚、她的丈夫路易斯，还有他们的孩子露易丝、乔治和小路易斯。亚历山德拉的另外两个姐姐也和他们短暂相聚——伊莲娜，她的丈夫亨利王子以及两个儿子西格斯蒙德和血友病患者沃尔德马，此外还有已成寡妇的大公夫人艾拉，她新近蒙了面纱，并在莫斯科成立了一所修道院。她身着最时髦的灰色修女袍，头戴灰色的修女头巾，看上去很像瓦格纳的歌剧《唐豪瑟》（Tannhäuser）里虔诚的女主角伊丽莎白。

四姐妹很喜欢和她们的表姐弟露易丝和小路易斯待在一起，她们更常叫后者为迪基。尽管那时只有 10 岁，但迪基，也即蒙巴顿勋爵，在晚年仍清清楚楚地记得这些姑娘："噢，她们非常可爱，模样特别甜美，比照片上好看多了。"他完全被三皇女迷住了："我被玛丽迷疯了，并且下定决心要娶她。她可爱极了。"① 确实，在他的眼中这四个女孩都正在盛放："每次看到她们，都觉得她们越来越美丽。"[7]

　　四姐妹的表姨索拉携艾米莉·洛赫也从英国赶来。在到来的第二天早上，奥尔加和塔齐亚娜就迫不及待地想要和索拉一起去瑙海姆购物，那里的珠宝商和在考斯时的一样欢迎她们的到来。翌日她们返回，"带回来一堆需要皇后检查的东西，"艾米莉回忆道，但是围着她们的民众太多了，她们几乎没有机会去花她们的零用钱，亚历山德拉从当年的1月开始每个月都会给她们15卢布自行支配。[8] 在弗里德贝格，环绕在堂表亲中间，四姐妹似乎很喜欢玩非常幼稚的空竹（一种杂耍玩具）或是"小笨狗"（一种两人游戏，柱子上缠着线，连着一个球）②。她们也会经常乘马车或骑自行车在花园里游玩，而阿列克谢则和厄尼的两个儿子格奥尔格·多纳图斯和路易斯相处得很愉快，捷列文科有时候会骑着自行车带他出去玩，自行车车座是特制的。他们也非常享受和沙皇乘汽车出去探险（他们喜欢开得非常快），前往树木繁茂的郊野去野餐。对于女孩们来说，和同龄的堂表亲们一起玩的机会太少了，有一次甚至尼古拉也加入了他们。"他看起来像学校放假的学生一样开心。"[9] 每个人都觉得女孩们彬彬有礼，待人周

①　在霍尔1985版的传记当中，蒙巴顿勋爵错将这次聚会记成是在1913年的海利根贝格，但这一年皇室一家并没有离开过俄国。他们最后一次非正式探访德国正是在1910年这个特别的夏天。迪基再也没见过玛丽亚，但他从没忘记她。在晚年，他仍然把玛丽亚的照片摆在他卧室的壁炉上，直到他去世。

②　类似日本的剑玉，一种历史悠久的游戏。——译者注

到，"女孩们绞尽脑汁和一个侍从找话聊"的情景给他们留下了深刻印象。[10]

在瑙海姆温泉城疗养了一个多月后，皇室一家动身前往沃夫斯加登，准备和厄尼以及他的第二任妻子奥诺尔一起再多待三周。亚历山德拉的健康状况有所改善。乔治·格罗特医生曾在瑙海姆为她出诊，他没有发现任何心脏病的迹象，但是确认皇后的健康状况非常糟糕，"如果她不是居于如此高位，她应该已经被送到修道院，由两名护士照顾，不见任何人了"。她"自己扛了太多"，格罗特说，"并且向所有人隐瞒了自己的痛苦"。[11]尽管如此，亚历山德拉还是在那年的夏天随着亲密的一家人到处迁移，迪基·蒙巴顿回忆道。"即使是我那个疯子姨妈皇后也非常漂亮、极富魅力。"然而她的很多亲戚都认真地担心她的精神稳定问题。在瑙海姆，迪基无意中听到他的父亲对母亲说道："阿丽基完全疯了——她会引发一场革命。难道你不能做点什么吗？"[12]

皇后持续的恶劣健康状况经常被归因于她的臆想症。但亚历山德拉固执地认为她的病不是想象出来的。"如果别人跟你说到我的'神经'，"在给巴里亚京斯卡娅的信中她写道，"请强烈地反驳他。我的神经一如既往地强壮，问题出在了'心脏过劳'。"[13]她意识到自己的病影响到了孩子们，"有一个一直在生病的妈妈让你的生活无法阳光起来"，她在 12 月的时候对玛丽亚说，但这也有好的一面，"我知道这很乏味……但它教会了你们几个要博爱和温柔"。[14]她不得不处理 11 岁的玛丽亚向她表现出的第一波情窦初开。格里高利显然再一次扮演了来信专栏的知心大姐角色，他告诉玛丽亚不要"老想着自己的暗恋对象"，而且不要在有别人在的情况下吐露任何心事。"现在你是个大姑娘了，你必须小心谨慎，不要流露出你的情绪，"亚历山德拉重申，"一个人不能让其他人看出其内心在想什么。"[15]这种蓄意的沉默更加支持了民众认为皇后冷漠无情的观点。"这是守秘的一般策略。"伊扎·布克斯盖夫登回忆道。亚历山德拉告诉她"不应当让别人知道我们一家有人病了"，这一点包括阿列克谢。只有当"某人马上要去世"的时候公众才会被告知出了点状况。[16]

因此留给外国媒体的只有猜测了。"皇后正慢慢死于恐惧"登上了头条，来自罗马的《论坛报》（*Tribuna*）的一则消息声称亚历山德拉"一直以来都是欧洲最不快乐的皇室成员，这是因为将她和她的家人与世界隔离开来的严密安保"使她成为"忧郁症和病态的恐惧的受害者"。[17]报纸上还说，几乎无法"再从这个苦着脸、眼神忧郁的女人身上认出她曾是巴尔莫勒尔那个点亮了所有雇农的心的快乐的小女孩了"。一份澳大利亚报纸说："在任何皇室的历史上，都没有比这更惨的悲剧了。"[18]

*

1910 年 11 月，回到皇村，尼古拉决定让他的女儿们享受一下首都的社交季。1 月，他和奥尔加一起观看了《鲍里斯·戈东诺夫》（*Boris Godunov*）的演出，主演是著名的男低音费多尔·夏里亚宾，他也是一家人的最爱。2 月，他叫奥尔加和塔齐亚娜陪他去看了柴可夫斯基的歌剧《叶甫盖尼·奥涅金》（*Eugene Onegin*），随后尼古拉又带着四个女儿去看了芭蕾舞剧《睡美人》（*Sleeping Beauty*）。这样的活动是对母亲缺席状况的小小安慰，但那个冬天五个孩子确实彻彻底底地享受了一场由他们最喜欢的巴拉莱卡（俄式三弦琴）管弦乐队（balalaika orchestra）演奏的音乐会。

珀斯特·维勒和他的妻子海莉也在那里，被外交界的成员环绕，还有无处不在的安保人员，皇室一族到场：玛丽亚·费奥多罗夫娜、玛丽亚·帕夫洛夫娜，"在她之后，不只是两个姐姐，奥尔加和塔齐亚娜，还有小的一对，玛丽亚和阿纳斯塔西娅"。这是件值得注意的事，因为这还是维勒夫妇第一次见到四姐妹在一起的样子，"两个姐姐一身简单的白裙，每个人都佩戴了一条小小的珍珠项链，她们厚密乌色的头发垂在肩上，让她们看上去很甜美、很女孩子气"。奥尔加手持"一小束紫罗兰"，玛丽亚和阿纳斯塔西娅各抱着一盒"银色包装纸的巧克力"。阿纳斯塔西娅在海莉旁边的包厢坐下，把她的那盒巧克力放在两人中间的栏杆上，并"对海莉害羞地笑了一下"。[19] 随后，海莉回忆道，"突然有一阵骚动，所有观众都站了起来，面向后面"，身着元帅制服的沙皇和"身着饰有金线的白色衣服"的皇储走了进来。[20]

"房间里非常安静，因为所有人正在见证俄国前所未见的一幕，人们完全惊呆了。"海莉回忆道。皇储绝少在公众面前露面，所以对于大多数俄国民众来说，"他不过是个传说"。[21] 在接下来的巴拉莱卡音乐会中，阿列克谢表现得很兴奋，因为他很喜欢这种乐器，并且正在学着自己弹。最后，全体观众站起来，呼喊着叫好，阿列克谢站在他父亲的旁边，带着可爱的还有孩子气的庄重，"不时偷偷地看看左边，又看看右边"。"我的上帝！他太可爱了。"海莉听到她旁边的一位女士说。

每一张脸上都流露出几个世纪以来一直对"伟大的
白色沙皇"的崇拜，还不止如此，这个小男孩，以其稚
气的美貌，代表了俄国所寻找的未来……沙皇执掌着俄国
的大权，却正在遭遇不信任，然而在未来的小小君主身上
仍能看到梦寐以求的闪耀的可能性。[22]

对于小皇储的这种爱慕更加印证了玛丽亚·费奥多罗夫娜
早在 1906 年就说过的想法，随着阿列克谢的到来，"四姐妹的
位置会趋于次要"。[23] 在公众眼里，她们的地位当然是这样，
因为所有人的目光都聚焦在皇储身上。幕间休息结束回到包厢
后，海莉注意到阿纳斯塔西娅和玛丽亚已经占据了她栏杆旁边
的位置。"她不是一个特别漂亮的孩子，但是她身上有一种坦
率、动人的东西，"在回忆起阿纳斯塔西娅时海莉说道，"在
平滑的栏杆上放着一盒已经快被吃光的巧克力，而她的白手套
已经被弄得脏兮兮的了。她害羞地把盒子递给我，我拿了一
块。"当音乐响起时，阿纳斯塔西娅开始轻轻哼起他们所演奏
的民间小调。海莉问她哼的是什么。"噢，"她回答道，"这是
一首老歌，讲的是一个小女孩丢了自己的娃娃。"年幼的女大
公哼唱的这段可爱歌曲的旋律，以及她的手套上沾满了巧克力
的场景，将伴随海莉很多年。[24]

*

1911 年春，亚历山德拉向她的嫂子奥诺尔直言在瑙海姆
的"疗养"对她没起什么作用："我个人认为没有益处……
又一次变得特别糟糕。"[25] 奥尔加感到再也看不到母亲康复
了。"亲爱的，如果她没有变得像你想的那样强壮也请你不

要灰心，"她的姨妈艾拉安慰她，"效果不会那么快，治疗的真正效果在一两个月里都不会显现，除非是在第二个疗程以后。"在此期间，艾拉建议奥尔加尽最大的努力为她的母亲虔诚地祈祷。[26]不过至少在这个春天奥尔加得到了检阅她的护卫兵团新兵这一令人兴奋的机会，而塔齐亚娜却开始嫉妒起来。"我太想要去检阅第二师了，我是第二个女儿，奥尔加第一个去了，现在轮到我了，"她向亚历山德拉抱怨，并补充道，"在第二师我会见到我一定要见的人……而且你知道是谁吗……!!!!??!?!"[27]塔齐亚娜同样向她的母亲吐露了她的第一段少女心事。8月，在红村巨大的游行广场上他们迎来了更多的军事检阅，在这些场合奥尔加和塔齐亚娜各由女骑师陪伴，骄傲地侧坐在马鞍上（1903年她们学习了骑术）[28]，身着制服，视察自己的军团——尼古拉在她们的第十四个命名日上指命她们为荣誉指挥官，伊丽莎白格勒第三骠骑兵团被指定给奥尔加，沃兹涅森斯克第八乌兰枪骑兵团给塔齐亚娜，到1913年玛丽亚也会有自己的军团——喀山第九龙骑兵团。只有阿纳斯塔西娅因为还不到年纪而显得闷闷不乐。"施坦达德"号的军官们曾戏弄她，说以她活泼好动的性格，她会成为圣彼得堡消防队的指挥官。[29]

在那年春天的军事演习中，女孩们很开心有她们的表亲康诺特的阿瑟王子（亚历山德拉的舅舅康诺特公爵的儿子）做伴，他是苏格兰皇家海军上尉，以观察员的身份前来。然而，英国大使的女儿梅瑞尔·布坎南写道，27岁的单身王子还有其他的当务之急："阿瑟王子下个星期就要动身前来参观演习了，但同时会（秘密地）与沙皇的女儿见上一面。"[30]这种秘密的探视不足为奇，尽管他们二人对彼此的心

俄国沙皇之子尼古拉（后来的沙皇尼古拉二世）和黑森公主阿历克斯（后来的亚历山德拉皇后）订婚照，《基督教先驱报》头版。

1900 年代拍摄的尼古拉二世全家福。

女大公奥尔加，盖琳－伯顿巧克力公司的集换卡片，1906 年。

女大公塔齐亚娜，盖琳－伯顿巧克力公司的集换卡片，1906 年。

女大公玛丽亚，盖琳－伯顿巧克力公司的集换卡片，1906 年。

女大公阿纳斯塔西娅，盖琳－伯顿巧克力公司的集换卡片，1906年。

奥尔加、塔齐亚娜公主参加她们弟弟阿列克谢洗礼仪式的合影,拍摄于 1904 年夏。

罗曼诺夫四姐妹在 1910 年代的合照。

考斯一道亮丽的风景——俄国的女大公们。女大公奥尔加和塔齐亚娜在考斯的街上购物。她们的右手边是迈克尔大公，左手边是保证她们旅途安全的魁梧的俄国保镖。

罗曼诺夫家族的阿列克谢·尼古拉耶维奇是沙皇尼古拉二世和亚历山德拉皇后的独子，也是沙皇皇位的继承人。他出生时患有血友病。照片中小阿列克谢正站在一辆马车前。

阿列克谢和照顾他生活的水手捷列文科，1910 年。

1911 年，尼古拉二世、亚历山德拉和四个女儿及儿子的合照。

意我们不得而知。① 作为罗曼诺夫家的长女，奥尔加即将要满
16 岁了，已经到了适婚的年纪，为她作一桩皇室婚配的兴趣
早就在集聚了。意识到两个较年长女儿立足社会的需要，亚历
山德拉已经在筹划让她们在康斯坦丁大公两个孩子的婚礼上正
式亮相。首先是他的大儿子约翰奇克同塞尔维亚的海伦娜公主
8 月 21 日在彼得宫城举行的婚礼。

　　"她们都长大了不少，"亚历山德拉告诉奥诺尔她正在着
手准备，"塔齐亚娜长得已经比奥尔加还高，两个人的裙子都
快及地了。16 岁，裙摆垂下来，头发束上去。时间真是过得
飞快啊！"而对于她自己来说，她多半情况是不在场的："我
几乎不会出现。我不得不多关注自己的健康状况，但是不会有
好消息。"[31] 自然，亚历山德拉因为身体还未休养好所以无法
出席约翰奇克的婚礼，但是她的五个漂亮儿女给大家留下了印
象。阿列克谢"身着皇家步兵的制服风度翩翩"，女大公们穿
着"不带裙裾的饰有粉色花朵"的俄国宫廷礼裙，"没有佩戴
粉色的阔阔式尼可"。新郎的弟弟们觉得她们"看上去很可
爱"。[32] 约翰奇克无疑也这样认为，自 1904 年在阿列克谢的受
洗礼上见过奥尔加之后，他就对奥尔加念念不忘。即使到了
1909 年 11 月他还抱着一丝希望，尽管他在找寻新娘的过程中
经历了一连串浪漫情事，奥尔加还是"给他留下了难以消磨
的印象"。约翰奇克在上一个秋天也去了克里米亚，只是因为
要"一解想见奥尔加的渴念"，但是在向沙皇和皇后公开袒露
了他对奥尔加的感觉后，他最终放弃了希望。"他们不会让我
娶奥尔加·尼古拉耶夫娜的。"他哭丧着脸对他的父亲说。[33]

149

---

　　① 阿瑟王子最终在 1913 年迎娶了第二代法夫女公爵亚历山德拉公主。

但是现在，这个瘦长而笨拙、极其不受欢迎的追求者约翰奇克至少给自己找到了一位合适的皇室婚配者，这一事实让天真至极的塔齐亚娜非常惊恐："他们要是有了孩子得多么可笑啊，他们会接吻吗……太沙（傻）了，恶！"[34]

仅过了三天，康斯坦丁大公的长女塔齐亚娜也出嫁了，她的丈夫是巴格拉季昂－穆赫拉尼王子，他们在巴甫洛夫斯克举行了一个家庭式的小典礼，沙皇一家也出席了。紧接着，当月底，他们去基辅进行了一次重要的正式访问。在母亲生病期间，女孩们越来越多地充当起了她的代理人，在这一点上，这次出行标志着她们首次承担起了这一公众角色。她们来到乌克兰的城市，为纪念亚历山大二世解放农奴 50 周年而为他的新雕像落成揭幕，同时要去参观著名的佩切尔斯基修道院，并在 9 月 1 日和 9 月 2 日参观军事演习。尽管亚历山德拉出席了雕像的揭幕仪式，并在 9 月 1 日主持了一天的公共事务，但随后她就筋疲力尽地退居幕后。当天晚上奥尔加和塔齐亚娜陪着尼古拉去了基辅市立剧院观看里姆斯基－科萨科夫的《萨尔坦沙皇的故事》歌剧演出。这里聚集了当地数不清的政要和显贵，总理大臣斯托雷平也加入了他们。

在第二个幕间休息时，斯托雷平站在过道，在靠近沙皇包厢的栏杆旁，一个年轻人冲过去向他连开两枪。"幸运的是，"亚历山德拉在随后的信中如释重负地对奥诺尔说，"在事情发生的时候，尼基、奥尔加和塔齐亚娜都在门厅里。"[35]作为陪护者的索菲亚·丘切娃记得奥尔加当时建议他们出去喝杯茶，尼古拉也在抱怨包厢里太热。[36]在外面的门厅中他们"听到了两声巨响，就像有东西掉了下来"。尼古拉后来给母亲写信道。他以为"肯定是谁的双筒望远镜掉下来并砸中了某个人的头"，所以跑回包厢去看个究竟：

> 在右边我看到一队军官和其他人在拖拽着一个人，一些女士在尖叫，而在他们的右边斯托雷平背对着我站着。他缓慢地把头转向我，并用左手在空气中画了一个十字。[37]

奥尔加和塔齐亚娜试图拦住父亲，但尼古拉本能地朝斯托雷平走去，他注意到总理大臣被击中了。斯托雷平缓慢地滑坐到椅子上，每一个人都冲上去援救他，包括波特金医生在内。斯托雷平向沙皇咕哝了几句，宫廷事务大臣弗雷德里克斯伯爵上前转告："陛下，彼得·阿尔卡季维奇让我告诉您他很高兴为您而死。""我希望还不用谈到死。"沙皇回答道。"恐怕需要。"弗雷德里克斯答道，因为其中一颗子弹打中了斯托雷平的肝脏。[38]

尽管受了伤，斯托雷平还是英勇地支撑着，由旁人协助走出剧院，上了救护车，后者载着他冲向了"一流的私人诊所"，他在那里"接受了圣餐"，"说话还清清楚楚"。[39]

其间，重伤他的人，德米特里·伯格洛夫，一个出身于富裕的犹太家庭的年轻律师（他既是革命活动家又是卫队的一个线人），正在受到观众的围攻，如果可以的话他们更想手刃了他。在伯格洛夫被警察绑走以后，歌剧演员们走到舞台上，和观众一起唱起国歌，尼古拉站在他包厢的前面，"很明显非常痛苦，但绝无惧色"。[40]"我和姑娘们 11 点才离开，"后来他写信给玛丽亚·费奥多罗夫娜，"你应该能够想象怀着什么样的心情。""塔齐亚娜泪流满面地回到家里，仍然有点颤抖，"第二天亚历山德拉告诉奥诺尔，"而奥尔加则自始至终装出一副勇敢的样子。"[41]第二天早上，因所见的场景整夜没151 睡好的索菲亚·丘切娃惊奇地发现，在这次经历过后，姑娘们比她想象得更加镇定。注意到丘切娃有多么不安，四姐妹的保姆玛丽亚·维什尼亚科娃走过来并对她轻声说："他已经来了。"她指的是恰好来到基辅的拉斯普京。"于是我全明白了。"丘切娃后来写道。[42]

斯托雷平可以从枪伤中恢复的希望还很大，公布的消息似乎是向好的。"他们认为他已经脱离了危险，"亚历山德拉告诉奥诺尔，"他的肝脏似乎只受到了轻微影响，子弹击中了他的弗拉基米尔十字勋章，然后弹向了另一个方向。"[43]同时，尼古拉继续被迫待在基辅去完成他的任务，4 日他和孩子们出席了一个主要的军队大阅兵，随后又去了博物馆和第一所在基辅建立的学校，此时正值它的百年校庆。

俄国女作家娜杰日达·曼德尔施塔姆那时还是个 11 岁的孩子。她还能生动地回忆起那天的场景，当看到"一个英俊的男孩和四个忧伤的女孩"时她非常触动，其中一个，玛丽亚，还和她同岁。这促使她思考他们所过的艰难生活：

> 我突然间明白我比那四个不幸的姑娘要快乐得多，毕竟，我可以牵着狗在街上乱跑、和男孩交朋友、不用上我的课、恶作剧、晚睡觉、看所有的垃圾小说、和我的兄弟以及任何其他人打架。我和我的家庭教师们有个很简单的约定：我们一起离开家，然后果断地各奔东西。他们去幽会，而我则去找我的男孩——我不和女孩交朋友——只有和男生你才能真正地打一架。但是这些可怜的公主永远在

所有事情上都被捆绑在一起，她们彬彬有礼、深情、友好、细心……甚至连打架都不被允许……可怜的姑娘们。[44]

沙皇两次前去探望斯托雷平，但是斯托雷平的妻子一直因这次袭击而责怪沙皇，所以两次都拒绝让尼古拉见到他。[45] 9月5日斯托雷平死于脓毒症，奥尔加·斯托雷平娜拒绝接受沙皇的吊唁。紧接着基辅宣布戒严令，30000人的军队进入警备状态，屠杀犹太人以作为报复的恐惧开始蔓延，促使很多犹太居民试图逃离这座城市。与此同时，沙皇一家搭乘火车驶向了黑海海岸和"施坦达德"号，尼古拉"对总督费多尔·特列波夫下了非常严格的指示"，即在他离开以后，"不能以任何理由屠杀犹太人"。[46]

伯格洛夫被军事法庭审判，十天后在基辅被绞死，尽管斯托雷平的遗孀请求宽恕他。斯托雷平早就预料到了自己的暴力死亡，他曾要求把自己埋葬在被谋杀的地方附近，因而被葬在了基辅的佩切尔斯基修道院。亚历山德拉可能为斯托雷平死亡的方式感到哀痛，但是对于他的死亡她并没有这种感觉，因为斯托雷平一直坚决地反对拉斯普京。当皇室一家随后在前往里瓦几亚的途中经过塞瓦斯托波尔时，海岸上的乐队和彩灯在迎接着他们。一位女侍官认为这样做似乎不太妥当——他们所做的这一切距离斯托雷平被暗杀实在是太近了——于是她就对皇后这么说了，但皇后厉声说道："他只是个大臣，但这是俄国的君王。"索菲亚·丘切娃不能理解她的反应。她明明看到了亚历山德拉有多意乱心烦，也看到了她如何安慰斯托雷平的遗孀。是什么引起了这种突然的情绪变化？"我只能把它归结为

152

一点，"后来她总结道，她确信整个家庭都处于拉斯普京的完全控制之中，"正是这同一种邪恶的影响力最终摧毁了不幸的亚历山德拉·费奥多罗夫娜和她的一家。"[47]

*

在经历了斯托雷平被谋杀的恐惧之后，一家人很高兴可以逃到克里米亚，他们所修建的全新宫殿已经可以入住了。克里米亚一直是"沙皇的皇冠上最可爱的宝石"，这是在和奥斯曼帝国旷日持久的战争之后于 1783 年由叶卡捷琳娜二世夺来的领土战利品。[48]在灿烂的阳光下，崎岖的南海岸闪烁着白色的光芒，宫殿的四周环绕着娇艳欲滴、芳香扑鼻的九重葛和夹竹桃，蔓生的藤萝，到处都是"各种颜色和花形的玫瑰。"①[49]

153 这里还有棕榈树、橄榄树、松树和柏树，提供了大片的阴凉。在宫殿的下方，沙皇一家拥有自己的岩石海滩，以及一片像爱琴海一样湛蓝的海域，可以在里面游泳。难怪里瓦几亚在希腊语中的意思是美丽的草地或牧场。它确实是罗曼诺夫家的孩子们的人间天堂，他们一直把它称为"他们真正的家"。正如罗曼诺夫姐妹中的一位后来所说："在圣彼得堡，我们工作；但在里瓦几亚，我们生活。"[50]对于日益厌世的沙皇和皇后来说，里瓦几亚也是一个重要的避难所。对于那些有钱有势的人来说，俄国的克里米亚是相当于法国的里维埃拉一样的存在，宫殿距离雅尔塔只有 2 英里（3 千米）远，雅尔塔是克里米亚最流行的疗养地，俄国的社会名流会全部聚集此处享受温暖的秋

---

① 在 1854~1856 年克里米亚战争期间，英国士兵曾写信回家描述了半岛上漫山遍野的美丽花朵。他们中的很多人挖了克里米亚番红花和雪花莲的球茎并带回了英国。

日，直至圣彼得堡的冬季社交季拉开帷幕。这里比俄国的任何一个地方都更容易捕捉到难以捉摸的沙皇一家的身影，因为在里瓦几亚罗曼诺夫一家远比在皇村放松且不受拘束。

里瓦几亚宫有两层，呈现的是意大利文艺复兴风格，有大大的窗子可以让阳光照进来，墙面用的是当地的白色因克曼石灰岩，"白色宫殿"的名字因此得以流传。它在六个月的时间内打造完毕，还包括为皇室随从建的两栋建筑。里瓦几亚宫拥有所有现代化的生活设施，如中央供暖、电梯和电话。9月20日住进新房的尼古拉给他的母亲写信道："我们无法用语言形容拥有这样一套房子所带来的快乐和欣喜，它完全是按照我们想要的样子建造的……向外的每个视角都这么美丽，尤其是雅尔塔和大海。这里的光线太充足了，您还记得我们的老房子光线有多暗吧。"[51] 屋里的一切都很朴素，很符合亚历山德拉喜欢的现代风格。二楼的私室里有主人偏好的白色家具和印花织物，而且一如既往，满是鲜花。[52] 宫殿背面的窗子和阳台可以将大海尽收眼底：奥尔加和塔齐亚娜很高兴每天早上和皮埃尔·吉利亚德在阳台上上法语课。宫殿的北面朝向内陆，远眺崎岖的克里米亚群山。内院凉爽背阴，以意大利大理石柱廊为结构，精心设计的花园环绕着喷泉，饶富特色。这是随从逃离白天酷暑并在午餐后坐下来闲聊的最佳地点。

对于罗曼诺夫家的孩子们来说，接下来的晚夏和秋天像田园诗一样。在这段美妙的时光中，他们和父亲一起远足爬山，乘车沿着海岸线去最喜爱的野餐地，如高高矗立于菲奥伦特角悬崖之上的圣乔治修道院，或是深入克里米亚腹地，穿过果实鲜美、枝繁叶茂的树林，来到沙皇自己位于马桑德拉的葡萄园，这里出产克里米亚最棒的葡萄酒。明媚的一天接着一天，

154

他们和克谢尼娅的孩子以及其他来探访他们的亲戚一起骑马、打网球。游泳也是一大乐事，尽管有一次一个意外的大浪打来，击中了他们，害得阿纳斯塔西娅险些溺水，尼古拉不得不跑去救她。他此前就用帆布风帆做了一个游泳池，连在多根立于海滩的木柱上，这样孩子们就可以在安德烈·捷列文科的监护下在里面游泳了。[53]

出于对学习和任何限制人身自由行为的近乎病态的厌恶，阿纳斯塔西娅发现自己在这里如鱼得水，她的老师PVP（彼得·瓦西里耶维奇·彼得罗夫）此时正在雅尔塔和皮埃尔·吉利亚德待在一起，阿纳斯塔西娅告诉他：

> 我们在这里的房间很大，很干净而且亮堂堂的，这里种植着真的水果和葡萄……我真高兴我们不用上那些可怕的课，晚上我们坐在一起，留声机响起，我们一起听音乐，一起玩耍……我一点都不想念皇村，我甚至无法给你描述我在那儿有多无聊。[54]

宫殿的每一处都满溢着女孩们的能量和喜悦。她们最喜欢的莫过于爬上宫殿，沿着镀锌屋顶跑出来，因脚步弄出的声响而感到开心。那里的夜晚也非常明亮。阿纳斯塔西娅被天空迷住了，喜欢爬上屋顶"研究星星的排布"，因为在克里米亚，它们看起来格外明亮。[55]

待在里瓦几亚的日子里，沙皇一家很享受每周六定期去室内马术学校观看电影，就像在皇村的家里一样。这是他们生命中的重要事件，孩子们在接下来的一周时间都会讨论它。[56]伊丽莎白·纳雷什金娜负责审查片子，要求宫廷摄影师亚历山大·雅戈尔斯基删去所有她反对的部分（他还被指定拍摄皇室在所有公开场合出席时的官方录像）。①[57] 孩子们所看的大部分是从雅尔斯基自己拍摄的皇家编年史中选出的新闻短片和旅行纪录片，或是有教育意义的影片，但是他们也会看一些诸如《塞瓦斯托波尔保卫战》（*The Defence of Sevastopol*）的片子，这部影片讲述了克里米亚战争期间海军基地被全面包围的故事，时长 100 分钟，是俄国所制的第一部主要的历史长片，且特意在 1911 年 10 月 26 日为沙皇一家举行了首映。[58]

尼古拉同样非常珍惜在里瓦几亚不拘礼节的日子及家族欢聚的日子，他的几个罗曼诺夫亲戚在附近都有避暑别墅。格奥尔基大公夫人②（尼古拉的远房堂妹，希腊国王的女儿）住在不远的哈拉克斯；他的妹妹克谢尼娅和她的丈夫桑德罗以及他们的七个孩子在爱托多尔；黑山姐妹米莉察和斯塔娜在杜贝尔和柴尔，尽管此时她们已经同尼古拉和亚历山德拉鲜有联系了。其他一些显赫的家族也会在克里米亚度过春季和秋季：沃伦佐夫在阿鲁普卡，戈利岑在诺维·斯维特，而尤苏波夫家族有两处美丽的房子——一座科科兹岛上通往塞瓦斯托波尔的摩尔人式宫殿，还有一处在黑海海岸的科瑞兹。

在漫长的夏夜，当罗曼诺夫一家造访哈拉克斯时，格奥尔基大公夫人的女侍官艾格尼丝·德·斯托克尔经常会发现自己凝望着这可爱的四姐妹，好奇"她们的未来会是怎样的"。23岁的希腊王子克里斯托弗在那年夏天前来拜访自己的姐姐格奥尔基大公夫人，他向艾格尼丝坦白他"非常倾慕奥尔加女大

---

① 雅戈尔斯基为设在皇村的 K. E. 冯·甘（K. E. von Gann）公司工作。
② 希腊的玛丽亚公主，希腊国王乔治一世的第五个孩子。——译者注

公……他问我觉得他是否有机会"。他们和他的姐姐商量了一下，在给了克里斯托弗"一杯烈性威士忌和苏打水"后，格奥尔基大公夫人劝他去里瓦几亚宫碰碰运气，但他归来时垂头丧气。尼古拉友善但坚决，"奥尔加还太小，还没到谈婚论嫁的年龄"，他这样告诉他。[59]

这也许是事实，但是奥尔加和塔齐亚娜长得很快，索菲亚·丘切娃已经注意到姐妹俩在"施坦达德"号军官面前的行为有些轻佻。[60]这些军官中的一些人加入了沙皇一家在里瓦几亚的网球游戏，这是能让尼古拉暂时抛开繁重工作的基本娱乐。网球比赛是年长的女孩们见到更多她们喜欢的人的黄金机会：尼古拉·萨柏林、帕维尔·沃罗涅夫、尼古拉·罗季奥诺夫。[61]和索菲亚·丘切娃一样，莫索洛夫将军也注意到年长的女孩们对于异性与日俱增的关注，以及她们与军官一起玩的孩子气的游戏有时是如何"变成一连串并无恶意的调情"的。"当然，我当然不会用'调情'这个词的一般意义"，他指出，因为"这些年轻的军官更像是中世纪女士们的扈从"。他们对沙皇以及他的女儿们非常忠心，"已被他们的一位上级打磨得尽善尽美，这位上级是皇后的人"。尽管如此，莫索洛夫还是为四姐妹们那令人难以置信的不谙世故感到困扰："即便两位年长的女大公已经成长为真正的年轻女士，一个人还是可能会听到她俩像十一二岁的小女孩一样谈话。"[62]

然而，奥尔加在她15岁和16岁生日之间的身形样貌变化是相当大的。许多人都评论这位样貌平平的女大公现在是如何出落成一位亭亭玉立的美人的。她的家庭教师皮埃尔·吉利亚德在从家乡瑞士探亲返回俄国后，对奥尔加变得如此苗条和优雅大吃一惊。她现在"是一位高个子姑娘（和我一样高）了，在看我的时候脸红得厉害，好像对穿着长一点裙子的新的自己感到很不自在"。[63]

1911 年 11 月 3 日，在 16 岁生日时，奥尔加从父母那里收到了两条项链，一条钻石和一条珍珠的，还有一枚戒指作为礼物。亚历山德拉节俭成性，她在每个女儿的每次生日时都要为她们买一颗大大的珍珠，这样等到她们 16 岁的时候，每个人就都有足够的珍珠来串一条项链了，她的私人事务总管奥博连斯卡娅公爵小姐并不认为这是一笔好买卖。有沙皇的支持，亚历山德拉最终被说服买了一条五线的项链，它可以被拆成独立的珠子，至少再次串成项链时珍珠是彼此匹配的。[64]

那个晚上，奥尔加内搭蕾丝胸衣，身着一件长及脚踝、高颈的薄纱裙，腰上系着一条饰有玫瑰的腰带闪亮登场，她的脸颊因兴奋而变得通红，闪耀的秀发被盘在头顶上——这是她由女孩转变成年轻女士的一个重要标志。"她和其他女孩子一样对自己的初次登场感到非常激动。"安娜·维鲁博娃回忆道。但是女孩们还是被看作两对：塔齐亚娜的穿着很像奥尔加，头发束起；而玛丽亚和阿纳斯塔西娅穿着更短一点的相配的裙子，头发散落下来。[65]

舞会是克里米亚社交季的活动，奥尔加很高兴她最喜欢的军官尼古拉·萨柏林可以当他当晚的男伴，而塔齐亚娜的男伴是尼古拉·罗季奥诺夫。[66] 18：45，140 位精心筛选的客人坐在楼上的大饭厅开始用餐。艾格尼丝·德·斯托克尔回忆道：

> 无数的仆人穿着金黄配猩红色的制服站在椅子后面，他们是那些特殊的被称为"羽毛人"（l'homme à la plume）

157

的人，帽子里都填着羽毛。女士们穿着色彩鲜艳的长服，年轻姑娘大多穿着白色薄纱，华丽的制服似乎是属于东半球盛宴的。[67]

在烛光晚餐之后，伴着管弦乐队的音乐，停泊在塞瓦斯托波尔附近的"施坦达德"号上的军官们和亚历山大洛夫斯克骑兵部队的骑兵们开始邀请女士们跳舞。尼古拉骄傲地领着自己的大女儿进入舞池跳了第一支华尔兹，一群羡慕的年轻军官围在一起观看。这是一个神奇的夜晚，清亮的月亮在无云的天空之中。克里米亚的异域风情甚至使它显得更加特别，安娜·维鲁博娃写道：

158

通向庭院的玻璃门被打开，看不见影的乐队所演奏的音乐从玫瑰花园飘进来，就好像花园在吐露自己的美妙芬芳。这是完美的一夜，清朗温暖，女人们的长服和珠宝以及男人们明闪闪的礼服在电灯的照耀下显得极其华丽。[68]

第一次被允许喝克里米亚香槟，沉醉于玛祖卡、华尔兹、对舞、匈牙利舞和沙龙舞，奥尔加和塔齐亚娜脸红心跳，头晕目眩，兴致高昂地度过了整个夜晚，斯皮里多维奇将军回忆道，她们"像蝴蝶一样翩翩飞舞"，品味着每个时刻。[69] 从1906 年 11 岁起就开始记日记的奥尔加并没有对谁写得特别多，只有寥寥几句：

今天是我第一次穿上白色长裙，上午 9：00 是我的第一场舞会。克尼亚热维奇（随从总管）和我做了开场。

我一刻不停地跳舞，直到下午1：00，我非常开心。有很多军官和女士。每个人都非常享受这场舞会。我16岁了。[70]

不出所料，皇后找好了不来参加晚餐的理由，但在晚餐之后，她走下来和她的客人打招呼，身着一件金色织锦长服，头发和胸衣上都佩戴着明艳的珠宝，看上去很美。阿列克谢在她的身边，"那个晚上他可爱的小脸兴奋得发红"。亚历山德拉坐在一张大扶手椅上观看舞蹈（据一位女士回忆，"就像一位东方君主"）。在跳沙龙舞时她走下舞池，将她自己做的人造花环戴在了年轻小姐们的头上。[71]她几次尝试把阿列克谢送回去睡觉，但被后者固执地拒绝了。最终她离开了房间，阿列克谢跳上了她的椅子。"慢慢地，他的小脑袋歪了下来，他睡着了。"艾格尼丝·德·斯托克尔回忆道。尼古拉几乎一整晚都坐在桌边玩桥牌，在看到这一点后，他走了过去，"轻轻地把他摇醒，并说，'你不能坐在妈妈的椅子上'，然后让他安静地回房睡觉"。[72]

那个秋天，四姐妹又在哈拉克斯和爱托多尔参加了一些小型一点的家庭舞会，但是莫索洛夫将军后来回忆说"孩子们还是一直觉得（奥尔加的）舞会是他们生命中最棒的事"。[73]因为在这个舞会上，在这克里米亚的特殊一晚，罗曼诺夫家的姐妹们向大家证明，即使迄今为止遮遮掩掩的生活让她们受到种种限制，她们也只是"简单的、快乐的、正常的年轻女孩，喜欢跳舞，喜欢一切让青春年华明亮而难忘的无聊活动"。[74]伊丽莎白·纳雷什金娜禁不住希望女孩们能在俄国贵族社会中得到她们应有的地位，"然而在这一点上我是注定要失望

159

的"。[75]不过，当皇室一家回到皇村以后，奥尔加和塔齐亚娜又被允许参加了大公们为迎接圣诞节而举办的三次舞会，而她们的母亲对贵族社会有多么"害人"仍然抱着十分严厉的态度。[76]

但是在四姐妹当中，最深情、最敏感的奥尔加此时正在和自己的情感做斗争，充满对生命的渴望。在她 16 岁的时候，她就已经清楚地知道到她的婚姻将被广泛讨论，只是同时她非常痛苦地意识到她最爱慕以及待在一起最舒服的人——"施坦达德"号和她父亲的哥萨克卫队里的军官——从不，也绝不在被考虑的候选人之列。

第十章
王座旁的丘比特

1912 年 1 月作为英国官方代表团的成员之一，《泰晤士 报》的瓦伦丁·奇洛尔爵士对俄国进行了为期一周的访问，他回忆起某次在皇村有幸与皇室一家共进午餐的情形。"我碰巧坐在女大公塔齐亚娜的旁边，她是一个非常有魅力的 15 岁女孩子。"他回忆道。女大公塔齐亚娜用英语轻松地和他交谈，并说她是如何"一直想去英格兰再度一个假期"。

> 当我问她她最喜欢那儿什么时，她快速地向我耳语道："噢，在那儿感觉太自由了。"而当我说她在家里一定也能享受到极大的自由时，她努了努小嘴，晃晃脑袋指向我们旁边、另一张小桌子旁一位年长一点的女士，这是她们的家庭教师。[1]

拉斯普京把他的两个女儿玛丽亚和瓦尔瓦拉带到圣彼得堡接受教育，她俩也注意到罗曼诺夫家的女孩们在安娜·维鲁博娃家见到她们时有多好奇。她们连珠炮似的向拉斯普京姐妹发问。"城镇里 14 岁的女孩的生活是什么样的？那些和其他孩子一起去上学、一周去一次电影院、偶尔去马戏团的人（在他们看来，马戏团的人是最罕见、最让人羡慕的奇人）。"玛丽亚回忆道。[2]在战前的几年，她和妹妹是罗曼诺夫姐妹中罕有的与外部世界有一定联系的同龄人。她们尤其急切地想要知道玛丽亚·拉斯普京所参加的舞会场景，"她们会问她，她的裙子有多长、谁在那儿、她都和谁跳了舞"，西德尼·吉伯斯回忆道。[3]在亚历山大宫特琳娜·施耐德的房间里，两个年轻访客也发现自己遭到了类似的问题轰炸。玛丽亚和阿纳斯塔西娅午餐后会来到特琳娜的房间加入她们——娜塔莉亚和沃娃——无休止的恶作剧，让特琳娜几乎焦头烂额。在消停一点的时候阿纳斯塔西娅和玛丽亚没完没了地追问她们每天的生活。"她们问我们有关学校、朋友、老师的事情，也想知道我们会出去到哪儿玩，上哪个剧院，读哪本书，等等。"[4]

但到目前为止，罗曼诺夫姐妹的世界被她们的家庭教师索菲亚·丘切娃严格管控着，她仍然坚持不懈地抵抗着拉斯普京和外部世界的腐坏影响。据安娜·维鲁博娃所说，丘切娃对于拉斯普京持续不断的诋毁受到了"某些顽固的神父"的支持，其中之一就是丘切娃自己的表亲——毕肖普·弗拉基米尔·普契雅塔。[5]1911 年末事情到了白热化的地步，一时间亚历山德拉也因一直支持格里高利而与老皇后和她的小姑陷入了冲突。"我可怜的儿媳没有意识到她正在毁灭皇朝和她自己，"玛丽亚·费奥多罗夫娜对被谋杀了的斯托雷平的继任者弗拉基米尔·科科夫佐夫预言式地说道，"她真诚地相信这位投机商人的神圣，而我们无力抵御这种不幸，但不幸是一定会降临的。"[6]1911 年 12 月，四姐妹和皇后在不曾料想到后果的情况下于两年前写给格里高利神父的信被披露出来，流传于圣彼得堡，使这一境况又大大恶化了。拉斯普京将这些信交给了一个和他有密切联系且被解除了教职的修道士伊利奥多尔①。后来伊利奥多尔和拉斯普京闹翻了，为了泄愤，他把这些信交给了一位杜马议员，后者又将它们做成了副本并在自己的政治同僚当中散播。在科科夫佐夫注意到这些信后，他直接求见了尼古拉。一看到信的内容，沙皇的脸色霎时变得苍白，但在把它们压在抽屉底之前还是确认了它们的真实性。[7] 当亚历山德拉听说了所发生的事后，她给格里高利拍了一封愤怒的电报，后者被迅速遣返巴克罗夫斯科耶，远离了皇室一家。

　　在后续手忙脚乱的伤害控制中，索菲亚·丘切娃是格里高利的诽谤者中第一个被瞄准的目标，她被指控散布有关他的恶意的流言蜚语，且在对女孩们的管理中采取了过于固执且独断专行的方式。[8] 早在 1912 年她就被传唤到尼古拉的书房，他问丘切娃"在儿童房里发生了什么"，或，按安娜·维鲁博娃更愿意用的说法，"严厉地训斥了她"。[9] 当丘切娃解释了她的立场，表达了她反对拉斯普京向孩子们表现出的亲昵随便，以及她所强烈认为的孩子应该被培养的方式后，沙皇说道：

> "所以您不相信格里高利的神圣？"……我回答不相信后，沙皇说："如果我告诉您在这些痛苦的日子中我是因为他的祈祷才活下来的呢？""您能活下来是因为全俄国都在祈祷，陛下。"我答道。沙皇开始说他相信这一切都是谎言，他不相信关于拉斯普京的这些故事，圣洁总会招来一切肮脏的事情。[10]

---

① 拉斯普京随后声称伊利奥多尔从他那儿偷走了信。

在这顿训斥后，丘切娃又继续做了一段时间家庭教师，尼古拉和亚历山德拉总是不愿意因为一些相关的流言蜚语而解雇任何人。但直到1912年3月，她仍然死不悔改，最终，她被送回了她在莫斯科的家。"因为她既多舌又爱撒谎。"亚历山德拉对克谢尼娅说。[11]伊扎·布克斯盖夫登遗憾地看到不得不和女孩们分离的丘切娃有多么"痛苦不已"，她深爱着这些女孩。但可悲的是，这是她咎由自取。"她不经意间的话被扭曲翻转为精彩非凡的故事，而这给皇后造成了很大伤害。"[12]可是她继续定期给她们写信，不久之后，又被允许偶尔来拜访一下她的前主顾们。四姐妹，尤其是阿纳斯塔西娅，对她的朋友萨瓦娜（丘切娃）仍然抱有强烈的依恋，直到1916年还保持着和她的通信。[13]

丘切娃并不是唯一一位被卷入这场论战的皇室家臣。从很早开始照顾女孩们、1909年又做了阿列克谢的保姆的玛丽亚·维什尼亚科娃起初是格里高利的热烈崇拜者，但是她近来一直承受着来自那份艰难工作的压力。1910年春，亚历山德拉建议她和其他三位女士一起前往巴克罗夫斯科耶拜访格里高利，但维什尼亚科娃回来了，她指控格里高利性侵了她并恳请皇后保护她的孩子们免受他"恶魔般的"影响。[14]精神错乱的维什尼亚科娃的指控看上去似乎毫无根据，安娜·维鲁博娃和其他人也说她"过于情绪化"。确实，据奥尔加·亚历山德罗夫娜女大公所说，在随后应维什尼亚科娃的指控进行调查时，这位不幸的保姆和一名皇家卫队的哥萨克军官被捉奸在床。[15]尼古拉和亚历山德拉像对待丘切娃一样不想辞退她。她已经忠诚地服务了皇室一家15年，且深受孩子们的爱戴。因此她被送去高加索休养，次年，1913年6月，与其说被解雇，毋宁说她静悄悄地退休了，得到了一笔可观的养老金，还有一间在冬宫指挥官宿舍的三室公寓。直到革命发生时，尼古拉和亚历山德拉还在为她支付每年到克里米亚疗养的费用。[16]但是没有人再来取代她的职位了。她的角色渐渐被阿列克谢的"叔叔"捷列文科接过。女孩们也不再有新的家庭教师了。皇室一家避免了所有可能风险，只相信少数几位皇家仆人。特琳娜·施耐德①将充当玛丽亚和阿纳斯塔西娅的监护人，而年长的两姐妹将由亚历山德拉的某位女侍官陪同。伊扎·布克斯盖夫登在1914年被正式赋予这一职位，在此之后，她会和纳斯简卡·亨德里科娃一起陪同奥尔加和塔齐亚娜去镇上。但是在他们所有人之上，像鹰一样盯住女孩们在道德上的健康成长的是"老母鸡"——女侍长伊丽莎白·纳雷什金娜。[17]

失去了索菲亚·丘切娃，仍在生病的亚历山德拉不得不着手为春天和夏天的社交季做大量准备。她必须"给四个女儿精选并搭配好裙子、帽子和外套"，让她们足以应对首先向南前往里瓦几亚的旅行，然后是5月份一系列在莫斯科举行的正式的重要约会，在这样的场合女孩们需要"被打扮得非常高贵"，在当年稍晚时候，还要回到莫斯科参加庆祝1812年击败拿破仑的纪念日活动。还要花上一笔可观的钱为女孩们准备所需的茶歇裙和半正式礼裙。[18]

留存下来的1909～1910年玛丽亚的衣橱开销账本提供了一个迷人的机会，让我们得以一窥花在每个女孩身上形形色色、五花八门的开销。玛丽亚当年的开销被详细地罗列出来，花在添置衣服一项的开销是6307卢布（约合今天的14500英镑）。

164

---

① 据波特金医生的儿子格莱博说，施耐德"非常自命不凡"，以至于"因为在对白中包含非常不妥的单词'长筒袜'而禁止让女大公们演出一部舞台剧"。参见波特金：《真实的罗曼诺夫家族》，第79页。

所有开销均被悉数列入：从缎带、别针、花边、梳子、手帕，到从哈洛德百货运到圣彼得堡香水制造商布鲁卡德的香水和肥皂，再到支付给美甲师科恩太太的钱，支付给爱丽丝·吉赛尔打理她的蕾丝的钱，给她母亲的理发师亨利－约瑟夫·德拉克鲁瓦的钱，以及去莫伊卡运河沿岸街的高端诊所找牙医亨利·沃利森看牙的钱。[19] 玛丽亚在涅瓦大街 66 号亨利·韦斯（Henry Weiss）的店买了许多不同样式的鞋，这家鞋店的鞋都打着"俄国女王陛下供应商"的标记，32 双不同的鞋子，从各种颜色的软皮革轻便舞鞋到半腰或高排扣的靴子、凉鞋、毡靴和毛皮衬里的套鞋。一家开在涅瓦大街上的时髦公司"英国房子"（Maison Anglaise）供应真丝和丝光棉线的袜子；泳装和浴帽是从达尔伯格的店买的；而罗伯特·希斯，"女王和所有欧洲宫廷的制帽匠"，则从他在伦敦海德公园拐角的店铺运来时尚的帽子。法国时装设计师奥古斯特·布里萨克（位于韦斯鞋店隔壁的涅瓦大街 68 号黄金地段）专为皇室成员以及宫廷人士服务。他手下的 60 名员工会为特殊场合打造最新式样的巴黎长礼服。但是对于更简单的日常服装，亚历山德拉会让俄国裁缝基塔耶夫为她的女儿们制作，而且，忠于她节俭的天性，亚历山德拉会让基塔耶夫把年长的女儿们的衣服改小了给玛丽亚穿，或是把玛丽亚已经穿小了的衣服再改大。仅仅在一年之内基塔耶夫就提供了：

165
　　　　　一套外国面料带真丝衬里的灰色外衣——115 卢布；一套蓝色真丝衬里的羊毛外衣——125 卢布；一套切维厄特羊毛制、真丝衬里绒领、黑色水貂袖的外衣——245 卢布；一套真丝衬里的英式外衣和一条百褶裙——135 卢布；改了一套外衣，用了新的皮草和新的衬里，再把衬裙

改长——40 卢布；改了奥尔加·尼古拉耶夫娜的一套外
衣——35 卢布；做了一件手工亚麻布的长大衣——35 卢
布；购买更多布料，把两条裙子改长；把三条裙子改长改
宽，并且做了衬里——40 卢布；把四套外衣改宽、袖子
加长——40 卢布；为两条裙子做了两条腰带后又改
宽——15 卢布；改小了大姐的骑乘服（外套、裙子和马
裤）——50 卢布；补外套——7 卢布。[20]

＊

1912 年大斋期的最后一个星期，一家人向南前往里瓦儿亚，
在白色宫殿度过他们的第一个复活节。他们抵达时克里米亚依
然阴冷飞雪，教徒们在敛心默祷，长时间待在教堂，没完没了
地在点燃着蜡烛的圣像前祈祷。在复活节前的几天，孩子们忙
着装饰数十个煮熟的鸡蛋，这是为了庆祝耶稣复活而交换的传
统礼物。在圣周六当天，铃声响遍俄国，教堂里挤满了信徒。
依照习俗，女孩们也在祈祷，在直至午夜的最后一次盛大圣体
礼结束之时，一句喜悦的宣告终于打破了悲伤：Khristos
voskres！——"耶稣复活了!"尽管还是清晨，皇室成员们还是
全部聚集在一起，打破斋戒，享受着白色大厅的盛宴。摆在桌
子中央的是两种在漫长的斋戒期需要割舍但盼望已久的甜食：
库里奇（Kulich）蛋糕，一种沾着厚厚的糖霜，夹着杏仁、蜜
饯橘皮和葡萄干的复活节蛋糕；以及帕什卡（pashka）①，一种

① 这两种糕点都是俄国复活节上常吃的食物。库里奇是圆柱形的，上面撒
满了糖霜；帕什卡的形状类似去掉尖角的四棱锥，上面通常会写着
"XB"，即"耶稣复活了"的俄语缩写。——译者注

混合了虔诚的人们几周以来没碰过的甜食的蛋糕，用糖、黄油、鸡蛋和奶油奶酪等制成。

私底下，正如自结婚之日起每个复活节一样（除了 1904 ~ 1905 年日俄战争的那个复活节），尼古拉送给他妻子一枚精致的法贝热珠宝镶嵌复活节彩蛋，这成为她的又一件藏品，这个传统始于他的父亲，自 1885 年玛丽亚·费奥多罗夫娜收到她的第一枚法贝热彩蛋时起。在这个特别的复活节，法贝热的儿子叶夫根尼在里瓦几亚宫把献礼亲自交给亚历山德拉。[21] 这就是后来人们所称的皇储彩蛋，因为在镶嵌着金花、丘比特和帝国双头鹰的深蓝色青金石外壳包裹下，装饰着钻石的阿列克谢的微型肖像。复活节后的星期一，一家人聚在意大利式庭院，举行迎接军队——在里瓦几亚，这是指"施坦达德"号上的船员和沙皇卫队的军官——的仪式。当尼古拉在交换传统的吻面礼并相互问候时，塔齐亚娜和奥尔加会帮忙亲手发放沙皇夫妇每年都会分发的瓷质彩绘复活节彩蛋。[22]

每当来到克里米亚，亚历山德拉总是会设法拜访由她赞助的地区结核病疗养院，其中两个疗养院——马桑德拉皇室庄园中的军事和海军医院——是她用自己的财产筹建的。1901 年，她还在雅尔塔开办了亚历山大三世疗养院，照顾着 460 名病人。照顾病人一直是皇室的女大公们所能从事的为数不多的几种社会活动之一，亚历山德拉决定让她的女儿们延续这一家族传统。伊丽莎白·纳雷什金娜有点担心让孩子们接触这些有高传染性的结核病人，她问皇后："夫人，让这些肺病末期的人亲吻年轻的女大公们的手，这安全吗？"亚历山德拉的回答则毫不含糊："我不认为这会伤害到孩子们，但如果病人们认为我的女儿害怕受到他们的感染，我相信这会伤害到病人们。"

孩子们或许很爱里瓦几亚，但她想确保他们能学会"意识到在这些美丽下潜藏的悲伤"。[23]

在医院里，一切都在正常运行，女孩们丝毫没有怨言，微笑着履行自己的职责。五个孩子全都出席了白花节活动，这是反结核病联盟和雅尔塔疗养院的一个主要慈善活动，在 4 月 23 日的圣乔治日举办。这个想法源于瑞典王储妃玛格丽特，亚历山德拉在俄国将其推广开来。这一名字取自一种白色的雏菊，或称玛格丽特花——一种缠绕在长木杆上生长的花朵。罗曼诺夫家的孩子们拿着鲜花，穿着白色的衣服，在雅尔塔的街道上走来走去，以鲜花作为礼物换取捐赠，那一年她们每个人都自豪地筹集到了 100 ~ 140 卢布。[24]

克里米亚社交季的一个重大事件是皇后举办的另一场慈善活动：援助疗养院的慈善义卖会。每年亚历山德拉都会让女儿们快马加鞭地做着针织品、刺绣或缝制小物件，此外还有画水彩画和做其他用来售卖的手工商品，她会紧盯着这一进程。去年，她们在雅尔塔的码头上第一次举办了市集，在那里，她和姑娘们在白色遮阳篷下搭的摊位被雅尔塔的时尚女士们团团围住，人们非常渴望买到她们用高贵的手制作的物品。几乎没有移动的空间，"人们疯狂地向前推着，想要触摸皇后的手或袖子"。[25]这本身给安保人员和"施坦达德"号上的军官们带来了极大的焦虑，他们时刻警惕着对这个家庭的任何攻击。那一年有一位面色温和、穿着旧式长袍的老人走近皇后，伸出手递给她一个橘子，而皇后礼貌地接受了。这一事件使得守护再次升级。"这是看起来再寻常不过的水果，"尼古拉·瓦西里耶维奇·萨柏林回忆道，"但正如我们后来私下里所说的，一个可怕的想法闪过，'那枚所谓的马其顿橙子也可能是枚炸

167

弹'！"[26]无论如何，义卖是一个巨大的成功，为亚历山德拉的高尚事业筹得了数千卢布。它也给了人们一次一窥难以见到的皇储的机会。安娜·维鲁博娃记得在这样的场合，"皇后会舒心地微笑着，把孩子举到桌子上，而这个男孩会害羞但甜甜地鞠个躬，伸出双手友好地向敬慕他的人群问好"。[27]

＊

在皇室一家待在里瓦几亚期间，他们所喜爱的"施坦达德"号的军官们中有很多是相当抢眼的，而像往常一样，四姐妹"被允许可以对这位或那位年轻英俊的军官稍有偏爱，和他们一起跳舞、打网球、散步或是骑马"。尽管总是有一位监护人在旁边。[28]那一年塔齐亚娜看上去对亚历山大·沃伦佐夫－达什科夫伯爵尤为中意，亚历山大是出身于一个受人尊敬的家族的卫队轻骑兵，也是尼古拉最喜欢的网球搭档。尽管塔齐亚娜还不满 16 岁，媒人们还是会忙着把她嫁出去。事实上，他们已经在忙着预测四个女孩未来可能的王室联盟。据称，沙皇如此急切地想让巴尔干半岛国家忠于俄国，以至于他打算"利用他的四个女儿，所以这些女儿不会嫁给俄国大公，甚至不会嫁给非正教的欧洲王子"。有传言四起，不要啊，俄国的女大公们要成为"巴尔干半岛的女王们"了，奥尔加将要许配给塞尔维亚的乔治王子；塔齐亚娜嫁给希腊的乔治王子；玛丽亚嫁给罗马尼亚的卡罗尔王子；而阿纳斯塔西娅则许给保加利亚的鲍里斯王子——尽管有其他报纸甚至已经在声称鲍里斯要和奥尔加订婚了。[29]

去年 7 月，当奥尔加在"施坦达德"号上庆祝自己的命名日时，在军官们送给她的众多礼物和鲜花中，有一张自制的卡片，其中的暗示含义非常明显。"你猜这是什么？"塔齐亚娜写信给姑妈奥尔加。"这是一块硬纸板，上面贴着从报纸上剪下来的戴维的半身像。"奥尔加对着它"大笑了很久"，但她不谙世事的妹妹塔齐亚娜则感到受到了冒犯："没有一个军官想要承认这是他们做的，太讨厌了，不是吗？"[30]在塔齐亚娜写这封信 11 天之前，他们的远房表哥戴维的威尔士亲王加冕礼刚刚举行完毕，所以这个礼物肯定是有意为之的。

毫无疑问，自 1911 年 6 月新国王乔治五世加冕以来，有个话题就一直在英国酝酿，"下一件人们所期待的大事就是王位继承人威尔士亲王爱德华（戴维）的婚礼"。[31]虽然他只有 17 岁，但是王室媒人已经给他列出了七位最符合的公主，其中奥尔加和塔齐亚娜位列榜首。然而《华盛顿邮报》却持怀疑论，表示在英国，和任何一位俄国公主的婚事肯定都不会受到欢迎。该报同时以亚历山大二世的女儿玛丽亚·亚历山德罗夫娜为例，她嫁给了曾经的爱丁堡公爵，成了现在的萨克森-科堡公爵夫人，"她认为自己和英国事务、英国方式毫不相干，自始至终都是个异乡人"。文章确信，"同样的命运也可能伴随着来自俄国的王后"。[32]

所有这些外国媒体的猜测当然全无依据。因为在 1912 年的俄国，人们认为奥尔加·尼古拉耶夫娜的心系之人近在眼前。在所有出身高贵的贵族中，尼古拉的堂弟——20 岁的德米特里大公——似乎是沙皇长女之夫的完美人选。德米特里身材颀长，照他伯父谢尔盖大公的话说，"像法贝热做的雕像一样优雅"，天生就善于交际且非常机智；而且，最重要的是，他是一个俄国人。[33]他的言行举止风度翩翩，总是能让人消除戒心，他对待女人的方式也已经众所周知。"再没有人比他的人生更轻松、更灿烂了。"他的姐姐玛丽亚回忆道：

> 他有一大笔财产，几乎没有什么责任，长得帅气，又
> 有魅力，还是公认的沙皇的宠儿。他甚至在完成学业之前
> 便已加入了皇家骑兵卫队，欧洲还没有哪个年轻王子比他
> 更引人注目了，无论是在本国还是在国外。他走着一条黄
> 金坦途，被每个人宠爱着。[34]

德米特里和玛丽亚是帕维尔·亚历山德罗维奇大公的孩
子，按排序帕维尔大公是沙皇亚历山大二世六个儿子中最小的
一个。他们的母亲死于一次划船事故，导致了德米特里的早
产，1902 年，帕维尔与一平民女子再婚而引发丑闻，尼古拉
急于阻止罗曼诺夫家族中发生贵贱通婚的情况，于是下令将他
流放。在帕维尔居住在南法期间，膝下无子的帕维尔之兄谢尔
盖大公和他的妻子艾拉成了德米特里和玛丽亚的监护人。在
170 1905 年谢尔盖被暗杀以后（他的大笔遗产最终由艾拉传给了
德米特里），尼古拉和亚历山德拉事实上承担起了德米特里和
玛丽亚的教养责任。1908 年 5 月，孀居的艾拉鼓励 18 岁的玛
丽亚通过王室联姻嫁给瑞典的威廉王子。在失去了唯一且挚爱
的亲生姐姐后，作为替代，德米特里越来越倒向皇室一家。他
与尼古拉和亚历山德拉的关系如今如此之近，以至于经常称呼
他俩为爸爸和妈妈（尽管尼古拉最终允许德米特里的亲生父
亲返回俄国）。

1909 年德米特里进入了圣彼得堡骑兵军官学校，这是罗
曼诺夫皇族青年的传统进修的最后一站，最终他被任命为骑兵
卫队的小号手。在这三年之中，他经常在空闲时间里来到皇

村，并定期陪同沙皇参观附近的红村的军事演习，扮演着尼古拉的副官角色。1912年春他和皇室一家在里瓦几亚待了三周。

在1912年的某些时间，鉴于皇储极不稳定的健康状况，尼古拉和亚历山德拉肯定想过这样的可能性，即如果阿列克谢死了，德米特里作为潜在的皇位继承人将是奥尔加理想的婚配对象。尼古拉无论如何还在设法让奥尔加与其母亲可以共同摄政，考虑到如果他在阿列克谢未满21岁时便已去世的可能性。[35]的确，这样的婚姻中包含了很多逻辑可能。它将会被俄国人广泛地接受，因为德米特里是自己人；更佳的是，在尼古拉和亚历山德拉看来，这可以使奥尔加免除她所害怕的因婚姻而被迫与俄国分离的痛苦。如果尼古拉更进一步，改变继承法让奥尔加获得排在阿列克谢之后的继承权的话，这场婚姻将会使德米特里·帕夫洛维奇获得共同继承人的头衔。成为沙皇是德米特里梦寐以求的一件事，目前他是皇位的第六顺位继承人，但如果他娶了奥尔加，这一切可能都会改变。

尽管有23岁的年龄差距，德米特里和尼古拉还是相处甚洽。他们喜欢在尼古拉的书房里一起打台球，并且发展出一种极其亲密的父子关系，所以德米特里对沙皇总是直言不讳——如果这不是某种程度的下流或是带有同性恋的暗示的话——就像军营里的军官之间相互打交道那样，如1911年10月他从圣彼得堡寄来这样一封署名信：

171

> 你的这个首都，确切地说，我伟大的首都，总是不愿意给我们点好天气。真是太糟糕、太讨厌了，又脏又冷……好了，我现在要给我不合法的母亲一个紧紧的拥抱（这怪我，我是个不合法的儿子，她不是不合法的母亲）。

给孩子们一个深深的湿吻，至于你，我要拥抱在怀里（带着适当的尊重）。我的整个心、整个灵魂和肉体（当然，屁眼除外），都献给你。[36]

德米特里的淫荡以及暧昧举止往往模糊了家庭的玩笑话和危险的色情之间的界限。或许这在他和他的沙皇堂兄之间是正常的，但即便是已经稀释过的玩笑，对于他未谙世事的女性堂亲来说也还是太下流了。直到 1911 年，德米特里仍然把四姐妹统称为孩子们，当时，外国媒体已经在纷纷传言他和奥尔加即将订婚。但是没有确凿的证据显示奥尔加对德米特里有任何好感。事实上恰恰相反，她似乎发现他和她父亲男人间的来往——戏谑打趣和没完没了地打台球——显得非常不成熟。而对于像德米特里这样性经验丰富且已经显示出对有主见的、年长的、经常是已婚的女人感兴趣的人来说，奥尔加·尼古拉耶夫娜看起来似乎是个不染纤尘的人，如果不像有人已经说的，是"一个扫兴的人"的话。[37]

1908 年，德米特里告诉玛丽亚，"鉴于第一次发生的情况"，尼古拉禁止他和奥尔加单独骑马出行，或许是在暗示他恶作剧的行为和说黄段子的嗜好。[38]但实际上到了 1911 年，一切都指向他正在准备成为奥尔加的丈夫。当然这些迹象已经足够让外国报刊捕风捉影然后四散在外了。事实是，在离家更近的地方——在宫廷人士内部——对于这场订婚的期待更甚，斯皮里多维奇将军在他的回忆录中确认了这一点。每个人都很享受德米特里的陪伴，因为他可以让死气沉沉的宫廷气氛一扫而空。"大公常常不期而至，很少提前在电话里告知沙皇。沙皇对他是这样疼爱，以至于所有仆从都已经将德米特里视作女大公的未婚夫。"[39]

尽管不是当军官的料，但德米特里在骑兵学校证明了自己是一名出色的骑手。1912 年 6 月初，他返回圣彼得堡，接受俄国马术队严肃刻苦的训练，为在 7 月举行的斯德哥尔摩奥运会做准备。此时，订婚的传言似乎更加确凿，鲍格丹诺夫将军的妻子亚历山德拉在圣彼得堡创办了一个君主主义政治沙龙，6 月 7 日，她在日记中写道："昨天奥尔加·尼古拉耶夫娜女大公和德米特里·帕夫洛维奇大公订婚了。"[40]外国媒体一下抓住了这条传闻：7 月，在引人遐想的大字标题《王座旁的丘比特》（Cupid by the Thrones）下，《华盛顿邮报》刊登了德米特里和奥尔加的"罗曼史"，文中说奥尔加拒绝了德皇威廉二世的三子阿达尔贝特的追求，只因"她的心已经交给了她的堂叔德米特里·保罗维奇大公［原文如此］"。更有甚之，报纸上说，她和德米特里早已"互诉衷肠"，并且奥尔加"偷偷戴着一条钻石项链以纪念这些海誓山盟"。[41]

没有任何官方公告，甚至没有任何皇室仆从出来澄清，英国大使的女儿梅瑞尔·布坎南发表了一番斯芬克斯式的言论，使情况更加扑朔迷离。梅瑞尔是德米特里·帕夫洛维奇的至交好友，在她 8 月所写的日记里，似乎对订婚谣言有所回应：

> 我听到一则传言，某人将要迎娶沙皇陛下的大女儿。对此我不大相信，因为有那么多趾高气扬的人都在盼着娶她。当然，或许是她一见钟情，且非常坚持己见。[42]

不管传闻是不是真的，德米特里大公和奥尔加之间可能

的婚姻很快出现了问题。到了 1912 年秋，在童年玩伴菲利克
斯·尤苏波夫公爵的影响下，德米特里大公不断沉沦，很快
173 就被卷进了尤苏波夫所过的那种放荡的圣彼得堡生活方式。这
两个男人现在在城里玩得不亦乐乎，喝酒吃饭，开着飞车，整
日和芭蕾舞演员、吉卜赛女孩们混在一起。就像第一次世界大
战前所有年轻且聪明的小伙子，他们有着大把的钱和时间，德
米特里还沾染了危险的赌博恶习。他在圣彼得堡涅瓦大街的阿
尼奇科夫桥畔有自己的宫殿——当艾拉隐退到修道院时将它送
给了他——这里可以方便地看到所有时髦的俱乐部。德米特里
开始时常光顾挨着他最喜爱的阿斯托利亚酒店餐厅的皇家游艇
俱乐部。不是去那儿，就是去巴黎香榭丽舍大街的旅行者俱乐
部打扑克和百家乐，挥霍着家财。[43]

德米特里这种花花公子式的生活做派肯定已经多多少少传
到了尼古拉和亚历山德拉以及奥尔加的耳朵里。这种做派也迅
速改变了他的英俊容颜，男孩般的迷人突变成了眼睛黑暗、表
情阴沉的样貌，因为健康开始出现问题而更加糟糕。奥尔加可
能还小，但她意志坚强，笃信宗教，很有原则。至 1913 年 1
月她一直对德米特里"和父亲乱搞"的恶习表现出一种轻蔑
的态度，跟谈情说爱扯不上关系，尽管这也可能是出于一个少
女的酸葡萄心理，同月梅瑞尔·布坎南更加公开地表达了自己
对此的看法："我相信他压根儿对奥尔加看也不看。"[44]

*

8 月 6 日，当里瓦几亚宫的花园里还飘散着浓郁的玫瑰香
气时，皇室一家伤心地别离克里米亚，回到彼得宫城去观看红
村的军事演习，紧接着在 8 月 20 日出席了新建成的皇家教堂

费奥多罗夫斯基大教堂的祝圣礼。从皇宫出来走一小段路就是这座教堂，特别服务于沙皇卫队的哥萨克军官。它将成为皇室一家最喜爱的祷告场所，也将是他们精神生活的重要寄托，尤其是亚历山德拉，还在一个分堂设立了自己的静修处。此后不久，皇室一家便离开皇村，前往莫斯科参加 1812 年击败拿破仑的百年庆典。

174

庆典的焦点是在莫斯科以西 115 英里（185 千米）的博罗季诺战场，1812 年 9 月 7 日，俄军在此对战法国，以死伤58000 人的结局取得了一场代价高昂的胜利。不到两个月后，筋疲力尽、所剩无几的征俄大军团部队撤离莫斯科，陷入了在漫长冬季从俄国败走的灾难。1912 年 8 月 25 日，在博罗季诺，尼古拉和阿列克谢检阅了曾经打过那一仗的部队的现役人员，后来一家人又一起参加了在附近的亚历山大一世战役小教堂举行的圣体礼。[45] 第二天博罗季诺战场上又迎来了更多游行，所有人庄严地走在神圣的斯摩棱斯克圣母像后面，在战争前俄国军队曾受到祂的祝福，随后人们在博罗季诺救世主修道院和博罗季诺战役纪念碑前祈祷。全家人都觉得这是一次非常感人的经历。"一种对先辈的深沉的敬畏攫住了我们，"尼古拉告诉他的母亲，"这是我们这个时代很难超越的一种宏大的情感体验！"[46] 在这些场合，沙皇和他的继承人会身着军装以示身份，而女孩们则是优雅皇室的典范，身着统一的长长的白色蕾丝连衣裙，戴着饰有白色鸵鸟羽毛的帽子。"四个年轻的女孩，她们的美丽和魅力正在逐渐展现给一个对她们充满恭敬的世界，就像我们的温室里逐渐绽放的珍稀的可爱花朵一样。"[47] 她们极富魅力甚至妩媚动人，但是对于普通的俄国民众来说，这四个罗曼诺夫家的姐妹仍像童话书里的公主一样美好却不可接近。

离开博罗季诺后，皇室一家乘车前往莫斯科，去参加克里姆林宫以及其他地方举行的更多的 1812 年纪念庆典，庆典以一场在圣母升天大教堂（建于 15 世纪）举行的圣体礼告终。最后一天是令人筋疲力尽的宗教和公众庆祝活动，莫斯科市民充分利用了这个可以一睹皇室一家全员的难得机会。红场上举行了一场大型的祷告仪式，以纪念亚历山大一世，这位将法军驱逐出俄国的征服者沙皇。这是纪念活动一个激动人心的结尾，广场上回荡着 3000 个人的合唱，礼炮隆隆，令人难忘的教堂钟声在古老的莫斯科心脏响彻。[48]

第十一章
小家伙不会死

博罗季诺的庆典不可避免地对皇后造成了巨大影响，1912
年 9 月初，皇室一家动身前往尼古拉最爱的一处狩猎地——比
亚沃维耶扎，皇室在东波兰的一处森林地产（现属白俄罗
斯）。这块领土当时是俄罗斯帝国的一部分，但在 18 世纪的
分裂时期割让给俄国之前，它一直是波兰国王御用的古狩猎
区。在这片横跨 30000 英亩（404686 公顷）的茂密原始森林，
沙皇可以选择猎鹿、野猪、麋鹿、狼，甚至是很罕见的欧洲野
牛，它们在这儿长得非常健壮。四姐妹现在个个都是马术高
手，她们兴奋地骑着马和父亲一起去晨猎，留下一个垂头丧气
的阿列克谢只能被车载着去搜寻野生动物，他被禁止参与这样
危险的狩猎活动。在此期间，亚历山德拉留在家里，"我一个
人躺在这里，写着信，让我疲倦的心可以得到休息"。[1]

将阿列克谢排除在这些充满活力的家庭活动之外总是令他
非常难过，尽管没有什么能阻止他，只要给他半个机会，他就
会沉溺于和其他孩子的体育游戏中，而这些游戏很容易对他造
成伤害。波特金医生的孩子们注意到他对"扔馅饼型"的恶
作剧的癖好，以及他不能"在任何地方或任何游戏中逗
留"。[2]在他身上总是有某种不安。艾格尼丝·德·斯托克尔
回忆起那年夏天她惊恐地看到阿列克谢加入了姐姐们的游戏，

围绕着格奥尔基大公夫人在哈拉克斯为她的孩子们竖的一个非常高的五月柱旋转，他"坚持要抓着绳子跑，直到惯性把他轻轻地带到空中"。[3] 每个人都很害怕他伤到自己的后果，但是早在很久以前就证明控制住阿列克谢这种天然的能量是不可能的，尼古拉已经下令让阿列克谢"也可以做其他同龄孩子常做的事，除非万不得已，否则不要限制他"。儿科医生谢尔盖·奥斯特洛戈尔斯基伯爵曾告诉德米特里，阿列克谢没有"表现出明显的病症"，"但如果有机会，它会迅速且猛烈地发展，而这正是现在发生的事"。这是因为皇后太宠爱他，而不理会奥斯特洛戈尔斯基的劝告，例如最近：

> 阿列克谢还在忍受着极大的痛苦，奥斯特洛戈尔斯基命令他老老实实地躺着，避免任何移动，因为（这）会不可避免地带来很大伤害。所以你觉得阿历克斯，这个傻瓜，做了什么？当奥斯特洛戈尔斯基一周后返回时，他发现阿列克谢正在和姐姐们一起跑跑跳跳。皇后看着医生露出的恐怖表情回应道："我想给你一个惊喜！"但奥斯特洛戈尔斯基说在这样的惊喜过后，一个人可能就此直接放弃了。[4]

"亚历山德拉难道不是个实打实的白痴吗？"德米特里问他的姐姐。但更重要的是，它反映出一个问题，即亚历山德拉是否一直坚持听从格里高利的建议而忽略医生的忠告，只相信格里高利和上帝能助阿列克谢健康。而阿列克谢事实上并没有像他的姐妹们那样从家庭教师的教条中受益，他极端任性。他的母亲显然控制不住他，并经常指责奥尔加不注意她弟弟的行为举止。但可怜的奥尔加在控制阿列克谢和他"暴躁的脾气"方面一点也不比她的妈妈更强。[5]阿列克谢唯一尊重的是他父亲的权威。"一个词就足以让他绝对服从。"西德尼·吉伯斯说。[6]

毋庸置疑，阿列克谢常常极其难以控制，但他可爱而富有同情心的一面最终总能赢得胜利，"人们经常只有通过他那双闪烁着光芒的眼睛才能意识到他小小的灵魂中深处的骚动"。[7]当他身体好的时候他充满了活力：活泼、机智、勇敢。所有的随从都很高兴看到这样的他。然而，这个长着一双深邃眼睛的英俊小男孩身上总缠绕着一种强烈的哀怨。他看上去是这么孤单，除了有他忠诚的"叔叔"捷列文科。他的同龄玩伴——基本上是捷列文科或是波特金医生的孩子——或是偶尔到访的其他皇室亲戚（他和他们不是总能玩到一起）非常之少。阿列克谢主要只有姐姐和他的家庭教师陪伴。

在聘用皮埃尔·吉利亚德和西德尼·吉伯斯以前，阿列克谢的所有看护者都是俄国人，这本身使得他被孤立，也因此他的英文比他的姐姐们差多了。无论如何，多亏了吉利亚德，阿列克谢的法语最后比他的姐姐们要好。① 但由于和外部世界接触非常少，他经常害怕和陌生人接触。杰拉尔德·汉密尔顿在那年春天去俄国旅行，他的德国姑妈在黑森和亚历山德拉相识，因此他幸运地被邀请去皇村到沙皇家里做客。当他和皇后共进下午茶，谈论着在达姆施塔特的校园时光时，皇储突然"闯进房间"，但是当他看到汉密尔顿的陌生脸孔时，他立刻

178

---

① 塔齐亚娜有一次向安娜·维鲁博娃声明"她永远都不可能用法语进行对话"，但是所有孩子的英语都很流利，"打从娘胎起"。参见 Dorr, *Inside the Russian Revolution*, p. 123。

退缩了回去。他看起来是那么紧张和胆怯，汉密尔顿心想，"他的眼神非常温顺，几乎是一种恳求"。[8]

至少目前阿列克谢身体健康，有很长一段时间并没发生任何意外，以至于亚历山德拉开始希望医生认为他的病无法治愈或许是个错误的诊断。那年早些时候，为了让她的小姑奥尔加了解为何她如此依赖格里高利，亚历山德拉终于向她承认"可怜的小家伙得了那种可怕的病"。奥尔加可以看出阿历山德拉"已经因为这个而不太正常了，而且永远无法完全康复"。[9]她的嫂嫂顽固地认为格里高利不可或缺，坚持向奥尔加·亚历山德罗夫娜说"当他在身边或是在为阿列克谢祈祷的时候，男孩的感觉会更好"。奥尔加的姑妈克谢尼娅如今也得知了真相，她说当他们最近待在里瓦几亚，而阿列克谢得了"肾出血"的时候，是格里高利又一次帮助了他。跟随着皇室一家来到克里米亚的格里高利被召唤而来，而"当他到达时，一切都止住了"。[10]

在博罗季诺举行的漫长而令人疲惫的庆祝活动中，极度热情的人们为阿列克谢欢呼着，欣喜若狂地看到皇储离他们如此之近。阿列克谢克服了身体上的所有疲累，这让亚历山德拉感到非常骄傲。但随后灾难再次袭来。在他们到达比亚沃维耶扎后不久的一天，阿列克谢乘船出游，他不顾捷列文科的警告，在匆忙地跳进一支划艇时，大腿内侧撞上了一把桨。[11]很快他的腹股沟左侧肿了起来，伴随着疼痛和发烧。但是过了一个星期左右，情况似乎有所缓解，阿列克谢看起来已经足够健康，可以和全家人一起前往斯帕拉森林深处他们更小的狩猎屋，尽管仍然不太能走路，需要被捷列文科抱着。几天来他还是面色苍白，身体虚弱，但是亚历山德拉拒绝再请医生，只委托波特金医生照料阿列克谢。因为被禁止参加女孩们搜寻蘑菇的探险，阿列克谢坐立不安且非常不满。为了安抚他，10 月 2 日，亚历山德拉带他乘马车出游。沙石道路崎岖不平，不久阿列克谢就开始抱怨大腿有剧痛。亚历山德拉命令车夫往回走，但当他们抵达小屋后，阿列克谢已因痛苦而尖叫起来，被抬进卧室时陷入了半昏迷状态。[12] 马车的颠簸使他大腿上部仍在愈合的血肿破裂并开始再次出血。

奥斯特洛戈尔斯基医生被从圣彼得堡立刻传唤而来，阿列克谢的儿科医生费奥多罗夫也随即赶来。但是什么都无法使他平静下来，而且也无法减轻肿胀所引起的持续不断的痛苦，这种肿胀正从腹股沟蔓延到腹部。10 月 6 日他的体温上升到 120 ℉ （38.9℃）且心跳开始变得不规律。阿列克谢身体的最后一丝力气正在被疼痛耗尽，这个孩子所能做的只是烦躁地蹬直左腿，试图减轻一点痛苦。费奥多罗夫医生担心会形成脓肿，引发血液中毒，导致腹膜炎。接下来的四个晚上，亚历山德拉几乎没离开过阿列克谢的床边，奥尔加和塔齐亚娜轮流坐在弟弟身边，拒绝休息或进食，强迫自己看着他在自己身上画十字，在一轮又一轮的疼痛时哭喊"Gospodi pomilui！"（上帝怜悯我！）他的尖叫逐渐变成暗哑的哭声，并时不时地陷入谵妄之中。[13] "妈妈，"他在某个清醒时刻大声喊道，"我死了以后，别忘了在我的坟墓上放一个小纪念碑。"[14]

在这场危机中，皮埃尔·吉利亚德非常入神地观察到尼古拉、亚历山德拉和女孩们在很有勇气地试图表现得好像没有什么严重的事情发生，因为他们正被访客们包围着。"一个狩猎派对接着另一个，客人们比以往任何时候都更多。"[15] 在一场特别的晚会上，玛丽亚和阿纳斯塔西娅为前来拜访的波兰贵族

180

表演了莫里哀的《贵人迷》（*Le Bourgeois Gentilhomme*）中的几幕场景。演出过程中，亚历山德拉坐在那儿，面带微笑，镇定地聊着天，好像没有什么不对劲，但是演出甫一结束，她便冲上楼去，正如吉利亚德所回忆的那样，脸上带着"心烦意乱和恐惧的神情"。[16]在招待客人外出打猎游玩、共进午餐和晚宴时，她和尼古拉努力保持着镇静，但在楼上，远离众人视线的地方，他们儿子因疼痛的惨叫声正回响在走廊上——正如吉利亚德观察到的，这一切是维系他身体状况秘密的最后一搏。

到了10月8日，医生们仍然没有一点帮助病孩的办法，他们已经放弃了希望。费奥多罗夫考虑并迅速放弃了采取"极端措施"的想法——利用外科介入，切开囊肿并引流，从而释放造成阿列克谢腹部疼痛的压力——因为即使是一个切口也足以让他流血至死。[17]波特金医生写信给他的孩子们说："我没有力量向你们传达我正在经历的事，除了在他身边走来走去，我什么也做不了……除了他和他的父母我什么也想不了……祈祷吧，我的孩子们，每天热切地祈祷，为我们珍宝般的继承人。"[18]

皇储生命垂危，俄国人民必须做好准备。至此，亚历山德拉一直坚持拒绝发表任何公告，但她最终让步了。9日晚上，费奥多罗夫和随他一起赶到的另一位重要的儿科专家兼首都一家儿童医院的院长卡尔·劳赫福斯医生共同起草了一份简单的公告，将要在圣彼得堡的晚报上发表。[19]孩子们的宗教导师瓦西里耶夫神父主持了最后的仪式。面对即将死去的独生子，亚历山德拉没有选择余地：她必须向格里高利求助。在她的指示下，安娜·维鲁博娃给在巴克罗夫斯科耶的拉斯普京去了一封电报。他的女儿玛丽亚记得在第二天早上收到了这封电报，拉斯普京对着喀山圣母像为他祈祷了一会儿。随后他去了电报厅，给亚历山德拉回了几句话："小家伙不会死。不要让医生给他添太多的麻烦。"[20] 接着又来了第二封电报，告诉她，"上帝已经看到了你的眼泪，听见了你的祷告"，阿列克谢会好的，格里高利再次向皇后保证。[21] 那一瞬间，皇后感到了一种奇异的平静。也许是这种平静传给了她生病的孩子，让他也镇定下来，因为他的烧开始退去，他逐渐安静下来。再次确认了以后，亚历山德拉走下楼梯，开始进餐，这是她自危机发生以来第一次进餐。正如莫索洛夫将军所回忆的那样，"她从焦虑中解脱出来。而相反，医生们则对这种戏剧性的逆转感到惊慌失措"。[22]

10 日，阿列克谢又接受了圣餐，"当神父端着圣餐走近他时，他可怜的瘦削的小脸、大大的满含苦楚的眼睛闪烁着幸福的光亮"。"这对我们所有人来说是一个巨大的安慰，我们也享受着同样的快乐。"亚历山德拉后来告诉博伊德·卡朋特。对她来说，阿列克谢奇迹般地恢复归因于"对全能的上帝无挑件［原文如此］的信任与坚定的信念"。[23] 上帝没有抛弃她。现在，在俄国的教堂里，人们也在祈祷皇储迅速康复。

10 日下午，尼古拉在日记中写道阿列克谢终于可以睡得很香了。第二日，医生们发布了一份新闻公报，称危机已经结束。波特金医生放下心来，写信告诉他的孩子，"我们宝贵无价的病人""无疑有了非常大的好转……上帝听到了我们热诚的祈祷"。但这种痛苦的经历对每个人来说都是可怕的。阿列克谢完全康复还要很长一段时间，而现在波特金医生已经在想"像这样的事故在他成长的路上还要再发生多少次"。[24] 在此

182

期间，费奥多罗夫医生派他在圣彼得堡的年轻助手弗拉基米尔·捷列文科前来帮忙，后者后来成了阿列克谢的固定护理者。

10月20日尼古拉终于可以写信给他母亲，"我的心中充满感激，感谢上帝怜悯我，让阿列克谢开始恢复"。[25]21日，宫廷事务大臣弗雷德里克斯伯爵发布了一则公告，终于给了公众具体的描述，"腹部出血并肿胀"，体温升高，致使"继发性疲劳和严重贫血"，因此需要相当长的时间才可以完全恢复，且因为"臀肌弯折"，皇储的左腿也需要很长时间才能再度行走自如。这份由劳赫福斯、费奥多罗夫、奥斯特洛戈尔斯基和波特金联名签署的公告并没有提及血友病。对于俄国人民来说，这场大病的病因仍将笼罩在神秘之中。然而，国际报道则充斥着各种猜测。《每日新闻》（Daily News）写道："也许世界上没有哪个孩子的病像八岁皇储的那样充满政治意义，他的去世最终可能导致俄国发生动乱，从而动摇罗曼诺夫皇朝的皇位。"[26]

但皇储究竟怎么了？每个人都在问。骨结核、肿瘤、脓肿、肾病、从小马上摔下来，所有这些都被提到了，一家美国报纸甚至散布了一则荒谬的故事，说阿列克谢在"一个未加防备的时刻"，在斯帕拉的土地上被一个"虚无主义者"攻击并刺伤了。[27]伦敦《每日邮报》驻圣彼得堡记者报道，"出于某种个人不愿公开、未做解释的原因"，疾病的确切性质"不仅向普通民众，也向高层权贵隐匿了，后者也只能靠推理或猜测"。"宫廷方面令人费解的沉默"在俄国公众当中引发了相当大的焦虑，正如《泰晤士报》所说，给了"消息贩子自由的空间"。[28]11月4日（旧历10月22日）"皇储的病因"登上了头条新闻，《泰晤士报》驻圣彼得堡记者写道，"医学界认为皇储的病归因于一种先天的血液病，致使在微小血管破裂时很难发生重吸收"。[29] 这本身就是医学界对于血友病默认的说法，最后，还是伦敦的报刊捅破了这层窗户纸。11 月 9 日（旧历 10 月 27 日），英国医学杂志《医院》（Hospital）宣布皇储患有血友病，第二天《纽约时报》摘取了这一说法并刊登了一则报道，标题是《沙皇的继承人有出血病》（Czar's Heir Has Bleeding Disease），并补充说，"这是欧洲皇室家族的一个由来已久的特征，且仍然还在"。[30]

*

当阿列克谢最终康复到可以动身时，皇室一家为他返回俄国的家做了最细致的准备。从斯帕拉森林的狩猎小屋到火车站的沙石道路被仔细地铺平，这样就不会"发生一丁点颠簸"，皇家专列的时速不能超过 15 英里（24 千米），这样就不会需要急刹车。[31] "直到（旧历）11 月 24 日，阿列克谢两个多月以来才第一次洗澡。"亚历山德拉告诉奥诺尔。白天，他"会坐在我的浴椅上被推着在楼上的房间转来转去"。到后来他们才开始把他带到皇后的淡紫色卧房。[32] 阿列克谢将会跛足一年，在这个过程中，他将接受无尽的严格治疗："电、按摩、泥敷、胳膊的电流蓝光浴以及腿浴"，亚历山德拉希望他在圣诞节前可以再次站起来。[33] 罗马·雷登教授是骨外科的先驱，他从圣彼得堡来，给阿列克谢装了一副铁制的腿形矫正器。皇储觉得非常不舒服并向他的母亲诉苦，但雷登是很坚定的。如果阿列克谢想成为未来的沙皇，他就必须忍受这种不适。这是一句直言不讳且一语中的的话，因为已有传闻俄国人有个残废皇储。亚历山德拉不喜欢面对这个必须面对且令人讨厌的事实。所以尼古拉答谢了这位好教授，让他成为一位名誉的宫廷医生，但再也没召唤过他。[34]

阿列克谢和他母亲的康复在同步进行。亚历山德拉直到12月1日才首次公开露面，在过去的三个月里，她已经筋疲力尽。可她因儿子的同情心感到宽慰。"甜美的小天使想要跟我交换疼痛，"她写道，"说他的疼痛要轻得多。"[35]但很显然，这场危机对她造成了不可挽回的伤害。"七年来，"她对博伊德·卡朋特说，"我的心脏一直备受煎熬，大部分时候都过着病人的生活。"[36]

无论如何，她的宝贝儿子几乎是从死亡线上康复回来，这是一个让费奥多罗夫医生非常困扰的事实，他确认"从医学的角度来讲，这是完全无法解释的"。[37]但皇储死里逃生的代价是巨大的——他的母亲在情感上完全受控于格里高利·拉斯普京，相信他是唯一一个站在上帝一边，能够让她的孩子活下来的人。在格里高利那年冬天回到圣彼得堡后，他向皇后保证，只要他活着，她的儿子就是安全的。

在对母亲和弟弟的日常照料中，亚历山德拉的女儿们扮演着比以往任何时候都更重要的角色，他们的家庭生活越来越陷入疾病的阴影之中。"他们五个都在照料我，让我非常感动，除为我的儿子焦虑之外，我的家庭生活是一缕幸福的阳光。"亚历山德拉告诉博伊德·卡朋特。[38]但是，亚历山德拉的慢性病所带来的心理影响正在造成伤害。在四姐妹性格形成的关键时期，她们比以往任何时候都需要母亲的时间和精力。但她们本该无忧无虑的青少年生活——探索周边的世界、认识新的人、发现新的地方——被疾病和苦难取代，这些已经主宰了她们的日常生活，她们正在学习以非凡的坚韧精神忍受它。"我亲爱的妈妈"，1912 年 12 月 14 日，自己的嗓子还哑着、躺在床上的玛丽亚写道：

> 非常感谢您给我写的珍贵的信。我非常遗憾您的心脏疼痛还在 2 级①。我希望您的感冒好点了。我现在的体温是 37.1℃（99 ℉），我的嗓子也不像昨天那么疼了。我非常遗憾今天没有去看您，但您当然是休息更好。1000 个吻，来自您爱的玛丽亚。[39]

185

对于四姐妹，尤其是奥尔加和塔齐亚娜来说，在接下来的 1913 年，她们还有重要的公众角色要去扮演——在罗曼诺夫皇朝三百周年纪念之时，展现平易近人的公众形象，同时要在她们的母亲持续缺席的情况下，充当"她们所爱的父亲的忠诚伴侣"。"好像是这些年轻漂亮的公主应该保护一个一直受到威胁的沙皇，"索伊尼男爵夫人说，"而她们的确这样做了。"[40]

*

解冻时节的圣彼得堡迎来了晴朗无云的一天，1913 年 2 月 21 日周四，为了庆祝罗曼诺夫皇朝建立三百周年，街上闪烁着红、白、蓝三色最华丽的装饰。[41] 早上 8：00，彼得保罗要塞的 21 声礼炮宣告了庆典的开始。沿着涅瓦大街，每一家

---

① 亚历山德拉创造了一种代表心脏疼痛程度的私人密码，从 1 级到 3 级，用于写给女儿们的信中。

店面、每一根灯柱上都装饰着双头鹰的标志以及自 1613 年 2 月米哈伊尔·费奥多罗维奇即位以来历任沙皇的肖像。商店里摆满了纪念品——首批印有沙皇头像的特殊邮票（在这之前这被认为是一种不敬）以及特别发行的奖章和硬币。尼古拉发表了一份宣言，在宣言中，他表达了自己"坚定不移的愿望，与我们深爱的人民达成不可移易的协议，继续领导帝国人民走和平发展的道路"。[42]

在过去的几年里，这个占据着全球六分之一土地的国家经历了一个显著的经济增长期，圣彼得堡已经成为欧洲六个最大城市之一。经济仍然是以农业为基础的，其巨大的财富基石是谷物生产，但现在谷物的产量已经超过了美国和加拿大的总和。俄罗斯帝国的领土还孕育着新兴的钢铁工业；中亚和西伯利亚的自然资源正因新建的庞大的西伯利亚大铁路得以开放，而这张铁路网还与阿塞拜疆巴库和格鲁吉亚巴图米的宝贵油田相连。在伦敦市和纽约华尔街，俄国长期以来一直被视为亚洲的落后国家，但现在终于被认作"投资获利区"了。《伦敦新闻画报》（*Illustrated London News*）告诉它的读者，民众开始意识到伟大的白色沙皇治下的帝国所拥有的巨大以及潜在的更大的财富，包括农业、矿产和工业。[43] 在国外，还有很多关于俄罗斯帝国日益雄壮的军事和政治实力的讨论——它拥有 400 万人的潜在军力——这一事实可由其最近与英国和法国建立了友好关系得到证实。

但俄国不仅仅是在工业和军事实力上为自己刻画出更好的国际形象。这个国家正经历着前所未有且非凡的艺术创造力的迸发。斯特拉文斯基和拉赫玛尼诺夫的音乐；马列维奇、康定斯基、夏加尔的先锋派画作；佳吉列夫的俄国芭蕾，以莱昂·

巴克斯特设计的奇异服装为一大特色；因传奇舞者帕夫洛娃、尼金斯基和歌剧演唱家夏里亚宾而熠熠生辉的音乐舞台；斯坦尼斯拉夫斯基和梅耶荷德在戏剧创作中的创新方向；以及由亚历山大·布洛克、安德烈·别雷和安娜·阿赫马托娃引领的充满活力的白银时代。

因此，在最乐观的情绪下，《泰晤士报》在1913年初预言了俄国的美好前景。"罗曼诺夫家族不仅仅缔造了一个强大的帝国。它为一个伟大的民族打开了知识的大门，并且将他们引入其无穷的路途。"[44]但是，为了确保进一步的经济发展，它仍然缺少关键因素：稳定的政治制度和真正的立宪政体。自1906年以来，杜马正在以一种逐渐被阉割的方式度过一次又一次的危机，三次被尼古拉解散，又三次被他恢复。在斯托雷平被暗杀后组建的1912年第四届杜马会议被认为是功能最不全的，而且在针对1905年后采取的镇压政策的持续回应中，1913年的政治情绪是"对抗的"。[45]因此，许多俄国人觉得没有什么值得庆祝的。三百周年纪念给了很多囚犯包括赦免和减刑在内的特许权，但不包括那些因反对沙皇主义而入狱的人。

2月，尼古拉和亚历山德拉将自己和孩子们安顿在冬宫，准备参加为期三天的官方庆祝活动，庆祝活动的焦点完全是宗教性的，这是沙皇夫妇自1905年来首次真正待在圣彼得堡。21日周四是虔诚庆祝的一天，25列不同的宗教行列蜿蜒穿过首都，唱着国歌和赞美诗。皇室一家从冬宫出发，引领车队前行，为首的是坐在打开的四轮折篷马车里身着制服的尼古拉和阿列克谢，随后则是坐在闭合车厢里的亚历山德拉、玛丽亚·费奥多罗夫娜和四姐妹。沿着涅瓦大街走下去，在去往喀山大教堂的短短路程之中是由安提阿牧首指挥演唱的长长的赞美诗，牧首特意从希腊赶来，有4000多名贵族参与了游行，此外还有各国的外交使臣和政要，芬兰公国代表和农民代表。"一切都闪闪发光，"《新时代报》（*Novoe Vremya*）报道，"女士们的珠宝、勋章和星星、制服上的金银线。"[46]但感动每个人的并不是集聚一堂的各色宗教服饰、圣像、点亮的蜡烛和熏香，而是皇储脸上"难以形容的悲伤"表情，他还是瘸着脚，不能走路，被带去让一个哥萨克人照料着，他"苍白清瘦的小脸……紧张地注视着他面前的人山人海"。[47]

虽然安保人员已经准备好了面对麻烦，但在圣彼得堡的街道上，穿着棉外套和毛毡靴子的普通市民很明显对很多仪式表现出巨大的冷漠。加弗里尔·康斯坦丁诺维奇公爵后来写道，他有种"很明显的感觉，即首都人民对于罗曼诺夫皇朝的庆典并没有特别的热情"。梅瑞尔·布坎南也注意到了这一点，人群"奇怪地沉默"，她回忆道，"只有当他们看到年轻的女大公们在花边帽下微笑的时候才欢呼起来"。[48]

188　　在喀山大教堂所举行的典礼将会是那一年皇室一家所主持的许许多多公开信仰仪式中的第一个，伴随着大量的跪拜、画十字以及亲吻奇迹制造者圣像，所有这些都意欲在政治不满持续酝酿的时刻"唤起人民群众爱国情怀的普遍热潮"。[49]梅瑞尔·布坎南和很多人一样，希望这些节日庆典活动"能迫使皇室从隐居状态中走出来，并且希望沙皇在参加杜马会议时能发表一些公开声明，以缓解国内的局面"。[50]但是她失望了，很快事情就清楚了，三百周年庆典的主要目标在于强化由宗教信仰驱动的家国生活的形象，上溯至古代沙皇同人民的神秘联结，而不在于民主和杜马的工作拥有任何真正的意义。确实，第四届杜马的很多成员在庆典活动中被挤了出来，有限的位置都给了贵族和君主制组织的成员。[51]

那天晚些时候，尼古拉和亚历山德拉在冬宫的尼古拉大厅接待了 1500 名显贵，接受他们的祝贺。这是奥尔加和塔齐亚娜身着与之匹配的正式的俄国宫廷长裙出席活动的开端。这些礼裙是由奥尔加·布尔本科娃的工作坊制造的，他们专为宫廷制作典礼服饰，这些礼裙及地长、坦颈、翘肩、开袖，前襟是粉色天鹅绒，还有一条可拆卸的裙摆，上面装饰着人造珍珠制的圆环。[52] 两个女孩胸前的猩红色绶带上都别着圣叶卡捷琳娜勋章，头上戴着镶有珍珠、饰有蝴蝶结的粉色天鹅绒阔阔式尼可。那一定是一个她们非常骄傲的时刻，因为在此之前姐妹俩从没穿过正式的全长礼服，这标志着她们最终来到了成人的宫廷世界。两姐妹从没像现在这样美丽，有一家人最喜欢的工作室布瓦索纳和埃格勒（Boissonnas & Eggler）所拍摄的官方照片为证。接待会本身对她俩来说也是一件新鲜事物，"这是少有的一次观察彼得堡社会的机会，从她们专注的、充满活力的脸上就可以清楚地看出这一点，她们试图把一切都吸收进来，记住所有的面孔"。[53]

那个晚上仍然熙熙攘攘的圣彼得堡被节庆的彩灯点亮。这让尼古拉回想起了他的加冕礼，但是这种情景的快乐被第二天一早的新闻破坏了——一天以来都不大舒服的塔齐亚娜发烧卧床了。亚历山德拉已经筋疲力尽了，以致白天没法参加任何公众招待会，玛丽亚·费奥多罗夫娜则乐得代替她成为众人瞩目的焦点。但是皇后还是强撑着出席了格林卡的一出歌剧演出《为沙皇献身》（A Life for the Tsar），由夏里亚宾领衔，在傍晚的马林斯基剧院上演。当沙皇夫妇和奥尔加一同走入皇室包厢时，观众们起立鼓掌。但安娜·维鲁博娃感受到了一丝虚假的

189

音符："在闪闪发光的观众席中几乎没有真正的热情、真正的忠诚。"[54]亚历山德拉看上去脸色苍白阴郁，梅瑞尔·布坎南暗想。"她的眼睛在暗引力下显得神秘莫测，似乎专注于某些内心深处的秘密想法，而这些想法肯定与拥挤的剧院和为她欢呼的人相隔甚远。"[55]所有人的目光直直地指向皇后，这令她感到窘迫不适，她深深地陷入座椅，但是"看上去无精打采，好像哪里在疼似的"，艾格尼丝·德·斯托克尔暗想。的确，皇后感到极度不适且因焦虑而呼吸困难，于是在第一幕结束后就离场了。"一丝不满的波纹在剧院里荡漾开来"，梅瑞尔·布坎南注意到。"这难道不是老把戏吗？"皇后再一次不加努力掩饰自己对圣彼得堡的厌恶。[56]人们这样解读她那晚离席的原因。可只有她的女儿奥尔加和她的丈夫知道阿列克谢最近一次的致命事件给她造成的可怕影响。是"悲伤地认识到"她的儿子性命堪虞才使得皇后"行事方式如此与众不同"，拉兹维尔公爵夫人思忖道。这也解释了她为什么"这么讨厌见任何人，或是参加任何活动，即使是为她的女儿们举办的"。对他们而言，罗曼诺夫姐妹一如既往地在尽量做好事情。"全城都在庆祝，很多人"，奥尔加在日记里回忆起这些日子。即使她感受到了俄国某种气氛的转变，她也并没有太多担心："感谢您，上帝，一切都好。"[57]

第十二章
上帝赐他幸福，我心爱的人

　　1913 年 2 月 23 日，对于 18 岁的女大公奥尔加·尼古拉耶夫娜来说是特别的一天。这一天，在她的父亲、母亲和姑妈奥尔加的陪同下，她出席了圣彼得堡贵族大会组织的舞会，这是她人生第一场重要的公共舞会。沙皇和皇后自 1903 年盛大的化装舞会后还未出席过任何一场舞会，但为了女儿，亚历山德拉还是决定一去，尽管她一整天几乎都是躺着的，不得不又一次中途离场。[1] 塔齐亚娜本应和她的姐姐一起参加这次舞会，但是她因病卧床在冬宫休养，几天后，医生确诊她染上了伤寒。①[2]

　　奥尔加决心不让这些失望毁了她的夜晚。她看上去很可爱，"穿着一条朴素的淡粉色雪纺连衣裙"，就像在里瓦几亚宫的 16 岁生日舞会上一样，"她跳了每一支舞，和所有参加第一次舞会的女孩子一样，尽情地享受着自己的快乐"。[3] 她自己对这个夜晚的记录则更加写实："我跳了很多

---

① 亚历山德拉在信中称之为"斑疹伤寒"，就像她描述 1900 年尼古拉和 1901 年奥尔加的病症一样，当时这两种完全不同的疾病名称经常互换使用。然而，斑疹伤寒是由虱子传播的，并且是在肮脏、拥挤的条件下被传染上的，而这在她两个女儿的案例中显然是不可能的。塔齐亚娜被认为是因在冬宫喝了带病菌的柠檬水而染上的伤寒。

舞，太有意思了。一大堆人……真是美极了。"[4]她和她喜爱的很多军官尽情跳着加德里尔舞和玛祖卡，并且很高兴她在"施坦达德"号上亲爱的朋友尼古拉·萨柏林陪伴在身边。梅瑞尔·布坎南被这位最年长的女大公迷住了，她一身"古典的素裙"，只戴着一条简单的珍珠项链，但她"上翘的鼻尖"极富诱惑力。她"有一种魅力，一种新鲜劲儿，一种迷人的活力，使她不可抗拒"。[5]梅瑞尔·布坎南记得看到她"站在走廊通向舞厅的台阶上，试图解决三位年轻的大公之间的争执，他们都抗议说奥尔加承诺下一曲的舞伴是他们自己"。这引得她驻足思考："看着她，我很想知道她的未来会怎样，在不时提到的众多可能的求婚者中，她最终会嫁给谁。"[6]

不可避免地，奥尔加未来的婚配问题在三百周年庆典上得到了重视。当时，在俄国的报刊上皇室姐妹一直是禁忌话题，但这是她们第一次被正式推向了民众。1912 年与 1913 年之交的冬天，俄国皇室继承权危机爆发，在幕后人们又一次开始讨论奥尔加作为长女的角色。当阿列克谢在斯帕拉森林生命垂危时，尼古拉的小弟弟米哈伊尔偷偷跑去了维也纳，与他的情妇娜塔莉娅·伍尔伯特结婚，后者不仅是个离过婚的女人而且是一个平民。米哈伊尔知道如果阿列克谢死了，他自己又将成为假定的皇位继承人，尼古拉肯定会反对这样的贵贱通婚。米哈伊尔幻想如果他背着他的哥哥结了婚，就会生米煮成熟饭，但尼古拉非常愤怒。他的答复是严厉的。为了阻止丑闻的发生，他要求米哈伊尔要么放弃皇位继承权，要么立即与娜塔莉娅离婚。在米哈伊尔拒绝这么做之后，他冻结了米哈伊尔的财产并将他驱逐出境。1912 年俄国报纸刊登了一则声明，宣布移除

米哈伊尔的摄政权、军事指挥权和皇家荣誉。根据继承法，如
果尼古拉在阿列克谢满 21 岁之前死去，那么弗拉基米尔大公
夫人的长子基里尔将会成为摄政王，但他和他的两个弟弟在俄
国都不得人心。尼古拉推翻了现有的法律，取而代之的是，他
命令弗雷德里克斯伯爵起草了一份宣言，在阿列克谢未成年时
期，提名奥尔加为摄政王，而亚历山德拉为其监护人。1913
年初这则声明即已公布，但在这之前尼古拉并没有像他该做的
那样寻求杜马的支持，这不可避免地引起了弗拉基米尔大公夫
人的强烈反对。

192

　由于和英国大使馆的深厚渊源，梅瑞尔·布坎南得以看到
皇室一家那一年的处境有多么艰难。

　　　米切尔（米哈伊尔）大公的婚姻造成了一次巨大
的动荡，他们说沙皇非常心痛。没人知道小皇子到底
是怎么回事，如果最坏的情况发生，继承就会成为一
个严峻的问题。基里尔当然是血缘最近的，但是对于
弗拉基米尔大公的任何一位子嗣能否继承皇位还存有
些许疑问，因为他们的母亲在生下他们时还不是东正
教徒。再接下来就是德米特里，他将会娶沙皇四位女
儿中的一位。[7]

　奥尔加和德米特里的婚配谣言仍然在流传。尖刻的梅瑞
尔·布坎南认为这种想法甚至让人发笑。她在圣彼得堡的社交
场合多次看到德米特里，在那里，每个人都在练习着最新最潮
的舞蹈。"德米特里前几天给我上了热清［原文如此］的一
课，"她写信给堂亲，"如果德米特里哪天成了全俄的沙皇，

而他能够说他教我跳过邦尼－哈格舞①，这该是件多么'雅致'的事啊！"[8]无论如何，当德米特里向他的堂外甥女——克谢尼娅女大公唯一的女儿——伊琳娜求婚时，这场关于两人婚姻的讨论很快就烟消云散了。只是不曾料想，伊琳娜竟因钟情于他的朋友菲利克斯而一口回绝。随着时间的推移，尼古拉和德米特里渐行渐远，尽管德米特里还继续挂职副官。

193　　而对于奥尔加来说，她浪漫的少女心思如今正紧紧系在一个地位更低的人身上——她最爱的军官亚历山大·康斯坦丁诺维奇·什维多夫，沙皇卫队的一名上尉。在奥尔加的日记中，她用什维多夫名字的首字母缩写 AKSH 指代他，那年上半年大部分的时间在奥尔加姑妈家的下午茶会上他的出现是她非常有限的社交生活的焦点。在这些场合中，无非是和一帮精选出来的受人喜爱的军官聚在一起嬉笑打闹，伴着留声机跳舞，玩着猫抓老鼠、拍手、捉迷藏和贴标签的幼稚游戏。他们名义上受到奥尔加·亚历山德罗夫娜的监管，但是常常演变成一场咯咯直笑、喧闹吵嚷的游戏，这让四姐妹和男人们有了近距离的肢体接触，这是在做其他任何事时都不可能有的亲昵行为。这是种最古怪也最不寻常的互动，但这种互动在她们的母亲和姑妈看来却无伤大雅。于是即将成年的女大公们耽溺于这些幼稚的行为，最终的结果是让易受影响的奥尔加对一个在其他任何方面都完全不够格的年轻人陷入了痴迷。"和 AKSH 一直坐在一起，我感到自己强烈地爱上了他，"2 月 10 日她在日记中吐露，"主，请救救我们。一整天都能看到他——在做圣体礼时

---

①　Bunnyhug，一种据称起源于 20 世纪初美国的有趣交际舞，但它的舞步近乎一种"反舞蹈"，夹杂着大量色情的摇摆及摩擦，在文明的社会引起了轩然大波。——译者注

还有在晚上。这太好太有意思了。他太可爱了。"[9]接下来的几个星期她的生活中除了上课、和爸爸一起散步、和妈妈坐在一起以及听阿列克谢做自己的睡前祈祷以外，就是偶尔可以被解放到圣彼得堡的奥尔加姑妈家，玩一玩愚蠢的游戏，以及长时间凝望蓄着小胡子、穿着华丽的哥萨克切尔克斯卡大衣①的英俊的 AKSH。

塔齐亚娜因为错过了圣彼得堡三百周年庆典的很多活动而心烦意乱，更不用说去不成奥尔加姑妈家了，她也盼望着能见到她最喜欢的军官。但因为她的病（波特金医生和特琳娜·施耐德不久后也被传染了），皇室一家不得不于 2 月 26 日离开冬宫，返回皇村。但在离开之前塔齐亚娜让她的保姆舒拉·切格列娃给尼古拉·罗季奥诺夫打了一个电话，告诉他如果她的军官们可以在冬宫走过她的窗子，让她至少可以看到他们，她会非常高兴。罗季奥诺夫和尼古拉·瓦西里耶维奇·萨柏林自然乐于效劳，他们还记得看到这个可怜的生病的姑娘裹在一条毯子里，挨着窗子向他们欠起身来。[10]

194

回到亚历山大宫后，塔齐亚娜立即被同她的姐妹隔离，这一病就是一个多月。3 月 5 日她美丽的栗色长发必须被剪短，尽管他们用这些头发给她做了一顶假发戴，直到她的头发长得足够长（一直到 12 月底）。[11]在家里，她只能和她那病弱的母亲待在一起，互相照顾，直到 4 月初，塔齐亚娜才终于能冒险到走到亚历山德拉的阳台上，但因为天冷和下雪，还不能待太久。当她最终可以走出去时，她为自己的假发深感不安。一天，她正在和玛丽亚·拉斯普京以及一些军事预备学校的年轻

---

① Cherkeska，一种切尔克斯人穿的长款圆领大衣。——译者注

军官一起玩跳绳，阿列克谢的狗冲到她面前大叫。她的脚被绳子绊了一下，摔倒了，"她的头发突然滑了下来，让我们吃惊的是，我们看到一顶假发掉在了地上"，玛丽亚回忆道。可怜的塔齐亚娜"在我和两个尴尬的军官眼前露出了头顶，上面只有些许短短的、稀稀拉拉的毛发在生长"。她毫无疑问感到了羞辱，"塔齐亚娜一跃而起，拾起她的假发，向最近的树丛猛掷了过去。我们只见她的脸变得通红，显得非常苦恼，那一天后她再也没出现过"。[12]

在 1913 年冬季的亚历山大宫，尼古拉的日记是他代替了他永远在生病的妻子手把手教养自己的四个女儿的明证。不管桌子上堆了多少公文，不管有多少场会议要和大臣、公众开，不管一天有几场军事演习，每年这个时候，当他回到皇村时，他总能找到时间陪伴他的孩子们。历史或许已经多次谴责他是一位软弱和保守的沙皇，但是毫无疑问，他是皇室的父亲中最杰出的典范。对于他和他的女儿们来说 1 月和 2 月是特别的时间，在这段时间里，他带她们去看了芭蕾舞剧《神驼马》（*The Little Humpbacked Horse*）、《堂吉诃德》（*Don Quixote*）和《法老的女儿》（*The Pharoah's Daughter*）——在这幕剧的最后他们因看到巴甫洛娃的舞蹈而激动不已。作为长女，奥尔加（以及塔齐亚娜，直到因病她无法参加）还享受着可以看歌剧《蝴蝶夫人》（*Madame Butterfly*）、《看不见的城市基杰日的传说》（*The Legend of the Invisible City of Kitezh*）以及瓦格纳的《罗恩格林》（*Lohengrin*）的额外福利，奥尔加发现这最后一部歌剧尤为美丽动人。[13]但总的来说，和爸爸待在一起的大部分时间还是在花园里度过的，不管天气如何，他们都会一起健走、骑自行车、帮助运河除冰、滑冰或是顺着冰丘滑下，在阿

列克谢身子足够好时，也会穿着特制的带卡钳的靴子加入他
们。女孩们非常享受父亲只属于她们的时光。他走起路来健步
如飞且少有休止，她们全都学会了努力追上他，不然就会被落
在后面，尤其是奥尔加，总是紧紧地走在他一侧，塔齐亚娜在
另一侧，玛丽亚和阿纳斯塔西娅则会在他们面前跑来跑去，在
冰上打滑或扔雪球。任何一个在亚历山大花园遇到沙皇和他的
女儿们的人都能清楚地看到，他是多么为自己的女儿自豪。
"他很高兴人们很钦慕他们。他友善的蓝眼睛就好像在对他们
说'看看我的女儿们有多棒'！"[14]

*

为庆祝三百周年纪念，5 月 15 日傍晚，全家登上了开往
莫斯科的皇家火车，并从莫斯科转搭"梅珍号"（Mezhen）汽
船在伏尔加河上开启为期两周的旅行。这是一趟艰苦的旅程，
他们会在金环上的几个主要宗教活动场所停下，这是 1613 年
第一位罗曼诺夫沙皇从出生地来到莫斯科时所取的线路。[15] 几
个世纪以来，它一直是一条主要的朝圣路线，也是亚历山德拉
长久以来希望一睹的路线。尼古拉本人自 1881 年以来就没再
访问过这个地区。相继拜访圣地弗拉基米尔、博戈柳博沃和苏
兹达尔后，全家抵达下诺夫哥罗德，在美丽的主显圣容大教堂
举行了一场宗教圣体礼。随后再沿着伏尔加河乘汽船返回，于
5 月 19 日抵达科斯特罗马。在每一个停靠的地方，他们都会
受到来自当地权贵和教士的传统的面包和盐的欢迎。教堂钟声
回响，军乐团礼乐奏起，一大群农民沿着河岸聚集起来，一些
人进入深水——希望在皇室到达时可以看到他们一眼（这一
场景让亚历山德拉感到惊恐，她担心会再次发生像霍登的踩踏

事件这样的惨案）。但是她很喜欢见到虔诚的老农妇，会停下来在河岸上和她们交谈，送给她们钱和圣像画。[16] 科斯特罗马是他们行程中最重要的一站，因为在俄国动乱时期，16 岁的米哈伊尔·罗曼诺夫正是在此地，在伊帕提耶夫修道院①避难，随后又接受了从莫斯科来的贵族代表团之请登上皇位。在参加完大教堂的圣体礼后，一家人去了修道院自己的罗曼诺夫家族博物馆，随后又继续赶去给三百周年庆典的纪念碑揭幕。这无疑是这趟旅程的重头戏，走在饰有罗曼诺夫家族旗帜和徽章的街道上，人们大声表达着对皇室一家的敬意。当国歌响起时，农民们跪倒在地，以示他们对"小父亲"世代相传的忠诚。[17] 这种虔诚让亚历山德拉更加确信普通民众深爱着他们。"那些部长大臣真是一些胆小鬼，"她告诉伊丽莎白·纳雷什金娜，"他们总是以威胁和预感革命将至来吓唬沙皇，但在这儿你自己看，我们只需要展示下自己，人心就是我们的了。"[18]

当他们抵达雅罗斯拉夫尔时，奥尔加兴奋地在迎接他们的仪仗队里看到了她亲爱的 AKSH。在又一次拥挤的接待会及参观了皇室一家为纪念三百周年庆典而建的孤儿院后，姑娘们和尼古拉把亚历山德拉留下，前往参观了一个当地制造业的展览并出席了一场圣体礼，随后是晚餐以及音乐会，最终赶在午夜登上了前往罗斯托夫的列车。"好多人在场，非常累，很长很枯燥，而且很热，"奥尔加在她的日记中记录道，"不过亲切温柔的 AKSH 在那儿。看到他，我太开心了。""可怜的妈妈"

---

① 具有讽刺意味的是，1918 年罗曼诺夫夫妇被关押在叶卡捷琳堡的房子也被称为伊帕提耶夫之宅，宅子是以它的主人、修建了横穿西伯利亚铁路的工程师尼古拉·伊帕提耶夫的名字命名的。

还是非常疲惫。"心脏疼痛 3 级。请上帝救救她。"[19]第二天一
整天亚历山德拉都卧床不起。尼古拉·瓦西里耶维奇·萨柏林
看到了尼古拉在应对日程要求和一个怪脾气的妻子时所要承受
的压力，亚历山德拉总是疲倦无力，几乎不吃任何东西，萨柏
林注意到她经常整天只吃几个煮鸡蛋。[20]

*

5 月 24 日，一家人回到莫斯科以迎接旅程的高潮。"亲
爱的 AKSH 又一次在人群当中微笑"，他和沙皇卫队的军官
们一起，在他们从车厢里走出来时在一旁站岗。[21]如果说圣
彼得堡的庆祝是温和有节制的，那么官僚们保证了在古老的
莫斯科的心脏所举行的典礼是盛大的，他们仿制了 1812 年
初同法国打仗时亚历山大一世进入莫斯科时的场景。然而，
到场庆贺的瑞典的威廉王子认为人群看上去似乎被压制
住了：

> 沙皇面无表情，克制地冲左右打着招呼，但在任何一
> 边都察觉不到热情回应。大多数男人站在那里凝望，一小
> 部分人画着十字，或是冲着教堂的方向跪倒在地。与其说
> 是自发的温情，不如说是出于敬畏和好奇，比起信任更多
> 的是本分的顺从，比起自由公民更像受压制的对象。这种
> 感觉很不愉快、非常疏远，和在家（在瑞典）有天壤之
> 别。统治者和人民之间不可逾越的鸿沟比以往任何时候都
> 更明显了。[22]

这些典礼又一次揭露了阿列克谢的脆弱不堪，尤其是 5 月

197

25 日当皇室一家从著名的克里姆林宫红色门廊走下来时，人们惊讶地看到皇储是被沙皇卫队的哥萨克人抬着的。"看到罗曼诺夫皇朝的皇位继承人如此软弱、病态和无助，真是太令人难过了。"总理大臣科科夫佐夫写道，他还注意到这一景象在人群中所激起的同情的喘息声。[23] 皇后的不适也显而易见，在圣体礼上她的脸上浮起了一层丑陋的红晕。相比之下，罗曼诺夫家的四个女儿在两个星期的辛苦工作结束后倒是显得有些放松。在克里姆林宫，守卫们注意到她们"四下张望，感到非常无聊，吃着葡萄和甜食"，尽管她们总是"举止朴实自然"。[24]

198

就在他们回到皇村之前，奥尔加和塔齐亚娜参加了一次莫斯科贵族大会举行的舞会。亚历山德拉只待了不到一个小时就不堪忍受，但是两个姐妹很高兴地加入了舞会，走到了舞池的中央，和埃里温团的很多军官共舞。在跳加德里尔舞的时候奥尔加的头又一次转向了"远处 AKSH 微笑的脸庞"。[25] 第二天早上，在去火车站的路上，她觉得她看到了他"戴着一顶红帽子站在一个远远的月台上"，很快 6 月 2 日和 6 日她又在姑妈奥尔加的家里看到了他。和往常一样，在茶点、晚餐和沙发上舒适地聊天之后，罗曼诺夫姐妹们和一队熟悉的军官在花园里尽情地玩着一系列吵闹而幼稚的"抓到我算你行"游戏，其中包括 AKSH 和另一位非常受欢迎的沙皇卫队军官维克多·兹波罗夫斯基。不过，在 6 日，当他们在楼上玩着捉迷藏的游戏时，场面简直失控了。他们"疯狂地四处乱窜，把所有东西都翻了个个儿，尤其是一个很大的衣柜。10 个人钻了进去，还爬到它的顶上，他们把门弄坏了，大笑着，非常开心"。[26] 也许释放被压抑的能量是必要的，但是——至少对两个姐姐来说——一定还存在着某种潜在的性紧张。但接着，不可避免的是，晚上 7：00 汽车到达，将她们全部接回了皇村。奥尔加带着一颗沉重的心回了家，因为她悲伤地得知 AKSH "周六即将离开前往高加索。上帝救救他"。

*

1913 年，在三百周年庆典期间，沙皇的宣传机器始终宣扬的是一种家长式的罗曼诺夫皇朝，推崇慈爱、忠诚和顾家，这一形象被几千张印成明信片的官方照片永远存留下来，并在那一年被发放到整个俄国。但是，许多俄国农民被这种官方形象弄糊涂了，因为他们看到的并不是像许多人所理解的那样，一个安坐在宝座上独裁的、无所不能的沙皇，而是一个普通的资产阶级男人，他的家庭由妇女主宰，令人颇为质疑他的男子气概和统治能力。[27] 与此同时，四个罗曼诺夫姐妹作为她们弟弟助手的角色更加深了人们对她们是无可争议的、尽职尽责的女儿的广泛认知。在一本被翻译成英文的官方神化传记《沙皇和他的子民》（*The Tsar and His People*）中，这一面被尤为强调。这本书是由一位皇室随从安德烈·艾尔恰尼诺夫少将为三百周年庆典所撰写的，他还抽出时间对四姐妹进行了简单的概括：

> 在东正教的教养下长大，被训练成很好的、细心的家庭主妇……（她们）所富有的洞察力、善良、同情心，以及朴素优雅的举止让她们非常出众。她们非常积极地帮助穷人，特别是贫困儿童，赠送礼物的形式并不是金钱，而是她们亲手制作或编织的有用物件。[28]

这种描述板上钉钉，将四个女孩描述成可被替换的、普普通通的形象，而且连她们四个也常常会把自己统称为OTMA，这使得这一点愈加强化。官方的观点仍旧乏善可陈，强调家庭的欢乐胜过世俗的欢乐："除了在假期，她们很少去剧院。只有在圣诞节或其他重要节庆日，她们才会被父母带去看歌剧。"具有讽刺意味的是，真实情况也大抵如此。事后想来，人们可能会说，由于被剥夺了和同自己具有相似社会地位以及伴随而来的生活经历的青年男女的接触，姐妹们被困在了一个乏味得使人呆滞的人造世界里，在这个世界里，她们永远活得像婴儿一样。梅瑞尔·布坎南问道："为什么除了在做圣礼、检阅军队或是某些国家场合以外永远看不到她们的身影？"[29]她们生命中唯一的一股清流就是她们心爱的姑妈奥尔加了，但是从莫斯科回来后，全家乘坐"施坦达德"号直奔芬兰，开始为期四周的旅行，参加姑妈在圣彼得堡的茶会的活动就被中断了。[30]

在伏尔加河的旅程过后每个人都很累，所以这个假期对这一家的大多数人来讲不如说是情绪相当低落的一个。但是对于奥尔加则充满了新的乐趣，在AKSH不在的情况下，她把注意力转向了"施坦达德"号上的另一个留着小胡子的英俊军官，她在日记中用"Pav. Al."指代他。这位新晋升的中尉名叫帕维尔·阿列克谢耶维奇·沃罗诺夫，27岁，在4月加入了"施坦达德"号。自奥尔加6月10日上船的那一刻起，她就迅速爱上了帕维尔。有时，在他值班时，奥尔加会和他一起坐在前排的控制室里，或是到那里给他口述当天的航海日志。他们很快就在电报室和船的一个烟囱之间有了一个最喜爱的幽会场所，他们经常坐在那里，和塔齐亚娜以及塔齐亚娜最喜欢的尼古拉·罗季奥诺夫一起聊天。帕维尔白天有时会和女孩们以及她们的父亲一起在陆上打网球（他是尼古拉最喜欢的搭档），或是去散步和游泳。回到船上，他们会一起看电影、玩纸牌。这一切看上去似乎是那么天真烂漫，但在表层之下，奥尔加的情绪陷入了混乱。

每个人都喜欢随和的帕维尔·沃罗诺夫，尤其是阿列克谢，当阿列克谢身体不适时，沃罗诺夫总是抱着他。6 月底，奥尔加写道，"他太深情了"，并且努力抓住每一个她能抓住的和他待在一起的亲密瞬间，常常就只是坐在那里凝视着他，而他则一直望着桥。[31] 帕维尔不在场或被排除在外的任何活动都是"无聊"的；而当他在那儿时，"和他在一起很舒服，而且非常愉快"。到了 7 月 6 日，她的这种感觉更深了，"我给他报了航海日志。之后我们坐在沙发上，一直到 5 点。我爱他，非常爱"。[32] 7 月 12 日，在乘坐前往彼得宫城的"施坦达德"号的最后一天，她和帕维尔一直坐在控制室里。"真是太让人伤心了。在舷梯放下的整个过程中，我和他站在一起，我们在 4 点左右离开……和亲爱的'施坦达德'号、军官以及心爱的人分别真是太难了……愿上帝拯救他。"[33]

在彼得宫城逗留的几个星期里，她偶尔会接到帕维尔和她一直仰望的可靠的尼古拉·萨柏林的电话，这有助于缓和她母亲几乎整日都在念叨自己的不适所带来的悲伤情绪。妈妈的心脏疼、她的脸疼、她的腿疼；她累了，头痛得厉害。阿列克谢也不舒服，他的手臂很酸，"因为玩的时候挥得太狠"，以至于 7 月中旬，格里高利被召来见他。某个晚上 7 点他来到彼得宫城，和亚历山德拉和阿列克谢一起坐着，在离开前同尼古拉和姑娘们简短地交谈了一会儿。"在他离开后不久，"尼古拉在日记中写道，"阿列克谢手臂上的疼痛就开始消减，他平静下来并开始入睡。"[34]在弟弟和母亲身体不舒服的时候奥尔加经常和他们坐在一起，安慰他们，塔齐亚娜也是一样。其余时间会偶尔骑马或是打网球。她的旧爱 AKSH 不时在沙皇卫队中重回视线，但是她的思绪还是系在此时已驶向地中海的"施坦达德"号上。

8月初，两个较年长的姐姐开始认真准备自己在军事演习上的首次正式亮相，演习将于 5 日在红村举行。在那个吉日到来之前，她们已经练习了好几天骑术，这将是她们首次身着制服、骑着马检阅自己的兵团，奥尔加将穿着伊丽莎白格勒第三骠骑兵团的蓝红色配金边制服，而塔齐亚娜将会穿沃兹涅森斯克第八枪骑兵团的藏青加蓝色制服。她们现在是世界上最年轻的女上校了，在那一天她们证明了自己是多么优秀。在军队总司令尼古拉大公的陪同下，"两位女大公从沙皇面前疾驰而过"。[35]"那天天气很热，她们很紧张，但也很高兴，她们尽了最大的努力。我相信沙皇非常骄傲，因为他第一次看到了他的女儿们——唉！也是最后一次——出现在军队阵容里。"加弗里尔·康斯坦丁诺维奇回忆道。而在她们的生命中又是一个她们的母亲因病而无法见证的里程碑，此时的她正紧关卧室的门，忍受着神经痛的折磨。

两天后，皇室一家顶着 40℃（104℉）的高温向南前往里瓦几亚。阿列克谢的身体仍然不太好，他抱怨自己不得不忍受每周两次的泥浴，他很讨厌这种疗法。但是他现在有了自己的、正式的主管人。尼古拉和亚历山德拉最初考虑从陆军或海军随行人员中任命一人，但最终决定把这个职位交给皮埃尔·吉利亚德。不是每一个人都支持这一决定，正如尼古拉·瓦西里耶维奇·萨柏林所说的那样，吉利亚德是一位无可挑剔的教师，非常正派，但很不俄国。[36]一些人说任命一位瑞士的共和党人去照顾皇储是极不合适的。吉利亚德接受了这项任命，对所要承担的责任深表忧虑，因为捷列文科医生刚刚在私下里通知他阿列克谢患了血友病的消息。"我是否会习惯我所承担的可怕责任？"他在一封家信中问自己的弟弟弗雷德里克。[37]他发现阿列克谢很不守纪律。在他看来，捷列文科的持续监管反而加剧了男孩的淘气和无礼。11月底他的主顾又出了一场事故，他爬上教室的椅子，摔了下来，把腿伤了。随后肿胀迅速从膝盖下蔓延到他的脚踝。"施坦达德"号上的另一名水手克里门提·纳戈尔尼近来被任命和捷列文科一起照顾阿列克谢，事实证明他"好得令人动容"，在最近一次受伤后克里门提会整宿陪在他的身边，而阿列克谢的姐姐们会不时地打开门，轻手轻脚地走到床前亲吻他。[38]再一次，此时身在雅尔塔的格里高利的祈祷似乎成了救他的唯一方法。但是，在每次受伤后都是同样的担惊受怕，虚弱的皇储都需要几个月的康复期。

*

8月9日，当奥尔加在塞瓦斯托波尔登上"施坦达德"号去里瓦几亚旅行时，她又见到了帕维尔·沃罗诺夫，她开始在日记中称他为"S"。这是俄语单词 sokrovishche、solntse、schaste 的缩写，意思分别是珍宝、太阳和幸福，这是她经常用来形容那些她最关心的人所用的词。在那一年余下的时光中她的整个世界都与帕维尔·沃罗诺夫绑定在一起。她日复一日地在日记中提到他："没有我的 S，太无聊了，太可怕了"；"没有他，太空虚了"；"没有看到 S，很痛苦"。[39]帕维尔是完

202

美的：甜美、善良、温柔、珍贵。无论什么时候，无论多么短
促，她看到他时总是"很高兴，太高兴了"。的确，如果一天
过去了，而她甚至没和她心爱的对象待上一小会儿，奥尔加就
会备感凄凉。她也会像患了相思病的少女一样抓住他最轻微的
一个眼神、一句话语。这种经历超越了过去几年她和塔齐亚娜
与随行军官们一直沉迷的那种轻快的调情和卖俏。这是初恋，
痛苦的初恋。它也没有未来。"施坦达德"号训练有素的军官中
没有一个人违反过他们在与沙皇的女儿相处时所要遵守的严格
的、不成文的荣誉规定。但沃罗诺夫显然也被奥尔加吸引住了，
他被她的注意力感动，当然也受到了奉承。当全家离开船去白
色宫殿时，他的同僚们注意到他经常用双筒望远镜指向船的方
向，希望能在阳台上瞥见她的白色连衣裙。奥尔加也会从自己
的有利位置望向他，或许他们私下里达成了这样的约定？[40]

　　偷偷在暗地里凝望一眼，偶尔在甲板上喝茶聊天，打网
球，把相片粘在一起——不管帕维尔·沃罗诺夫心里是怎么想
的，他与沙皇大女儿的试探性关系都被爱情牢牢地系住了。有
时，他们甚至有机会在"施坦达德"号上的甲板上跳一些小
型的非正式的舞，比如为奥尔加庆祝 18 岁生日时，每个人都
注意到奥尔加和沃罗诺夫在那天一起跳了很多舞。至 1913 年
12 月，在度过了有沃罗诺夫陪伴的最好的五个月时光后，奥
尔加对他的感情不可避免地愈演愈烈，她开始用一种特殊的密
码（与格鲁吉亚草书相似的符号）来倾诉这种感情——像她
母亲年轻时所做的那样。帕维尔现在是"她温柔的爱人"，这
也暗示了在一定程度上这段感情得到了帕维尔的回应，她从没
这么幸福过。[41] 然而在随后的 9 月，一些令人忧虑的文字进入
她的日记。帕维尔出现得少了。可能几天下来奥尔加也见不上

他一面。"没有我的 S，太讨厌，太可怕了。"即便是在里瓦几亚见到了她亲爱的朋友、在沙皇卫队执勤的 AKSH 也不能让她高兴起来。[42]早上，生活又回到了一成不变的轨道上，早上上课，与生病的妈妈或弟弟坐在一起，打网球，偶尔散步或骑马。从失望，到无聊，再到赌气，最后假装真的不在乎，奥尔加·尼古拉耶夫娜体验到了一个恋爱中的少女的全部情感。她的注意力在没有 S 的日子里逡巡，带着典型的、激素使然的变幻无常，她把思绪又转回了 AKSH，给他起了个新绰号——舒里克，并且提醒自己"他是个多么可爱的人"，在他穿着制服，穿着"我最喜欢的深色夹克"时看起来多么漂亮。[43]

原来，在他不在期间，帕维尔去拜访了克列恩米赫尔一 204 家，他们是罗曼诺夫家族的密友，在科雷兹有一处房产。一天伯爵夫人被邀请到白色宫殿吃午饭。她带着她年轻的侄女奥尔加来了。突然之间一切明了，帕维尔·沃罗诺夫和奥尔加·克列恩米赫尔正在朝着彼此的方向走去。10 月，当奥尔加·尼古拉耶夫娜在慈善舞会上见到帕维尔时，她已经觉察到了他们之间的一种疏离："我看到我的 S 一次，在跳加德里尔舞的时候，我们的相遇不知为何显得有些怪，有点悲伤，我不知道。"[44]不久，她以十几岁特有的镇定宣布："我现在已经习惯了 S 不在这里。"但是 11 月 6 日在白色宫殿的一个小舞会上，当她注意到他"一直和科雷恩米赫尔［原文如此］跳舞时，那感觉有多痛啊！[45]她有些恼火，几天后试图一笑而过。"见到他好，也不好。我一句话没说，也不想说。"[46]宫殿里她总是在和舒里克和罗季奥诺夫玩着捉迷藏的游戏，她会"到处乱跑"，还去雅尔塔看了一场电影。但每当她回到家，都是相同的压抑场景：阿列克谢因为腿受伤而大哭；妈妈很累，她躺在床上，心脏疼痛等级是 2 级。[47]

到了 12 月，奥尔加已经开始害怕自己对 S 的感情，害怕它们仍然支配着她的思想，所以当这个家庭在 17 日离开里瓦几亚的时候，这对她来说也是件好事，尽管这一年，离开尤其令人难过。尼古拉在日记中写道："我们都对克里米亚充满了渴望。"[48]对奥尔加而言，"没有朋友、舰艇，当然还有 S 是很无聊的"。随后，12 月 21 日，她听到新闻："我听说 S 要娶奥尔加·克列恩米切尔［原文如此］了。"奥尔加的回应简短但高贵："愿上帝赐他幸福，我心爱的人。"[49]

有没有可能是尼古拉和亚历山德拉故意策划了帕维尔·沃罗诺夫与奥尔加·克列恩米赫尔的订婚，以免奥尔加日后再因追求一场无望的爱情而更加心痛呢？每个人都非常清楚——他们自己也一定心知肚明——她爱上了他，尽管帕维尔对她的真实感情无人知晓。也许他已经感觉到，他与这位女大公的密切友谊已经开始超越允许的范围，因此他应该承担责任，将自己从这种想法中抽离。尼古拉和亚历山德拉当然非常乐意给予他和奥尔加·克列恩米赫尔的订婚十分热烈的支持，但对奥尔加·尼古拉耶夫娜来说，这很艰难，她的反应是抑制住她的痛苦，甚至是在她的日记中。处理破碎的心是一回事，但必须继续与帕维尔和他的未婚妻见面完全是另一回事，因为她必须听着她的妹妹们兴奋地讨论他们将在皇村举办的婚礼。

1 月，艾拉姨妈、克列恩米赫尔伯爵夫人、她的女儿奥尔加以及"S"一起来到皇村，只是这回"S"——奥尔加的珍宝、幸福是属于另一个奥尔加的了。"不是我的！"她在日记里呼喊，"我的心在痛，它很疼，我感觉身体不太舒服，只睡了一个半小时。"[50]那年的圣诞节对她来说是很悲伤的。在去阿尼奇科夫宫看望了祖母、把礼物送给沙皇卫队的军官后，一切又回到了老样子，随着冬天的来临，皇村迎来了一个苦寒的除夕。"晚上 11 点，和爸爸妈妈用了茶，在军队教堂①迎接了新年。我感谢上帝赐予我的一切。暴风雪。－9℃。"[51]

帕维尔·沃罗诺夫的婚礼于 1914 年 2 月 7 日在军团教堂举行，罗曼诺夫家的所有人都觉得它非常动人。奥尔加将自己的感情藏在心里，即使在日记里也没有卸下这个重担：

> 大概在 2：30，我们三个和爸爸妈妈坐在一起，驱车前往军团教堂参加 P. A. 沃罗诺夫和 O. K. 克列恩米赫尔的婚礼。愿主赐予他们幸福。他俩都很紧张。我们认识了 S 的父母和他的两个姐妹，都是很可爱的女孩。我们开车去了克列恩米赫尔家。他们家的接待处有很多人。[52]

帕维尔·沃罗诺夫紧接着带着他的新娘休了两个月的假，之后他被调到"亚历山大里亚"号皇家舰艇上任执勤官一职。奥尔加仍然能时不时地在皇村见到帕维尔，并在她的日记中继续称他为"S"，但是她短暂的真爱体验结束了。帕维尔的妻子后来回忆说，"在皇室身旁服务的四年对保罗来说是神圣的记忆"，但是帕维尔·沃罗诺夫对于与奥尔加·尼古拉耶夫娜的关系一直非常谨慎，这是一段他至死都保密的往事。[53]

---

① 即费奥多罗夫斯基大教堂。——译者注

第十三章
天佑吾皇！

　　1913～1914 年最后一个盛大的隆冬社交季在很多目睹的人看来是辉煌闪耀的——"即使那些老妇"也记不起之前有哪个可以与之匹敌。[1] 在成功举办的皇朝三百周年庆典的尾声，在俄国最高等级的贵族们的住所里所上演的一个接一个的派对标志着"皇朝的日落"。正如伊迪斯·阿尔梅丁根回忆的那样——"一场足以在记忆中储存下来的辉煌日落"。[2] 这种放纵的辉煌当然只会出现在超级富豪们的游乐场里，整个冬季他们都在"尘世欢乐的旋涡"中消磨着毁人的倦怠，"在每天只有六小时阳光的冬天，他们几乎一连几周不见天日"。[3] 在极尽喧闹、奢华的宫殿外表之下，在逛着涅瓦大街上满是西方奢侈品的高级商店之外，俄国贵族仍然固执地对由贫困、剥削和持续的政治压迫所不断引燃的遍布全城的哗然动乱视而不见。[4]

　　那一年有大量上流社会的聚会、业余戏剧表演和化装舞会可供选择，所有能"进入"这些小圈子内部社交聚会的人，均在上流社会的杂志《首都与庄园》（*Stolitsa i usadba*）中有详细描述以及大量照片以说明，这个杂志的名字本身也显示出那些在两处都有房产的特权阶级的迷人生活。自弗拉基米尔大公夫人为期四天的盛大圣诞节市集为贵族大会的社交季拉开序

幕后，热门的有奥博连斯卡娅公爵小姐举办的希腊神话舞会，
地点是她在莫伊卡运河沿岸街宽敞的白色宅邸；克列恩米赫尔 208
伯爵夫人的化装舞会，服饰由巴克斯特设计；还有两场更豪华
的——一场是黑白主题的，还有一场是戴着假发和彩色头巾
的——由有着惊人财富的贝茨·舒瓦洛娃伯爵夫人在其位于丰
坦卡的宅邸举办。此外，还有数不清的更为安静的白裙舞会，
这是为初入社交界的上流社会女子准备的，有她们的监护人作
陪；或是那些为刚嫁作人妇的女人准备的玫瑰舞会堤岸；以及
在各个使馆举行的舞会，其中英国大使馆在英国滨河路上举办
的两场舞会是最受欢迎的。在马林斯基剧院举行的皇家芭蕾舞
会上，上流社会的女士们成群结队地去看明星演员玛蒂尔德·
克舍辛斯卡娅和安娜·帕夫洛娃的表演，而男士们则可以在德
米特里大公最喜欢去的地点——皇家游艇俱乐部——享受奢侈
的私人晚宴和玩乐项目。[5]

　　皇后当然不会考虑让她的女儿们参加任何一场这样的大型
盛会，还是她们的祖母举办了一场特殊的舞会——1914 年 2
月 13 日在阿尼奇科夫宫——这标志着奥尔加和塔齐亚娜在社
交场合的首次亮相，也是这次社交季的最亮点。客人们受到
"穿着金色刺绣的宫廷礼服、黑色丝绸马裤及长筒袜、带扣漆
皮鞋的司仪"的欢迎，他们手里拿着"象牙制的细手杖，看
起来像是洛可可式的牧羊人"。[6]这时他们被"两个身穿东方
服装、戴高头巾的埃塞俄比亚高个子黑人男仆"赶进舞池，
在这里等待着沙皇和皇后的进场，他们身后是塔齐亚娜和奥尔
加——"高个子、苗条的可爱女孩"，"带着一点愉悦的好奇
心"看着聚集的人群。[7]在沙皇用一场庄严的波洛涅兹舞宣布
舞会开始后，场面一度非常尴尬，令人困惑。"没有一位单身

年轻男士邀请两位女大公跳舞"，初入社交界的伊莲娜·伊兹沃尔斯卡娅发现，"是他们都太害羞，不敢贸然行事吗？还是下意识认为两个女孩是陌生人？"[8]在尴尬地停顿了一会儿之后，几个以前和她们一起跳舞的沙皇卫队军官被"赶到位"，但是很显然，这些年轻人"不属于那种聪明的类型"，他们"完全无名，相当粗鲁，相貌平平"。[9]

209　　亚历山德拉强忍着在舞会上待了一个半小时，尼古拉则带着女孩们一直玩到令人筋疲力尽的凌晨4：30，他的女儿们"拒绝更早一点离开"。[10]但他整个晚上都显得很忸怩，感到不自在。"我不认识这里的人。"他对一位舞伴说。[11]过去8年来，他和他的家人一直过着与世隔绝的生活，以致他们与上流社会的人完全失去了联系。这一事实没有逃过尼古拉直率的姑妈萨克森-科堡公爵夫人的眼睛，她来圣彼得堡参加克谢尼娅女大公的女儿伊琳娜与菲利克斯·尤苏波夫公爵的婚礼。她写信给女儿罗马尼亚王妃玛丽，对此直言不讳。公爵夫人对诸如她的侄女这样的年轻女子应当拥有门当户对的伴侣有着非常果决的看法。但取而代之的是：

> 她们被哥萨克人和其他三流军官组成的中国长城包围了起来，任何真正的上流社会的人都无法接近她们。女孩们也不认识任何上流社会的人，她们只是像乡巴佬似的跳来跳去，没有人被介绍给她们，甚至没有年轻或年长的女士同她们说话。[12]

公爵夫人十分震惊："现在这些美好的女大公也许很快就会结婚，也许会就此离开这个国家，但她们居然还没有被好好地介绍给圣彼得堡社会！"

> 仅仅是想想当年我年轻的时候，在我出嫁之前，我认
> 识舞会上在场的所有女士和年轻绅士。阿历克斯任由她的
> 女儿被那些舞者吸引，而不是像我们所做的那样把他们送
> 到嘴边。（显然得到那些我们真正喜欢的人，而不是那些
> 无聊的家伙要让我们开心多了，有些年轻的女士甚至因此
> 嫉妒我们。）所有这些古老美好的礼节都被丢弃了。结果
> 是只有某几位特定的军官和她们跳舞。[13]

然而这些对奥尔加和塔齐亚娜来说无关紧要，在大斋期来
临前的冬天，她们继续最大限度地享受着珍贵的社交活动。几
天后，亚历山德拉允许阿纳斯塔西娅和玛丽亚同他们一起到弗
拉基米尔大公夫人的宅邸去参加一个小型舞会，大公夫人
"几乎无视隐居的皇后"，在这里"布置和铺陈了大量装饰品
和奢侈品"，就好像在向姐妹们强调她们被她们的反社会母亲
所剥夺的生活方式一样。在这里，奥尔加和塔齐亚娜"全心
全意、尽情地跳了每一支舞"，梅瑞尔·布坎南高兴地看着她
们"在角落里窃窃私语，浅发和深发的头碰在一起，蓝色和
琥珀色的眼睛闪烁着欢乐"。[14]但再一次，陪伴在她们身边的
尼古拉看上去茫然无措，在场的女士和男士他一位也不
认识。[15]

萨克森－科堡公爵夫人对亚历山德拉那一季无休止的离开
和不露面以及她的女儿们毫无社会经验感到愤怒，但她又不得
不承认，她禁不住会羡慕"她们对她的无比忠诚"。她告诉玛
丽："对于这些年轻快乐的生命来说，有一个永远在生病的母

210

亲该是多么让人厌烦。"[16]不过，到了1914年的时候，罗曼诺夫家的两个大女儿终于有了自己的生活。圣彼得堡的传言漫天：

> 把她俩的名字和一位或两位外国王子以及一个在社会中很受欢迎的年轻大公的名字（即德米特里·帕夫洛维奇）连在一起；还有一个关于某位过于冒失的求婚者被奥尔加女大公重重打了一巴掌的故事；再就是私下说她与某位参谋官产生恋情但立即被当权者棒打鸳鸯了的。[17]

最后一个故事是暗指沃罗诺夫吗？有人会问。自然，欧洲所有的王子又一次被混到一起，被欧洲报刊的"忙碌的说媒人"大力搅拌。[18]据《当代舆论》（Current Opinion）报道，在沙皇两个大女儿的"职业生涯"里，一场"情感危机"正在逼近。奥尔加被描绘成一个沉重又有点忧郁的人，提醒人们"她令人敬畏的出身"。即便如此，谁会想错失她优美之极的嗓音、她纤细的脖颈以及"在肘部会形成个浅窝的白嫩手臂以及修长纤细的手指"？但更激起人们兴趣的是塔齐亚娜。她迷人的眼睛"可以从深灰变成淡紫"，"有着全然的精灵般的诱惑力"。[19]尽管如此，两姐妹却是以虔诚著称的，她们的母亲已经向即将卸任的法国大使承认："我对女儿的夙愿是，她们会成为笃信基督教的淑女。"[20]她们的谦逊也反映在她们一贯的朴素衣着上，法国《新潮》（modistes）为这一事实致哀："皇后不允许她的女儿们穿金薄纱或是阿尔玛大街（the Avenue d'Alma）的流行色炫耀。"[21]很显然，年轻的女大公的衣服"仍然必须在母亲的监督下制作，好像是十年前的一样"。她们或许不谙世故，但是有一点让人印象深刻：女孩们的军衔"绝不仅仅是种荣誉和手续"，"皇室的女人们确实可以带领她们的人进行训练"，《当代舆论》（_Current Opinion_）赞叹道。这一点似乎不仅证实尼古拉确保了他的女儿们可以在暗中了解治国的奥秘，而且若有必要，她们中的任何一个都可以"轻松上任，接替父亲的皇位"。[22]

至 1914 年，在任何方面，没有哪两个皇室公主是比奥尔加和塔齐亚娜·罗曼诺娃更富有、更令人满意、更合适的结婚对象了。据柏林《日报》（_Tageblatt_）称，现在塔齐亚娜和威尔士亲王正被撮合到一起，后者有望在春天到访圣彼得堡。而乔治五世的私人秘书——斯坦福德汉姆勋爵——则对这一谣言嗤之以鼻："声明中没有一点真相……这是纯粹的捏造。"[23]塞尔维亚总理尼古拉·帕希奇也在非正式场合试图探听塔齐亚娜的消息，代表国王为他的儿子亚历山大王子物色对象。保加利亚的鲍里斯、黑山的彼得、德国的阿德尔伯特之名也被再次提出和讨论。在此期间，传闻还在坚称"奥尔加女大公想要成为她的堂叔德米特里·帕夫洛维奇大公的妻子，而正是由于他，她拒绝了其他联姻的建议"。[24]这些闲话不肯放弃他们是理想的一对的想法，但事实上，德米特里的声誉越来越差，他患上了喉结核，为了健康大部分时间在国外度过。奥尔加1913 年 12 月的日记里很清楚地表明了她在德米特里前来拜访时对他和他那粗鄙的恶习所持的不以为然的看法："德米特里在满口胡言。"[25]

撇开报刊的猜测不谈，到 1914 年初，尼古拉和亚历山德拉显然在为他们的大女儿认真考虑一位新的皇室候选新郎：罗马尼亚的卡罗尔王子，他 20 岁，是萨克森－科堡公爵夫人的外孙。最初的联姻意向似乎是对方提出的，外交大臣谢尔盖·萨佐诺夫力促此事，他希望确保罗马尼亚王室——霍亨索伦家族——在俄德之间不可避免的战争爆发之前站对阵营。这样的皇室联盟肯定会带来长期的政治和经济利益，尼古拉和亚历山德拉能看到其中的逻辑。[26] 他们唯一有所保留的是"女大公的婚姻……应该在两个年轻人之间更密切地了解彼此以及在他们的女儿自愿同意的绝对条件下才能完成"。[27] 还是《华盛顿邮报》于 2 月 1 日在西方先透露了这场可能的订婚。"查尔斯（卡罗尔）王子是一个英俊、聪明的年轻人"，而"他未来的妻子拥有极高的音乐天赋，还是一个颇有成就的语言学家。她在宫廷圈子里很受人喜爱"。[28] 但事实上，这两个人甚至还没有见过面，卡罗尔和他的父母原定于 3 月份访问圣彼得堡，尽管每个人都已经在预期这场订婚了。

在罗马尼亚王室行前的准备阶段，仍是在圣彼得堡，忙碌的萨克森－科堡公爵夫人正竭尽全力地为有利结果奠定基础，她写信给玛丽，平息了关于奥尔加和她的堂叔德米特里持续不断的谣言："皇室姐妹一点也不关心德米特里的事。"她坚持说。[29] 但她非常可怜她们：

> 在皇村不能说话，甚至不能去剧院，一整个冬天没有一点娱乐。阿历克斯当然不允许她们去婶婶米耶琴（弗拉基米尔大公夫人）的舞会，只允许她们周日下午到奥尔加那里和军官们玩小游戏：为什么奥尔加像个没有任何举止可言的假小子且周围都是二流的人还被认为是妥当的？这对我们所有人来说是个真正的谜。她从没见识过真正的上流社会，因为她厌烦更高雅的举止。[30]

的确，公爵夫人谈到玛丽亚·费奥多罗夫娜对于她的孙女们绝少来圣彼得堡和她待在一起感到非常冒犯，周日她们宁肯"在只有那个疯子（奥尔加姑妈）的陪伴下……和军官们一起共进晚餐、嬉笑打闹"。具有讽刺意味的是，一位对女儿的分寸如此审慎的母亲竟允许她们与那些年轻男子"享受最亲密的接触"，无人监管，"没有一位侍女来照顾她们，完全独立"。[31]公爵夫人急于让自己的女儿做好准备，她认为罗马尼亚王室到来之后会遇到一些困境："那些觉得自己无所不知的人都认为卡罗尔会娶塔齐亚娜而不是奥尔加，因为她们的父母是不会放长女走的，她会对他们有极大的帮助，会留在俄国。"[32]

作为第一次见面的地点，克里米亚似乎要合乎逻辑得多，罗马尼亚王室只需做一次横渡黑海的短途旅行，但公爵夫人使玛丽确信罗曼诺夫夫妇不会邀请他们去那里。在里瓦几亚，"相识相知是不可能的，因为那些海军宠儿会嘲笑奚落每一个有结婚意向的王子"。公爵夫人非常不赞成女孩们和"施坦达德"号上的军官们打得火热，她认为这完全有失身份："每个女孩，大的也好，小的也罢，都有自己最喜欢的人，而后者向她们求爱。"阿历克斯不仅允许她们这样做，而且觉得这样做很好玩。[33]这尤其困扰着公爵夫人关于什么是应当的刻板观念。尽管"奥尔加和塔齐亚娜接受了很好的教育"，而且"快乐、天然、和蔼可亲"，但她觉得她们全然没有那种嫁入宫廷的女人们所需要具备的成熟的社交技能。"你必须放下所有我们关于皇室年轻女性的想法，"她告诉自己的女儿，"现在她们没有保姆、没有侍女，是没有人教她们言行举止的，她们一次也没来拜访我，所以我真的一点也不了解她们。"即便是她们的姑妈克谢尼娅和奥尔加至少"也可以出门且从没和军官们有任何亲密关系"。[34]

还有一个需要讨论的重要话题——血友病。在女儿到达之前，公爵夫人显然一直在核实这片土地上的谎言："关于遗传这种令人悲伤的疾病，我能弄清些什么？我们都知道这个病，但孩子们也可能幸免于难。我只能举利奥波德舅舅的例子，他的两个孩子都没得血友病，但是爱丽丝的儿子继承了它。"①这"仅仅是偶然，但是永远不能确定。风险总是在那儿"，公爵夫人总结道。[35]这样的评论引出了一个问题，时至今日其他皇室是否已经因为害怕将血友病引入自己的家族而考虑并拒绝了将罗曼诺夫家族的女儿作为可能的新娘呢？进而就是和一个如俄国一样政治不稳定的国家结成联盟的前景。那年的1月和2月，公爵夫人写给女儿的信中充满了对这个国家前途的不祥预感，这个国家的沙皇除家庭之外不敢与其他任何人待在一起，而皇后借着反常的行为以及身体的孱弱，固执地和社会脱离，她把自己藏匿起来，身边只有两个朋友——安娜·维鲁博娃和一个"假先知"。公爵夫人在圣彼得堡感受到一种"绝望和无助"，程度之深，以至于"人民对一切都感到害怕和焦虑"。她渴望逃离这里，"沉重的道德气氛简直要杀了我"。[36]尽管如此，她还是试图私下了解一下尼古拉和亚历山德拉对这场可能的订婚的态度。"我该说些什么？我觉得非常有希望吗？他们看上去很希望如此，但是阿历克斯太古怪了，我一丁

① 维多利亚女王的儿子奥尔巴尼公爵利奥波德在31岁时因为摔倒而致血友病被触发身亡，他有一儿一女：儿子查尔斯并不是血友病患者，但是他的女儿爱丽丝却是一个携带者并且将它传给了儿子们，莫里斯死的时候还是个婴儿，鲁伯特20岁时发生一场事故，最后因大出血而死。

点也摸不透她对于女儿的想法。"公爵夫人早就放弃了她，但现在觉得皇后"完全疯了"。[37]

1914 年 3 月 15 日，罗马尼亚王储斐迪南携妻子玛丽以及儿子卡罗尔抵达圣彼得堡，被安置在亚历山大宫的西翼。就在同天，女大公奥尔加·尼古拉耶夫娜正式完成了她十年的学业。她的结业考试包括东正教历史、俄语（听写、作文以及俄国词汇史问答）、通史和俄国史、地理以及三门外语——英语、法语和德语，包括听写和作文。（所有这些课程都是在家里学的，她和妹妹们的物理课则是在皇村的尼古拉二世实用学院学的。）[38]所有科目奥尔加都得了最高分，尽管英语作文和德语听写让她绞尽脑汁。"平均分 5 分（分值是 1 ~ 5 分），"她在日记中写道，"妈妈很高兴。"[39]

在罗马尼亚王室前来探访的一周，她扮演着她的远房表哥的陪同者角色——她称他卡尔路夏（卡罗尔的名字在俄语中的一种变体小称，略带贬义）。她似乎对他那浓密的金发、招风耳和蓝色的金鱼眼毫无感觉——最后一个无疑是继承自他英国的外祖父阿尔弗雷德的汉诺威人特征。尽管如此，奥尔加还是尽职尽责地陪同他去了每一个地方：去教堂，在花园里散步，在阿尼奇科夫宫和祖母共进晚餐，到斯莫尔尼高级女子学院参加舞会。她微笑着，交谈着，走着过场（这样一来就误让萨克森－科堡公爵夫人坚持认为她不懂社交礼仪），却什么也不透露。罗马尼亚公使馆的一位年轻秘书在访问的第一天就发现："皇室一家早早回房了，女儿们向卡罗尔投去匆匆但焦虑的一瞥。后来我才发觉是她们不喜欢他。"[40]流言仍然坚持说奥尔加不是卡罗尔中意的对象。一位美国外交官听说他实际上是"试图得到塔齐亚娜，但奥尔加必须先嫁"。[41]在接触

215

中，两家的家长对这个负面的结果感到失望，但他们还没有准备放弃。他们一致同意，作为回应，俄国方面将于6月份出访康斯坦萨，让这对年轻人能够再次见面。俄国报刊没有对可能的婚姻发表评论。但在伦敦，《泰晤士报》富于表现力地分析了这一场景："官方所持的观点是，俄国希望罗马尼亚可以像遵从自己心声的卡罗尔王子和奥尔加女大公一样自由地选择自己的友谊。"[42]

三天后，随着一声如释重负的叹息，罗曼诺夫一家登上向南行进的皇家列车，前往里瓦儿亚过复活节。那一年，在"施坦达德"号上（与萨克森－科堡公爵夫人所听说的刚好相反），船员对现在已经十几岁的罗曼诺夫姐妹们的态度发生了明显的改变。尼古拉·瓦西里耶维奇·萨柏林尤其注意到奥尔加已经"变成了一位真正的淑女"。在"施坦达德"号上就像在任何其他地方一样，军官们开始讨论四姐妹未来会嫁给谁，而且达成了"一个心照不宣的协议……不会再像对待未成年人或是小女孩那样对待这些迷人的女大公了"。[43]萨柏林完全能意识到，两位长姐"更喜欢某些军官而不是其他军官的陪伴"，无疑是在暗指她们对罗季奥诺夫和现在已经离开的沃罗诺夫的偏爱。但是现在还想要建立像四姐妹和沃罗诺夫从前那样的关系是"不再被允许"的："我们必须记住她们是沙皇的女儿。"四姐妹已经不是七年前他们第一次见到的那些小姑娘了，他们必须确保自己作为军官和绅士的一言一行，一丝不苟。不过，他们确实轻轻地逗弄了下姐妹们，说"她们很快就要嫁人，离开我们了"。作为回应，女孩们大笑并且保证她们"永远不会嫁给外国人，离开自己亲爱的家乡"。[44]然而萨柏林认为这只是一厢情愿的想法，他问道，从什么时候开始皇室的新娘有了自由的选择呢？然而在这一点上，他几乎肯定是错的。

在战前那个炎热的夏天，"施坦达德"号上的军官不是仅有的注意到罗曼诺夫家的姐妹已经出落成美丽的年轻女性的人。某一天，她们去拜访雅尔塔附近诺斯蒂茨伯爵的庄园，伯爵夫人带她们去喂湖上的黑天鹅。"她们穿着夏装，在花床里飞来飞去，看起来就像是花朵本身一样，我想，她们是多么可爱啊！"她回忆道。[45]之后不久，在白色宫殿举行的舞会上，姐妹们又享受了克里米亚的神奇一晚。那一晚，"一轮巨大的金月低悬在黑海深邃波涛的海面上，给高大柏树的轮廓镀上了一层金"。

> 我们身后的舞厅里传来了维也纳华尔兹梦幻悠扬的曲调以及奥尔加女大公和塔齐亚娜女大公轻快的笑声。她们同让-沃罗涅斯基和杰克·德·拉兰一起跳着舞①，当她们轻盈地转过敞开的窗子时，快活的眼里流动着喜悦的光芒。[46]

这是完美、入画的场景，但这也将是女孩们在她们所钟爱 217 的克里米亚的最后一场舞会。

随着康斯坦萨之行的临近，在离开之前尼古拉最后一次走到哈拉克斯去拜访格奥尔基大公夫人，他"沿着山路走，甩开了侦探和他的保镖"。公爵夫人的女侍官艾格尼丝·德·斯

---

① 外交部官员让-沃罗涅斯基公爵以及杰克·德·拉兰伯爵——比利时使馆的一位秘书，诺斯蒂茨家在雅尔塔的庄园的座上宾。

托克尔站在他的身旁，在克里米亚的寂静夜色下眺望着大海。他转向她。"现在是 6 月了，"他说，"我们过了非常幸福的两个月，我们必须将它变成传统……让我们约定我们所有人 10 月 1 日再在这里相聚吧。"[47] 停顿了一阵，他"更慢、更认真"地说道："毕竟，在这一生中，我们不知道摆在面前的是什么。"[48]

亚历山德拉也在私下里表达了她对即将到来的事情的忧虑。她和谢尔盖·萨佐诺夫去康斯坦萨之前在白色宫殿的阳台上进行了一次讨论，她谈到了高调的皇室婚配可能产生的政治影响以及她的女儿们必须承担的责任。"一想到我就觉得恐怖……当我和女儿们必须分离的时刻越来越近时。"她告诉他。

> 我最希望的是她们结婚后都能留在俄国。但我有四个女儿，这当然是不可能的。你知道帝王家的婚姻有多难吗？我是凭经验知道的，尽管我从来没有处在过我女儿的位置……沙皇必须决定这场或那场婚姻是否适合自己的女儿们，但是父母的权威绝不能延伸到这一点之外。[49]

私下里，尽管萨佐诺夫一直非常看好与罗马尼亚的联姻，说"不是每一天都有东正教霍亨索伦家的人前来"，但甚至是在出行之前，奥尔加的心里就已经有了清楚的主意。"我绝不离开俄国"，她告诉自己在"施坦达德"号上的朋友，同样的话她也对皮埃尔·吉利亚德说了很多。[50] 她不想成为一个名义上的俄国人，做一个外国宫廷的王后或王妃，且对此坚定不移。"我是一个俄国人！并且意味着我将一直是俄国人。"

*

6 月 1 日，罗曼诺夫一家从雅尔塔出发，横跨黑海来到罗马尼亚。那是一个阳光灿烂的日子，"明媚、无风，也不会太热，少见的美丽的一天"，"施坦达德"号在"极星"号的护送下驶入康斯坦萨的视野，"一黑一金，像两个奇妙非凡的中国漆制玩具"。[51]在码头等待的罗马尼亚王室望到了甲板上的尼古拉，"一个白色的小人儿"，而他的妻子"非常高，她主宰着她的家庭，就像一棵孤独的白杨主宰着整个花园"。至于女孩们，又是一样平淡无奇、化为一体的景象："四身薄裙、四顶艳丽的太阳帽"。[52]

当罗曼诺夫一家下船时，旗帜飞扬，欢呼声、枪炮声以及军乐队的乐声齐鸣，他们受到了卡罗尔国王和伊丽莎白王后，他们的儿子斐迪南王储、他的妻子玛丽以及孩子们的热烈欢迎。玛丽储妃后来写信给她的母亲，谈到了这个"伟大的俄国日"、教堂里长达 14 个小时集中的圣礼、大厅里的家庭会餐、"施坦达德"号上的傍晚茶、一场军演以及晚上的盛宴和致辞。"开始的时候，我们都收到了一个惊喜，"玛丽告诉她的母亲，"那就是阿历克斯，除了游行，她参加了所有的活动，努力微笑，不论怎样都显得很和蔼可亲。"[53]

玛尔特·比贝斯科，罗马尼亚王室的密友，对此抱有截然不同的看法。她回忆道，皇后的眼睛，"似乎看见了世界上所有的悲伤，而当她微笑时……她的微笑也有一种无法形容的哀愁，好像是病人和垂死之人脸上的微笑一样"。[54]至于那四个姐妹，她们"很甜"，从头至尾耐心地坐着，奥尔加尽可能礼貌地回答着卡罗尔的所有问题。但是，正如皮埃尔·吉利亚德所注意到的，她的妹妹们"难掩她们的无聊"，而且"一有机会就靠近我，并且狡猾地眨眨眼向我示意她们的姐姐"。[55]

可还有一件事，沙皇并不太美丽的女儿们引起了罗马尼亚政党的担忧。从里瓦几亚没完没了的晴天中直接赶来，"她们的肤色被日光晒得像坚果一样，看起来并不是最美的时候"。[56]很遗憾，玛丽储妃告诉她的母亲，她们"在旁人眼里并不太漂亮"。[57]玛尔特·比贝斯科甚至说，她们那晒黑的、不时髦的脸让她们看上去"像农妇一样丑陋"。[58]大家一致认为，罗曼诺夫姐妹"远没有照片使我们联想的那样漂亮"。[59]奥尔加的"脸太宽、颧骨太高"，玛丽想，尽管她喜欢奥尔加"坦率，甚至有点唐突的方式"。塔齐亚娜模样俊俏但太矜持；玛丽亚和蔼可亲，尽管长着"一双很美的眼睛"但太胖；阿纳斯塔西娅的外表一点也不像她的照片，尽管玛丽注意到她的眼神多么"警惕"。[60]在罗马尼亚宫廷看来，这些女孩似乎注定平凡无奇，尽管她们照顾着弟弟这一点无可厚非。她们的弟弟很无聊，脾气相当暴躁，脸上被一种"老气的庄重"神情笼罩。为了减轻母亲的压力，四姐妹一天到晚都在哄着阿列克谢，这让她们和她们的罗马尼亚堂亲们之间形成了天然的"屏障"，与此同时，阿列克谢的影子捷列文科的在场提醒着每一个人"关于这个孩子的可怕事实"。[61]

显然，奥尔加是"万众瞩目的焦点"，但卡罗尔的母亲认为他的儿子看起来似乎"并没有特别注意"任何一个女孩，后来的说法是他"并不迷恋奥尔加宽阔、平凡的脸庞和粗鲁的举止"。[62]当然，他和奥尔加都没有表现出任何要"更加亲密地相识"的愿望。[63]事实上，这四个女孩对卡罗尔六个月大的弟弟米尔西亚表现出浓厚得多的兴趣。在那天官方所拍的照片中，奥尔加把米尔西亚放在膝上逗弄。皇室探访康斯坦萨留给大家最后印象的不是那些女孩，而是午餐时淘气的皇储在教授两个罗马尼亚孩子——尼古拉王子和伊莱亚娜公主——如何向桌子中央的柠檬水碗里吐葡萄籽的非凡技巧。[64]

在罗马尼亚王室早前来圣彼得堡探访时，玛丽和亚历山德拉就已经在私下交谈过，并一致同意"她们中的任何一个人都不能以孩子的名义做任何承诺，他们必须自己做决定"。[65] 面对无果的第二次会面，他们微笑着分别。他们已经尽了自己的责任，但其余的"都在命运的掌控之中"。两家人最后驱车驶过康斯坦萨的街道，去观看焰火表演和火炬游行，但是当他们在午夜挥手告别时，"爱的火花"似乎"并不会在这两家人之间点燃"①。[66]

直到皇室一家离开康斯坦萨之后，玛尔特才听说女孩们一直有一个秘密的计划来推翻整场安排。在从里瓦几亚归来的旅途中，她们不戴帽子在太阳下暴晒，"打定主意……让自己变得尽可能丑，这样卡罗尔就不会爱上她们中的任何一个了"。[67]

*

6月5日，罗曼诺夫一家回到皇村，及时赶上阿纳斯塔西娅13岁生日。随后，大卫·比蒂爵士率领的英国第一巡洋

---

① 证据显示，在奥尔加和卡罗尔的相亲失败以及尼古拉的弟弟米哈伊尔1912年的贵贱通婚之后，尼古拉开始认真考虑解除皇室婚姻的限制，他也被预警过未来可能会面临的问题，即如果皇储成年，"在世界上将不会找到任何一位合适的（皇室）新娘"。参见 *Royalty Digest* 15，No. 7，2005，p. 220。

舰战斗中队前来参见，这是一项旨在进一步加强双方友好关系的重要任务。这支中队于 6 月 9 日星期一抵达喀琅施塔得岛，俄国驱逐舰鸣礼炮致敬，数千艘游艇彩旗飘飘，拥挤在对面码头的俄国人热烈欢呼。随后，圣彼得堡的英国外交界开启了"一周的狂欢"，梅瑞尔·布坎南承认在此期间自己从来没有在早上 3 点之前上床睡过觉。[68] 沙皇在彼得宫城同比蒂上将和他的军官们共进午餐，并且出席了在皇村鲍里斯·弗拉基米罗维奇大公的夏日别墅里举行的花园宴会，每个姑娘都在连珠炮似的向英国军官发问。好打听的阿纳斯塔西娅是问题最多的，"她稚嫩的嗓音盖过了整个嘈杂的谈话声"，梅瑞尔回忆道。"你会带我上你的指挥塔去的对吗，"她恳求着，并且调皮地补充道，"你难道不能放一炮，然后假装那是个错误吗？"[69]

在英国船舰"新西兰"号上所有的年轻军官中，有一位是巴腾堡的乔治王子，他的哥哥迪基曾在 1910 年皇室一家探访瑙海姆时对玛丽亚表现出莫大好感。乔治来到皇村和他的表亲们待在一起，同意与塔齐亚娜互寄信件，"施坦达德"号的军官认为他非常关注塔齐亚娜。[70] 6 月 14 日是中队正式访问的最后一天，这一天上午阳光灿烂、万里无云，皇室一家同海军上将在英国皇家海军"狮子"号战列舰上共进了午餐，在此之后，女孩由被上将特别挑选出的四位海军军官候补生带着参观了这艘船的"每一个角落"。其中一位叫哈罗德·丁尼生的海军中尉回忆起当时的兴奋和荣誉："我带奥尔加公主去参观，她非常漂亮，非常有趣。"她和她的妹妹们是"最欢快、最优美的四重奏，他们一直大笑，还不停地开着玩笑"。"要是她们不是公主就好了，"他在一封家信中不无遗憾地说，

"那样我就可以约其中一位出去了!"①[71]

下午结束时,"狮子"号上的船员们已经完全被罗曼诺夫姐妹迷住了。他们"口中谈的只有沙皇的女儿、她们的美丽、她们的魅力、她们的快乐、她们举止的朴实和从容"。[72]那天晚上晚些时候,告别舞会将在"狮子"号和"新西兰"号上举行,700名客人特意在此集结,但令来访者感到非常沮丧的是,亚历山德拉拒绝让她的女儿们参加。当英国军官向罗曼诺夫四姐妹道别时,梅瑞尔·布坎南注意到他们的脸上流露出"失意的遗憾"。而姑娘们一如往常,"毫无异议和怨言地"接受了母亲的决定,尽管她们看起来有点"垂头丧气"。当奥尔加登上载他们回彼得宫城的皇家舰艇时,"她回头看着那艘灰色的大船,向肃立在甲板上的军官挥手"。她笑了,但是有泪在眼中。[73]这是一个在几十年后梅瑞尔·布坎南会怀着后见之明而感到遗憾的时刻,她回忆道:"快乐的声音、笑脸、夏日午后的金色记忆,仍能像谈论一件远在天边的事一样笑着谈论战争。"[74]

222

*

6月15日(新历28日),塞尔维亚民族主义者在萨拉热窝暗杀了奥匈帝国王位继承人弗朗茨·斐迪南大公的消息传来。尼古拉在日记中没有提到这件事。这种政治暗杀是俄国日常生活中的常态,起初,人们很少注意到这一行为的潜在意义。远比这更重要的是一家人即将到来的假期,乘坐"施坦达德"号出行芬兰小岛。但这场旅行可以说很让人郁闷,阿

---

① 哈罗德·丁尼生是英国桂冠诗人阿尔弗雷德·丁尼生的孙子。1916年1月,他的舰船"皇家海军维京"号在英吉利海峡撞上了一座矿井,他被淹死了。

列克谢在船上跳时摔伤了腿，又一次无法行走。在旅行的末尾，亚历山德拉告诉安娜·维鲁博娃，她感觉到他们一家在芬兰的美好时光已经过去了，他们"再也不会在'施坦达德'号上共度时光了"，尽管他们做了去里瓦几亚的计划，希望在秋天回到船上，因为医生建议阿列克谢和他的母亲待在"阳光充足、干燥的气候下"。[75]

7月7日，一家人回到彼得宫城的下别墅，正好迎接法国总统雷蒙·普恩加莱为期四天的来访。最重要的一场活动是红村护卫队的演习，由尼古拉率领，骑着他最爱的白马，所有俄国大公在他的身侧，亚历山德拉和孩子们也坐在由白马拉着的敞篷马车里。这将是最后一次俄国皇家军事荣耀的盛大检阅：在法国总统离开两天后，奥匈帝国向塞尔维亚发出最后通牒，并于7月15日（新历28日）宣战。从历史角度来讲，俄国人有责任保护同为斯拉夫人的塞尔维亚人，战争现在看来似乎无可避免。尼古拉仍能记得在日俄战争中的溃败，非常害怕陷入敌对状态，于是在和大臣们紧急的会面之间，他和德国的远房表兄威利也交换了紧急信息。"承上帝庇佑，我们长久的友谊一定可以阻止流血的发生。"他在电报中写道。[76]与此同时，他也不情愿地向总参谋部妥协，号令60万士兵进入备战状态。这一举动激起了德国方面的激烈回应，他们恢复了对奥匈帝国的支持。在这"极度痛苦的时刻"，亚历山德拉疯狂地试图进行最后的外交调解，在此期间，她给黑森的厄尼发了一封凄凉的电报："愿上帝帮助我们所有人，防止流血的发生。"当然，她也寻求过格里高利的明智建议。后者对战争的前景感到惊恐，并一再恳求她和尼古拉："战争必须停止——一定不能宣战，它将是所有事情的终结。"[77]

7月19日（新历8月1日）晚，尼古拉、亚历山德拉、奥尔加姑妈和孩子们一起去教堂做了祈祷。没过多久他们回来了，正在坐下来吃晚饭的时候，弗雷德里克斯伯爵带着由德国驻圣彼得堡大使交给他的正式通知赶来：德国与俄国开战了。"听到这个消息，皇后开始哭泣，"皮埃尔·吉利亚德回忆道，"女大公们在看到母亲的悲痛后也哭了起来。"[78] "斯考奇！（Skoty！猪猡！）"当晚塔齐亚娜在日记里咒骂德国人。[79]第二天，7月20日（新历8月2日），烈日灼人。就像1904年那样，人们涌上圣彼得堡的街头，期待俄国立即宣战，他们唱着国歌，举着圣像画一路游行。消息如野火般蔓延开来，"女人们把珠宝丢进给预备役军人家庭的募捐箱"，《泰晤士报》的驻地记者报道。[80]上午11：30，约5万民众聚集在英国大使馆周围，高唱《天佑吾王》（God Save the King）和《统治吧！不列颠尼亚！》（Rule Britannia）。[81]整座城市被汽车和无顶四轮马车堵得水泄不通，到处都是叫嚷着、唱着、挥舞着"廉价印刷的心爱的'小父亲'肖像"的人们。[82]商店的橱窗里也挂满了尼古拉的肖像画，"人们的崇敬之情如此之深，以至于路过的男人们会摘下帽子，而女人们——即使是那些衣着考究的高贵的女士——也会画个十字"。[83]下午，身着陆军元帅制服的尼古拉以及一袭白衣的亚历山德拉及他们的女儿来到首都的亚历山大石柱前。阿列克谢还在上次事故的恢复当中，所以只能被留下来。从宫廷桥的皇室栈桥出发，皇室一家穿过人群步行到不远处的冬宫，人们高声欢呼着，唱着赞美诗，为尼古拉祝福。[84] "去年在科斯特罗马的情景和这个根本没法比，"在场者称，"他们会为他舍身赴死。"[85]

224

下午3点，在全程的礼炮轰鸣过后，大约5000名宫廷官员、军人、贵族成员聚集在冬宫的尼古拉大厅，聆听在喀山圣母守护圣像前庄严且极为感人的《赞美颂》（Te Deum）。1812年8月在前往斯摩棱斯克抗击侵略俄国的拿破仑时，陆军元帅米哈伊尔·库图佐夫也正是向这尊圣像祈祷的。法国大使莫里斯·帕莱奥洛格指出，在圣体礼中，尼古拉"带着一种神圣的激情祈祷，这让他苍白的脸上呈现出一种令人动容的神秘表情"，而亚历山德拉则站在他身边，嘴唇一如既往地紧闭着。[86]聚集的群众"看上去极度紧张和兴奋，好像正在集结起力量觐献给沙皇"。[87]玛丽亚·帕夫洛夫娜回忆道："他们的脸部绷紧且严肃，手上戴着长长的白手套，紧张地搓揉着手帕，戴着当时流行的大檐帽，很多双眼睛都哭红了。"圣体礼结束之后，宫廷牧师朗声诵读了俄国同德国开战的宣言，随后尼古拉在福音书面前举起右手，宣布："直到敌人的最后一名战士、最后一匹战马离开我们的土地，我们才能实现和平。"[88]紧接着，"很自然地，从大约5000个喉咙里传出国歌，他们的嗓子因激动而哽咽，但这不会使这首歌有丝毫失色。然后欢呼声来了，一声接着一声，直到四周的墙壁激荡着他们的回声！"[89]

沙皇和皇后随后走出来。尼古拉的脸上一片茫然，而亚历山德拉看上去比以往任何时候都更像"七苦圣母，脸上还挂着泪"，她走过的时候还俯身安慰人民。其他人跪下身来或是试图抓住尼古拉，亲吻他的手。当他出现在阳台上，俯瞰冬宫广场时，约25万虔诚等待的民众"安静地、齐刷刷地跪下"，"神情庄重"，"默默膜拜"。[90]尼古拉做着十字的手势，并把亚历山德拉带上前来和他们打招呼，随后他和她退到里面。但是人群并不想让他们离开："每当君主离开阳台时，人们就大声欢呼，要求他们再次出现，并高唱着《天佑吾皇》（*God Save the Tsar*）。[91]

这一天过得"太棒了"，塔齐亚娜在日记中写道，但那天晚上，尼古拉没有和大家玩多米诺骨牌，也没有给一家人大声朗读。[92]他们在7：15回到彼得宫城，"安静地"度过了一个晚上。[93]第二天，圣彼得堡城中看上去像是一座鬼城。每个人的注意力都被吸引到了火车站，那里有一队接一队的士兵向他们唱着俄国的流行民歌，挥舞着卡其布帽子，留下一长队悲伤的妇女和孩子。[94]7月22日（新历8月4日），俄国的盟友英国向德国宣战，尼基收到了一封来自英国国王他的表兄乔治的电报，电报中说他们二人都在"为公平和权利"而战，他希望"这场可怕的战争可以很快结束"。与此同时，"上帝保佑并保护你我亲爱的尼基……永远深爱你的表兄兼朋友"。[95]

1914年7月和8月，在这狂热的头两个月里，俄国被一种强烈的、几乎是封建的民族意识控制，这种感觉好像又回到了古老的俄罗斯母亲的传说。"沙皇和他的子民似乎紧紧拥抱在一起，在这背后是伟大的俄国土地。"《新时代》（*Novoe Vremya*）用一种贴切的沙文主义式的辞令宣称。[96]宣战是之前三百周年庆典所有仪式恰如其分的终章。尼古拉在他的宣言中称，"我们坚定地认为，我们所有忠实的臣民将团结一致，献身保卫俄国领土"，并希望"在这个危急的时刻，内部的不和将被遗忘，沙皇和他的子民之间的联结将变得更加紧密"。[97]

首都人民或许是被从托尔斯泰的《战争与和平》里习得的那种强烈的爱国主义情绪深深攫住，但在农村，农民们与其说是狂热，不如说是顺从，他们非常清楚战争的负担将会落在他们肩上，亘古未变。让拉斯普京绝望的是，他的警告没有得到重视，他也没有机会亲自说服尼古拉不要打仗。① 在开战前的最后几天里他发来的电报上的话自此一语成谶：

俄国上空有一片可怕的暴风云：灾难，悲伤，没有一丝光亮，无尽的泪水和鲜血——我能说什么？无话可说，只是一种无法形容的恐惧。我知道他们都想从你这里讨要战争，即使那些忠诚的人也是如此，但他们不知道这代价是毁灭……一切都会被鲜血浸没。[98]

*

8月5日，罗曼诺夫家族还有最后一场盛大的公共仪式要在俄国的历史名城莫斯科举行。为了它，宫廷和外交界人士乘火车南下444英里（714.5千米），在英国大使乔治·布坎南爵士看来，通过这场仪式，"俄国的心脏表达了全国人民的声音"。[99]在从克里姆林宫去圣母升天大教堂听《赞美颂》的路上，沙皇和皇后一前一后走着，后面还跟着他们的女儿们。梅瑞尔·布坎南认为她们看起来"有些压抑且严肃，脸色苍白"，尤其是奥尔加，"脸上的表情很专注"。玛丽亚一直流眼泪，梅瑞尔注意到"阿纳斯塔西娅会时不时地转向她，说上几句责备的话"。[100]但让她们的父母感到绝望的是，阿列克谢再一次被抱出来。此时此刻，俄国的王座比以往任何时候都更

————————

① 拉斯普京正在西伯利亚西部秋明的医院里疗养，那年秋天他被一个精神不稳定的女人用刀刺伤了。

需要一个健康的继承人。

在当天做的一次演讲中，尼古拉强调了俄国帝国内的所有斯拉夫人民所面临的冲突：这场战争不异于一场斯拉夫人对抗日耳曼人的保卫战。乔治·布坎南被圣母升天大教堂里所举行的宗教仪式的力量震撼，称其美得无法形容，令人赞叹不已：

> 大主教和主教们排着长队，身着金色锦缎织成的法衣，主教冠上的宝石闪闪发亮；壁画的金色背景熠熠生辉；此外还有珠宝镶嵌的圣像——所有这些都为古老而荣耀的大教堂所呈现的图景增添了色彩和光辉。 227
>
> 我们在皇室一家身后刚找到了自己的位置，就听到一位牧师用低沉的嗓音开始吟唱圣体礼的开场颂章，随后是和声的加入，当他们吟唱着东正教典礼的圣歌和赞美诗时，一种和谐席卷了教堂。仪式临近尾声，沙皇和皇后以及在其身后的女大公们起身环绕教堂，在每一座神龛前跪下，或是亲吻主教呈在他们面前的某些特殊的圣像。

当他和莫里斯·帕莱奥洛格驾车离开后，布坎南"不禁好奇这种民族热情会持续多久，如果战争被过度延长，人们会对他们的'小父亲'有什么想法"。[101]尼古拉也很清楚，一场同德国和奥匈帝国漫长而昂贵的消耗战，将会进一步为社会动乱煽风点火，就像日俄战争那样。对亚历山德拉来说，她为哥哥厄尼和家人被困在一个她再也不爱也不认得的德国而感到心烦意乱、忧心忡忡，战争的爆发"是一切的结束"。[102]现在剩下的就只有乞求格里高利同他们一起祈祷和平。

当然，战争一下子切断了关于罗曼诺夫两个年长姐妹婚姻的讨论。再也不会有游轮沐浴在克里米亚的阳光下，观览芬兰小岛；再也不会同"施坦达德"号上她们最喜欢的军官们闲聊和欢笑；再也不会在星期天的下午和奥尔加姑妈一起喝茶，因为她已经自愿成为一名护士，搭乘一列医院列车驶往俄国的战争前线基辅了。

8月1日，塔齐亚娜记录了她姑妈的离开以及乏善可陈的日常生活回归的情况：

我们五个和爸爸妈妈一起吃了午餐。下午，我们像昨天一样出去散了个步。我们去荡了秋千，下雨染上了感冒。和爸爸妈妈喝了下午茶。给 N.P.（尼古拉·萨柏林）和 N.N.（尼古拉·罗季奥诺夫）打了电话。通过 N.P. 我把自己的小圣像转交给了 N.N.，让他戴在自己的脖子上。我和奥尔加同爸爸、妈妈、祖母共进了晚餐。克谢尼娅和桑德罗也在那儿。后来，科斯佳［康斯坦丁·康斯坦丁诺维奇大公］前来告别，他明天要和伊兹梅洛沃军团一起离开去参加战争。我们在 10：30 返回，爸爸在读书。[103]

罗曼诺夫姐妹们迄今为止所知的安全的、没有挑战的、孤岛般的世界，即将发生天翻地覆的变化。

第十四章
慈善修女

当俄国在 1914 年夏进入交战时，他们面临着严重的护士短缺问题。在战斗的前五天，已经有将近 7 万人的大规模伤亡，俄国政府据此估计至少需要 1 万名护士。在爱国义务的鼓舞下，圣彼得堡——更确切地说是彼得格勒，因为这座城市很快改了名——时髦的贵族妇女、政府官员的妻子和女儿，以及职业妇女，如教师或学者，急速接受医疗培训，拥抱战争。到了 9 月，由于对护士的需求越来越迫切，俄国红十字会将通常的一年培训缩短到两个月。很多女人都没有达到被称为"慈善修女"（sestry miloserdiya）的标准，这是俄国对"护士"的叫法。

从战争爆发的那一天起皇后就决心让自己和两个女儿发挥好她们的作用。9 月初她们开始接受红十字会的培训，顶着低调的罗曼诺夫修女 1 号、2 号和 3 号的称谓。[1] 尽管玛丽亚和阿纳斯塔西娅还太小，无法接受培训，但她们积极地扮演着医院探望者的角色。在 1917 年革命以前这场持续了两年半、漫长且令人沮丧的战争中，没有人比皇后和她的女儿们更能动情地凸显女性在战争中的努力。在报纸、杂志和商店门口，到处都能看到一幅流行的圣像画般的标志性画像——三个皇室慈善修女神情冷静，穿着红十字会的制服。《首都与庄园》会在杂志的页面上定期刊登她们穿着制服的照片，[2] 伊迪斯·阿尔梅丁根还能记得城市里满是燃烧着"战时工作热"的年轻女性，她们戴着"白色短面纱，白色的围裙胸前绣着猩红色的十字架"。[3]

"战争促成了饱受病痛折磨的皇后的行动。'照顾伤员是我的安慰'，她坚定地声称。"[4] 在对敌行动开始后的三天内，亚历山德拉指挥了大规模的全国战争救济工作，重建了她在俄国同日本作战时在冬宫和其他地方所设置的大型补给仓库。除了生产外科绷带和其他必要的医用敷料外，仓库还搜集和分发药品补给，"不易腐烂的食物，糖果、香烟、衣服、毯子、靴子和五花八门的小礼物，以及一些宗教小物件，如小册子、明信片或圣像画"，并将它们发送给伤员。[5] 很快，这里便挤满了穿着普通工作服的富有妇女，她们在女裁缝们的监督下学习操作缝纫机，为伤员生产床单，或一连几小时卷着纱布和绷带。[6] 冬宫的所有主要房间——音乐厅和其他各个大型接待室，还有皇家剧院，甚至是皇室住房都被改造成医院的病房以收治伤员，漂亮的镶花地板上铺着保护的油毡，搭满了一排又一排的铁床。皇后和她的两个女儿不只出现在彼得格勒和皇村，很快，他们又不声不响地去了莫斯科、维帖布斯克、诺夫哥罗德、敖德萨、文尼察以及其他的帝国西部和南部地区，检查医院列车，访问一连串由亚历山德拉所建的医院和仓库。玛丽亚和阿纳斯塔西娅经常会加入他们的行列，阿列克谢状况良好时也会去。在彼得格勒的其他地方，由大使夫人乔治娜·布坎南女士领导的大型英国侨民团体也聚集起来支持这项事业，9 月 14 日，布坎南夫人在巴克罗夫斯科耶大型医院的一个侧

231

翼设立了英国侨民医院①，以救治受伤的士兵。布坎南夫人的女儿梅瑞尔也很快成了那儿的一名志愿护士。[7]

夏天的最后几天，逐渐要到秋日，彼得格勒的街道也发生了变化，许多建筑物现在都成了医院，在俄国的三色旗旁飘扬着红十字会的旗帜。沿涅瓦大街宽阔的林荫大道上行驶的漂亮马车、时髦汽车大大减少，取而代之的是望不到尽头的救护车队，将伤员们送到一家家医院救治，还有满载着物资的运货马车。皇村也成了一座医院之城，无论是早晨、中午还是晚上，曾经绿树成荫的安静街道上现在都是缓慢行进的红十字会的救护车，承载着脸色苍白的伤员们，此外还有数不清的私人车辆，其中许多都是由皇家车队为此目的而提供的。这里和彼得格勒一样，所有可用的大型建筑都被征用来照顾伤员。叶卡捷琳娜宫金碧辉煌的大型接待室被改造成了医院的病房和仓库，超过30栋富人的消夏别墅被移交作战时医院使用。当伤员拥入之时，对于床位的需求如此迫切，以至于很多小得多的私人宅邸也会接待他们。9月，波特金医生将他自己的家改造成临时病房，接待七名伤员入住。

皇村的所有军事医院都接受维拉·格多罗伊茨医生的监督，格多罗伊茨医生是一名立陶宛贵族，也是宫廷医院的高级医生，是俄国首批有资格成为医生的妇女之一。[8]宫廷医院坐落在医院大街一栋于1850年代扩建和改造过的大厦内，在整个战争期间，它持续为当地社区提供服务，主楼的楼上为战争中负伤的人留作手术室，并收容了200名等级稍低的士兵作为

① 伊迪斯·阿尔梅丁根扮演了布坎南夫人的俄语翻译的角色。英国侨民医院也被称为国王乔治五世医院。

他们的病房。[9] 在开战前不久，在医院的庭院花园里又建了一栋单层的附属楼，这个为隔离传染病患者的附属楼被改造成了一个功能齐全的医院，拥有一间手术室和六个小病房，总共可容纳 30 张病床。其中一个病房是给从叶卡捷琳娜宫医院转来接受格多罗伊茨医生手术的军官的，其余的是给受伤军官的。这个附属医院①——或者说被姑娘们偶尔称为"小房子"或"营房"的地方成了奥尔加和塔齐亚娜作为红十字会护士日常生活的中心。

　　奥尔加和塔齐亚娜在附属医院接受了格多罗伊茨医生设立的严苛标准的培训，在此期间，悉心照料她们的是瓦莲金娜·切波塔列娃。切波塔列娃是一位军医的女儿，在日俄战争中是一名护士。"起初她们看起来多有距离感啊，"她回忆起皇后和女儿们在附属医院最开始的日子，"我们亲吻了她们的手，互相问候……然后就仅限于此了。"[10] 但亚历山德拉很快告诉这里的工作人员，他们不必对她们有任何特殊的关注，情况就迅速改变了。在培训期间，三个女人的任务是在手术室观察格多罗伊茨医生如何操作，并在毕业之后协助她进行手术，但是在附属医院的最初日子里，她们的主要职责是学习如何包扎伤口。日子对于塔齐亚娜来说特别长，因为她还要完成学业，而且经常会在清晨上课。下课之后、去附属医院开始工作之前，皇后和女孩们会在叶卡捷琳娜宫旁边的神迹小教堂向奇迹圣母圣像祈祷。她们会在上午 10：00 到达附属医院，换上制服，开始工作。

　　每天早上，奥尔加和塔齐亚娜会被派去更换三四个病人的

---

　　① 为避免与宫廷医院和叶卡捷琳娜宫医院混淆，它被正式命名为"公主殿下"3 号医院。清楚起见，下文将称其为"附属医院"。

敷料（尽管这个任务随着战争的进行还会变得更多，伤员的数量也在增加），同时要执行很多需要她们去做的卑微任务——卷绷带、准备棉签、煮沸用于缝补和加工被单和枕套的丝线。下午1：00她们会回家吃午饭，如果午后天气好的话，她们有时会去散步、骑自行车或是和妈妈一起乘车出游，但大多数时候她们会回到医院陪伴伤员，和他们聊天、玩棋盘游戏或乒乓球，在夏天会在花园里和那些能走路的伤员一起玩槌球。她们常常只是坐在那里为难民和战争孤儿做针线活，而士兵们则会与她们聊天；有时她们会走出去在休息室偷偷地抽一支烟。自然，她们会利用每次机会拿出照相机，拍下自己和受伤的军官及朋友们。其中一些后来被复制成明信片，用来为战时救济筹集资金。其他的则被女孩们小心翼翼地放进相册，用于晚点儿与伤者分享。[11]

　　塔齐亚娜和奥尔加花了很长一段时间才适应有一群陌生人环绕在周围，尤其是塔齐亚娜，和她妈妈一样，有时会陷入一种过度的木讷拘谨之中。瓦莲金娜·切波塔列娃回忆说，有一天，当她们在宫廷医院一起上楼时，不得不穿过一群修女。塔齐亚娜抓住她的手："我感到非常局促和害怕，这种感觉太可怕了……我不知道向谁打招呼、不向谁打招呼。"[12]这种社交经验的缺乏会体现在很简单的事情上，比如说逛商店。有一次，奥尔加和塔齐亚娜在等汽车来接她们回宫殿时，她们决定在商人货栈①（Gostinny dvor）——医院附近的商店街小逛一

①　俄国的一种零售商贩集散地，以室内市集或购物中心的形式存在。罗曼诺夫姐妹所逛的商人货栈是圣彼得堡最著名的一个，位于涅瓦大街，建于18世纪，是圣彼得堡最古老的商圈之一，常被中国游客称作"圈楼"。——译者注

233

番。她们没穿制服，因此没有人认出她们，但她们很快意识到她们身上没有钱，也不知道该怎么买东西。[13]

到 10 月底完成培训之前，每天晚上 6 点，女孩们和她们的母亲还要在家里向格多罗伊茨医生学习医学理论，在此之后，奥尔加和塔齐亚娜经常会回到医院，和另一名护士"比比"（瓦尔瓦拉·维尔奇科夫斯卡娅）一起帮助医院消毒，并为第二天的手术准备器械。她们成了亲密的朋友。每当这些女孩在病房外面的走廊上休息时，那些能够走路的病人就会大胆地坐在她们身旁和她们聊天，给她们讲故事。女孩们的口袋里总是有糖果可以拿出来分享，也经常会从亚历山大宫的温室里带水果和花束出来。晚上，一些男人会围坐在公共休息室的钢琴旁唱歌，奥尔加和塔齐亚娜特别喜欢享受这样的时光——但234 最好的日子还是节假日，因为玛丽亚和阿纳斯塔西娅，有时甚至是阿列克谢也会加入他们。晚上，当她们早一点到家时，她们常常会给她们最喜欢的病人打最后一个电话，以此作为一天的收尾。[14]

*

罗曼诺夫姐妹和她们的母亲必须第一次直面受伤者的痛苦，以及炸弹、军刀和子弹对他们的身体造成的可怕损害，无可避免地受到这样的震惊。安娜·维鲁博娃也加入了她们的培训，她回忆说，她们被深深卷入，和被送到这里的男人们打交道，这些人"肮脏、血迹斑斑、饱受折磨"。"我们用消毒液洗手，清洁及包扎破碎的肢体、残缺不全的脸、失明的眼睛，以及所有难以形容的所谓文明战争所造成的毁伤。"[15] 有时，阿纳斯塔西娅和玛丽亚被允许前来观看她们包扎伤口，从 8 月

16 日起，年长的女孩们开始旁观手术，最初是针对平民的阑尾和疝气手术，以及肿胀切开术。但很快她们就看到了子弹如何被取出。9 月 8 日，她们看到了如何用钻孔取出弹片；5 天后，她们又第一次目睹了腿被截肢。[16]一旦她们的培训合格，她们就会去协助手术——亚历山德拉会负责将手术器械递给格多罗伊茨，并取走残肢，女孩们会负责穿上手术线和传递药棉。11 月 25 日，她们第一次看到一名受伤的男子死在手术台上；亚历山德拉告诉尼古拉，他们的"小丫头们"表现得非常勇敢。[17]

在接受护士培训之外，奥尔加和塔齐亚娜还被母亲指派到作战工作中承担重要的公共角色，尽管在首都主席委员会的陌生人中间，她们两人非常害怕，从未享受这个身份。8 月 11 日一项皇家法令（ukaz）颁布，宣布成立了照顾士兵家属和伤亡者家属最高委员会。它由亚历山德拉主持，奥尔加被提名为副主席，负责彼得格勒特别委员会，这个委员会是在俄国各地所设立的众多附属委员会中的一个，目的是为中央最高委员会筹集资金。[18]一个月后，在塔齐亚娜·尼古拉耶夫娜殿下临时救济战时贫困者委员会成立后，塔齐亚娜也被赋予了类似的角色。在其首席行政长官阿列克谢·内德加尔德特的领导下，塔齐亚娜委员会——正如大家后来所称的——专门处理俄国西部地区日益加剧的难民问题——在那里，波兰人、犹太人、立陶宛人、莱特人和鲁塞尼亚人已经被卷入战争。

从一开始，塔齐亚娜委员会便被证明取得巨大成功，这在很大程度上要归功于塔齐亚娜作为受到公众高度关注的皇室之女的形象，以及她积极参与为孤儿建立庇护所、粥厂、产房和避难所的工作。然而，每周三下午在彼得格勒召开的那些冗长

235

乏味的官僚主义会议却是另一回事，塔齐亚娜觉得内德加尔德特是个浮夸的讨厌鬼。她也不喜欢这些繁文缛节，正如一位在委员会上同她说话的官员所回忆的那样："如果您愿意，殿下……"塔齐亚娜显然很尴尬，"她惊讶地看着我，当我再次坐在她旁边时，她在桌子底下用力推了我一下，然后小声说：'你疯了吗，竟用这种方式称呼我？'"[19]她和奥尔加都讨厌这种形式主义的礼节。"只有在咱们医院，我们才感到舒适和安逸。"奥尔加向她的一个病人坦言。[20]然而，她们都认真地履行了公务，没有抱怨，塔齐亚娜常常不得不在结束医院一天漫长的工作后，再去处理委员会的文书工作。亚历山德拉在这一点上会帮助她，因为随着战争的进行，难民的生计成为一个日益紧迫的问题。委员会的预算数额巨大，上升到了几百万卢布，乃至私人捐赠很快就不足以维持下去，政府不得不介入。[21]

由于尼古拉大部分时间都待在"斯塔夫卡"（Stavka，军队总部）——巴拉诺维奇（现属白俄罗斯）附近的一个铁路枢纽——亚历山德拉会定期向他汇报他们女儿的近况。9月20日，她告诉他，"看到女孩子们独立工作，被更多人认识并学着如何发挥作用"，这是多么令人欣慰的事情。[22]她们似乎很快就适应了对她们的新要求，正如皮埃尔·吉利亚德观察到的，"她们天性单纯，幽默风趣……接受了宫廷生活日益缩紧的状况"。她们对待工作认真周到，对于把美丽的头发收在护士的头巾后，以及大部分时间只能穿制服没有表示出任何异议，这些给吉利亚德留下了尤为深刻的印象。她们不是在玩扮演护士的游戏——吉利亚德时不时地会在其他贵族妇女身上观察到这一点——而是真正的慈善修女。[23]战时志愿者斯维特兰娜·奥弗罗西莫娃也注意到了这一点，她曾在皇村生活了几年。"我为她们的变化感到震惊。最让我感动的是她们高度专注的神情，她们的脸更瘦削也更苍白了。她们的眼睛里有一种新的表情。"[24]玛丽亚·拉斯普京也表示赞同："我发现她们更高也更严肃了，意识到了皇室的责任，全身心地投入职责之中。"[25]这对她们的妹妹也同样适用；虽然她们的日子主要还是被上课占据，但是她们必须适应姐姐长期缺席的状况，且由于父亲现在大部分时间不在家，她们所有人必须共同承受弟弟和母亲经常生病的重担。[26]

在战争爆发之前，人们一直在谈论奥尔加的婚姻前景，以及她作为阿列克谢之后的皇位继承人未来可能会扮演的角色，大部分注意力无可避免地集中在她身上。她也一直是两个姐姐中更外向、健谈的，但在战争年代，塔齐亚娜才是脱颖而出的那一个。在战争之前，她似乎有万般风情，与奥尔加不同，她拥有时装模特的外形，对自己的外表非常在意，渴望拥有圣彼得堡时髦女士们的考究衣服和美丽珠宝。伊扎·布克斯盖夫登回忆道："任何一件连衣裙，不管多旧，她穿都很好看。她知道如何穿衣服，会受到大家的爱慕，她也喜欢这种爱慕。"[27]"她是位彻头彻尾的女大公，多么有贵族气质，多么有帝王风范。"斯维特兰娜·奥弗罗西莫娃回忆道。[28]从第一天当实习护士开始，塔齐亚娜就表露出和奥尔加大不相同的特别之处，这使得她和她的姐妹们区分开来。看起来她似乎沉浸在她完全私人的、独特的世界之中。[29]在这个世界中，她从来不允许别人侵扰她作为护士的实践技能和对职责的专注投入。

有时，塔齐亚娜会显得过于严肃，甚至有时会表现专横，不像奥尔加，她缺乏率性。但塔齐亚娜总是乐于助人，善于运 237

用自己的能力，再加上利他主义的性格，使她非常适合护理工作。每当阿列克谢生病时，她都会帮忙护理他，按照医生的指示让他服药，还会陪他坐着。对她母亲的要求她也毫无疑问地加以容忍。正如吉利亚德回忆的那样，她"知道如何让自己始终保持不倦的注意力，她从不屈从于自己反复无常的冲动行为"，而奥尔加正越来越成为这种冲动行为的受害者。[30]的确，在她所做的每件事情中，塔齐亚娜·尼古拉耶夫娜都会很快证明，她有她姐姐所缺乏的那种坚韧不拔的精神。许多观察过她的护士和医生——以及病人本身——后来都说过她是天生的护士。

三百周年庆典不久之后爆发的战争自然而然地使罗曼诺夫姐妹作为崇高的公主这一普遍的观念彻底改变了。随着她们的母亲呼吁在战时暂停为家庭购置任何新衣服，身着宫廷礼服的年轻苗条女性的官方照片被穿着制服的姐姐们，和穿着相当朴素的普通衣服的弟弟妹妹们的照片取代，这些照片掩藏了他们的皇室地位。亚历山德拉觉得让人们看到自己和女儿穿制服有助于弥合她们与战时广大人民之间的鸿沟。而一些人认为这是一个可怕的误解。绝大多数的普通俄国人，尤其是农民，仍然视皇室为近乎神圣的存在，并期望这一点能通过他们的公众形象表现出来。正如克列恩米赫尔伯爵夫人观察到的："当一个士兵看到他们的皇后穿着护士制服，就像其他护士一样时，他感到了失望。在他的设想中，皇后应该像童话故事里的公主一样。他心想：'那是皇后吗？但跟我们没有什么不同。'"[31]

彼得格勒的妇女们也表达了同样的不喜之情，她们嘲笑女大公们的衣着"多么普通"，"连乡下姑娘都不敢这么穿"。[32]

她们不喜欢这种对皇室女性的去神秘化——更糟糕的是她们还

与不洁的伤口、伤残和男人的身体联系在一起。得知皇后甚至替病人剪指甲时，她们都吓了一跳。亚历山德拉对礼仪的忽视——扮演一名普通护士的角色——被视为一种"故作姿态"，"一种寻求好感度的廉价方法"。[33]即使是那些寻常士兵在看到皇后和她的女儿履行着与其他护士相同的职责或是坐在伤者之间，而没有保持她们高贵的不同时也感到失望。"皇后、她的女儿们和受伤军官之间的亲密关系破坏了她们的威望，"克列恩米赫尔伯爵夫人说，"因为有句话是真理无疑：'Il n'y a pas de grand homme pour son valet de chambre.'"①[34]

尽管如此，许多受伤的士兵还是对亚历山德拉和她的女儿在战争中给予的照顾表示感谢。1914年8月，塞门诺夫斯克团一名19岁的受伤士兵伊万·斯捷潘诺夫带着一个多星期没换的敷料来到了皇村的附属医院。意识到自己肮脏的外表，他对治疗室里环绕着他的护士帮他换药的场景感到不太舒服——其中一个高个子、和蔼可亲的修女微笑着向他俯身，对面是两个年轻的护士，她们饶有兴趣地看着他那肮脏的绷带被解开。她们似乎很眼熟，他在哪儿见过这些面孔？然后他突然意识到。"果真，是她们吗……皇后和她的两个女儿？"[35]皇后看起来像是另一个人——微笑着，比她实际年龄更显年轻。在住院期间，斯捷潘诺夫好几次看到了皇后和她的女儿们这种发自内心的热情和善良。

玛丽亚和阿纳斯塔西娅自然而然很羡慕姐姐们的新的、富有挑战性的角色。但她们很快就有了自己的一家小医院，在那

---

① 克列恩米赫尔援引了柯尼埃尔夫人的名言："仆从目中无英雄。"尽管法语原文应该是"Il n'y avoit point de héros pour son valet de chambre"。

里为战时工作尽自己的一份力。8 月 28 日，女大公玛丽亚·尼古拉耶夫娜和阿纳斯塔西娅·尼古拉耶夫娜殿下 17 号伤员医院成立了，地址在费奥多罗夫斯基小城（村），距亚历山大宫仅一步之遥。[36]它于 1913 年至 1917 年建成，作为旁边的费奥多罗夫斯基教堂的附属建筑，沿用的是古诺夫哥罗德的风格，由五座楼组成，四周是克里姆林宫式带塔楼的小堡垒。①其中两座楼被指定为下级士兵的医院，1916 年又增加了一座军官医院。两个妹妹每天放学后都会去看望伤员，和他们聊天，玩棋盘游戏，甚至帮助半文盲病人读写信件。而说到更严肃的话题，她俩正在习惯坐在伤员床边，有时还不得不处理他们随后死亡所造成的创伤。像奥尔加和塔齐亚娜一样，她们给自己和病人们拍了无数张合照，她们的探访活动也不仅于此。她们支持为医院筹款的慈善音乐会，经常会去较大的叶卡捷琳娜宫医院，甚至是和她们的母亲一起去彼得格勒的一些医院，此外还会视察以她们的家庭成员命名的各列医院列车。尽管她们可能太小，无法做护士的工作，但她们远远无法避开伤员的痛苦的影响。"阿纳斯塔西娅在 9 月 21 日给尼古拉写信，说道：

> 我亲爱的爸爸！我祝贺您取得了胜利。昨天我们参观了阿列克谢的医院列车。我们看到了许多伤员。三个人在旅途中丧生，其中两人是军官……伤势相当严重，有一个士兵在这两天甚至可能会死；他们在呻吟。随后我们去了宫廷医院：妈妈和姐姐们正在包扎伤口，玛丽亚和我围住了所有的伤员，和他们聊天，其中一个给我看了一个很大

---

① 它在二战中遭严重毁坏，现在正在修复中，以供俄罗斯东正教主教使用。

239

的弹片，那是他们从他腿里取出的，还带下来一大块（肉）。他们都说要回去向敌人报仇。[37]

女孩们给在陆军司令部的父亲写了很多表达爱意的信，上面写满了吻，并画了十字架的符号来保护他。她们四个人还有她们的母亲一丝不苟地写着信，尼古拉每天都会收到好几封。女孩们大部分所说的只是以非常简洁的形式重申了亚历山德拉本人在她冗长、漫无边际的信中对丈夫所说的话。但女孩们显然非常想念她们的父亲："您下次一定要带我一起去，"玛丽亚9月21日告诉他，"否则我会自己跳上火车，因为我想您。"我不想睡觉啊！"无论您在哪，我都想和您在一起，但我不知道这是在哪。"两天后阿纳斯塔西娅补充道。[38]由于繁重的工作，奥尔加和塔齐亚娜的信常常写得很仓促；但阿纳斯塔西娅古灵精怪的个性往往会弥补这一点。她那轻快的性格，在信上"您忠实的奴隶，13岁的阿纳斯塔西娅（什维布吉克）"的署名，从一个兴趣点向另一个兴趣点的不断跳跃，一定曾让离家数星期的尼古拉感到快乐。阿纳斯塔西娅非常开心地在信中取笑玛丽亚对近卫军军官尼古拉（科利亚）·捷缅科夫的感情，她笑他又胖又圆，称他为"胖子捷缅科夫"。而玛丽亚则很高兴地向父亲倾诉了她对"我亲爱的捷缅科夫"的爱，因为科利亚已经正式成为这个家庭的最爱。[39]

亚历山德拉曾在与安娜·维鲁博娃的一次对话中谈到她的观察，"大多数俄国女孩的脑子里除了想着军官似乎什么都没有"，但她好像并没有认真对待眼前发生的事情。[40]1914年，她在写给丈夫的信中仍称女儿们为幼稚的"我的小丫头"，而那时她们正在迅速成长为对异性有兴趣的年轻女性。她认为，对她的两个大女儿来说，下午的幽会、坐在"纳什一"
（Nashikh，我们的）床上聊天无伤大雅。奥尔加最喜欢的人是
尼古拉·卡兰戈佐夫，一位在近卫胸甲骑兵团服役的亚美尼亚
短号手，还有大卫·伊迪加罗夫，他是来自第比利斯的一个穆
斯林，也是下诺夫哥罗德州第十七龙骑兵团的一名上尉，他于
10月中旬抵达这里，给奥尔加留下了深刻的印象（然而他结
婚了）。[41]伊迪加罗夫和卡兰戈佐夫是高加索地区脸色黝黑、
意气风发的军官中的第一批，他们中的许多人留着漂亮的胡
须，在战争期间来到了附属医院。

241 与此同时，塔齐亚娜爱上了胡子剃光，有孩子气的魅力的
参谋长德米特里·马拉马。马拉马是塔齐亚娜自己的乌兰军团
中的一名库班哥萨克，他在营救一名战友时的英勇行为已经成
为一个传奇。所有的姐妹都喜欢马拉马，觉得他非常可爱、脾
气极好。同为病人的伊万·斯捷潘诺夫生动地忆起了这位
"头发浓密、脸色红润"的年轻军官，他非常谦虚，对自己所
在的团非常忠诚，对于他躺在医院里"享受生活"而其他人
在外面打仗这一点，他感到很痛苦。[42]塔齐亚娜于9月26日
第一次为他的伤口进行了包扎；她为自己的乌兰士兵感到无比
自豪，不出几天便抓准任何一个机会坐到马拉马的床上，和他
聊天，一起看相册，就像她的姐姐和卡兰戈佐夫在一起一样，
而且这两个男人也同在一个病房。晚上他们通常会唱歌，奥尔
加会为他们弹钢琴，据斯捷潘诺夫说，他们的病房成了附属医
院最吵闹也最活跃的在一间[43]。这样的夜晚是奥尔加和塔齐
亚娜那一天的亮点，但和玛丽亚、阿纳斯塔西娅一样，她们总
是很高兴能抓到其他来执行任务的老朋友。像奥尔加最喜欢的
AKSH现在被派到沙皇卫队的第一中队，还像以前那样"甜

美"，而阿纳斯塔西娅则明显向他的同事，沙皇最喜欢的网球伙伴维克多·兹波罗夫斯基上尉表现出了忠诚的一片痴情的少女芳心。

在女孩们的日常生活变得越来越平淡，而且基本上只限于皇村之时，来自前线的坏消息让所有的女孩，尤其是奥尔加，都为她们的父亲感到害怕，但她们总觉得和卫队军官待在一起的自己是安全的。由于奥尔加姑妈在里夫内做护士，安娜·维鲁博娃接替了她，并邀请四姐妹到亚历山大宫附近的她家和这些军官一起喝下午茶。10 月 12 日，奥尔加写道："下午 4 点，我们和兹波罗夫斯基以及亲爱的 Sh（什维多夫）在安娜家喝茶。""很高兴终于能够见到彼此，愉快地聊天了。"那一天塔齐亚娜尤其开心，因为她和德米特里·马拉马通了电话，后者请安娜给塔齐亚娜买了一份特别的礼物——"一只小法国斗牛犬……真是太甜了。我太高兴了。"[44] 她以马拉马的战马的名字命名了这只狗——奥尔蒂波。[45] 在奥尔蒂波到来之前，她 242 给母亲写了一封惯常的致歉信：

> 我亲爱的妈妈：
>
> 　　关于小狗的事请原谅我。说实话，当他问我，如果他给了我，我是否愿意接受时，我立刻就答应了。你记得吗，我一直想要一只，直到我们回家后，我才突然间想到您可能不喜欢……求您了，亲爱的天使，原谅我……来自您忠诚女儿的 1000 个吻……亲爱的，希望您不生气。

奥尔蒂波很快在宫殿里引发了骚乱；它很淘气，很有破坏性（不久前怀孕了），但它到来的时刻很巧，因为阿列克谢自己的狗在不久之后被射杀了，而且它也成了阿纳斯塔西娅的狗什维布吉克的伴儿。然而，奥尔蒂波生的小狗被证明"又小又丑"，家里人没把它们留下。[46]令塔齐亚娜感到遗憾的是，德米特里·马拉马很快从受的伤中恢复过来。10月23日他从附属医院出院，"可怜的我，太可怕了！"这是她在日记里所能写下的最多的话了。[47]

11月4日，罗曼诺夫姐妹参加了她们的外科手术最终考试，两天后，她们和另外42名慈善修女在位于皇村的红十字会总部获得了护理证书。这时，亚历山德拉已经在全镇及其周边地区建了大约70家医院。[48]西德尼·吉伯斯回忆道，到了1915年初，对于全部的罗曼诺夫的四个姐妹来说，"在军队医院工作成为她们生活的中心和全神贯注的事业"。在某种程度上，两个小点的孩子的教育无可避免地受到影响，经"但这种经历是如此令人振奋，以至于做出牺牲肯定也是值得的"。[49]正如当时阿纳斯塔西娅热情洋溢地给她的老师PVP所写的："今天下午我们全都去兜风了，去了教堂和医院，就是这样！现在我们要去吃晚饭了，然后再去医院，这就是我们的生活，是的！"[50]讽刺的是，这场战争打开了她们所有人的眼界。

第十五章
我们不能丢下在医院的工作

1915 年 1 月，安娜·维鲁博娃在彼得格勒和皇村之间的
一次铁路事故中受了重伤，罗曼诺夫姐妹的肩上又增加了一项
令人忧心的负担。她被送到附属医院时情况令人绝望，肩膀脱
臼、左腿两处骨折、右腿撕裂、头部和脊柱受伤。人们都觉得
她活不了了。她年迈的父母来了，塔齐亚娜含泪迎接了他们，
轻轻地护送他们穿过走廊。瓦莲金娜·切波塔列娃还能清晰地
记得那晚：

> 他们派人把格里高利请来。我觉得这很糟，但我不能
> 替别人做判断。这个女人要死了，她相信格里高利，相信
> 他的圣洁，相信他的祈祷。他是在恐惧中抵达的，蓬乱的
> 胡须在颤抖，像老鼠一样的眼睛滴溜溜地转。他抓住维
> 拉·伊格纳切娃（·格多罗伊茨医生）的手说："她会活
> 下来，她会活下来。"但她自己后来告诉我："我决定在
> 他自己的这个游戏中扮演神父，想了一会儿，然后郑重地
> 说：'谢谢你，但我会救她的。'"

当时从斯塔夫卡回到家中的尼古拉也听到了格多罗伊茨医
生的回答，他给了医生一个苦笑，说道："各司其职。"[1]据瓦

莲金娜回忆，那天晚上他和医生说了一会儿话。两个女人似乎都很清楚，沙皇"毫无疑问，既不相信格里高利的神圣，也不相信格里高利的力量，而是容忍他，就像被病痛折磨得筋疲力尽的病人紧紧抓住最后一根救命稻草一样"。但格里高利本人显然被发愿让安娜康复的举措搞得疲惫不堪。他后来总是声称他"把阿努什卡从死里救了回来"，因为克服了重重困难，她确实康复了。[2]

244

经过六个星期的精心护理，安娜终于能够回家了，但她的康复期很长，而且她的余生都因伤而残。而那年更早些时候，在健康状况已经不稳定的情况下，从战争的第一天起就一直在不遗余力地驱使着自己的亚历山德拉也完全崩溃了。波特金医生命令她卧床六个星期。亚历山德拉向一位朋友解释说："到医院与可怜的伤员们进行几个小时的交谈，要比在医院里照料病人、协助手术、包扎和护理最难看的伤口让人疲惫多了。"她努力地在附属医院继续她的一些工作，"尽可能地私下里或出人意料地到来，但往往不成功……最大的安慰就是和亲爱的伤者们在一起，我非常想念我的医院"。[3]当她的精力衰竭时，亚历山德拉会在病床上阅读并撰写报告，在此期间，服用了"大量的铁、砷和心脏药水"。[4]

在接下来的几周里，除了在医院的护理职责外，奥尔加和塔齐亚娜还经常会去看望安娜，和母亲或阿列克谢坐在一起，由于在玩耍时过度劳累，阿列克谢的手臂反复感到疼痛。私人享乐的时刻越来越少，可能的时候，塔齐亚娜会在下午独自跑出去骑马。晚上，她的其他姐妹们经常会坐下来玩棋盘游戏、听留声机，或是阿纳斯塔西娅围着两只狗大呼小叫，但在清理完无数次这样的事故后，塔齐亚娜会安静地坐下来读诗。她发现母亲最近的不适很难让她承受，她不断地折磨自己，说自己做得还不够："妈妈，亲爱的，我太伤心了。我看您看得太少了……姐妹们早点睡没关系——我会留下来的。对我来说，最好少睡一会儿，这样能多看看您，我亲爱的人。""在这样的时刻，"她对亚历山德拉说，"我很抱歉我不是一个男人。"[5]正如她在 5 月时告诉尼古拉的那样，她现在不得不动用她全部的意志力去处理需要她尽的许多职责。

> 今天我在医院为一个可怜而不幸的士兵包扎，他的耳 **245**
> 朵和舌头被截去了。他很年轻，长着一张可爱的脸，来自
> 奥伦堡区。他无法开口说话，于是写下了这一切是怎样发
> 生的，妈妈让我把这一切告诉您……他很高兴。格多罗伊
> 茨公爵小姐希望他能够及时地学会说话，因为他只有一半
> 的舌头被切除了。他很痛苦。他失去了右耳的上部和左耳
> 的下部。我真为这个可怜的人难过。午饭后，妈妈和我去
> 了彼得格勒的最高委员会。我们在那里坐了一个半小
> 时——这太无聊了……然后妈妈和我去了所有补给站。直
> 到现在 5：30 我们才回来。[6]

亚历山德拉深信，她们的委员会工作"对女孩们非常有益"；这将教会她们独立，并"在没有我持续帮助的情况下，她们将进一步学会思考和为自己说话"。[7]奇怪的是，她相信这一点，但并没有更早一步让她的女儿们在社会中发挥更大的作用；如果她这样做了，她们就不会在主持委员会会议时还在努力克服强烈的不自在感了。塔齐亚娜说，这些会议让她"恐惧得想潜到桌子底下"。至于奥尔加，除了参加她母亲在

最高委员会上没完没了的会议之外，每周她还要坐下来接受捐款，亚历山德拉认为这同样对她有利。"她会习惯于看到人民，听到发生了什么事"，她告诉尼古拉，尽管她有时对奥尔加很失望，"她是个聪明的孩子，但不爱动脑子"。[8]

随着 1915 年春天的到来，这个家庭情不自禁地开始伤心地回忆起战前的生活。4 月中旬，皇村仍在下雪，但他们在里瓦几亚的一个朋友寄来了一些克里米亚的花作为礼物——紫藤、阿勃勒、紫色鸢尾、银莲花和芍药。阿历克斯对尼基说："看到它们插在花瓶里让我很难过。这看上去不奇怪吗？这里是仇恨和流血，以及战争带来的所有恐怖情境——而那里就是天堂、阳光、鲜花与和平……天哪！自峡湾平静、温馨的生活以来，发生了多少事！"[9]他们都渴望像过去一样去克里米亚。但责任是最重要的，正如塔齐亚娜在 6 月对帕维尔·沃罗诺夫的妻子奥尔加所说："这是我们第一个不会住在彼得宫城的夏天。我们不能丢下医院的工作。想到住在一个没有游艇也没有小岛的地方会很难过。可惜这里没有海。"[10]

女孩们去皇村时，仍然能偶尔见到帕维尔和奥尔加，但 1913 年那令人悲伤的夏天以及随之而来的所有心痛印痕现在已经在奥尔加身上消退了。从 5 月底开始，奥尔加的心思就越来越多地缠绕在一个初来附属医院的新人身上——德米特里·沙赫－巴戈夫，一名埃里温团的格鲁吉亚近卫步兵副官。埃里温团是俄国军队中历史最悠久、最负盛名的兵团之一，也是在卫队之后皇室最喜爱的兵团之一。但德米特里停留的时间很短："沙赫－巴戈夫明天要回他的团，我在晚饭时间给他打电话说了再见。"奥尔加在 6 月 22 日的日记中写道，"我真为亲爱的他感到难过，太可怕了，他太可爱了。"[11]塔齐亚娜在同一兵团也有一个喜欢的病人——一个来自阿塞拜疆的名叫谢尔盖·梅利克－阿达莫夫的掌旗官。他有着和前辈们一样的黑不溜秋的面孔和大胡子，但和他同期的病人认为他布满麻点的脸毫无吸引力，他大声说的笑话有点让人尴尬。[12]

德米特里·沙赫－巴戈夫的离开产生了显而易见和直接的影响。"亲爱的奥尔加·尼古拉耶夫娜变得悲伤了，"另一个病人伊万·贝利亚耶夫回忆说，"她的脸颊失去了以往的红润，她的眼睛因泪水而变得深沉了。"[13]不久之后，德米特里的指挥官康斯坦丁·波波夫受伤，住在了梅利克－阿达莫夫所在的"埃里温团"病房。"女大公像是见到了老朋友一样迎接我。"他回忆道。她开始询问他有关这个团的情况，有关他们认识的军官，等等。

> 我本能地想，多么简单可爱的人啊，而且每天我越来越相信这一点。我是她们日常工作的见证人，她们的耐心、坚持不懈、出色的工作技巧以及对周围每个人的温柔和善良都让我印象深刻。[14]

五个星期不到，奥尔加高兴地看到，德米特里·沙赫－巴戈夫被送回了医院，尽管这是场不幸的遭遇。他在波兰东部扎格罗迪附近的一次侦察行动中受了重伤。8月2日，他躺在担架上，腿骨粉碎，一只手受了伤，瘦了很多、面色苍白，立即被送回了埃里温团病房他从前的那张床。[15]他接受了手术，腿上打了石膏，尽管他本应卧床，但他很快就像一只忠诚的小狗一样开始在奥尔加身后蹒跚而行。"很快就能看出她从前面的心情中恢复过来了，"伊万·贝利亚耶夫说，"她甜美的眼睛再次闪耀起来。"[16] 奥尔加的德米特里现在开始以"米佳"这个满怀柔情的称呼定期出现在她的日记中。她抓住了每一个可以有他陪伴的宝贵时刻——和他一起坐在走廊里、阳台上、病房里，还有晚上，当她给仪器消毒、制作棉签的时候。她有充分的理由深深迷恋上他，因为每个人都爱米佳。康斯坦丁·波波夫赞誉他是一位"杰出而勇敢的军官，一位难得的朋友，一个和蔼可亲的人。如果一个人再拥有他那英俊的外表，以及穿上制服和让自己脱颖而出的能力，那么你就会看到一个年轻的埃里温军官的样子，我们团确实为这样的人感到骄傲。"[17] 伊凡·贝利亚耶夫回忆说，米佳"很可爱，很害羞，像个女孩"，更重要的是，"很明显，他完全爱上了他的护理修女。每当他看到奥尔加·尼古拉耶夫娜时，两颊都涨得通红。"[18]

虽然奥尔加可能有所垂青，但她和塔齐亚娜一样，继续以同情和关怀照顾所有病人，这一点丝毫没有改变。瓦莲金娜·切波塔列娃记得一次特别的创伤性手术，两姐妹都曾在手术中帮忙，而当病人去世时，两人哭得有多么伤心。"塔齐亚娜·尼古拉耶夫娜的安抚像诗一样，"瓦莲金娜在日记中写道，"当她打电话或是读到有关她的伤员的电报时，她是多么温暖亲切啊。她是一个非常善良、纯洁和深情的女孩。"[19] 那年夏天，高度保守的塔齐亚娜似乎爱上了弗拉基米尔·基克纳泽，也就是她很快便称呼为瓦罗佳的人——另一位来自格鲁吉亚的第三卫队步枪团二等中尉，在此之前，她似乎仅对德米特里·马拉马产生过一时的热情。两姐妹开始与基克纳泽和沙赫－巴戈夫一起在花园里玩槌球，享受着幽会的乐趣，陷入了一种充满微笑和自信的日常生活中，他们坐在床上，一起看相册，或是给彼此拍照。有一阵子战争似乎也并没有那么残酷了。

*

整个 1915 年，尼古拉都设法定期回到皇村的家中，但在 8 月，他做出了一个重大的决定，这将把他带离这个家庭更长时间。俄国在东线的一系列失败导致其从加利西亚的大规模撤退，截至当时已有 140 万俄国人伤亡，100 万人被俘。装备糟糕的帝国军队士气大挫。作为回应，尼古拉解除了他的叔叔尼古拉大公作为军队总司令的职务，并亲自接管了指挥权，将斯塔夫卡移到了彼得格勒以南 490 英里（790 千米）的莫吉廖夫。这个决定，就像沙皇在战争中所做的每一个决定一样，都受到一个想法的驱使，即他深信人民对他的信任，将他视作他们的精神领袖，而他自己、他的家人和俄国的命运则掌握在上帝的手中。8 月 22 日晚上 10：00，孩子们和他一起去了车站。"我亲爱的爸爸！"奥尔加自他一离开就开始写信，"你要离开是多么令人悲伤，但这次我们是怀着一种特殊的喜悦送您离开的，因为我们都热切地相信，您的出现将比以往任何时候都更能极大地鼓舞我们强大的民族军队的精神。""我肩负着新的重任！"尼古拉一到斯塔夫卡就告诉亚历山德拉。"但上帝的旨意会得到满足，我感到很镇定。"[20] 两个月后，他又做了一个重要的决定：在从家再次离开时，他带着阿列克谢回到了斯塔夫卡，一部分是因为他非常想念家人，想要他的陪伴，但同时也是因为他和亚历山德拉都相信，皇储的出现将极大地提振军队的士气。如今已经 11 岁的阿列克谢欣喜若狂；尽管他很爱他的母亲，但他还是不顾一切地想摆脱她那令人窒息的存在，无疑还有他姐姐们的过度保护。正如他后来抱怨的那样："我讨厌回到皇村，成为所有这些女人中唯一的男人。"[21]

249 　　自从战争爆发以来，阿列克谢一直在家里玩着士兵的游戏，他骄傲地穿着士兵的大衣昂首阔步地走来走去，就像阿历克斯告诉尼基的那样，"很像一个小军人"。他在宫殿花园里站岗，和他的"叔叔们"挖壕沟、建堡垒，在这个过程中这些动作有时会引发他的手臂痛。[22]但除此之外，他的身体比过去几年都好，一段时间以来没有发生过严重的出血状况。让儿子离开对于亚历山德拉来说非常艰难，但在保证了阿列克谢的学业不会中断后她同意了这个决定。然而，尽管PVP和皮埃尔·吉利亚德追着他来到了斯塔夫卡，但到目前为止，他在课程上已经远远落后。他很少全神贯注于一天的课程，更喜欢分心下棋，玩他的巴拉莱卡，享受着他的新狗，一只名叫乔伊的可卡猎犬的陪伴。[23]在斯塔夫卡，阿列克谢和他的父亲共享着斯巴达式清苦的生活条件，他们睡在行军床上，出行营地，一起视察部队，享受着士兵们的友谊，阿列克谢还特别喜欢和父亲在第聂伯河游泳。说回皇村，每一个皇家随从都感到了父亲和儿子的缺席。"皇宫的生活，如果还可能的话，变得更安静了，"伊扎·布克斯盖夫登回忆道，"这个地方似乎已经全死了。庭院里没有一点动静。我们这些女侍官要穿过一连串空荡荡的大厅才能来到皇后身边。"[24]而每当尼古拉和阿列克谢回家的时候，"宫殿就焕然一新。"

　　在斯塔夫卡，年轻的继承人给所有遇见他的人留下了深刻的印象。诚然，他可能仍然很无礼，尤其是在餐桌上，他有向父亲的副官扔面包球的嗜好。[25]但他非凡的精力照亮了整个房间。"这是我第一次看到皇储，当时我们的包厢门被猛地打开，他像一阵风一样来了，"美国海军少校牛顿·麦卡利回忆说：

充满活力，健康的外表，他是我见过的最俊美的孩子
之一，能如此近距离看到他使我尤为高兴，因为我已经听
到了很多关于他瘫痪了、落下了终身残疾等种种谣言。大
家没想到会看到一个英俊的孩子。毫无疑问，他是病了，
但现在他并没有任何生病的迹象——如果有的话或许是他
过于旺盛的生命力，或是过于多动的机体。[26]

10 月中旬，值阿列克谢获得圣乔治四等奖章之际。亚历 250
山德拉、安娜·维鲁博娃和女孩们造访了莫吉廖夫州，她们全
都很高兴地看到他的健康状况和力量正在持续改善和加强。安
娜·维鲁博娃回忆说："整个夏天，他活力四射、精神愉悦。"
他和他的导师吉利亚德和彼得罗夫一起嬉戏玩耍，就好像疾病
对他来说是件从没发生过的事。[27] 这次访问对这些女孩来说是
一次很好的喘息，她们在皇村过着近乎是修道院的生活。在斯
塔夫卡，她们有更多的活动自由。她们会和铁路工人以及当地
农民的孩子们一起玩（塔齐亚娜把他们拍下来收入相册，小
心翼翼地记下了他们的名字），尽管再一次有人窃窃私语：皇
室姐妹们不应该如此卑微地屈尊于这种友谊，他们看起来很邋
遢和"不皇室"。[28]

作为总部的莫吉廖夫州州长的房子太小，无法容纳所有的
家人，因此亚历山德拉和姑娘们留在了皇家火车上，晚上尼古
拉和阿列克谢会同她们一起吃饭。火车停在了树木繁茂的乡村
中，女孩们能在无人注意的情况下散散步，而且一般不会被认
出来。在树林里，她们会和沙皇卫队的人一起点篝火、烤土
豆，就像她们在芬兰度假时那样；她们在阳光下睡在新割的干
草上，甚至可以偶尔享受尼古拉递给她们的香烟。其余时间她

们会在第聂伯河上乘船游览或是在皇家列车上玩捉迷藏游戏，有时还可以在莫吉廖夫观看当地播放的电影。[29]但在那个10月所拍摄的许多照片中，奥尔加看起来是畏缩而忧郁的，常常坐在一旁。她从斯塔夫卡回来后咳嗽得很厉害，瓦莲金娜·切波塔列娃立刻开始担心起来，不仅担心她忧郁的心境，还担心她明显下滑的健康状况：

> 她的精神完全崩溃了，她变得越来越瘦，脸色越来越苍白。她最近不再给伤员绑绷带，她不忍心看到伤口，在手术室里很痛苦，变得易怒，她想做些事情，但控制不了自己——感觉头晕。这个孩子是多么悲伤和烦恼，看到她这个样子真是太可怕了。他们说这是彻底的筋疲力尽。[30]

251　　　在她后来的回忆录中，安娜·维鲁博娃声称，尽管塔齐亚娜从一开始就表现出了"非凡的"作为护士的能力，但"奥尔加在两个月内（她的培训期间）就已几乎筋疲力尽，心力交瘁，而无法继续工作"。[31]很显然，长时间的工作对她造成了伤害，她在情感和身体上相比塔齐亚娜更缺乏弹性，也远没有塔齐亚娜专注。她无法应对目睹某些手术所带来的创伤，也不能像她妹妹那样轻松地按常规行事。现在，她又一次被自己的感情弄得心烦意乱了——这一次是为了米佳·沙赫-巴戈夫。她感到精疲力竭，并伴有严重贫血，和她母亲一样，她每天都要接受砷注射。10月31日，亚历山德拉给尼古拉拍电报说："奥尔加的病情还不明朗。"在信中，亚历山德拉补充说，他们的女儿"只是开车出去了一趟，到现在喝完茶后，仍只是坐在沙发上，我们会上楼用餐——这是我的治疗方法。她必须多躺一会儿，因为她面色苍白，疲乏不堪——你会发现，注射砷能起到妙用"。①[32]

几天后，大家都在庆祝奥尔加的 20 岁生日，但近来她几乎没怎么去过附属医院，而当她去了的时候，正如她告诉父亲的那样，她也"什么都没做，只是和他们坐在一起。但他们还是让我多多休息"。她不喜欢波特金医生每天给她注射的砷，"有点大蒜味，这不大好"。[33] 无论她此时个人的想法是什么，奥尔加和她的妹妹们一样，对自己的命运始终保持着冷静地接受。一天晚上，当奥尔加和塔齐亚娜换下衣服、为晚餐挑选珠宝时，比比护士正好到皇宫参观。"唯一的遗憾是没人喜欢看到我这样，"奥尔加打趣道，"只有爸爸！"正如比比告诉瓦莲金娜的那样，奥尔加说这番话时完全没有一丝矫揉造作。"一、二，头发立刻就梳好（尽管没有这样的发型）！她甚至连镜子都不看一眼。"奥尔加对自己的长相几乎毫不在意，也不关心别人怎么看她。在她感到不舒服躺在家里的时候，女仆尼尤塔给奥尔加带来了一张留声机唱片——《再见，楼楼》（Goodbye Lou-Lou)"。瓦莲金娜在日记中写道："毫无疑问，这是医院里所见事物的回响，"这可能是在间指奥尔加的军官朋友们在那里唱的歌。"可怜的孩子们不得不住在这个镀金的笼子里，真是令人难过。"[34]

当奥尔加终于可以做事以后，她回到了附属医院，但是工作量被大幅削减了，主要是测量体温、开处方和处理被单枕

252

---

① 砷在当时是治疗这种病症的常用药物。例如，某位外交官的妻子多萝西·博桑奎特在皇村度过了 1916 年的 4 月，她正从胸膜炎中康复过来，每天下午都会去宫廷医院，一次注射 50 戈比的砷。砷被加热时会氧化并生成三氧化二砷，其气味类似大蒜。砷蒸发时闻起来也像大蒜。

套。每天早上更换敷料的一大部分工作现在由塔齐亚娜来完成，她同时要负责注射，并在外科手术中协助格多罗伊茨医生。瓦莲金娜和塔齐亚娜最近不得不处理一个尤为让人生厌的坏疽伤口，需要进行紧急截肢。在瓦莲金娜急急忙忙准备奴佛卡因①的时候，塔齐亚娜已经在无人指导的情况下把所有的器械都收拾妥当，并准备好了手术台和亚麻布。手术过程中，伤口排出了大量恶臭的脓液，连瓦莲金娜也一度感到恶心。"但是塔齐亚娜·尼古拉耶夫娜不为所动，只是在病人呻吟时会抽搐一下，脸涨得通红。"那天21：00她回到医院，和奥尔加一起给器械消毒，22：00，就在离开之前他们去看了病人。令人难过的是，他在晚上的时候情况转糟，最后死了。[35]

这是奥尔加无法再应对的创伤，尽管大部分时间她只是去看了一会儿，尤其是当米佳还在的时候。现在塔齐亚娜为再次受伤的瓦罗佳·基克纳泽的归来而感到非常开心。她们在夏天早些时候所享受的舒适的两人一组又恢复了，女孩们每晚会在这儿消毒器械并准备药棉。瓦莲金娜写道："谁知道奥尔加·尼古拉耶夫娜经历了怎样的内心煎熬。为什么她瘦了，变得那么单薄苍白：她爱上了沙赫 - 巴戈夫吗？"瓦莲金娜担心姐妹们和她们最喜欢的人待在一起的时间太长："塔齐亚娜·尼古拉耶夫娜刚包扎完伤口，就会跑去打针，然后她就和 K［基克纳泽］两个人待在一起……他会坐在钢琴前，用一根手指弹着什么，和我们亲爱的姑娘聊很久。"比比也很担心。要是伊丽莎白·纳雷什金娜走入"这个小场景"呢？"她肯定会震惊而死。

---

① 盐酸普鲁卡因（procaine hydroc hloride）制剂的商品名。——译者注

沙赫－巴戈夫发烧了，正卧床休息。奥尔加·尼古拉耶夫娜一直坐在他的床边。另一对昨天和他们一起坐在床上，一页一页地翻看相册。K［基克纳泽］讨好着塔齐亚娜。塔齐亚娜·尼古拉耶夫娜可爱的稚气的脸上什么也藏不住，她满脸通红，极富生气。但这所有的亲近、所有的接触难道没有危险吗？我开始担心了。其他人开始嫉妒并恼火，我可以想象他们会开始传闲话，并在镇上四处传播，甚至在更大范围传播。[36]

格多罗伊茨医生和瓦莲金娜有着同样的担心；她们都觉得瓦罗佳·基克纳泽是一个少女杀手，正在把易受影响的塔齐亚娜引入歧途。格多罗伊茨决定送他去克里米亚休养，更确切地说，正如她和瓦莲金娜所一致认为的，"摆脱危险"。即使是米佳，奥尔加的"宝贝"，也不是无可指摘的；格多罗伊茨发现在他喝醉的时候，他曾向一位病友展示了奥尔加写给他的私人信件。"这绝对是最后一击！可怜的孩子们！"[37]

*

1915 年 12 月 3 日于斯塔夫卡，尼古拉斯在日记中提到"阿列克谢昨天开始感冒"，他打喷嚏，接着流鼻血。[38]由于血止不住，费奥多罗夫医生建议把阿列克谢带回皇村。当他们在 6 日抵达时，安娜·维鲁博娃被眼前所见震惊了：

这个被照料得无微不至的男孩被抬进宫殿，尖尖的小脸灰白蜡黄，躺在他的白色小床上。包裹的绷带沾满鲜血，他用那双蓝色的大眼睛带着无法形容的哀伤凝望着我们，在小床四周的所有人看来，这个不幸的男孩的最后一刻似乎就要来临了。

当然，格里高利被传唤而来，他也很快就到了。和以前差不多，他在阿列克谢的床边站了一会儿，在他上方画了一个十字，然后转向亚历山德拉说："不要惊慌，什么事也不会发生。然后他就走了。"[39]而她则整晚待在儿子身边，直到早上8：00才去睡觉。塔齐亚娜告诉瓦莲金娜："半小时后，她就又起床去了教堂。"[40]第二天，一位名叫波利亚科夫的专家被请来，设法用灼烧法止住了出血。阿列克谢一直卧床到12月18日，但仍然很虚弱。12日，郁闷的尼古拉独自回到斯塔夫卡。

1915年的圣诞节临近时，奥尔加和塔齐亚娜感到很沮丧。因为，米佳和瓦罗佳很快就要出院了。女孩们请求母亲为他俩说情，至少让他们留下来度假。26日，女孩们设法来到附属医院"抽出一个小时给伤员包扎"，尽管正如瓦莲金娜所知道的那样，她们带着一点"隐秘的想法"，期待同米佳和瓦罗佳聊聊天。瓦莲金娜很想看到基克纳泽马上离开，因为她听说他已经在吹嘘自己俘获的战利品。"人们都在传闲话，他们看到他是如何不断地把她带到病房的一角，远离其他人……总是用低沉的嗓音秘密地、悄悄地聊着什么。"格多罗伊茨医生对他的不当行为感到"愤怒"。[41]

1915年12月30日，奥尔加在日记中满怀希望地写道："米佳在委员会工作，回来之后我们几乎一直坐在一起，画着素描，就是如此简单。他很好，上帝知道。"到了晚上，她打电话给他，听到了那个让她害怕的消息："他突然接到了团部的命令，两天之内要动身去高加索。"[42]

第十六章
外面的生活

至 1916 年春，俄罗斯帝国的难民危机已经变得非常严重，共有大约 330 万人因东线作战而从聚居点的灰烬中逃离，这其中有很多是犹太人。[1] 由于迫切需要更多的难民营、孤儿院和粥舍，女大公塔齐亚娜·尼古拉耶夫娜在俄国媒体上发表了衷心的呼吁，号召大家援助她的委员会。她写道："这场战争已使数以百万计的和平公民破家荡产、流离失所，"

> 无家可归，无家可住，不幸的难民正在全国各地寻求庇护……我呼吁你们，所有善良的人们，在身体上和精神上帮助这些难民。至少要安慰他们，让他们知道你清楚并理解他们无尽的苦难。记住我主的话："我饿了，你们给我吃。渴了，你们给我喝。我作客旅，你们留我住。"[《马太福音》25：35][2]

塔齐亚娜委员会不仅努力为难民提供临时住所，而且还把他们登记在册，使被战火分离的家庭得以团聚。特别是它通过设立孤儿院和学校来确保儿童的福利——很多儿童来自战区，情况让人同情，因饥饿和虱子缠身而虚弱不堪。1916 年初，在委员会的主持下，彼得格勒开设了第七所难民儿童及其母亲

之家。这项计划由驻城的美国人提供资金，大使乔治·马雷的
夫人主持；那年晚些时候，美国人又捐赠了 15 辆野战救护
车。[3]英国人也予以协助，派出了一支由女性护士和医生组成
的团队，为彼得格勒的英国妇产医院工作，塔齐亚娜委员每月
会给这家医院 1000 卢布的支持。[4]

　　经历了一年多的战争，有关这位皇后和她的两个大女儿所
做的示范性的工作的消息传遍了外国媒体。奥尔加和塔齐亚娜
被树立为品行高尚的女英雄，她们是"战争中美丽的'白衣
姐妹'"，率领着一支"戴着雪白的和平标志和救赎的红十字
的女护士"的队伍。[5]英国记者约翰·福斯特·弗雷泽还记得
"一场为期三天为难民筹款的售旗会是如何以一场在喀山大教
堂前举行的盛大圣体礼开始的"：

> 　　帮助远方战争受难者的想法出自 17 岁的女大公塔齐
> 亚娜……她又高又黑，又漂亮又淘气，俄国人爱戴她……
> 当她发起基金会，为波兰人民筹集面包和衣物时，就像一
> 个仙女在挥动魔杖……他们这位美丽的公主的吸引力是令
> 人无法抗拒的……在彼得格勒几乎每家商店的橱窗里，都
> 会挂着这位女士大大的照片，她轻轻地眨着眼睛，好像在
> 问："嗯，你捐了多少钱？"[6]

　　1 月 13 日亚历山德拉很高兴地报告尼古拉："城里正热热
闹闹地庆祝着塔齐亚娜的'命名日'。剧院安排了一场音乐会
和表演……塔齐亚娜带签名的肖像随同演出票一起出售。"[7]
从出售塔齐亚娜的明信片和肖像中筹措的资金将进入委员会的
基金池。约翰·福斯特·弗雷泽报道说："我见过老绅士们在

256

涅瓦河边漫步，他们圆圆胖胖的胸膛上挂着一排公主的小照片，就像是彼得格勒的警察佩戴的奖牌一样，真是太妙了。"[8]然而，美国人理查德·沃什伯恩·希尔德写道，对于其他人来说，皇室"被一堵又一堵的隔离墙包围着"，"皇后和四个女儿（奥尔加、塔齐亚娜、玛丽亚和阿纳斯塔西娅）对慈善事业有点兴趣，但除此之外，对于俄国人民来说，真实的只有她们的照片"。[9]

无论如何，与奥尔加在最高理事会中不太显眼的作用相比，塔齐亚娜在委员会所做的重要工作大大提高了她的公众形象，尽管这无疑与奥尔加健康情况一直不佳有很大关系。她们的母亲也一样，自圣诞节前就一直缺席在彼得格勒和附属医院举行的会议。在 1 月和 2 月的大部分时间里，她都在忍受着剧烈的神经痛和牙痛的复发，以及她"扩张了的"心脏的毛病，这让她"经常泪水涟涟"。[10]波特金医生给她做了神经痛的电疗，她的牙医也多次探视她，而亚历山德拉则继续给自己服用各种各样的专利药物，包括鸦片和"阿多尼斯及其他药水以使心跳平息下来"。[11]与此同时，阿纳斯塔西娅患上了支气管炎，阿列克谢也不舒服，手臂因外出滑雪橇而开始疼痛。亚历山德拉对尼古拉说："他的两只胳膊都用绷带包扎着，右臂昨天更疼了。"自从安娜去年出事以来，格里高利一直待在皇后的身边祈祷并给出圣人般的建议，他告诉皇后阿列克谢的痛苦将"在两天后消失"。[12]拉斯普京在她丈夫不在的情况下对这位皇后施加的影响越来越大，而他现在正在就军事和政治问题对亚历山德拉窃窃私语，这使得近来的流言蜚语更甚以往。焦虑的瓦莲金娜·切波塔列娃记录道："仇恨不是一天一天，而是一小时一小时地增长，并且传递到了我们可怜的、不幸的女

257

孩身上。人们认为她们和她们的母亲想的一样。"[13]

对于塔齐亚娜和奥尔加来说，日子依旧在狭窄的、重复的路线上继续。外国报刊提醒了读者尽管这是在战时护士头巾的包裹下，她们仍然被认为是"欧洲皇室里最漂亮的孩子"，而且关于与巴尔干半岛诸国王子联姻一事的猜测再次被提出，但爱情的念想还是深种于奥尔加的心里。[14]米佳·沙赫 - 巴戈夫已经康复了，那年的 1 月初他将离开医院，她很难接受他的第二次离开。"奥尔加的脸上再次出现了那种悲惨的神情。"瓦莲金娜难过地记录道。部分是因为有关她妈妈和拉斯普京的流言蜚语。在她的身上有种"可怕的被压抑的痛苦"：

258 　　　　与沙赫 - 巴戈夫近在眼前的离别可能加重了这一点——她信赖的骑士马上要离开了。他真的是一个好伙伴。他对待她如对待一件神圣的物品一样崇敬。"奥尔加·尼古拉耶夫娜只需告诉我她觉得格里高利是个恶心的家伙——我就会杀了他。"[15]

瓦莲金娜认为米佳本性"粗犷"，但他是个"诚实的人"。与此同时塔齐亚娜依然努力工作，谦逊自若，而且"温柔动人"。2 月她告诉自己的父亲："这里的一切都一样，没有什么新鲜事。"[16]瓦莲金娜回忆说，有一天晚上，当她来到医院帮忙消毒器械和煮沸丝线时，看到塔齐亚娜"正独自坐在石炭酸的难闻气味里"。在另一个场合当瓦莲金娜试图阻止她再次这么做时，"她把我赶了出去。'请告诉我，这么着急干什么……如果你能吸入石炭酸，为什么我不能？'"[17]"到了秋天，塔齐亚娜已被允许在手术中做氯仿麻醉的工作，这就是她所证明的自己作为一名护士的能力。但在她的坚定不移之外，她仍然虚弱且越来越忧伤的姐姐陷入了抑郁之中。瓦莲金娜写道："奥尔加［向我］保证，她觉得自己将会一直是个老处女"，尽管她和沙赫－巴戈夫"相互解读着手相，他预言她将有 12 个孩子"。塔齐亚娜的手相则"很有趣"："命运之线突然中断，并做出了一个急剧的转折。他们向她保证，她将会做一些不寻常的事。"[18]然而，塔齐亚娜的一天暂时还充满着各种责任——无论是在家里还是在医院——这让她几乎没有，甚至根本没有时间独处。1 月 16 日，她记录下了典型的一天：

　　早上是德语课。10 点整去了医院。为第一百四十九号切尔诺莫尔斯克军团罗加尔包扎了伤口，颅骨受伤；包扎了第七萨莫吉廖夫榴弹兵团盖杜克的伤口，左大腿受伤；第七十四斯塔夫罗波尔军团马尔提诺夫的伤口，左大腿受伤；第三十一托姆斯克军团谢季宁的伤口，左大腿受伤；第十七阿尔汉格尔斯克军团梅尔尼克的伤口，右前臂和右下肋骨受伤；第一百四十九号切尔诺莫尔斯克军团阿尔希波夫的伤口，右手的无名指和小拇指没了，右大腿受伤。之后是布列伊什、谢尔盖耶夫、柴可夫斯基、马尔提诺夫、叶梅利亚诺夫——只受了点皮外伤。12：00，和瓦莲金娜·伊万诺夫娜一起上楼到士兵病房给波波夫换药。在麻醉后，他的肾被切除了。然后回去看了图兹尼科夫。和妈妈共进了午餐并一起喝了下午茶。再之后上了历史课。下课后我们四个和伊扎一起乘坐三驾马车出了门。然后我们去了大皇宫听音乐会。接下来是晚祷。和妈妈以及安娜一起吃了晚饭。后来尼古拉·帕夫洛维奇（·萨柏

259

林）来了。我们向他告别，因为他参了军，明天要去他的军营。[19]

由于她们的母亲行动不便，1 月 19 日，在祖母的陪护下，奥尔加和塔齐亚娜受命代表她们的母亲出席了市里一个重要活动——英俄医院的官方落成礼。它建在德米特里·帕夫洛维奇的宅邸里，位于阿尼奇科夫桥畔丰坦卡的转弯处，德米特里将它交出来供战时医院使用——有 188 张床位，并拥有自己的手术室、包扎室、实验室和 X 光设备。他们的补给由玛丽皇后缝纫协会和战时医院供给站从英国运出，医院里的 8 名医生和 30 名护士都是英国和加拿大的志愿者。其中一位名叫埃妮德·斯托克（小说家布拉姆·斯托克的侄女）的姑娘回忆起大家为开幕式所做的准备：

> 医院被打扫干净，地板抛得光亮极了，大盆的花和棕榈树摆在地上，还有它本身的美丽雕刻和大理石材质，看起来非常可爱……到了 2：30，我们都站得僵直……随后，我们听到一群人缓慢地爬上楼梯，一个穿着黑衣服的矮小女人走了进来，像一个简版的亚历山德拉（我们自己王后的妹妹），但表情很亲切。两位小公主，奥尔加和塔齐亚娜，戴着小貂皮帽子，内里是白色羽毛，穿着玫瑰色的低领连衣裙，披着貂皮大衣，手里拿着手笼，看上去十分动人，非常漂亮。[20]

医院里的每个人都在谈论罗曼诺夫家的姑娘们是多么迷人。奥尔加表现得开朗友善。埃妮德认为她是"最漂亮并且

真的很可爱的人"，并补充说，这对姐妹"看起来很欢快、很
自然"。皇室一家的其他成员后来也都去过这家医院，埃妮 260
德·斯托克记得阿纳斯塔西娅到来时"头发垂在肩上，还带
着一把'爱丽丝梦游仙境'的梳子"，以及在那个"难忘的"
一天"小皇储"来了——"这是我见过的最漂亮的小孩之
一"。[21] 当奥尔加和塔齐亚娜探访了由她母亲运营的英国侨民
医院时，梅瑞尔·布坎南也给出了相同的回应，他们参观了病
房，并与病人交谈，"奥尔加经常用她异想天开的欢乐点子让
他们发笑，她的妹妹则温柔地同他们交谈，但更加谨慎。士兵
们后来跟我说她们是多么善良，多么可爱"。[22] 近来，对于罗
曼诺夫家族年长的女儿们和她们的母亲来说，身着便服的时候
是非常少见的，以至于当人们看到没有穿护士制服的她们时，
都感到大吃一惊。一个星期天的早晨，在去教堂的路上，她们
"花了半个小时的时间在医院里跟别人说早安"，亚历山德拉
对尼古拉说，"他们盯着'穿裙子、戴帽子'的我们，看着我
们的戒指和手镯（女士们也如此），我们感到很害羞，［就像
是］客人一样。"[23]

*

1916 年，一名法国记者获得了在医院会见亚历山德拉和
两个女孩的珍贵特权，他说："奥尔加·尼古拉耶夫娜身上有
种神秘主义的平静。"[24] 这种特质也许比任何东西都更能定义
她的俄国性，而且随着战争的继续，这种特质变得越来越明
显。奥尔加似乎越来越迷失在她自己所渴望的那种对生活和爱
情的个人想法之中。一天，在医院里，她向瓦连金娜吐露了她
自己的"幸福梦想"："结婚，永远住在乡下，冬天和夏天都

在那儿，总是和好人混在一起，没有任何官场上的事。"[25]因此，当得知弗拉基米尔大公夫人近来在接近她的母亲，建议将奥尔加嫁给她38岁的儿子鲍里斯时，她自然感到非常惊惧。而亚历山德拉则并不感到惊讶，因为大公夫人"让［鲍里斯］成为离皇位最近的人的野心是众所周知的"。[26]"这个关于鲍里斯的点子太讨人厌了，我确信我的孩子永远不会同意嫁给他，而且我完全理解"，她给在斯塔夫卡的尼古拉写信，暗示"别的想法占据了这个孩子的脑子"，这可能暗示了她女儿对米佳·沙赫－巴戈夫的感情，她一定是知道的。"这是一个年轻女孩的神圣秘密，一定不能被别人知道，"她坚持说，"这将严重伤害奥尔加，她是如此敏感。"[27]

至于鲍里斯，"把这个久经风月、已经厌倦腻烦的年轻人交到一个比他小18岁纯洁、清新的女孩手上，让他们住在一个已经有很多女人'分享过'的房子里……一个没有经验的女孩会为嫁给了这样一位第四、第五或更多手的丈夫而忍受太多折磨。"[28]将鲍里斯作为丈夫人选的建议让他们痛苦地回忆起德米特里·帕夫洛维奇的经历，他们曾经希望德米特里成为奥尔加的丈夫。然而就亚历山德拉所见，德米特里现在已经完全没了形："他是一个没有任何格性［原文如此］的男孩，任何人都可以领着他的鼻子走。"[29]他现在回到了彼得格勒，抱怨身体不好，但"什么工作也不做，而且不停地喝酒"。亚历山德拉要尼古拉命令他回到他的团。"城市和女人对他来说都是毒药。"

如果家境再好一点，地位再高一些，亚历山德拉口中的"我的小马拉马"可能会是适合塔齐亚娜的人选，他现在回到了城里。很多俄国骑兵团，如德米特里所在的这一支，在东普鲁士被击溃；由于没有兵团可调任，他被委任为皇村的侍从官。亚历山德拉似乎对他尤为中意，邀请他去喝茶。"我们已经有一年没见到他了，"她告诉尼基。"他现在看起来更像一个男人了，而且还是一个讨人喜欢的孩子。我得说，是个完美的女婿样。"啊，就是这点麻烦。"为什么外国的王子没有这么好呢！"她补充说。本着一贯的谨慎，塔齐亚娜没有在日记或任何信件里吐露她对德米特里·马拉马归来的想法。①[30] 与此相对，她的姐姐则是把自己的感情说得太清楚了，当收到了一封来自米佳的信后，奥尔加·尼古拉耶夫娜一扫阴郁，"欣喜若狂，把所有的东西到处乱扔"，瓦莲金娜回忆道，"'她非常激动，上蹿下跳，说道：'20 岁有没有可能心脏病发作？我想我可能是病了。'"[31] 奥尔加早上所做的帮她舒缓情绪的按摩似乎没什么效果。她的口碑一如既往——总是"暴躁、困倦和愤怒"，亚历山德拉在 4 月向尼古拉抱怨，"她的（糟糕的）心情使事情变得更糟"。[32]

*

当她的姐姐们在附属医院里全神贯注时，玛丽亚和阿纳斯塔西娅继续在费奥多罗夫斯基小城医院看护自己的伤员。阿纳斯塔西娅现在是她自己的军队——第一百四十八里海步兵团的荣誉总司令，在她 14 岁生日之前，她父亲将这支军队送给她作为礼物。很快，她就骄傲地给在斯塔夫卡的尼古拉写了封信，在信上签上了自己的名字"里海人纳斯塔斯卡"。[33] 她和

---

① 如果换作另一种境况，有人可能会好奇，在战争结束时，尼古拉和亚历山德拉是否会承认他们女儿幸福婚姻的唯一途径是允许她们与高级军官贵贱通婚。

玛丽亚很难过地发现自己正越来越多地去探望那些已经死去的人的坟墓。8月，玛丽亚告诉尼古拉"我们最近一直在处理死人的事"，早在3月，她就在一封声情并茂的长信中描述过自己是如何在深雪和险恶的环境中，努力在下层军士的墓丛中找到了他们要找的几座坟墓的：

> 到达那里花了很长时间，因为路况非常糟糕……路边的雪堆得很高，所以穿过去非常费力，我们从那儿跳了下来，才发现那里的雪已经没过了我的膝盖，虽然我穿了大靴子，但我还是湿透了，不过我决定继续前进。就在不远的地方，我发现了一个名叫米什琴科的人的墓，他是我们的一个伤员。我在墓的上面放了些花，但往前没走多远，突然我又看到了另一个米什琴科的墓。我看了看上面的文字，看他属于哪个团，结果发现这位才是我们的伤员。好吧，我也在这儿放了花，接着我设法向前走，却突然滑了一跤。我躺在那儿，四仰八叉，几乎有一分钟都爬不起来，因为雪太厚了，我的手没法撑到地。[34]

263 　　与此同时，阿纳斯塔西娅和塔齐亚娜还去了陵园的另一处探访亚历山德拉的女侍官索尼娅·奥尔别里阿尼的墓地，她于去年12月过世了。玛丽亚则和守墓人待在一起寻找她想要去的另一处坟墓，最终发现这一处正挨着陵园的围栏。要想到达那里：

> 我们得爬过一条沟。他站在沟里对我说："我把你举过去。"我说我不要。他说："我们试试看。"他当然没能

把我举到另一边，而是正好把我摔到了沟中间。所以现在的情况是我们两个都站在了沟里，雪堆到了肚子，我俩狂笑不止。他想要爬出去，但很困难，因为沟非常深，对我来说也一样。后来不知用了什么方法，他出来了，然后把手伸给了我。当然，我又滑下来三次，摔了三个大马趴，但最后我还是设法出来了。我们全程手里还拿着花。但在这之后，我们就没法在十字架间行进了，因为我们都穿着厚大衣。但尽管如此，我还是找到了他的墓，最后我们离开了陵园。[35]

*

到了 1916 年 3 月，亚历山德拉感到越来越虚弱，已经无法从事战时工作。此外，独自抚育这五个孩子的压力也开始对她造成影响。3 月 13 日，她对尼古拉说："我们的火车刚刚被清空，玛丽的那辆会晚点到，遭到了严重损坏。"她"很失望不能去找他们，不能到医院工作——在现在这样一个人手奇缺的时刻"。[36] 她非常想念她的丈夫："如此孤单……带着我们全部的爱的孩子依旧我行我素，很少理解我看待事情的方式，即使是最小的那个也不例外。他们总是对的，当我说起我是怎么长大、一个人应当如何的时候，他们根本无法理解，觉得那很无聊。"在她看来，五个孩子中，可靠的塔齐亚娜似乎是唯一一个头脑冷静的人——"她抓住了要点"。即便是顺从的玛丽亚最近也变得喜怒无常，尤其是在她来月事的时候，"总是在抱怨，还朝人大吼"。奥尔加仍然是个问题，她"总是对每一个建议都表现得很不友好"。[37]

战争显然已经影响到了所有人，因此在 5 月初，罗曼诺夫家的五个同胞手足很高兴终于能坐上皇家列车，回到他们心爱的克里米亚。在参观了亚历山德拉在文尼察巨大的、拥有 40 座病房、可容纳 1000 名伤员的医院以及它的补给站后，他们去了敖德萨。在必须参与的教堂礼拜、部队视察和植树活动之后，他们航行到了塞瓦斯托波尔，在那里尼古拉检阅了黑海舰队。塔齐亚娜在日记中写道："能见到大海真是太高兴了。"[38] 这是他们自 1913 年以来第一次访问克里米亚，但遗憾的是他们没有回到里瓦几亚宫，尽管医生说这对亚历山德拉的健康有好处。塔齐亚娜叹了口气，说："这是一次非常棒的款待，但在战争期间不可沉溺其中。"[39] 姐妹们尽可能地躺在温暖的阳光下，但当离别的时刻到来，"从克里米亚起航，与大海、水手和船只说再见，真是太令人难过了"。[40] 在旅行临近尾声时，鉴于阿列克谢又一次好转了，尼古拉宣布自己将带他回到斯塔夫卡。8 月，亚历山德拉让西德尼·吉伯斯加入他们，以便继续阿列克谢的英语课程。尼古拉现在擢升阿列克谢为下士；他终于安静下来了，面对陌生人似乎也丢掉了害羞。

*

5 月中旬大卫·伊迪加罗夫和尼古拉·卡兰戈佐夫再一次负伤，回到了附属医院。随后，在距第一次受伤来到附属医院近一年之后，米佳·沙赫－巴戈夫也重返了皇村，带着他的一个军官战友鲍里斯·拉夫托普洛前来探访。[41] 奥尔加的精神立刻得到重振：她开始在每晚回到附属医院，帮忙消毒器械、纺织纱布，她再次开始为伤员弹奏钢琴，并在温暖的夏日里坐在花园里与他们交谈。几个星期前那个悲伤沮丧的女孩现在正在尽最大努力在医院里待得更晚，她还经常和来看望伤者的米佳聊天。[42]她的健康状况得到了改善，亚历山德拉也是。皇后重新开始在附属医院工作，尽管她很少能站起来为伤者包扎或协助手术。相反，她会花时间坐在病人床边，做她非常擅长的华美刺绣，并同他们交谈。[43]在没有尼古拉和阿列克谢的情况下，这个附属医院实际上已经成了这五个女人的家。她们想念家里的男人，"上楼时见不到阿列克谢"时很不好过，塔齐亚娜对父亲说，"每当我在晚上6：00穿过餐厅时，我都会很惊讶地发现没有摆他晚餐时用的小桌子，"[44]对她们来说，附属医院是一种巨大的安慰。5月22日，亚历山德拉告诉尼古拉："昨天我们在医院度过了一个愉快的夜晚。""两个大的在沙赫·B.和拉夫托波洛［原文如此］的帮助下清洗了器械，两个小的一直聊到10：00——我坐在那里工作，后来还玩了拼图——我们全都忘记了时间，一直坐到12：00，G（格多罗伊茨医生）也在忙着玩拼图！"[45]

　　受伤的人——很多都很严重——现在迅速地拥入大小两对姐妹的医院。但让奥尔加难过的是，米佳·沙赫－巴戈夫在6月6日离开了皇村。带着她送的圣像画动身前往了高加索。[46]瓦莲金娜同情奥尔加所经受的痛苦。她对米佳的依恋是："如此纯洁、天真，而且毫无希望"，这让她很难接受他的离开。她发现她是一个"奇怪的、与众不同的女孩"，而且看到她是多么努力地想要把自己的感情隐藏起来："当米佳离开这个可怜的小东西时，她独自坐了一个多小时，鼻子埋在缝纫机里，全神贯注地拼命缝纫。"然后她突然开始非常专注地寻找"巴戈夫离开前一天晚上磨快的小刀"。这个东西她找了一上午，正如瓦莲金娜所回忆的那样，"当她找到它时，欣喜若狂"。

与米佳·沙赫－巴戈夫有关的一切都是珍贵的。在他离开后，奥尔加在她的日记中记录下每一个和他在医院这段时期有关的纪念日，包括：他受伤时，出院时，再回来时，以及，正如瓦莲金娜所写的，"她还珍藏着 6 月 6 日——他离开那天的那一页日历。"[47]

奥尔加又回到了以前的病态，敷衍地履行自己在附属医院的职责——测温和分发药品，整理床上用品，摆摆鲜花，她在日记中简短而冷漠地写道："一如既往。没有米佳，很无聊。"[48]一天又一天，她"没做什么特别的事情"：下午散步或坐车出去，晚上在医院缝枕套，或者和伤员一起玩游戏、弹钢琴，然后回家睡觉。但当奥尔加像凋谢的花朵一样逐渐枯萎时，塔齐亚娜既没有丧失活力，也没有忘记努力尽责。尼古拉经常称她为他的秘书，他现在委托她，而不是奥尔加，定期给他寄些纸或香烟之类的东西到斯塔夫卡。在塔齐亚娜 19 岁生日那天，他给亚历山德拉发电报祝贺："上帝保佑亲爱的塔齐亚娜，愿她永远像现在一样，是这样一个善良、有爱心、有耐心的女孩，是我们的一个安慰。"[49]亚历山德拉表示同意。到了 9 月，皇后又一次感到痛苦齐来，她向丈夫坦言："我真的很想再快点好起来，还有更多的工作要做，现在一切都在塔齐亚娜的肩上。"[50]

*

每当他们最喜欢的军官受伤时，这个家庭都会尤为努力去为他争取福利。其中一个例子是他们在沙皇卫队的老朋友维克多·兹波罗夫斯基中尉，1916 年 5 月底他受了重伤。尼古拉本人从斯塔夫卡向兹波罗夫斯基发出了特别指示，要求他从高加索的诺沃塞利斯基小城回到皇村。让阿纳斯塔西娅大为高兴的是，维佳——她亲切地这么称呼他——被带到了费奥多罗夫斯基小城的军官病房。尽管伤势严重，但他的到来还是振奋了每个人的精神。亚历山德拉对尼基说，他看起来"被晒黑了，一切还好"，"他假装自己不疼，但有人看到他的脸在抽搐。他的伤穿透了胸部，不过胳膊还有知觉。"[51]

　　沙皇卫队的全称是"沙皇陛下哥萨克卫队"，由四支中队——两支库班哥萨克和两支捷列克哥萨克中队组成，他们的红色哥萨克游行制服和黑色波斯羔羊帽在任何地方都非常抢眼。自1914年1月以来，在格拉贝伯爵的指挥下，护送者扮演的基本上是形式上的角色，但对于罗曼诺夫家族来说，他们是俄国军队的核心和灵魂。① 7月，四姐妹和母亲一起去斯塔夫卡看望尼古拉和阿列克谢，她们惊喜地参观了卫队的营地。士兵们为他们唱着古老的哥萨克歌曲，表演着他们传统的舞蹈——莱兹金卡舞。塔齐亚娜在给丽塔·希特罗沃的一封信中回忆起一个特别令他们最为兴奋的事，这位丽塔·希特罗沃是她在附属医院的一位朋友兼护士同事：

267

　　　　昨天我们又到第聂伯河的岸边去了。我们的护卫中队聚过来唱歌，匆匆追逐着我们。他们唱歌、玩游戏，我们就躺在草地上享受这一切。当他们离开的时候，爸爸对他

---

①　1811年，在拿破仑战争期间，沙皇卫队作为亚历山大一世的特别警卫队而成立，尽管保护皇室安全的工作早已被保卫部和斯皮里多维奇的人接管。在战争期间，一支中队与皇后一起留在皇村，另一支中队与尼古拉一起在斯塔夫卡服役，第三支中队驻扎在彼得格勒，第四支中队与其他三支中队保持轮换，在前线作战。

们说他们应该沿着和我们同一侧的河岸走，而我们可以在这儿多待一会，之后我们开着一辆车飞速地沿着河往下走。我们赶上了正在行进的中队，他们吹着祖娜号①，唱着歌。当我们超过他们时，他们策马加大步幅，在我们后面飞驰。再往前走是一道陡峭的峡谷和一条河湾。由于土地变得很松软，他们不得不一步一步地往前走。他们已经落在我们后面了，但他们一从这道峡谷中出来，就开始全力追赶我们。这太令人兴奋了。他们就像是真正的高加索骑手。你不能想象这有多奇妙。他们一面呼喊着一面骑着马。如果他们像这样发动攻击，尤其是在整个团一起的时候，我想德国人闻声肯定会惊恐而逃，并在纳闷是谁向他们扑来。[52]

玛丽亚和阿纳斯塔西娅对卫队军官是如此喜爱，因此当费奥多罗夫斯基小城医院开放了新的军官病房，看到维克多·兹波罗夫斯基住了进来时，玛丽亚和阿纳斯塔西娅感到非常高兴；她们在给尼古拉的信中定期汇报他的近况。现在她们每天都会去医院，尽管晚上主要还是去附属医院与奥尔加和塔齐亚娜待在一起。在她们自己的医院里，两个小姐妹热情的存在大大增强了这个地方业已散发出的那种亲切感。1916 年秋，玛丽亚的第五喀山龙骑兵团②的一名军官菲利克斯·达塞尔被带了进来，他的腿受了很严重的伤。他感到这家医院热情舒适，壁炉里燃烧着噼啪作响的木柴，"没有一种像你想象中的那种

---

① Zurna，高加索地区流行的阿塞拜疆或突厥人的管乐器。

② 此处疑有误，前文中提到是第九喀山龙骑兵团，但译者查阅资料显示确实两种说法皆有。——译者注

军事医院。"他的小病房平静而私密，床上铺着雪白的亚麻布。他到达后不久，女大公来进行她们的定期访问，他清晰地记得她们的样子："玛丽亚，我的恩人，健壮结实，圆圆的脸，清澈的眼睛，不知为何有点胆怯"，她停下来，询问他是否非常痛苦。"阿纳斯塔西娅，两人中较小的那一个，长着一双明亮的眼睛"，用同样关切，但又好像不经心的方式向他打了招呼，"她倚在床头，眼神锐利地注视着我，审度着我，摆动着一只脚，卷着她的手帕。"[53]

此后不久，达塞尔开始陷入谵妄，并因此动了手术；当他醒来时，发现女大公们在他床边的桌子上放了玫瑰，女大公们经常会打电话询问他的情况。在他住院期间，两个女孩每周去看他一到两次；玛丽亚总是"有点局促不安"，直截了当的阿纳斯塔西娅则"更自由、更顽皮，有一种冷幽默"，他注意到阿纳斯塔西娅还很擅长在和姐姐玩棋盘游戏时作弊。另外她也很喜欢"孩子气地打闹"，经常迎来玛丽亚责备和警告的目光。[54]（正如塔齐亚娜对瓦莲金娜·切波塔列娃所说，两姐妹肯定还会吵嘴：她们经常打小姑娘的架，"阿纳斯塔西娅会气得发疯，扯［玛丽亚的］头发，眼泪大把大把掉下来"。[55]）在达塞尔感觉好多了之后，姑娘们赶来庆祝他的康复，和他一起拍照留念。他注意到阿纳斯塔西娅"非常为自己的医院自豪"，她说"她感觉自己像是半个成年人，和姐姐们的地位平等"。玛丽亚也关心战争和城镇里的饥民，为那些不知道他们的父亲或兄弟是否还活着的人而忧虑。[56]

凯克斯格里姆①帝国卫队的队长米哈伊尔·杰拉希涅夫斯

---

① 维堡州的小城。——译者注

基对费奥多罗夫斯基小城医院有着相似的温暖记忆，他在那里
当了 13 个月的病人。他注意到"女孩子们每天都会来，除了
在她们不守规矩的时候"，这似乎是她们的母亲对她们最有效
的惩罚。[57]他记得尤为清楚的是两姐妹对一名头部中弹、失去
记忆的士兵的照顾，记得她们是如何耐心地坐在他身边，向他
提问，试图帮助他找回记忆。[58]当阿列克谢从斯塔夫卡回家探
亲时，他有时也会来医院——和士兵们聊天、玩骰子游戏、要
求他们把关于战争的一切都告诉他。和附属医院的病人一样，
这里的伤员都喜欢这些皇室小孩，因为他们的态度开放而友
好。"我们看不出他们和普通小孩的区别"，杰拉希涅夫斯基
回忆道。他注意到阿列克谢和他的姐姐们同他们讲话时是用俄
语，且语速很快，他想这可能是因为"他们很少与陌生人接
触，所以总是想在被叫走之前急匆匆地告诉大家他们所知道的
一切"。[59]每当阿纳斯塔西娅和玛丽亚坐在士兵的床边，和他
们一起玩棋牌和纸牌游戏时，总有一件事是她们特别想知道
的。"她们会让我们告诉她们在外部生活的人们的故事。他们
会把城堡［原文如此］以外的一切称为'外部生活'，会全神
贯注地倾听，不漏掉一个字"。[60]

虽然罗曼诺夫姐妹们可能对"外部生活"没有多少经
验，但外界肯定希望更多地看到她们。8 月 11 日，亚历山德
拉告诉尼古拉，为了拍一套新的官方照片以"送给她们的委
员会"，女儿们花了一整天的时间摆着各种姿势。[61]后来的事
实证明，这是四姐妹生前最后一组官方照片，由摄影师亚历
山大·芬克拍摄。[62]女孩们从她们日常穿的万用的平脚针织
衫和短裙中摆脱出来，换上了她们最好的绣有玫瑰图案的缎
面茶色裙子，戴上了她们的珍珠项链和金手镯。阿纳斯塔西

娅还没有到 16 岁，还不够进入社交界的年龄，她的长发仍然披散着，但她的三个姐姐的头发都被特意做成了波浪卷，并且挽成了发髻，这最有可能是由亚历山德拉的理发师德拉克洛瓦做的。这些女孩和她们的小弟弟的形象现在也经常在新闻短片的镜头中被捕获，其中大部分是在公开露面的场合被拍摄下来播放给公众看的。观看这些影像成为几个人在战争年代所享受的少数娱乐项目之一，尽管他们偶尔也会被允许观看马克思·林德和安德烈·迪德的滑稽表演，或是像《瓦西里·里亚波夫》（*Vasilii Ryabov*）这样鼓舞战争士气的影片，该影片记述了一位 1904 年被日本人打死的战斗英雄的故事。约翰·福斯特·弗雷泽回忆起 1916 年夏天他在彼得格勒的时候，尼古拉曾让一位摄像师将一些"在不那么皇室的气氛下"拍摄的胶片拼合起来。[63] 弗雷泽回英国后申请了这份影像的拷贝用于演讲，在这之前，他也曾在莫斯科托百代公司（Pathé Frères）在他们的暗房里为他放映过：

> 这是沙皇和他的儿子——皇储——在跷跷板上；这是两个女儿——女大公——和她们的父亲在拔河；沙皇输了，在地板上被滑稽地拖着走；这是他们在打雪仗，沙皇被姑娘们打得落荒而逃；这是野餐的场景；还有在皇家舰艇"施坦达德"号上跳舞的场景。[64]

总的来说，这卷 3000 英尺（914 米）长的胶片展示了罗曼诺夫家族最快乐和最不拘谨的一面。尼古拉并不反对弗雷泽取用这部电影，但亚历山德拉非常清楚这事关公众形象的塑造，尤其是继承人未来所展现的皇朝形象，她几乎是肯定并坚

270

持要影片能在伦敦播放之前，先剪掉那些"不那么皇室"的部分。

*

　　奥尔加继续为米佳不在身边而苦恼，而塔齐亚娜则抵制住了被卷入同样显见的感情旋涡的诱惑，瓦罗佳·基克纳泽再次受伤了——这次伤在了脊柱。他于 1916 年 9 月回到了附属医院。事实上，塔齐亚娜只是在一个月后，当他要去克里米亚进行康复治疗时才提及了他和他的离开。她很伤心，但没有多说什么。然而，奥尔加似乎很乐意抓住关于她珍贵的米佳的任何一小点线索，9 月她遇到了米佳的母亲，这使她感到"很高兴和他又有了一点联系"。[65]10 月，她又和他短暂地见了一面，米佳途经皇村，并令人意想不到地出现在医院。他看上去很健康，晒得黝黑，她很高兴地注意到他换了发型，但更多的话她留在了心里，甚至在日记里也保持沉默。"我们站在走廊上，

271　然后坐了下来。织着袜子。"[66]不得不内化这么多情感的压力让她感到沮丧，她退回到家里消磨这些苦闷，沉溺于和妹妹们玩幼稚的游戏，骑着自行车在室内追逐着她们，而她那更加沉稳的妹妹则坐在角落里静静地看书。奥尔加的 21 岁生日将至，但生活和爱情似乎已经从她身边溜走。正如亚历山德拉在给尼古拉的信中所说："这已经是高龄了！"如果他们的女儿能拥有"你，我的天使，所给我的 22 年的强烈的爱和幸福"就好了！"但这在今天实在是太难得了，唉！"[67]

　　也许奥尔加能够从阿列克谢从斯塔夫卡送来的礼物那里得到一些安慰——一只博得了他的同情的猫，在斯塔夫卡阿列克谢因拯救那里的流浪猫和流浪狗而"臭名昭著"。[68]在尼古拉

的陪伴下，阿列克谢似乎在莫吉廖夫被改造了许多，他很自豪地告诉他母亲自己最近被塞尔维亚人授予了"一枚标有'给勇敢的人'字样的金牌"。他告诉她："我和导师们进行了多场战斗，这是我应得的。"[69] 11 月，他不得不给亚历山德拉写了封信，提醒她，他的零用钱至今还未收到：

> 我最最最亲爱的妈妈。天气很暖和。明天我就要起来。军饷！求求你！！！！！什么吃的都买不了！！！！打"黄侏儒"① 时运气也很差！就这样吧！很快我就会卖掉我的衣服、我的书，最后会饿死街头。[70]

在最后一句话之后，阿列克谢又画上了一副棺材。他痛苦的呼喊迎来了他的母亲的一封信，亚历山德拉随信附上了十个卢布，并带着歉意写道："给我亲爱的阿列克谢。致我亲爱的下士。我现在给你发军饷。很抱歉，我忘了附上它……爱你的妈妈吻你。"阿列克谢欣喜若狂——"有钱了！！有大麦咖啡喝了。"[71]

*

在过去两年的战争期间，在她丈夫长期待在斯塔夫卡的情况下，亚历山德拉见证了女儿们的极大成长。她很高兴地告诉尼古拉，格里高利也对此表示赞同：　　272

---

① Nain Jaune，这是阿列克谢和他的姐姐们最喜欢玩的棋牌游戏。棋盘上划分五个部分，每个部分代表一张扑克牌，游戏中要使用到骰子、筹码和小纸条。目标是处理掉手中的牌，按照从 1（A）到 K 的简单数字顺序玩，沿途可以领取奖金。

我们的朋友对我们的女孩很满意，说她们在这样的年纪经受了很多沉重的"课程"，她们的灵魂也得到了极大升华——她们真的是太好了，亲爱的……她们体验到了和我们同样的情感，这些经历教会了她们用开阔的眼光去看人，这会在以后的生活中会对她们有很大的帮助。[72]

在亚历山德拉看来，战争的经历让她们的女儿"成熟了"，尽管"她们有时还是快乐的大孩子，但是她们拥有了更加睿智之人的洞察力与情感"。[73] 有鉴于此，1916 年 12 月 11 日，她带着四个女儿坐着皇家列车南行，参观了俄国古老的城市诺夫哥罗德，几个世纪以来，这座城市是东正教和俄国精神上的中心。在抵达之后，她们先在圣索菲亚大教堂做了两个小时的圣体礼，然后参观了附近的一家医院、一家教堂珍宝博物馆，下午又去拜访了一家州医院和一座难民儿童收容所。她们短暂访问的最后一站是第十修道院——亚历山德拉特别希望在那里见到一位著名的、备受尊敬的预言家，老妇人玛丽亚·米哈伊洛夫娜。后来，奥尔加向尼古拉描述了她们是怎样进入老修女的单人房间的：

这儿又窄又黑，只有一根小蜡烛在燃烧，而且很快就熄灭了，于是她们点了一盏没有灯罩的煤油灯，一个修女拿着它，她的眼睛湿润了。老妇人躺在一张木板床上，身下是一张满是破洞的拼接而成的布。她的身上戴着巨大的铁镣铐，双手又细又黑，就像宗教遗迹一样。她看上去好像有 107 岁了。她的头发很细，蓬乱，脸上布满了皱纹。

眼睛明亮而清澈。她给了我们每个人一幅小圣像画和一些圣餐面包，并祝福了我们。她对妈妈讲了几句话，说一切很快就会结束，一切都会好起来的。[74]

亚历山德拉也被这位老妇人的可爱所吸引："她总是在工作，东奔西走，不戴眼镜为囚犯和士兵缝缝补补——从不洗澡。当然，没有异味，也没有任何污秽的感觉。"更重要的是，老妇人曾亲口对她讲话，告诉她——正如奥尔加所回忆的那样——战争很快就要结束了，'你，美丽的人儿，她说了好几次，'不要害怕沉重的十字架'"——就好像在预言一个人的信仰考验马上就要到来了一样。[75]其他人在后来讲述了另外一个故事：安娜·维鲁博娃确信，当皇后走近时，老妇人曾大声喊道："看，殉道的皇后亚历山德拉·费奥多罗夫娜！"伊扎·布克斯盖夫登所记得的和这几乎一模一样，并补充说，"皇后似乎没有听到"。[76]在收到了老妇人的祝福以及送给尼古拉和阿列克谢的礼物——一个苹果（后来他们按照亚历山德拉的指示，在斯塔夫卡毕恭毕敬地把苹果吃了）之后，皇后离开了诺夫哥罗德，她感到"高兴和安慰"，并告诉尼古拉，诺夫哥罗德之行增强了她对俄国朴实人民的信心。"到处都是这样的爱和温暖，对上帝和你的子民的感知，情感的统一和纯洁——这一切都让我无限受益。"[77]而她的随行仆从则带着截然不同的感情回来了。听到老妇人说的话，他们"回来时感到沮丧和忧虑，因为他们觉得这次会面是个预兆"。[78]

亚历山德拉的东正教信仰以及拉斯普京源源不断的建议和祈祷在当时无疑给了她有力的支持，那时她凶险的健康状

273

况本可以击倒一个比她还要强壮得多的女人。"她信奉拉斯普京，她把他视作一个正义之士，一位圣徒，为法利赛人的毁谤所逼迫，就像那位在各各他的牺牲者，"法国大使莫里斯·帕莱奥洛格观察道，"她让他成为她精神的向导和避难所，她和救世主之间的联系者，她在上帝面前的见证人和代祷人。"[79]但是当亚历山德拉在1916年12月返回皇村时，她完全否认了在19英里（30.5千米）之外的首都正在快速变化的政治气氛。伊迪斯·阿尔梅丁根记得"1916年最后几周的狂热"，"阴暗的、不确定的未来在城市上空徘徊不去"。军队持续遭受着灾难性的伤亡，伴随尼古拉的指挥会招致灾祸的预言，"在最凶险的预兆下"，又一个严冬降临了。[80]寒冷、厌战情绪、饥饿以及粮食短缺导致投机倒把行为和饥荒的严峻事实都在使不满情绪发酵，很快罢工和粮食暴动开始兴起。"大街上排起了满是哀诉和非议的长队"，阿尔梅丁根写道。[81]

274　　　　但是全城吵嚷得最响的还是公众对于皇后和拉斯普京之间日益亲密的关系的议论。在附属医院，瓦莲金娜担心他们对于皇后的无情诽谤会对女大公们产生影响，而且有可能会危及她们。"奥尔加在硬扛着，"她写道，"［她］要么是对一切漫不经心，要么是更能控制自己的情绪了。但在听说了所有这些事之后再面对她们时我感到非常困难。现如今她们真的正在遭受迫在眉睫的危险的胁迫吗？"瓦莲金娜已经听说"年轻人、社会革命者决心要把他们全部除掉——还有她"！[82]1916年12月16日，大使帕莱奥洛格在日记中预言："如果沙皇此时出现在红场上，他会被嘘声赶下台，而皇后则会被撕成碎片。"[83]伊丽莎白·纳雷什金娜同意他的看法："大使先生，这么多事情就要有个收尾了！而且是如此糟糕的结局。"[84]对于迷信的俄国人民来说，皇室似乎越来越受到某种神秘命运链条的牵引。长久以来，有一种独特的俄式观点在人民中间口口相传，认为即将降临在俄国土地上的每一件事，都是上帝不可饶恕意志的表现。

第十七章
圣彼得堡正在发生可怕的事

"昨天晚上格里高利神父不见了。他们到处找他——太可怕了。"这就是 1916 年 12 月 17 日亚历山大宫的强烈预感,连阿纳斯塔西娅也注意到了拉斯普京的缺席。女孩们和她们的母亲枯坐到深夜,"一直在等待着电话铃响",但并没有。她们非常焦虑,以至于最后"我们四个是一起睡的。上帝保佑。"[1]第二天仍没有消息,但已经有些消息传出,玛丽亚在日记中写道,"他们怀疑是德米特里和菲利克斯干的"。[2] "我们坐在一起——可以想象我们的感受——想法,"亚历山德拉以她特有的断断续续的风格给尼古拉写信道,并补充说她们很清楚这件事:"16 号晚上格里高利被请到菲利克斯·尤苏波夫的宅邸。这是一个"巨大的丑闻——众人的集会,德米特里、普利西科维奇①之流,全喝多了。警察听到了枪声,普利西科维奇跑出来冲警察尖叫,我们的朋友被杀死了。"现在警察正出动搜寻拉斯普京,但亚历山德拉已经完全心慌意乱了:"我不能也不会相信他被杀了。上帝保佑。"[3]

　　如果这个传言是真的,那么皇后想要继续保护整个家庭不

---

　　① 杜马成员弗拉基米尔·普利西科维奇是一个保守分子和君主主义者,还是一个被称作"黑色百人团"的极端组织的成员,他们企图拯救独裁政权,而他们认为会将其毁灭的是拉斯普京。

受伤害的希望就破灭了。就在一个月前，她还写信给尼古拉，　276
重申她对格里高利在这些困难时期所给予的帮助和指导的绝对
信任：

> 记住，为了你的统治，宝贝，还有我们，你需要我们
> 的朋友的力量、祈祷以及建议……啊，亲爱的，我是如此
> 恳切地向上帝祈祷，让你感觉并意识到，他是我们的守护
> 者，如果不是他在这里，我不知道会发生什么。他以祷告
> 和智慧的建议拯救了我们，是我们的信仰与援助的
> 磐石。[4]

拉斯普京死讯的最终证实，即使对于亚历山德拉来说，也
不可能说是完全出乎意料，因为首都的流言蜚语早已达到了沸
点，说他从救世主式的信仰疗法治疗者上升成为国家大事的干
预者，而现在则成了一个阴郁的酒鬼。尼古拉决定参战使他情
绪低落，他曾预言这对俄国将是灾难性的，拉斯普京任由自己
的生活陷入混乱状态。他看到的只有悬在俄国上空的厄运，随
着战争的继续，他在无尽的酒精麻痹状态中寻求庇护。[5]关于
他在杜农餐厅和一连串时髦酒店——"爱沙尼亚""罗西亚"
和"欧罗巴"——举行的纵情声色的深夜饮酒会，或是在
"撒马尔罕"和马萨利斯基的吉卜赛合唱团一起鬼混的故事层
出不穷。[6]在烂醉时，拉斯普京会大声吹嘘他对皇后的影响
力。"我可以让她做任何事，"据说他在那年早些时候曾如此
扬言。作为回应，尼古拉把拉斯普京召到皇村，并斥责了他。
拉斯普京承认他确实"有罪"，但很明显他现在已经失去了控
制。在拉斯普京第一次来到圣彼得堡时，迎接他的是关于他

"不可思议的治疗能力和欢乐的纵酒狂欢"的传言，但现如今，传言已经变成了"谣言的大火"，在这其中，他和皇后被视为"黑暗势力"的人物代表，妄图吞噬俄国。[7] 亚历山德拉被称为"与德国人密谋叛国的中间人"，而拉斯普京则被指控为德国间谍，"为获取军事机密，他努力争得皇后的信任"。[8] 1916 年底，人们对皇后的怨怼之情变得如此之深，以至于有皇室成员公开提出建议，为了国家以及皇后自己的理智，应该把她送到一个偏僻的修道院。但首先，必须摆脱拉斯普京。

在亚历山大宫里，女孩们和亚历山德拉的两个密友——安娜·维鲁博娃和莉莉·登——聚集在绝望的皇后周围，等待着消息。第二天晚上，塔齐亚娜和奥尔加睡在母亲的房间里。之后，19 日，她们得到了消息，"格里高利神父确认被谋杀，最有可能是德米特里干的，后来又将他从十字桥上抛下"，奥尔加在她的日记中写道。"他们在水里发现了他。太可怕了，我不忍写下去。我们和莉莉、安娜一起喝茶，但感觉格里高利神父一直坐在我们中间。"[9]

当值的一位侍从回忆起这些消息对女大公们产生的影响时这样说道：

在那里，楼上，在其中一间简陋的卧室里，她们四个人坐在沙发上，紧紧地挤在一起。她们很冷，显然非常不安，但整个漫长的晚上，拉斯普京的名字在我面前一次也没出现过……

她们感到痛苦，因为这个人已不再活着，又因为她们意识到，伴随着他的被杀，某些可怕的、不公正的事已经向着她们的母亲、父亲和她们自己开启，而且正在无情地向他们移动。[10]

在妻子紧急电报的催促下，19日晚上6：00，尼古拉带着阿列克谢从斯塔夫卡匆忙抵达家中，电报中说，"这里有危险，这两个男孩正在谋划更糟的事情"，这是一场在罗曼诺夫家族其他人的纵容以及杜马右翼君主主义者的配合下的政变。[11]流言已经散播一段时间了，据说德米特里·帕夫洛维奇和他的同伴菲利克斯·尤苏波夫被卷入其中。英俄医院的英国护士多萝西·西摩曾与德米特里在社交场合见过几次面，她记得德米特里"俊美至极，骄傲至极，青春无限"。12月13日晚，德米特里在晚餐上与多萝西聊了几句，令她觉得"有什么事要发生"。①[12]

很快就有了事情的细节，12月16日星期五午夜时分，德米特里、尤苏波夫和同谋者普利西科维奇引诱拉斯普京来到菲利克斯在莫伊卡的宅邸。尤苏波夫在拉斯普京位于豌豆大街的公寓接上了他，开车送他到宅邸。在地下室的一间饭厅里，他给拉斯普京端上了酒和撒有氰化物的奶油蛋糕。尤苏波夫怀疑毒药没有发挥作用，而且越来越无法抑制地认为他们的暗杀计划将会失败，于是他用德米特里·帕夫洛维奇的勃朗宁左轮手枪从背后射杀了拉斯普京。但拉斯普京仍然不肯死去；因此普

---

①　法国大使莫里斯·帕莱奥洛格在当时注意到几位大公，包括弗拉基米尔大公夫人的三个儿子以及尼古拉大公（尼古拉除了他的总司令一职）所谈论的"简直就是通过更换君主来保护沙皇政体"。他所听到的计划是尼古拉会被迫让位给阿列克谢，由尼古拉·尼古拉耶维奇出任摄政王。而亚历山德拉则将被"关到修道院默默终老"。

利西科维奇又补了两枪（第一枪没打中，第二枪击中了拉斯普京的身体），致命的第四枪射中了他的前额，结果了他的性命。[13] 随后，拉斯普京的尸体被捆在一块布里，放到德米特里·帕夫洛维奇的车上，送到了彼得格勒岛。在那里，他们顺着冰缝，将拉斯普京扔到了小涅瓦河里。[14] 多萝西·西摩回忆说，早上6：00，德米特里·帕夫洛维奇"在狂乱的情绪中"和尤苏波夫一起冲进了英俄医院，后者的脖子上有一道伤。[15]

在这具冻僵的、血肉模糊的尸体被拖出河中后，罗曼诺夫家族的人要求对他进行验尸。他被秘密地埋葬在亚历山大花园，靠近圣谢拉菲姆新教堂，这座教堂是安娜·维鲁博娃用她从自己的事故中获得的赔偿金筹建的。12月21日上午9：00，当尼古拉、亚历山德拉和他们的女儿们抵达葬礼现场时，拉斯普京的锌制棺材已经被盖上并放入墓中。[16] 在与主持仪式的神父共同祈祷后，他们每人将白花放在棺材上，然后静静地离开了。[17] 在彼得格勒，阿列克谢因胃痛而卧床休息，并没有出席葬礼，与此同时，人们在大街上欢呼雀跃。他们高呼道："一条狗像狗一样死了。"他们称德米特里·帕夫洛维奇为民族英雄，在每一座教堂里的圣德米特里像前点燃蜡烛，感谢他英勇的爱国行为。在尼古拉从斯塔夫卡回来之前，亚历山德拉已经将德米特里非法软禁起来；她的丈夫坚持了这一强硬路线，拒绝了他的皇室宗亲们提出的宽大处理的请求。"没有人有谋杀的权利，"他对此做出了激烈的回应，"我知道很多人都要将这一点铭记于心，因为德米特里·帕夫洛维奇不是唯一一个参与其中的人。我对你们的呼吁感到震惊。"[18] 他命令德米特里即刻回到军队——波斯前线加兹温。[19] 菲利克斯·尤苏波夫则被放逐到向南800英里（1300千米）他位于库尔斯克的领地。

亚历山德拉对她睿智的顾问被野蛮地杀死一事的反应是显而易见的。皮埃尔·吉利亚德回忆道："尽管她已经尽全力掩藏，但她痛苦的面容还是暴露了这一点。她的悲伤是无法被抚慰的。她的神被粉碎了。唯一能救她儿子的人被杀了。现在他死了，任何不幸、任何灾难都有可能发生。"[20] 后来，安娜·维鲁博娃形容皇后当时的精神状态"比以往任何时候都更接近他们所控诉的精神错乱"。[21] 亚历山德拉告诉莉莉·登："我的心碎了。佛罗那①让我保持清醒。我简直被它浸透了。"[22]

拉斯普京的死给整个家庭蒙上了一层可怕的阴影。奥尔加对此深感不安，不久后她告诉瓦莲金娜·切波塔列娃，"或许有必要杀了他，但并不是以如此可怕的方式"，这句话表明，奥尔加至此已经充分意识到，拉斯普京对她母亲所造成的有害影响。但她对自己的两位亲人牵涉其中感到震惊。"承认我们是亲戚很让人羞愧"，她说。德米特里的角色肯定对他们造成了尤为特别的伤害。[23] 斯皮里多维奇将军后来声称，奥尔加"本能地感觉到了拉斯普京身上有什么不好的地方"。[24] 但更令她苦恼的是："为什么这个国家对我父亲的感情发生了变化？"没人能给她一个合理的解释，她显得"越来越焦虑"。[25]

塔齐亚娜对拉斯普京的死也感到非常痛苦，但她一直隐藏着自己的感情，她珍藏着一个笔记本，上面记录了她与拉斯普京之间通信和电报的摘录，以及他关于各种宗教问题所发表的言论。[26] 与此同时，她们的母亲仍紧握着她深爱的格里高利在他的"殉道之夜"所穿的血迹斑斑的蓝色缎袍，"虔诚地把它

① 一种很受欢迎且广泛应用的巴比妥酸盐，用于改善睡眠。

当作遗物保存着，视它为悬在皇朝命运之上的"帕拉斯神像"（palladium）①。[27]波特金医生说出了很多人私下里的想法，"拉斯普京死了将比他活着更糟"，他告诉自己的孩子们，同时又预言性地补充说，德米特里·帕夫洛维奇和尤苏波夫所做的是"打响了革命的第一枪"。[28]"上帝保佑我们，并在1917年新年到来之际拯救我们"，这是困难的一年即将结束之时奥尔加所仅能想到的。[29]

*

罗曼诺夫家族和皇室仆从的1月以阴郁的乐符开启。他们在午夜一起参加了圣体礼，互致了新年问候，但皮埃尔·吉利亚德毫不怀疑，他们进入了一个"可怕的等候灾难降临的时期，而这场灾难是无可避免的"。[30]罗马尼亚王储卡罗尔和他的父母对俄国的正式访问是皇家礼仪的最后一声叹息，他们的国家终于站在俄国及其盟国的一方参战了。亚历山德拉决定以一场罕见的国宴（9日以卡罗尔的名义举行），向宫廷正式介绍玛丽亚。她和尼古拉仍然认为第三个女儿又胖又拙，尽管他们是很亲切地这样说；前一天晚上，女孩们都在试穿礼服，按塔齐亚娜的话说："玛丽亚太胖了，她连一件裙子也塞进不去。"[32]玛丽亚很早就以一颗善良的心接受了家人的戏弄，这一次也不例外。"她穿着淡蓝色的连衣裙，戴着父母在每个女儿16岁生日时送给她们的钻石，看上去漂亮极了，"伊扎·布克斯盖夫登回忆道，但不幸的是，"穿着新高跟鞋的可怜的玛丽亚在挽着一位高大的大公走进餐厅时摔倒了。""听到这

281

---

① 一种守护力量。

动静，沙皇打趣道，'当然，这是胖玛丽。'"在她妹妹"狠狠地摔了一跤"之后，塔齐亚娜回忆道，她坐在地板上大笑，简直"到了令人尴尬的地步"。事实上，整个场面都很有趣："晚饭后，爸爸在木地板上跌倒了，还有个罗马尼亚人打翻了一杯咖啡。"[33]但对于这一切奥尔加都充耳未闻，此时她仍然记挂着米佳，在日记里注上了这位前伤员的 24 岁生日。瓦莲金娜·切波塔列娃觉得她最近似乎尤为难过。"这是你的客人的错吗？"切波塔列娃问她。"哦，现在没有这样的威胁，正打仗呢。"奥尔加补充说，暗指一场心照不宣的婚约。[34]伊丽莎白·纳雷什金娜更希望奥尔加可以和卡罗尔订婚，因为她觉得卡罗尔"很迷人"。但安娜·维鲁博娃注意到，尽管玛丽亚的行为笨拙，在宴会上，卡罗尔王子"年轻人的心思"还是（曾）放在玛丽亚身上。在 11 月 26 日动身前往莫斯科之前，卡罗尔正式向她求婚。尼古拉"对王子的求婚善意地一笑了之"，说他 17 岁的女儿"不过是个女学生"。[35]在卡罗尔与皇室一家共进的最后一次的午餐上，伊丽莎白·纳雷什金娜注意到这四个姐妹与卡罗尔保持着非常明显的距离，只有尼古拉在努力维持谈话。[36]然而就在卡罗尔的母亲玛丽——现在的罗马尼亚的王后——离开俄国的那天，她又一次燃起希望，因为她和丈夫斐迪南国王收到了"来自俄国的加密电报"。她在日记中透露，看来他们仍在考虑卡罗尔和尼基的一个女儿结婚的可能。她感到惊讶和欣慰："当我们这个贫穷的小国家几乎荡然无存，当我们甚至没有自己的房子时，他们竟仍会这么想。①

---

① 1916 年 12 月，德国入侵罗马尼亚，罗马尼亚王室被迫离开首都布加勒斯特，前往东北部的伊西。

但总的来说，这使人倍感荣幸而且是个好迹象！"唯一的问题在于卡罗尔自己："我根本不知道他是否想要结婚。"[37]

282　　英俄医院院长西比尔·格雷夫人和多萝西·西摩是亚历山大宫的最后一批访客。自1916年9月以来，多萝西一直待在彼得格勒，她很兴奋地收到了一份正式邀请她觐见皇后的信函，她告诉自己的母亲："如果他们在我看到她之前发动革命，那就太让人讨厌了。"[38]当她和西比尔夫人乘火车去皇村时，多萝西发现了整个经历尽管困难重重，但仍像一场"绮丽的童话"。[39]在火车站迎接她们的是"衣着华丽的官员、侍从，神气活现的清一色白马——伟大的国家——在宫殿门口，两位盛装的侍从头上装饰着硕大的橙色和红色鸵鸟翎羽。"[40]在伊扎·布克斯盖夫登和纳斯简卡·亨德里科娃招待她们吃过午饭后，她们"穿过纵深数英里的宫殿和一个巨大的宴会厅"，被带到一扇门前，"一个身材高大的黑人"为她们开了门，随后她们被引至亚历山德拉和奥尔加面前。在多萝西看来，这位穿着紫色天鹅绒裙、佩戴着"巨大紫水晶"的皇后"非常可爱""非常优雅"。但她"绝望的、悲伤的眼睛"里写着一些东西。相比之下，穿着护士制服的奥尔加显得很朴素。"漂亮的眼睛。很可爱的小家伙，非常愉快和随意"，多萝西回忆道。她们坐着聊了将近两个小时，结束时奥尔加的灵性和敏感给她留下了深刻的印象。她显然"是一个反战主义者，战争和战争的恐怖（曾）让她心神不宁"。多萝西离开的时候觉察到一种悲哀，她有一种强烈的感觉，那个她们坐过的那个房间以及宫殿本身已经"悲剧深重"。[41]

*

那年冬天，疾病的幽灵继续折磨着皇室；亚历山德拉的心脏和腿仍然备受苦楚，阿列克谢的手臂则反复疼痛，接下来是腺体肿胀。多萝西·西摩来访后不久，本就生着病的奥尔加又患上了耳道感染。两个不能行动的人住在同一间屋子里，2月11日，阿列克谢在斯塔夫卡的两个警官学员朋友被叫来和他一起玩。奥尔加那时还待在屋子里，亚历山德拉注意到其中一个男孩在咳嗽，第二天他就被确诊染上了麻疹。[42] 到了2月21日，奥尔加和阿列克谢看上去都不大好，但是医生们向尼古拉保证他们没有患麻疹，于是奥尔加和阿列克谢开始收拾行装准备回斯塔夫卡。在这样的时刻尼古拉并不想离开皇村，因为他意识到，自从拉斯普京被谋杀这场可能是针对他的政变发生以来，危险正在与日俱增。他的亲人，包括他的妹夫桑德罗，接二连三地向他发出了警告，桑德罗拜访了尼古拉并请求他向一个合适的、民主选举出的、不受帝国干涉的杜马让步；"用几句话和一支笔，你就可以让一切平静下来，让国家得到它所渴望的"，他敦促道。对桑德罗来说，亚历山德拉对国家事务的不断干预显然是"把她的丈夫拖进深渊"。即便到了现在，她仍然会对任何有关屈服的言论感到怒不可遏。"尼基是个专制君主。他怎么能和议会分享他的神圣权力呢？"[43] 而现在，尼古拉的弟弟米哈伊尔大公警告说，如果沙皇不立即返回斯塔夫卡，军队将会发生兵变。尼古拉像往常一样，被动地听着桑德罗的话，一支接一支地点着烟。他不想和任何人争斗，不管是亲戚、妻子还是政府。他的性命掌握在上帝的手中，而他早就放弃了所有生的责任。他不愿意离开这个家庭，但此时已经准备要走。在他离开那天的午餐上，气氛紧张极了。每个人看上去都焦虑不安，"都愿意默想心事而不是夸夸其谈"。[44]

就在脸色憔悴、双颊凹陷的尼古拉离开之后，事情马上清楚了，不仅是奥尔加和阿列克谢患上了麻疹，连安娜·维鲁博娃也被感染了——而且非常严重。2 月 24 日塔齐亚娜也加入了他们的行列，被安置在漆黑的病房里。在那儿，他们尽心尽责的母亲穿着红十字制服照顾着她的三个孩子。[45] 所有人都咳嗽得很厉害，体温骤升，耳痛头疼。[46] 尽管情况很糟，尼古拉还是和费奥多罗夫医生在斯塔夫卡讨论了孩子们去疗养的事宜。他写信告诉亚历山德拉，医生认为"孩子们，尤其是阿列克谢非常有必要在完全康复后换个气候环境"。他对亚历山德拉说，或许在复活节之后，他们可以带孩子们去克里米亚？"当我回来的时候，我会好好想一下……我不会离开太久——只是尽可能地把所有事情理顺，然后我的职责就完成了。"[47]

*

284　　在厚厚的积雪以及低于零摄氏度的冷酷气温的夹击下，彼得格勒 1916 年与 1917 年之交的冬天令人绝望。由于燃料短缺，交通系统陷入了混乱。而劳动力、马匹和工具的短缺进一步影响了食品的生产和运输。没有面粉，烤小面包的地方永远排着长队；几乎看不到肉，只有在黑市才能买到糖和黄油。没有木材可烧，街上堆满了垃圾。人人都在谈论革命。正如季娜依达·吉皮乌斯在日记中所说：彼得格勒在劫难逃，它是一座"切尔特格勒"（Chertograd）——魔鬼之城。

　　　最骇人听闻、最低俗不堪的谣言正在扰乱群众。这是一种紧张的、神经质的气氛。你几乎可以在空气中听到难民的哀鸣。每一天都被灾难淹没。将会发生什么？这是无法忍受的。"事情不能照这样发展"，一位老出租车司机说。[48]

维堡和瓦西里岛的工人区发生了暴动和抗议，这是"第一声雷鸣"。[49] 很快，面包店和食品店开始遭到袭击，饥饿的人群沿着涅瓦大街游行。到了 2 月 25 日，随着气温的回暖，街头动乱变得广泛且暴力，夹杂着纵火、抢劫和警察私刑。首都到处都是罢工者。在亚历山大宫，皇后仍然坚信这一切都不会构成严重威胁。面包配给是控制局势的重要内容。"这是一场年轻人的流氓运动，"她给尼古拉写道，"年轻的男孩和女孩尖叫着跑来跑去，说他们没有面包，只是为了刺激……如果天气非常冷，他们大概就会待在室内。如果杜马有所作为，这些就会平息。"[50] 与此同时，她又很自豪地告诉他，他们最小的两个女儿"自称是病人的护士——'希捷尔基'①——叽叽喳喳说个不停，到处打着电话。她们是最有用的"。宫殿里的电梯已经停运了，亚历山德拉越来越依赖玛丽亚在她无法抵达的地方替她办事，并亲切地称她为"我的腿"。[51] 但她担心两个年幼的女儿都会不可避免地染上麻疹。现在阿列克谢身上长满了一种难看的皮疹，"就像一只美洲豹——奥尔加身上也起了平平的疹子，阿尼娅同她一样，浑身上下都起满了，他们的眼睛和喉咙都在痛"。[52]

27 日，整整一天，"街头斗殴、炸弹、枪击事件和伤亡无数"，人们喊着"面包！胜利！战争！"响声震彻整条彼得格勒大街。[53] 尼古拉不能离开斯塔夫卡，而此时他的孩子们的体温已经达到了 39℃（102 ℉），甚至还要更高。[54] 在亚历山大宫麻疹蔓延和城市动荡的境况下，亚历山德拉努力维持自己的平衡，仍然相信骚乱像疾病一样总有过去的时候；但压力正

285

---

① Sidelki，助理护士复数的音译。——译者注

在使她变老，她的头发正在变白。"圣彼得堡发生了可怕的事情"，她在日记中透露，当听到她一直认为忠于皇室的军团——普列奥布拉任斯克和巴甫洛夫斯克卫队——现在甚至也出现了叛变时，她感到震惊。[55]因此莉莉·登的到来让她非常高兴。莉莉把她的儿子留在城里交给女仆照顾，自己勇敢地来到皇村，为皇后提供精神上的支持。但到了晚上10：00，杜马主席米哈伊尔·罗德齐安科发来一条消息，建议亚历山德拉和孩子们立即撤离亚历山大宫。"房子起火的时候，"他告诉宫廷事务大臣本肯多尔夫伯爵，"即使孩子在生病，你也要把他们带到安全的地方。"[56]本肯多尔夫立即打电话到莫吉廖夫，通知了尼古拉。但沙皇很坚持：他的家人应该待在原地等他回来，他希望是在3月1日的早上。[57]

＊

多年之后，梅瑞尔·布坎南回忆起了革命前夜的"彼得格勒"。"街道还是我们熟悉的街道，同样的宫殿，同样的金色尖顶和圆顶，从珍珠色的薄雾中渐渐显露，但它们都显得虚幻而诡异，好像我以前从未见过它们一样。到处都空荡荡的：没有货运马车的长龙，没有拥挤的电车，没有伊斯沃斯希克①，没有私家马车，没有警察。"[58]第二天早上，2月28日，暴乱继续席卷整个城市，在−37.2℃（35℉）、积雪甚深的亚历山大花园里，可以听到皇村兵营传来的间歇射击和喊叫的声音。最初只是一群醉酒后的叛军士兵在放空枪，很快就演变成

---

① Izvozchik，一种马拉车的司机，这种马拉车在当时俄国的各个城市都很常见。

了大多数驻军和预备役营军人的兵变。很快，步枪声里加入了军乐团演奏的马赛曲以及"乌拉!"的欢呼声。与此同时，除了在寒冷的天气里于花园外安营扎寨的少数忠诚士兵外，皇室几乎丧失了保护。

看到情况变得如此危急，莉莉主动提出和亚历山德拉待在一起，让城里和她住在同一幢公寓里的尼古拉·萨伯林和他的妻子代为照顾她的儿子。[59]她回忆说，病孩们"看起来几乎和尸体一样"。在床上，他们可以清楚地听到镇上的枪响，并问她枪声是怎么回事。莉莉假装不知道，她告诉她们，这样的声音在霜冻中总是显得更响。"但你确定是这样吗?"奥尔加问，"你看得到连妈妈都很紧张，我们很担心她的心脏问题。她已经心力交瘁了。你一定要让她休息"。[60]平静的气氛很难再维持下去，但亚历山德拉坚持不希望让孩子们知道任何事情，直到"无法再向他们隐瞒真相"之时。那天，她打电话给附属医院的比比，警告后者现在的危险时局："一切都结束了，每个人都走到他们〔革命者〕的一边。为我们祈祷吧，我们别无他求。作为最后的手段，我们准备把孩子们带走，即使是在病中的几个……三个孩子待在同一个房间里，处在完全的黑暗中，她们正在遭受巨大的痛苦，只有两个小姐妹知道一切。"瓦莲金娜·切波塔列娃从比比那里听到这个消息后，和她的伤员们讨论了情况。他们都相信尼古拉回来后会"拥护罗德齐安科的政府"。当晚瓦莲金娜在日记中写道："救赎是可能的，但我充满了疑虑。"[61]

28日晚上10：00，亚历山德拉牵着玛丽亚的手从亚历山大宫里走出来，急切地想要感谢仍在外面严寒中守卫着他们的忠诚部队，地平线上的火光是唯一的光亮。莉莉·登从一扇窗户里望着亚历山德拉，"裹着皮衣，从一个人走向另一个人，完全不担心自己的安全"。[62]在花园里，除了远处的枪声和靴子在雪上嘎吱作响外，所有人都奇怪地沉默着，她和玛丽亚"像黑色的阴影一样从一排走到另一排"，用微笑来确认士兵们的身份。[63]许多人向她们打招呼，亚历山德拉停下来和他们交谈，特别是沙皇卫队的军官们，他们在她返回宫殿时围成了一个保护圈。她坚持让他们进去取暖。"看在上帝的分上，"她在离开他们之前说，"我请求你们所有人不要为我们流血！"[64]

那天晚上，亚历山德拉决定让玛丽亚睡在自己的床上。事实上，自从尼古拉去了斯塔夫卡后，每天都会有一个孩子睡在她的房间里，因为她们都害怕让自己的母亲独自待着。[65]莉莉的床铺搭在了女孩们客厅的沙发上，这间屋子直接连接到她们的卧室，可以在需要的时候随叫随到。阿纳斯塔西娅布置好了房间，细心地在莉莉的床上放了一件睡衣，在床头柜上摆了一幅圣像画，甚至还有她们保存的莉莉的儿子提提的照片。[66]亚历山德拉说："别脱下你们的胸衣。"她指示莉莉和伊扎·布克斯盖夫登做好随时离开的准备。"你不知道可能会发生什么。沙皇会在明早5：00～7：00到达，我们必须准备好迎接他。"[67]那天晚上，莉莉和阿纳斯塔西娅难以入眠；她们站起来向窗外看去，发现院子里架了一支巨大的枪。"爸爸会多么震惊啊！"阿纳斯塔西娅开口说道。[68]

当晚，宫廷里的很多仆人逃走了，但在彼得格勒，杜马主席米哈伊尔·罗德齐安科仍在设法维持秩序，市内的混乱局势似乎有所缓和。"他们说他们已经去了皇村，通知了皇后政府的变动"，目前被困在城里的伊丽莎白·纳雷什金娜写道。

"全面革命是和平进行的。"[69]但情况并非完全如此：革命团体至今仍在朝亚历山大宫挺进，企图抓住亚历山德拉。本肯多尔夫伯爵清点了余下他所能依靠的部队：近卫军的一个营、联合护卫团的两个营；两支沙皇卫队中队；铁路兵团的一个连和一排从巴甫洛夫斯克带来的火炮。[70]

288

3月1日大家一早就醒来，焦急地等待随时会到来的沙皇。但他并没有来。在诺夫哥罗德以南100英里（160千米）的马来未沙，铁路线上的叛乱分子把他的火车调了头；通往彼特格勒和皇村的路线被关闭了。皇家火车转为开往普斯科夫。在这里尼古拉意外地遇到了杜马的一个代表团，他们乘专列而来，心里只有一个念头：迫使尼古拉退位。

在皇村，惊惧不已的亚历山德拉正在发信件和电报，但没有收到答复。现在阿纳斯塔西娅也得了麻疹。亚历山德拉非常感谢莉莉·登的支持，称她是一位"天使"，自己与她"密不可分"。莉莉竭力安慰阿纳斯塔西娅，她"无法接受自己生病的想法，不停地哭着说'请不要让我躺在床上'"。[71]阿历克斯在信中向尼基描述了孩子们的痛苦，她说："上帝一定是为了某种好处而这样做的。"当天晚些时候，她又写了一封信："你勇敢而沉静的小家配得上你。"[72]

在皇村的一家人苦等了72个小时。"没有沙皇的消息，我们不知道他在哪里"，伊丽莎白·纳雷什金娜写道。[73]与此同时，在西南部距这里183英里（294.5千米）的普斯科夫铁路侧线上，尼古拉于3月2日退位，不仅是为了他自己，也是为了他儿子。后来证实，他的决定是基于他与阿列克谢的医生费奥多罗夫就他儿子的病情所做的开诚布公的交谈。费奥多罗夫告诉他，尽管阿列克谢可能会再活一段时间，但他的病是无法治愈的。尼古拉知道，如果他的儿子在他弟弟米哈伊尔大公的摄政下成为沙皇，作为前君主的他和亚历山德拉将不会被允许留在俄国，而会遭流放。他们两个都没有想过要和他们的儿子分开，于是他退位了。① 但他这样做也是出于真诚的希望，他觉得自己的辞职对俄国和军队的荣誉来说都是最好的事情，而且这样可能会缓和动荡的政治局势。[74]尼古拉的母亲玛丽亚·费奥多罗夫娜从她所居的基辅赶来了莫吉廖夫，加入了她儿子的行列。责任的重担从尼古拉身上卸下，他静静地坐着，和妈妈一起吃了饭，出去散了步，收拾了行李，晚饭后和她一起打了比齐克牌。他在下午3：00签署了退位声明，最后在凌晨1：00离开了普斯科夫，"带着对所经历的一切的强烈感受"，回到莫吉廖夫向他的士兵告别。在他周围，他看到的只有"背叛、懦弱和欺骗"；只有一处地方他想去，那就是他的家人所在的地方。[75]"既然我即将摆脱对国家的责任，"尼古拉对沙皇卫队的指挥官格拉贝伯爵说，"也许我可以实现我一生的愿望——在英格兰某个地方拥有一座农场。"[76]

在亚历山大宫，皇后仍在热烈地企盼收到她丈夫的消息。与此同时，关于尼古拉退位的第一波流言开始散播到首都。不久之后，近卫军收到了他们的指挥官基里尔大公的命令离开宫殿，基里尔已经站到了新的临时政府一边。皇后看着"海军蓝"们——这一家人在"施坦达德"号上的许多次旅行中对这种颜色再熟悉不过了——大步走了出去。但当卫兵离开时，其他一些人，如奥尔加和塔齐亚娜在附属医院的同事丽塔·希特罗沃都赶来提供帮助。一些被困在城里的仆人甚至设法步行

① 第二天，米哈伊尔被授予皇位，但他拒绝接受。

回了皇村。玛丽亚告诉他们的父亲，在窗外，孩子们看到了他们"亲爱的哥萨克兵"，"……他们站在军官旁，低声唱着他们的歌"。[77]但查看病房对她和她妈妈来说是一个非常难过的时刻：奥尔加和塔齐亚娜病情加重，耳朵里长了脓肿。塔齐亚娜暂时失聪了，头上缠着绷带。奥尔加咳嗽得厉害，完全失声。[78]

总理罗德齐安科继续敦促将孩子们转往安全的地方，但亚历山德拉坚持说："我们哪儿也不去。让他们做他们想做的，但我不会离开，也不会（因这样做而）毁掉孩子们。"[79]相反，她要求费奥多罗夫斯基教堂的贝利亚耶夫神父带来一幅神迹小教堂奇迹圣母的圣像画，并拿到楼上为孩子们祈祷。神父回忆说："我们把圣像画摆在事先准备好的桌子上。房间太暗了，我几乎看不到里面有什么东西。身着护士服的皇后站在孩子的床边……在圣像画前点燃了几根细蜡烛。"[80]当天下午，约翰奇克的妻子，勇敢的海伦娜公主设法前去看望了亚历山德拉。她深深震惊这过去的两个星期使她变得如此苍老。亚历山德拉的勇气无可置疑，而且海伦娜觉得她"非常庄重和高贵"：

> 尽管对于她皇室配偶的命运有不祥的预感，且为孩子们担忧，但这位皇后的镇定沉着给我们留下了深刻的印象。这种镇定可能是她血管里流动的英国血液的特征。在这些悲惨的时刻，她从来没有表现出任何软弱的迹象，她像任何妻子和母亲一样，在那段时光里做了一个女人和一个母亲会做的。[81]

"哦，天哪，我们的四个病号还在受苦，"亚历山德拉写信给尼古拉，并不知道她的信是否会传到他那里，"只有玛丽可以起床走动——我的这个小助手越来越消瘦，因为她从来不说自己的感受。"但毫无疑问最近发生的事最终遏制了亚历山德拉的好斗。她向尼古拉保证，"她会以信仰和她的殉道者（格里高利）之名祈福、祷告、支撑下去……她什么忙也帮不上……她现在只是生病的孩子们的母亲。"[82]

3月3日下午，帕维尔大公（仍居住在皇村的家中）终于带来了尼古拉的消息。亚历山德拉在日记中简明扼要地写道："我听说 N（尼基）退位了，这也是为了孩子。"[83]她感到震惊，但表面上仍保持镇静；私下里她痛哭起来。晚饭时，她和大公坐在一起，谈论着一个不同的新未来。"我可能不再是皇后了，但我仍然是慈善修女，"她告诉他，"我要照顾孩子们，打理医院，我们要去克里米亚。"[84]在这些令人崩溃的消息中，玛丽亚仍然是五个孩子中唯一没有生病的一个，但即使是她也深信自己"惹了很多麻烦"，正如她告诉伊扎·布克斯盖夫登的那样。[85]让她们的母亲保持独立、保护她不受伤害是一件难事，尽管成年后的四姐妹全都是这么做的。

那天下午亚历山德拉接见了维克多·兹波罗夫斯基，他是守卫宫殿的卫队军官中最值得信任的人之一。她感谢他一如既往的忠诚，并重申他不应在保护家庭中流血。当兹波罗夫斯基离开时，玛丽亚拦住他，和他聊了一个小时。对于她最近几天的巨大变化他深受感动。后来他对同事们说："站在他面前的是一位严肃、理智的女人，以前那个年轻女孩的影子在她身上荡然无存，她以一种深刻且经过认真思考的方式对所发生的事情做出了反应。"[86]但这一切压力都在影响着她。那天晚上，莉莉听到了哭泣的声音，于是走过去看："在房间的一个角落里，女大公玛丽亚蹲着。和她母亲一样面色苍白。她什么都懂！……她太年轻、太无助、太受伤了。"[87] 玛丽亚告诉安娜·维鲁博娃，当她跑到母亲的病床前跟她谈论父亲退位的事时，"妈妈哭得很厉害"。"为了我可怜的妈妈，我也哭了。"玛丽亚害怕他们会把她的母亲带走。[88] 安娜后来回忆，这种"骄傲的坚忍"仅仅是"皇后和她的孩子们在那段被摧毁和破坏的日子中"所表现出的一例。[89]

S. V. 马尔科夫是另一位被允许在那天去看望亚历山德拉的忠诚军官。他从地下室进入，记得那里坐满了为躲避严寒进来稍做休息的联合兵团的士兵，他被带上楼，穿过了很多仍然花香弥漫的房间。在孩子们的公寓里，一扇门上贴着一张纸，上面写着"未经奥尔加和塔齐亚娜的允许不得入内"。[90] 房间中央的大桌子上铺满了法文和英文杂志，剪刀和水彩画也摆在上面，在阿列克谢生病前，他会把它们剪下来做拼贴画。亚历山德拉走了进来，惊讶地说："你好，亲爱的小马尔科夫。"她穿着护士的白色衣服，"深沉的眼睛因失眠和恐惧而显得非常疲倦，传达着难以忍受的痛苦。"在谈话中，她要求马尔科夫摘下他的帝国勋章——而不是让街上的醉汉士兵把它们扯掉——并让他的同僚们也这么做。她感谢他们所有人的忠诚，并在他离开时为他画了十字。[91]

亚历山德拉在害怕忠诚的军队仍然保护她这一点上是正确的，因为他们这样做会增加自己的风险。他们都很难接受沙皇退位的消息，其中最甚的是维克多·兹波罗夫斯基。他在3月4日的日记中写道："发生了一些不可理解的、野蛮的、不真实的事情，这是无法接受的。"脚下的大地塌陷了……事情发生了……什么都没了！空虚、黑暗……就好像灵魂从一个活人的身体当中被抽离了。"[92] 在过去的几天里，为了消磨皇村的人们的士气，彼得格勒曾放出一个虚假的传言，说卫队的人已经都叛逃了。但这与事实相去甚远。4 日亚历山德拉终于与尼古拉取得联系，第一个从她嘴里听到这个消息的人是维克多·兹波罗夫斯基。她想让他放心，尽管谣言恶毒，但她毫不怀疑卫队的忠诚，而且她和尼古拉"将哥萨克视为我们真正的朋友是对的"。她还要求他，正如她对马尔科夫说的那样，让卫队军官摘下他们的帝国徽章。"为了我这样做吧，"她敦促道，"否则我会再一次因为所有事情而受到责备，孩子们也可能因此而受苦。"[93] 当兹波罗夫斯基向卫队军官们传达这一指示时，他们很难接受：对他们来说，这是一种极不光彩的行为，一些人哭着拒绝执行这一命令："没有沙皇，这是怎样的俄国？"他们问道。[94] 荣誉对于卫队军官来说重要非常，他们准备好了为荣誉而死。

3 月 5 日，宫中的埃莱娜公主试图给亚历山德拉打电话，结果发现电话线被切断了。由于没有电话，没有开往皇村的火车，宫殿里的食物和木材供应在减少，电和自来水也被切断，仆人们叛逃了，一群好奇的、越来越难控制的围观者聚集在宫门外，对亚历山德拉和她的孩子们来说情况变得非常危险，"刺刀组成的帷幕将皇室与现实世界隔离开来"。[95] 莉莉·登注意到亚历山德拉现在有时靠抽烟来缓解压力。直到 3 月 5 日，附属医院的瓦莲金娜·切波塔列娃才在报纸上看到沙皇退位的消息。"医院就像坟墓一样安静，"她写道，"每个人都在颤抖，心灰意冷。维拉·伊格纳切娃（·格多罗伊茨医生）在抽泣，就像一个无助的孩子。我们在真心实意地等待一个君主立宪制国家，突然之间皇位就被交给了人民。未来将出现一个共和国。"[96]

亚历山德拉正在敦促她的所有随从，如果他们愿意，他们有权离开。但即使是莉莉·登也拒绝离她而去，坚持说她"不管怎样"都会留下来。[97]她害怕自己再也见不到提提以及此时在英国执行军事任务的丈夫了，但她决心不抛弃皇后。伊萨·布克斯盖夫登、纳斯简卡·亨德里科娃和特琳娜·施耐德，以及一直都在的波特金医生、本肯多尔夫伯爵和伯爵夫人，也聚集在一起。安娜·维鲁博娃仍躺在宫殿的一个侧翼房间，但此时她的精神支持是至关重要的，就像伊丽莎白·纳雷什金娜一样，她最终设法从彼得格勒回到了皇村。"哦，真是五味杂陈！"她写到了她们的重聚：

> 我和皇后在一起，她镇定、甜美、不容鼓励。让我震惊的是她并不完全明白所发生的事情是无法再被纠正的。她告诉我："上帝强于人民。"他们都经历了极大的危机，现在看来秩序似乎已经重新建立起来了。但她不明白所有错误最终都会有后果，尤其是她自己的错误……生病的孩子们的情况仍然很严重。[98]

大约在3月7日，在莉莉·登的敦促下，亚历山德拉遗憾地决定将她所有的信件和日记进行系统性的销毁。[99]莉莉担心，如果它们落入了心怀不轨的人的手中，会很容易被误解，更糟的是，可能会被视为叛国，并用以对付她和尼古拉。于是，在接下来的一周里，这两个女人坐在女孩们的客厅里，日复一日地从亚历山德拉存放信件的大橡木箱里取出大堆信件，投进壁炉里焚毁。外祖母维多利亚女王、哥哥厄尼和许多其亲戚寄来的亚历山德拉最宝贝的信件都被无情地付之一炬，但最难以割舍的无疑是自 1894 年他们订婚之日起，她所收到的来自尼基的数百封信。有时她会停下来读一读，在把它们扔到火里之前先哭一阵。还有她写的很多日记，最开始是缎子面、后来是皮革面的日记，即使到了现在她也还在写着。① 一切都无情地化为灰烬，但有一个例外：亚历山德拉决心将战争期间尼基从斯塔夫卡给她写的信保存下来作为证据，如果需要的话，可以用来证明他们对俄国的忠贞不渝。[100] 但是 9 日星期四，亚历山德拉的女仆来了，并"请求我们停止这么做"，莉莉回忆道。那些烧了一半的报纸被卷到烟囱里，落在外面的地上，有些人正在捡起来看。[101]

在病房里，孩子们的康复迹象来得很慢。尽管阿列克谢的病情有所好转，体温回落，但奥尔加正在忍受麻疹的并发症之一脑炎的折磨，阿纳斯塔西娅的体温则高得令人担忧。到了 7 日晚上，不可避免的事情发生了：玛丽亚开始感到不舒服，很快她的体温就升到了 39℃（102 ℉）。"我真希望爸爸来的时候我可以起来"，她不停地重复着，直到发了高烧，失去知觉。[102]

3 月 8 日星期三，亚历山德拉终于从本肯多尔夫伯爵那里收到了尼古拉的消息，他现在很安全，回到了莫吉廖夫，会在第二天早上返回亚历山大宫。中午，彼得格勒军区总司令拉夫尔·科尔尼洛夫将军在新任命的军事驻防司令官叶夫根尼·柯贝林斯基上校的陪同下抵达皇村。"科尔尼洛夫宣布我们被禁

---

① 亚历山德拉把她当时正在记的日记带到了托博尔斯克，一直记录到 1918 年 7 月去世的前一天晚上。这些日记是在这家人死后被发现的，现在藏于俄罗斯联邦国家档案馆（GARF）。

足了……从现在起［我们］被认为是囚［囚犯］了……不能 295
见外边的任何人"，亚历山德拉冷静地说。[103] 按本肯多尔夫当
时的理解，只有在孩子们都康复后这对皇室夫妇才会被拘禁起
来，之后"沙皇的家人会被送到摩尔曼斯克（俄国西北边境
的一个不冻港），一艘英国巡洋舰将在那里等候他们并将他们
带到英国"。[104] 作为对英王乔治五世最初援助的回应，新任司
法部长亚历山大·克伦斯基此前一天曾在莫斯科如此表示，这
被视为就如何处理前沙皇问题的快速的、众望所归的解决方
法。"我永远不会成为俄国革命的马拉"，克伦斯基大声宣布，
但是皇室一家安全迅速的转移很快就会被证明是一个
白日梦。[105]

那天早上，伊丽莎白·纳雷什金娜去了教堂，当她为沙皇
祈祷时，教众发出嘘声。回到宫殿后本肯多尔夫告诉她：

> 我们被逮捕了。我们既无权出宫，也无权打电话；只
> 能经由中央委员会写信。我们在等沙皇。皇后要求为沙皇
> 的回程祈祷。被拒绝了！[106]

那天早上，科尔尼洛夫告诉亚历山德拉，想离开的随从可
以离开，但只能在 48 个小时之内，在那之后他们也将被软禁。
波特金医生的儿子格莱博回忆说，许多人慌忙离开了，"这是
十足的胆小鬼和蠢蛋的狂欢会，卑鄙可耻、背信弃义之人恶心
的大秀场"。[107] 孩子们的儿科医生奥斯特洛戈尔斯基发来消息
说，他"发现路太泥泞"，没法再去皇村了。[108] 10 日时西德
尼·吉伯斯人在彼得格勒，这天是他的休息日，但让他沮丧的
是，他被禁止再回到皇宫。更糟糕的是，有消息说，卫队和联

合兵团的士兵们也将被临时政府派遣的第一步枪队的 300 名士兵赶走并被替换。

玛丽亚已经知道真相，但对于其他孩子，亚历山德拉也再无法瞒住他们的父亲退位的消息了。他们平静地接受了，尽管阿纳斯塔西娅对她母亲和莉莉没有告诉她们这件事而感到生气，但"爸爸的归来让一切都变得无关紧要"。[109] 塔齐亚娜仍然因麻疹引起的中耳炎而严重耳聋，伊扎·布克斯盖夫登注意到："她听不懂母亲急促的话语，她的声音因情绪激动而变得沙哑。她的姐妹们不得不在她能理解之前把细节都写给她看。"[110] 病情正在好转的阿列克谢感到困惑而沮丧，他充满了疑问。"我再也不能和爸爸一起去 G. H. Q. 了吗？"他问他的母亲。"我不能再看到我的团和士兵吗？"……还有舰艇和船上所有的朋友们——我们再也不能去舰艇了吗？"不，"她回答，"我们永远不会再见到'施坦达德'号了……它现在不属于我们。"[111] 这个男孩也很关心政权的未来。"但谁会成为沙皇呢？"他问皮埃尔·吉利亚德。当他的导师回答说可能没人会再做时，他又顺理成章地发问："但如果没有沙皇，谁将统治俄国呢？"[112]

3 月 8 日星期三是令亚历山德拉极度哀伤的一天，卫队的人将在那天下午离开。他们一夜未眠，想着自己被迫离开的事情，感到非常沮丧，无法"理解或相信现在的形势是无望的"。[113] 在他们离开不久前，卫队军官要求维克多·兹波罗夫斯基向皇后转达他们忠诚的感情。维克多对她说，他们别无选择，只能服从命令离开，这让他们深感遗憾。亚历山德拉请他代表自己和孩子们感谢他们所有人，感谢他们的忠诚服务。她说："我请你们不要采取任何独立行动，那样只会拖延沙皇的到来并影响孩子们的命运，"她又补充了一句，"从我做起，我们都必须服从于命运。"[114]

当亚历山德拉递给他一些小圣像画作为她送给卫队的告别礼物时，兹波罗夫斯基发现自己已经说不出话来。随后亚历山德拉带他去了奥尔加和塔齐亚娜的房间，两人都还躺在床上生着病。兹波罗夫斯基用了自己全部的自控力，以避免在孩子们面前崩溃。他默不作声地向她们鞠了一躬，然后又向亚历山德拉鞠躬并吻了她的手。"我不记得我是怎么离开的，"他后来在日记中写道，"我没有回头看。我手里牢牢抓着小圣像画，胸口发紧，喉咙里好像堵着某种沉重的东西，马上就要溢出一声呻吟。"[115]

护送人员骑马离开后，除了一个经过厨房的出口以及官方访客的主入口外，宫殿的所有入口都被上了锁。"我们是囚犯。"皮埃尔·吉利亚德在日记中记录得明明白白。[116]莉莉·登记得那天晚上的月亮非常明亮："白雪像一块棺材布似的笼罩着霜冻的花园。寒冷刺骨。皇宫的寂静偶尔会被士兵们（新的皇宫卫兵）醉酒的歌声或是粗俗的笑声打破。在远处，他们能听到断断续续的枪声。"[117]

在南面 160 千米以外的地方，随着另一个即将逝去的冬夜的霜冻逐渐降下，风又开始刮起来，载有俄国最后一位沙皇，现为普通上校罗曼诺夫的尼古拉二世的皇家火车正朝着皇村驶去。

第十八章
再见，别忘了我

当1917年3月9日尼古拉二世返回皇村时，这是他一次最痛苦的猛然觉醒。"街上、宫殿周围、花园内以及正门内都是军官。"[1]在楼上，他发现妻子和孩子们坐在一个黑暗的房间里。他们的精神都很振奋，尽管玛丽亚病得很重。回到家后，他很快发现，即使是他最无害的日常爱好也会受到严格的限制。那天下午，他们不准他像往常那样在亚历山大花园里散步；他的领地现在仅包含靠近宫殿后门的一个小小的娱乐休闲花园。在这里，他拿起铁锹，和他的助手瓦西里·多尔戈鲁科夫公爵把人行道清理了一遍，瓦西里·多尔戈鲁科夫公爵是唯一一位被允许从斯塔夫卡带回来的军官。他们的看守正饶有兴味地看着他们。[2]

莉莉·登看到尼古拉时非常震惊。他"苍白得像死人一样，脸上布满了无数皱纹，两鬓的头发白得厉害，眼睛周围一圈灰蓝色。他看起来像个老人"。[3]伊丽莎白·纳雷什金娜认为他看上去似乎很平静；她钦佩他惊人的自制力，以及对自己被称为军官而不再是沙皇这一点明显漠不关心。[4]尽管宫殿管理员帕维尔·科泽布埃礼貌地称他为"前沙皇"，但大多数参与逮捕尼古拉的人都称他为尼古拉·罗曼诺夫，甚至是"小尼古拉"。[5]他极力不去回应一些更粗暴的卫兵的日常羞辱。"他

们在他脸上吹烟草的烟雾……一个士兵抓住他的手臂，朝一个 299
方向拉，而另一个士兵抓住他的另一条往相反的方向拉。他们
奚落他，嘲笑他的愤怒和痛苦，"安娜·维鲁博娃后来回忆
道。[6]但是尼古拉没有做出反应。10 日他在日记中写道："尽
管现在处于这样的环境中，但我们大家在一起的想法让我们感
到高兴和安慰。"[7]然而，玛丽亚的情况正越来越令人担忧；
她的体温超过了 40℃（104 ℉）。亚历山德拉和莉莉把她从一
张小小的镍制行军床上抬到了一张合适的双人床上，以便更好
地照顾她。这个精疲力竭的女孩一会清醒一会精神错乱，她们
不停地用海绵擦拭她的身体，梳拢她现在散乱的头发，换下她
湿淋淋的睡衣和被汗水浸透的床被。更糟的是，她的病发展成
了肺炎。[8]

*

在尼古拉归来不久之后，在不确定这一家最终会被允许定
居何处的日子里，伊丽莎白·纳雷什金娜曾建议尼古拉和亚历
山德拉接受任何可以离开这个国家的方案。她和本肯多尔夫伯
爵会照顾孩子们到他们身体足够健康，然后再把他们带到父母
身边。[9]其实在尼古拉回来之前，亚历山德拉就已经产生了转
移孩子们的想法，并且与她的仆从们讨论了各种选择。[10]也许
她可以把他们带到芬兰北部。她问过波特金医生在他们目前的
身体状况下，他们是否能应付这次旅行。波特金的回答很明
确："比起对麻疹的恐惧，现在我更担心反革命运动。"[11]然
而，尼古拉拒绝了亚历山德拉的提议并坚持让他们等待他 3 月
1 日归来，于是亚历山德拉就放弃了关于这个想法的任何可能
方案。如果当时尼古拉能回到家里，家人可能已经被迅速疏散

300 了，但在他被困斯塔夫卡以及亚历山德拉被软禁的情况下，整个情形就发生了巨大的变化。英国大使乔治·布坎南爵士自今年初以来一直处于挫败的痛苦之中。"在他们安全离开俄国之前，我是不会幸福的"，他曾说。但与英国政府就尼古拉一家去英国避难的试探性谈判很快就搁浅了。[12]乔治五世3月9日（新历22日）就俄外交部长帕维尔·米柳科夫的请求做出的回应，只谈到了在战争期间暂时予以庇护的问题。其他的选择很快就被讨论并放弃了：丹麦离德国太近；法国不会接受这个想法。亚历山德拉曾一度表示她更愿意去挪威，她觉得那里的气候适合阿列克谢，尽管如果可以的话她肯定会很高兴再次回到英格兰。[13]但无论这家人去哪里，她和尼古拉都只是在考虑暂时避难，他们希望局势缓和后，可以获准返回并安静地生活在俄国，最好是克里米亚。[14]

　　整个3月英国政府都在继续讨论着这个问题，而亚历山大·克伦斯基则在考虑这个家庭的撤离，可能是从罗曼诺夫港（位于摩尔曼斯克），英国巡洋舰可以在那里接上他们，挂白旗，穿过德国人巡逻的水域，然后抵达英国。但后来乔治五世改变了主意。让国王不安的是前沙皇抵达英国会给他的政府带来的问题——政府已经承认了这场革命——这样做会威胁到他自己王位的安全。最重要的是在战争中和新的改革后的俄国站在一边，这超越了对尼古拉的家族式忠诚。到3月24日（新历4月6日）乔治的外交大臣亚瑟·贝尔福接到指示，说俄国政府"为其帝国陛下的未来居住地制订了其他计划"，已经浪费了太多宝贵的时间。[15]来自基层的对于转移的强烈反对情绪已经升级，特别是在亲布尔什维克的彼得格勒和莫斯科苏维埃执行委员会中。[16]任何想让这个家庭乘火车离开的企图都会被彼得格勒有高度政治敏锐性的铁路工人阻止，据《消息报》（Izvestiya，彼得格勒新的机关报刊）称，他们已经"连通了所有铁路线、每个铁路组织、每一位站长、每一队铁路工人，无论在何时何地，只要见到尼古拉二世的火车都必须扣留下来"。[17]

《消息报》反映了首都的糟糕气氛。报纸称，不能批准皇室的转移，因为前沙皇知道所有与战争有关的国家机密，并且"拥有巨额财富"，他可以用这些钱过上舒适的流亡生活。[18]尼古拉必须处于最严厉的隔离之下，等待苏维埃新形式的正义审判。然而，尽管人民提出了如此多的指控，尼古拉和亚历山德拉事实上对俄国仍然非常忠诚，所有关于他们政治叛国的言论都是毫无根据的；实际上，尼古拉已经在担心他的退位会破坏联盟的进攻。就流亡者的身份而言，他和亚历山德拉都不希望过着那种"在欧洲大陆闲逛，以前皇室的身份住在瑞士酒店，被抓拍并刊登在新闻报上"的骄奢流亡生活。莉莉·登称，他们逃避着这种"不怀好意的宣传"，并认为不管付出什么代价，支持俄国都是他们的责任。[19]

英格兰－爱尔兰记者罗伯特·克罗齐尔·隆格在尼古拉回到皇村后不久抵达俄国，他一下子就被这种"前所未见的等级和境况的翻转"震惊了，"……而这场革命是在全欧洲最专制、阶级化最彻底的国家里发生的"。他前往皇村准备报道沙皇被监禁的情况，但这里的气氛令人不安。这座城镇是"革命的缩影"。在亚历山大车站，迎接他的是"一群不修边幅的革命战士，全都戴着红色徽章"，站长是一名陆军下士，"尼古拉二世和他父亲亚历山大三世的肖像被丢进垃圾堆，破烂不堪"。当局发现很难控制镇上的反叛分子，对被囚者所表现出的任何形式的宽容都会使他们感到不满，他们热切地想要以自己的方式对沙皇和皇后施以粗暴刑罚。亚历山大花园的栏杆前现在成了一个公共活动场所，人们聚集在一起，就为了看上一眼不知何时出现在小花园里的前沙皇和他的家人们。[20]

这个家庭的日常生活向来平淡无奇，现在变得更加乏味了。除了亚历山德拉，一家人起得都很早。早上 8：00，人们会经常看到尼古拉和多尔戈鲁科夫一起散步，或是做一些体力劳动——敲碎水道上的冰、铲除积雪。对于纳雷什金娜来说，眼前的一切太令人痛苦了："他曾经拥有全世界的财富和忠诚的人民！而如今沦落到了何种田地！只要他了解这个时代的需要，他的统治将会多么辉煌！"[21] 随着天气转好，女孩们逐渐康复，下午 1：00 的简餐吃完后，家人会在外面翻整草地，准备在春天开一片菜园。如果天气足够暖和，亚历山德拉会坐在轮椅上和他们待在一起，做刺绣或编织。下午，年幼的孩子们上过课后，如果天气依然晴朗，他们就会回到花园里，直到光线开始减弱。令狱警们大感意外的是，他们发现自己正在监视的是一个"安静、无私，对彼此和对他们永远很有礼貌的家庭，他们偶尔流露出的悲伤带有一种尊严的印记，他们的狱卒永远也无法模仿，且不得不懊丧地生出一丝钦佩"。[22] 一些卫兵利用公众的好奇心，从那些想近距离观察沙皇及其子女的人身上捞钱。当这种事发生时，这家人会尽可能地移开视线，但即便如此，他们也不得不承受围观者和他们的看守者的侮辱。"当年轻的女大公或皇后出现在窗口时，卫兵们做出下流的手势，他们的同志放声大笑。"[23] 有少数看守他们的士兵仍坚持称尼古拉为沙皇或前沙皇，据说一名军官曾因被撞见"亲吻了女大公塔齐亚娜的手"后被解雇，但这些都是一些小例外。

其他的行为仅仅是想伤害他们：孩子们的划艇上被随意涂鸦，还沾满了粪便，在花园里，阿列克谢的宠物山羊被射杀，宠物鹿和天鹅也难逃劫难——可能是为了吃。[24]

很多人发现尼古拉在面对羞辱时所表现出的异常消极的态度令人不安。"沙皇什么也感觉不到，他既不善良也不残酷，既不快乐也不阴郁，他的情感并不比某些最低等级的生物更多。""牡蛎人"，后来的指挥官叶夫根尼·柯贝林斯基这样描述他。[25]至于亚历山德拉，伊丽莎白·纳雷什金娜发现她说话越来越不连贯，越来越难以理解。毫无疑问，持续不断的头痛和眩晕像诅咒般一直困扰着她，但是伊丽莎白现在得出结论，亚历山德拉不稳定的精神状态已经成为"病态"。伊丽莎白希望如果最坏的情况出现，"她应该就此被宣告无罪"，"也许这是她唯一的救赎"。波特金医生同意她的观点。"他现在的感觉就和我一样，看到皇后现在的状态，责备自己没有早点意识到这一点。"[26]

宫殿之内，很多事情已经改变了。"在铺着厚厚的软地毯的宽阔走廊上以前无声地穿行着高效的、安静的仆人，而现在只有成群结队的士兵，外套的扣子敞开，穿着沾满泥的鞋子，帽子歪戴在一边，胡子拉碴，经常烂醉，而且总是吵吵闹闹。"[27]探访被严令禁止（尽管一些随行人员偶尔被允许见见他们的亲戚）。打电话和发电报也是不被允许的，皇室一家被勒令在任何时候都只能讲俄语。信件要接受科泽布的检查，他曾在亚历山德拉的乌兰军队服役，因此对他们表示同情，并且经常在没有正式检查的情况下让信件通过。但他很快就被替换了，后来他们甚至会对信件进行隐形墨水测试。[28]这家人仍被允许在周日和节假日参加圣体礼，费奥多罗夫斯基教堂的神父贝利亚耶夫是主持者，他将这些仪式安排在楼上房间一角屏风后临时搭建的小教堂里。[29]

尽管已经到了 3 月中旬，玛丽亚仍然病得很重，阿纳斯塔西娅耳痛严重，他们不得不刺破她的耳膜以减轻它的压力。[30] 15 日，玛丽亚的体温升高到 40.6℃（超过 105 ℉），同时阿纳斯塔西娅出现了继发性感染——胸膜炎。两个孩子都被剧烈的咳嗽击倒。[31] 塔齐亚娜在给丽塔·希特罗沃的一封信中写道，阿纳斯塔西娅也没法吃东西，"一切又都回来了"。但她说她的两个妹妹全都"很能忍耐地、安静地躺在床上。阿纳斯塔西娅的耳朵还是很聋。要想让她听到你对她说什么你必须冲着她大声喊"。她自己的听力已经恢复了很多，尽管她的右耳还是有问题。她不能说得更多了："要记住他们会读你的和我的信。"[32]

304　　18 日，玛丽亚仍然病得很重，亚历山德拉给安娜·维鲁博娃写了一封充满焦虑的信，担心她要死了。阿娜斯塔西娅也"处于危急状态，肺部和耳朵有严重的炎症"。"只有氧气能支撑着孩子们活下来"，这是一位从彼得格勒自愿过来照顾他们的医生提供的。[33] 直到 3 月 20 日，阿纳斯塔西娅和玛丽亚的体温才开始下降。她们终于度过了最糟糕的时期，这让她们的父母松了一口气，尽管她们仍然很虚弱，需要很多睡眠。[34] 阿列克谢也在康复，所有孩子中最强健的塔齐亚娜也好多了。但奥尔加看上去仍然不太好。

现在宫殿里有了新的管理员——帕维尔·科罗维琴科，3 月 21 日，前来视察的克伦斯基将他介绍给一家人。在那天离开之前，克伦斯基宣布安娜·维鲁博娃将被免职。她以前与拉斯普京的密切联系仍然为她带来了曾参与反对新政权的"政治阴谋"的指控。[35] 人们认为她待在皇宫里只会激起更多对皇室的革命仇恨。失去安娜对于萎靡不振的亚历山德拉来说是一场灾难，更糟糕的是，克伦斯基决定同时带走她的另一位密友莉莉·登。在莉莉离开之前，亚历山德拉在她脖子上挂了一幅小圣像画以作祝福，塔齐亚娜冲了进来，拿着一个小的皮革制照片盒，里面装着她父母的照片——这本来是摆在她自己的床头柜上的。"如果克伦斯基要把你从我们身边带走，那么至少应该让爸爸妈妈来安慰你，"她说，然后她转向安娜，乞求她留下"最后的记忆"借以存念。安娜给了她自己唯一的东西——她的结婚戒指。[36]

莉莉和安娜被带到等着她们的车上时，仍然穿着护士的制服。在她们离开的时候，亚历山德拉和奥尔加显得镇静而面无表情，塔齐亚娜却当众抽泣着。"这是一个一直被描述为'骄傲而矜持'的女孩"，但在这个时候，莉莉回忆道，"她没有隐藏自己的悲伤。"两位女士为这个家庭忠心耿耿地服务了多年，如今却被如此不公正地强行带走，这让她们感到心碎。即使有拐杖，安娜也几乎无法走动，她仍然因麻疹和上次的事故而身体羸弱。当她们的车在雨中驶离时，安娜只能辨认出"一群挤在育儿室窗旁的白衣人"正在看着她们离开。从皇村出发，这两个女人被带到了彼得格勒的司法大楼；在一间冰冷的房间里待了两天，几乎没给吃的，之后莉莉被允许回到家中陪伴自己生病的儿子提提。[37] 但安娜被转移到了彼得保罗要塞臭名昭著的特鲁别茨科伊堡垒，在那里她被关押审问，直到7月才被释放。

随着所有孩子渐渐康复，这个家庭仍然怀抱着希望，希望他们能被允许暂时流亡国外。3月23日，尼古拉一直在整理

305

自己的书籍和文件，"如果我们要去英国的话"，他想把要带走的东西都打包好。[38]但是到了大斋期，仍然没有消息。贝利亚耶夫神父获得前来亚历山大宫的批准，但一些高度存疑的卫兵一直密切关注着他。3月25日星期六，阿纳斯塔西娅第一次起床，并和家人一起吃了午饭。第二天早上是棕枝主日，她坐下来写了可能是她自生病以来的第一封信，收件人是她最喜欢的军官维克托·兹博罗夫斯基的妹妹卡佳。

和她的姐妹丽玛与克谢尼娅一样，战争期间卡佳在费奥多罗夫斯基小城医院担任护士。[39]她比阿纳斯塔西娅大三岁，小的时候偶尔会被家人从圣彼得堡带出来和阿纳斯塔西娅一起玩，由于卡佳的哥哥维克托这层纽带，她成了阿纳斯塔西娅亲密的朋友。在战争期间，四个罗曼诺夫姐妹全都会送礼物给她们最喜欢的卫队军官，尤其是要带到前线的手织的保暖衣物。她们还珍藏了在安娜·维鲁博娃的茶会上拍摄的维佳（维克托）、舒里克（亚历山大·什维多夫）和斯科沃奇克（米哈伊尔·斯科沃佐夫）的照片。当她们被关在亚历山大宫后，女孩们极其渴望和卫队的人保持联系，卡佳成了中转人，她被允许进入宫殿来收取和递送信件。[40]

到目前为止，与她的姐姐们相比，阿纳斯塔西娅一直是一个行动力很弱的写信人，但为了得到维克多的消息，她现在开始经常写给卡佳。3月26日，她在信中写道："塔齐亚娜让我把这条毯子送给马克尤科（其中一名军官），给他年幼的儿子，"

306

他显然是她的教子。他叫什么名字？把剩下的袜子和衬衫给你哥哥，他可以分发给他的同僚。很抱歉，这里没

有足够的人手，但我们已经把所有剩下的东西都寄出去了。这两个盒子的底部写着哪一个是给我们以前的伤员的。玛丽亚仍然病着，但我昨天起床了，尽管我的腿依然发软，我还是很高兴，因为我躺在床上已经四个星期了。

请再次要求你哥哥把我们上回寄给你的集体合影寄回来。我们经常想念你们，并向你们致以最诚挚的问候。偶尔写信给我们吧，亲爱的卡佳，告诉我们每个人都怎样了，我们总是很高兴收到这样的消息。吉姆［她的狗］很好，很开心。① 向希多罗夫致以最大问候，向你的母亲和兄弟致以最热烈的问候。一切顺利！我热情地吻你，你的阿纳斯塔西娅。这些小圣像画是我妈妈送给所有军官的。[41]

当这四姐妹全神贯注于这种简单的友谊和对往事的追忆的时候，一股针对皇室的积极涌动的"毒液"正在彼得格勒的报刊上肆虐。其中一些是关于前沙皇和皇后的恐怖漫画——亚历山德拉躺在一个充满鲜血的浴缸里，或是尼古拉正在观看集体绞刑——抑或表现在彼得格勒忍饥挨饿的情况下，皇室狼吞虎咽地吃着鱼子酱、龙虾和鲟鱼，享受着精致而且根本吃不完的饭菜。

有一幅卡通画，是沙皇用一张一百卢布纸币点一支雪

---

① 这只狗在其他地方经常被称作杰姆或杰米，但在给卡佳的信里它的名字确认为吉姆。但或许是基于安娜·维鲁博娃的错误回忆，也有人说吉姆是塔齐亚娜的，但阿纳斯塔西娅写给卡佳的信再次充分表明这只狗是属于卡佳的。

茄。关于"证明"阿列克谢大公是菲利普先生的儿子的说法令人恶心。还有一些关于年轻的女大公"私生活"的小品文，据说是由她们的"情人"写的。[42]

307 　　与伊迪斯·阿尔梅丁根记忆中那年春天读过的那些可怕的新闻报道相比，"尼禄、卡利古拉、斯福尔扎家族和波吉亚家族的暴行简直成了温和的小儿科"。然而，对尼古拉和亚历山德拉的指控还在不断升级，以至于在 3 月 27 日对安娜·维鲁博娃进行司法调查期间，克伦斯基下令，如果对他们的审判开始，为了防止二人串通口供，应将他们分开。在接下来的三周里，他们每天只被允许在吃饭时见上两面，但尼古拉看起来似乎很高兴能在一段时间内摆脱他妻子让人精疲力竭的存在。[43]他们严格遵守强加给他们的新规则，担心如果不这样做，他们中的一个或两个可能会像安娜一样，被带到彼得保罗要塞去。① 克伦斯基实际上想要把亚历山德拉和孩子们分开，将孩子们和他们的父亲关在一起，但伊丽莎白·纳雷什金娜恳求说这太残忍了："这对她来说意味着死亡。她的孩子就是她的生命。"[44]克伦斯基也让步了，因为 3 月 27 日，奥尔加又回到了床上，腺体肿胀，喉咙疼痛；她的体温再次上升到接近 40℃（104 ℉）。[45]4 月 4 日，亚历山德拉写道，她的女儿现在患上了"心周炎"。[46]

　　在复活节的周末，整个家庭，包括剩下的仆人很感激被允许一起做祈祷，尽管有那么一段时间贝利亚耶夫神父不得不在花园外忙于为所谓的"革命受害者"举行吵吵嚷嚷的葬

---

① 　4 月 12 日，这项决定被推翻，他们被允许再次睡在同一间卧室里。

礼——事实上，那只是几天前在镇上酒馆的骚乱和抢劫中丧生的人。[47]这五个孩子在耶稣受难节向他忏悔，奥尔加躺在床上，玛丽亚坐在轮椅上，神父对他们如此"温和、克制和顺从父母的意愿"印象深刻。在他看来，他们是如此清白无辜，如此"不懂世俗的污秽"。[48]4月1日为"圣周六"举办的深夜圣餐会让每个人尤为酸楚（尽管奥尔加和玛丽亚因病得太重而未能参加）。18个人在桌旁坐下来一同打破斋戒。桌上摆着一个巨大的复活节库里奇蛋糕，上面有鸡蛋、火腿、小牛肉、香肠和蔬菜，但对于伊扎·布克斯盖夫登来说，这是"一顿令人沮丧的晚餐，就像是一顿在服丧人家所吃的饭"，进餐时尼古拉和亚历山德拉不得不分开来坐，而皇后几乎一言不发。她什么也没吃，只喝了一杯咖啡，说自己"一直在控制食欲"。[49]

美丽的春日迎接着周日的复活节，"尽管饱受苦难，但这仍是一个充满快乐的日子，"伊丽莎白·纳雷什金娜回忆道。尼古拉送给她一个印有他徽章的瓷质彩蛋。她在日记中写道："我会把它当作美好的回忆加以珍惜。""他们只有这样几位忠诚的随从了……大家无法确定未来：一切都取决于临时政府能否撑下去，或是无政府主义者是否会获胜——危险是不可避免的。看到他们现在还都安好，我多么希望他们能尽快离开。"[50]某个周日，当沙皇来到花园劳作时，民众围在栏杆外，无礼地瞪视着沙皇，四周都是身佩刺刀的卫兵。"我们看起来像是看守人看管的罪犯，"皮埃尔·吉利亚德悲伤地说。[51]现在，人们会从首都出发来个一日游，驻足并凝视沙皇，复活节的星期一又来了同样多的人，他们聚集在一起，看着尼古拉为小河除冰。瓦莲金娜·切波塔列娃回忆说，他们静静地站在那

308

里，"就像在看笼子里的野生动物"。"为什么他们必须这样做？"[52]那天的另一场美好的祷告至少让这家人得到了些许安慰，但后来，当伊丽莎白·纳雷什金娜去病房看望女大公时，她惊恐地发现玛丽亚变得多么消瘦，尽管她还是"非常漂亮"；她脸上的表情悲伤而温柔。你可以看到她遭受了很多痛苦，她所经历的一切在她身上留下了深刻的印记。"[53]

附属医院的瓦莲金娜·切波塔列娃因一直与她们失联而感到伤心和沮丧，尤其是无法见到她喜爱的塔齐诺什卡（塔齐亚娜的爱称）"我们对被囚禁者几乎一无所知，尽管会定期收到一些信件"，但这些信都写得非常谨慎。她担心如果写得过于频繁，也可能会被那些不了解她与女大公亲密友谊的人视为一种挑衅。任何用爱称或不用全称署名的信件，都会立即被怀疑是某种编码——当局已经对署名莉莉和提提，有时甚至是二者联名"提莉"寄出的信件提出异议。[54]塔齐亚娜知道她们现在再也回不去附属医院了，于是就让比比和瓦莲金娜把她们留在那里的东西寄回来。瓦莲金娜担心这些也可能遭到怀疑，不过，她还是收拾好了她们的护士工作服、相册以及其他纪念物，还有她们在餐厅与伤员所拍的最后一张合影。[55]作为回赠，塔齐亚娜寄来了她和奥尔加准备的衬衫、枕头和书等作为给病人的礼物。她写道，"告诉亲爱的比比，我们爱她，深情地吻她，"并悲伤地补充道，"米佳和瓦罗佳在做什么？"[56]星期天女孩们寄来了复活节的问候，但信中提到奥尔加身体很不舒服，且"阿列克谢·尼古拉耶维奇也在卧床休养，他伤了他的胳膊——又一次大出血"，这让瓦莲金娜很担心。她听说克伦斯基最近来访时曾问阿列克谢："你需要的东西都有吗？"孩子的回答是：

"是的，只是我很无聊，而且我太爱那些士兵了。"

"但是花园周围有很多啊。"

"不，不是那种，他们不会去前线——我喜欢那些上战场的。"[57]

周围确实有大量士兵，以致皇村现在都被叫作士兵村，正如彼得格勒的一位英国商人所说，"皇村市政当局和 1789 年时的凡尔赛宫一样亮起了红灯。"[58]

现在是 4 月了，日子开始变得令人厌烦，正如伊丽莎白·纳雷什金娜所指出的那样，"一天又一天，大家一直处于精神上的痛苦之中"。[59]塔齐亚娜现在经常和尼古拉待在花园里，帮助破除桥梁周围的冰，亚历山德拉的全部心思仍然在奥尔加和玛丽亚身上，她们被关在自己的房间里。"奥尔加还是非常虚弱，可怜的人儿，"4 月 9 日，沮丧的伊丽莎白·纳雷什金娜写道，"在过去的两个月里，她的心脏一直因持续不断的病痛而令人忧虑……她很可爱；尽管玛丽亚还躺在床上，带着胸膜炎的最后一些症状，她依然很迷人。"[60]与此同时塔齐亚娜日夜思念着附属医院："遗憾的是，我们现在虽已好多了，但不能再去医院工作了。早上待在家里而不是去准备敷料的感觉太怪了。"现在是谁在工作？她问瓦莲金娜。[61]"现在什么事会降临到咱们医院头上？""请原谅我问了这么多问题，亲爱的瓦莲金娜·伊万诺夫娜，但知道你们身边发生了什么事真是太有趣了。我们经常记起在医院工作时是多么美好，我们的相处又是多么愉快。"[62]

科罗维琴科一直在尽最大努力捍卫女孩们收发信件的权利。他对瓦莲金娜说："她们很努力地工作，和真正的慈善修

310

女们一样。但为什么在复活节，她们会被剥夺与以前受伤的人和同事互道问候的快乐呢?"他审查了她们所有的信件，内容"绝对清白"。"我经常把希特罗沃修女和其他护士写的信交给她们。"然而，他还有"一整箱"决定不交到"罗曼诺夫家族人手上的信"[63]科罗维琴科允许寄出的信件通常是阿纳斯塔西娅写给卡佳·兹博罗夫斯卡娅的。"他真的复活了!① 阿纳斯塔西娅在一封复活节信的开头惊呼道，信中她附上了花园春天里的第一批雪花，并告诉卡佳她和塔齐亚娜现在正要出去帮助破冰。但阿纳斯塔西娅也透露说，令人担忧的是，"在奥尔加的喉咙痛后，她的心脏又出现了某些问题，现在又患了风湿病"，这表明奥尔加的"心周炎"实际上是麻疹后继发的更严重的风湿热症状。[64]

到了 4 月中旬，随着年幼的孩子们回到了他们的课桌旁，一个经过修改的全新课程表为他们制定起来。尼古拉开始教阿列克谢地理和历史，亚历山德拉接过了宗教教义和问答课，并教授塔齐亚娜德语，奥尔加康复后帮助她的兄弟姐妹学习英语和历史。伊扎·布克斯盖夫登给阿列克谢和他的姐姐们上钢琴课，还教他们所有人英语。特琳娜·施耐德教授他们数学和俄语语法；纳斯简卡·亨德里科娃教授阿纳斯塔西娅历史，并给塔齐亚娜上美术课；阿列克谢跟波特金医生一起学习俄国文学，捷列文科医生自愿给他上科学课。皮埃尔·吉利亚德继续给五个孩子上法语课。每个人都齐心协力，在这种异常情况下尽可能地创造一个正常的环境。[65]这家人似乎在平静地适应着

①　在复活节当天，俄国人碰面时其中一个会说"耶稣复活了!"另一个人则会回应"他真的复活了!"以示庆贺。——译者注

这种新的、高度受限的生活；一位年轻的陆军中尉警卫告诉伊丽莎白·纳雷什金娜，他的印象有多么深刻：即使是"从宝座上下来"的沙皇也似乎安于现状，只要他的日常生活习惯没有受到干扰，只要他能"在5点钟散步喝茶。"[66]

　　亚历山德拉越来越沉湎于上帝的思想，似乎从她和孩子们一起上的《圣经》课中得到了特别的安慰。女孩们一如既往地强调大家要记住在4月23日她的命名日，所有"被捕者"——正如尼古拉所称的——都要送她自制的小礼物。[67]奥尔加特别创作了一首诗：

> 您饱受苦楚
> 为他人的痛苦而痛苦。
> 没有人的悲伤
> 从您身边溜过。
> 您的无情，
> 只是对您自己，
> 永远薄情寡义。
> 但如果您能，
> 注视您的悲伤，
> 只一次，带着爱意——
> 哦，您会多么可怜自己。
> 您会多么伤心地哭泣。[68]

　　4月30日，阿纳斯塔西娅写了一封附上了几张寄给维克多和其他军官的明信片的信寄给卡佳，信中她高兴地告诉后者："现在地面终于开始解冻了，我们一起着手挖我们自己的小菜园……今天的天气好极了，而且非常温暖，所以我们工作了很长一段时间。"姐姐们适应了变化的环境，在楼上重新布置了房间："我们现在坐在一起，还是在我们一起居住的红房间里给你写着信，因为我们不想搬回自己的卧室。"他们在门口的体操吊环上挂了一个秋千，"我们荡得太高了，螺钉可能撑不了多久"。[69]

312

5月来了，但寒冷的天气依然持续。尼古拉49岁生日那天还下了雪，起了风；阿列克谢的胳膊又痛了一次，回到了床上，忠诚的纳雷什金娜患上了支气管炎，这是因为待在没有暖气的房间里，持续的寒冷所引起的。尼古拉一如既往地关心体贴，过来和她坐在一起，亚历山德拉从花园里摘了一些银莲花送给她，但12日，伊丽莎白不得不被送到医院接受护理。当她向尼古拉道别时，"我俩都预感到我们再也不会见面了。我们一次又一次拥抱，他不停地吻我的手。"[70]

花园里的工作仍然是备受压抑的心情的唯一出口，每个人都忙着给胡萝卜、萝卜、洋葱和莴苣锄草、浇水，骄傲地看着他们种植的500棵卷心菜开始在一垄一垄整齐划分的地里肥硕起来。尼古拉仍然穿着他的卡其色士兵外衣，做尽了所有可能的工作，在菜园里，他开始系统地、满怀活力地砍伐枯树，锯下它们准备过冬。现在天气已经暖和到可以把阿列克谢带到孩子岛附近的池塘里划水，或者带他的女儿们一起骑自行车兜风。他们养了狗——塔齐亚娜的奥尔蒂波和阿纳斯塔西娅的吉姆，它们是阿列克谢的快乐之源，还有两只小猫，这是阿列克谢从斯塔夫卡带回给奥尔加养的猫产的小崽。[71]

尼古拉似乎完全满足于做体力劳动，"菜园里的活儿干得不错，"5月6日他写道，"我们开始挖苗床。在喝茶、吃晚饭和朗读过书之后，［我］和我的家人待在一起的时间比正常年份多得多。"[72]"收不到亲爱的妈妈的消息"是很让人难过的，他承认，"但我对其他的一切都不关心。"[73]

5月，丁香花盛开，尼古拉写道："当你坐在窗前的时候，可以闻到花园的香气，十分美妙，女儿们也很喜欢这种香味。"[74]阿纳斯塔西娅在给卡佳的信中也显得十分活泼，20日，她告诉卡佳他们在花园里的工作让人非常享受：

> 我们已经种下了很多，到目前为止一共有六十床，但是我们还要种更多。现在我们不再用工作那么多了，我们经常躺在阳光下晒太阳。我们拍了很多照片，甚至自己把它们处理成了一部电影。

313

不过阿纳斯塔西娅还是不得不难过地告诉已经随家人一起搬去南方的卡佳，他们的医院很快就要关闭了，"所有人都会离开，这让我非常难过"。

> 我们时时在思念你们所有人。我现在正坐在房间里写这封信，姐姐们坐在我的身边喝着茶，玛丽亚沉默地坐在窗边，也写着信。她们说个没完，让人很难专心写下去。很多次吻你。你还在滑旱冰吗？你和你妈妈住在新的地方还舒服吗？我要送你一枝从我们花园摘下的紫丁香；让它提醒你北方的春天……好了卡佳，亲爱的，我必须打住了……替我们所有人向你致以最大的问候！愿主与你同在。我爱你，深深地吻你。你的 A。[75]

　　对于四姐妹来说，她们的心思越来越转向她们日思夜想的人和事上。"今天，我可以听到来自叶卡捷琳娜宫的钟声，尽管非常微弱，"奥尔加告诉她的朋友季娜伊达·托尔斯泰娅，"我太希望自己有时能去一下神迹小教堂了。"[76]阿纳斯塔西娅也有同样的感受，7月4日，她写信给卡佳："我们经常能听到大教堂的钟声，感到非常难过，但记住美好的时光总是好的，对吧？"她一直在打听维克多和其他军官的事，以及他们现在都怎么样。[77]"去年这个时候我们是在莫吉廖夫，"12日，她不无希望地忆起，"在那儿待着真是太好了，还有去年11月我们最后一次去那里也是！我们经常想念和谈起你们。"她告诉卡佳有一两件趣事她想跟她说，但她不能在信中写出来："你一定明白，不是吗？"正如本肯多尔夫伯爵所回忆的那样，到目前为止，即使是随和的科罗维琴科也开始抱怨："年轻的女大公们的大量信件占用了他太多的时间，使他无法尽快把我们的信件交给我们。"[78]

314　　除了收到信件外，家庭生活的另一大高光时刻是阿列克谢收集的影片偶尔会被放映，这要归功于一台放映机和战争期间由百代公司为他们拍摄的大量电影。除此之外，晚间娱乐仅限于尼古拉的大声朗读。在他们被囚禁在亚历山大宫的五个月里，他读了相当多的英法流行小说：大仲马的《基督山伯爵》，阿尔丰斯·都德的冒险小说《达拉斯贡城的达达兰》和《达达兰在阿尔卑斯山》；加斯顿·勒鲁的流行小说《黄房间的秘密》很受喜爱，但毫无疑问，最受欢迎的是柯南·道尔的小说《有毒地带》《巴斯克维尔的猎犬》《血字的研究》和《恐怖谷》。

　　这种对冒险和幻想的转移只会短时间分散家庭对被监禁的

沙皇尼古拉二世和阿列克谢乘坐皇家游艇"施坦达德"号。

阿列克谢穿着水手服站在"施坦达德"号的甲板上。

沙皇尼古拉二世、塔齐亚娜、奥尔加和亚历山德拉皇后划着小船，照片可能是在某个夏天从皇家游艇的角度拍摄。

俄国德米特里 · 帕夫洛维奇大公 (1891~1942)，尼古拉二世的表
弟，1912 年短暂被沙皇夫妇考虑过选作女大公奥尔加的丈夫。他
曾参与 1916 年对拉斯普京的谋杀行动，并且是少数在俄国革命后
幸存的罗曼诺夫家族成员。

尼古拉二世一家出席罗曼诺夫家族统治俄国 300 周年庆典活动。这
张照片是从莫斯科克里姆林宫的方向拍摄。照片中的阿列克谢刚刚
从一场严重的血友病并发症中康复，必须由一名士兵抱着出席活动。

沙皇一家出席罗曼诺夫家族 300 周年庆典，1913 年。

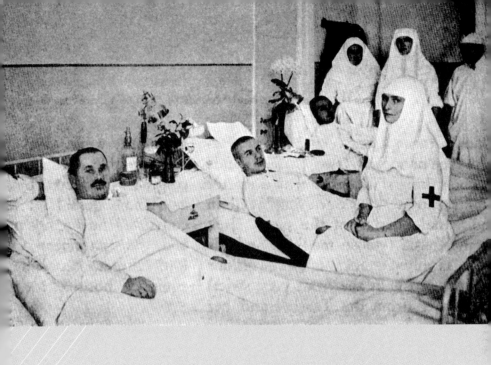

"拥有帝国红十字奖章的皇家护士：皇后（坐在右侧）和她的女儿们为东部战区受伤的士兵提供护理。"第一次世界大战期间，亚历山德拉皇后、女大公奥尔加和女大公塔齐亚娜经常在这里进行护理工作，约1914年。

亚历山德拉皇后和女大公奥尔加及女大公塔齐亚娜，1914 年。

在被囚禁期间，女大公塔齐亚娜和女大公阿纳斯塔西娅在圣彼得堡皇村的花园里劳动，1917 年。

沙皇在皇村警卫人员的监视下打理菜园。照片右侧是水手纳戈尔尼。

罗曼诺夫家族是俄罗斯帝国最后一个皇室家族，他们的统治于 1917 年 2 月终结。照片中是尼古拉二世一家被囚期间坐在一个谷仓顶上。

罗曼诺夫一家去世时所在伊帕提耶夫之宅的地下室。1918~1919年，地下室的墙壁被调查员拆掉以搜寻枪击留下的子弹残余和其他证据。

现实的注意力。但当令人窒息的暑热聚集时——每年这时他们本可以在彼得宫城乘凉或在克里米亚享受海风——"皇村充满了死气，"莉莉·登回忆道，"窗户几乎被那些未修剪的肆意生长的枝蔓遮住了，院子里一片寂静，石头间长起了荒草。"在离开彼得格勒之前不久，她设法走到这里来，试图看一看这家人："我盯着窗户走来走去，但是宫殿里没有任何生命迹象。我想大声呼喊我在这里，但我不敢危及他们或是我的安全。"[79]瓦莲金娜·切波塔列娃也在抱怨这个城市的懒散；它的性格完全改变了，失去了所有的骄傲和活力。现在你只能看到士兵们漫无目的地四处游荡，嚼着向日葵瓜子，懒洋洋地躺在草地上。他们将池塘里的鱼捞走，把花园里所有的花坛都踩坏了。"我们现在很少听到孩子们的消息了，"她悲伤地写道，"在那里他们过着单调的生活。孩子们相互取乐，奥尔加和玛丽亚互讲故事……他们在花园里挖土，自己种胡萝卜。"昨天，"他们告诉她，"我们骑了一小会儿自行车。晚上我们聚在一起，爸爸大声朗读。阿列克谢越来越多地和爸爸一起散步"——这就是他们生活的总和。至于他们的母亲，她"只想着过去"。[80]亚历山德拉的信中日益宗教化的语气是她决心从现实世界中退出，进入一种对死亡和救赎的神秘沉思的明证。她说，《圣经》和圣典为她提供了所有生活问题的答案，她为孩子们的反应感到自豪："他们了解了许多深层次的事情——他们的灵魂在痛苦中成长。"[81]承受痛苦已经成为家庭的职责；她知道上帝会为此给他们加冕。

在 6 月 5 日 16 岁生日那天，阿纳斯塔西娅收到了"一对耳环，我穿了耳洞"，她对卡佳说，尽管"这是个小消息"。[82]但这份心情很快就因她没有了头发而被毁掉了。自从

315

她们染麻疹以来，所有的女孩都发现自己在大把大把地掉头发——尤其是玛丽亚——7月初她们不得不去剃了光头。一天后，为表同情，阿列克谢也把头发剃了。皮埃尔·吉利亚德在他的日记和镜头中捕捉到了他们坚忍又坦然的反应：

> 当他们外出去花园里时，他们头戴围巾，以便遮掩事实。但就在我准备给他们拍照的时候，奥尔加·尼古拉伊耶夫娜［原文如此］发出一个信号，他们突然摘下了头巾。我提出了抗议，但他们坚持说看到自己被拍成这样，他们觉得很好笑，而且期待看到他们父母愤怒又惊讶的表情。

吉利亚德看到"尽管发生了一切，但他们的好心情还是会一次次重新出现"，对此他感到很欣慰。他把这归因于女孩们"旺盛的青春活力"。但是，尽管她们自己心情不错地接受了失去漂亮长发的事实，她们病态地内省的母亲却完全不同。她说皮埃尔的照片让她们看上去像是被判刑的人。[83]

6月21日，奥尔加对姑妈奥尔加说：尽管总的来说，"可怜的妈妈非常无聊，完全不能适应这里的新生活和新环境，如果能在克里米亚重新与您相聚我们都将非常感恩。"[84]随着彼得格勒冲突的爆发，有关该家庭撤离的讨论被重提。7月4日，伊丽莎白·纳雷什金娜听到有传闻说"一群年轻的君主主义者想出了一个疯狂的计划：晚上开车把他们带到一个港口，在那会有一艘英国轮船在等着他们"。但她担心"瓦雷纳事件的重演"——1791年，被废黜的路易十六、他的妻子和家人企图逃跑，结果是国王和王后被捕和处决。[85]

316

面对那年夏天可能发生的布尔什维克反对临时政府的政变，以及担心有人密谋把罗曼诺夫一家偷偷运走，克伦斯基（现已接任总理）来到亚历山大宫面见了尼古拉。他告诉尼古拉，彼得格勒苏维埃的激进分子可能会试图冲击皇宫，"考虑到皇村离这座动荡的首都很近，这家人或许愿意迁去南方"。[86]按本肯多尔夫伯爵的理解，克伦斯基认为"陛下和他的家人更应该……在内陆定居，远离工厂和驻军，住在一些地主的乡间房子里"。[87]大家讨论了米哈伊尔大公在布拉索沃的庄园的可能性，该庄园位于奥廖尔向南 660 英里（1060 千米）的地方；但很快他们发现当地农民怀有敌意。[88]那里甚至有人说要把这家人送到科斯特罗马的伊帕提耶夫修道院。尼古拉和亚历山德拉仍然抱着去克里米亚的希望，因为尼古拉的母亲、姐妹和他们的家人现在都住在那里，但依克伦斯基之言，这是行不通的。他们一路坐火车，会穿过政治化严重的俄国中部工业城市，而这毫无可能。[89]

7 月 12 日尼古拉写道："我们都在思考和谈论即将到来的旅程。""一想到要在四个月的隐居之后离开这里就感到很奇怪。"[90]第二天，他开始"偷偷地收拾我的东西和书籍"，尼古拉仍然抱着去克里米亚的希望，在那个地方他"可以像一个文明人一样生活"。[91]看上去克伦斯基似乎有意在阿列克谢生日后的一段时间内把他们送走，但此时此刻，尽管罗曼诺夫一家还被蒙在鼓里，他实际上正在考虑着其他非常不同的选择。[92]

孩子们没有注意到这一点，此时的他们正在宫殿花园里品尝着他们第一次种出的蔬菜，并学着割干草。天气非常热，阿列克谢一直用水管往姑娘们身上喷水。她们并不介意。"在花

园里玩得太愉快了，"塔齐亚娜告诉她的朋友季娜伊达·托尔斯泰娅，

317　　　但更好的是深入树林，那里很荒凉，你可以沿着小路或别的路往前走……噢，我太羡慕你能看到"亚历山大三世"号无畏舰和普鲁特河了。那就是我们最想念的——没有大海，没有船！从小到大我们已经习惯了几乎整个夏天都待在水上，待在海滩上。在我看来，没有什么比那更好的了；那是我们最美好、最快乐的时光——毕竟，我们连续九年，甚至在我们还很小的时候就出海航行了；而现在已经三年没有水，这真是太奇怪了，对于夏天我再没有其他感觉，我们过去只在冬天或是偶尔的春天住在皇村，直到我们去往克里米亚。现在，那里的柠檬树正在开花，香味真是太好闻了。[93]

到了月中，这家人认真地收拾着行装，准备踏上期望中的南方之旅。然而 7 月 28 日星期五，尼古拉在日记中沮丧地写道：

　　　早餐后，我们从本肯多尔夫伯爵那里得知，他们不是要送我们去克里米亚，而是要送我们去一座遥远的城市，要向东走三四天的路程！但他们不知道具体在哪里——连指挥官都不知道。而我们还指望在里瓦几亚待很长时间！[94]

在接下来的两天里，当每个人都匆匆忙忙地整理他们最想

随身携带的物品时，仍然没有明确的信号表明他们到底要去哪里。29 日，当他们被告知"我们必须为自己准备保暖的衣服"时，希望终于破灭了。皮埃尔·吉利亚德惊愕地说："所以我们不是被带到南方。太让人失望了。"他们被告知旅途要五天左右，尼古拉很快就琢磨过来了。坐火车五天就意味着他们要被送去西伯利亚。[95]

*

　　由于一家人将在 7 月 31 日离开，随从们必须决定是否准备好与他们一起前往一个非常不确定的未来。皮埃尔·吉利亚德毫不怀疑自己的责任所在，他在 30 日写给他在瑞士的家人的信中解释道："我已经考虑过所有可能发生的事情，我对等待我的事情并不感到害怕。我觉得我必须走到最后……带着上帝的恩典。我享受了和他们在一起的快乐的日子，难道我不该和他们分享不幸的日子吗？"[96]女侍官特琳娜·施奈德和纳斯简卡·亨德里科娃也准备跟随皇室一家，但伊扎·布克斯盖夫登即将接受手术，所以只能稍后再去找他们；仍滞留在彼得格勒的西德尼·吉伯斯也希望这样做。[97]

　　7 月 30 日，每个人都在尽自己最大努力给阿列克谢庆祝13 岁生日。亚历山德拉请求从神迹小教堂带回来一幅奇迹圣母的圣像画，请神父贝利亚耶夫主持一场特别的感恩赞美诗。这是一场非常感人的圣体礼，每个人都在流泪。"不知何故，能和所有人一起对着祂的圣像画祈祷是一个巨大的安慰"，尼古拉写道，他知道这可能是最后一次了。[98]后来，一家人到外面的花园里给每个人拍了告别照。出于习惯，尼古拉又锯了一些木头，告诉本肯多尔夫（他年纪太大了，还有一个生病的妻子，因此被留在了皇村）把这些蔬菜和木头分给那些在他们被囚禁在皇村期间依然保持忠诚的仆人。在庆贺阿列克谢的生日那天，瓦莲金娜·切波塔列娃给塔齐亚娜发了一封短信："至于你，我亲爱的孩子，让这个深爱着你的老 V.（瓦莲金娜）I.（伊万诺夫娜），在心里为你画个十字并热烈地吻你吧。"[99]

按照指示，一家人要在 7 月 31 日星期一午夜准备出发，他们在后门楼下的半圆大厅集合。女仆安娜·捷米多娃写道，优雅的大理石接待室看起来就像是"海关大厅"。行李堆积如山，两小时后仍没被搬到等候的卡车上，这让她十分害怕。到了 3：00，装货的人几乎没有碰过这堆东西，离开的时间原定于凌晨 1：00，这样的延误让他们感到焦虑。[100]最终所有东西都被装上，但现在有传言说他们的火车甚至还没有离开彼得格勒。[101]他们都坐在那里，累极了，随着夜色渐浓，他们的心也不断下沉。女孩们哭得很厉害，亚历山德拉也非常激动。整个晚上波特金医生让她们一个接一个服下缬草药剂，以便让她们平静下来。阿列克谢一直试图躺下睡觉，但最后还是放弃了。他疲惫不堪，坐在一个盒子上，用皮带牵着他最喜欢的猎犬"乔伊"，父亲踱来踱去，不停地点烟。[102]当凌晨 5：00 茶被端来时，他们都很感激。

在幕后，克伦斯基的撤离计划实际上已经濒临落空。那天晚上，在彼得格勒的尼古拉耶夫斯基火车站工作的工人们开始犹豫是否要允许火车离开。"整个晚上都有困难、疑虑和犹豫不决。铁路工人推迟了调车和联运，并拨打了神秘的电话，在某处进行了盘查。"[103]黎明时分，由货车和餐车组成的中东铁路列车终于在晚点五个多小时后到达了皇村的亚历山德罗夫斯基车站，停在了远离正门的铁轨上。[104] 车站"被荷枪实弹的士兵包围着"，"从宫殿到车站的道路两旁，每一名士兵都在腰上挂了 60 发弹药"。[105]

皇村此刻已有传闻，说有些事情正在酝酿，8 月 1 日的太阳升起时，宫殿前不得不拉起三道警戒线，挡住"一大群发出威胁性叫喊的人"，他们急切地想要看尼古拉什卡·杜拉乔克①最后一眼。[106] 大约凌晨 5：15，四辆汽车终于到了。但很明显，要带一家人穿过人群走正门是不可能的；他们必须穿过亚历山大花园才能到达车站的西端。在这最后的告别中，随行人员努力坚强起来，保持愉快，他们拒绝使用通常的"再见"一词，而重复使用更加强调的"很快再相见"（Do skorogo svidaniya）。[107] 令皇后非常失望的是，他们不许她向所有最忠实的侍从告别，特别是和她的女侍长伊丽莎白·纳雷什金娜，后者曾为三代皇后效劳。但皇后还是写了一张纸条："再见了，亲爱的朋友，我的心堵得厉害，再也写不下去了。"[108] 直到此时，直到亚历山德拉行将离开皇宫时，克伦斯基才第一次仅将这位前皇后视为一个焦虑的、哭泣的母亲，在之前的相遇中克伦斯基只觉得她"骄傲而不屈，充分意识到自己作为君王的权力"。[109]

320

随后一家人抵达车站，他们的车被一支龙骑兵护卫队包围着，他们不得不沿着潮湿的铁路路基走下以到达他们的火车处，火车上还挂着旗帜和标语牌，宣称这是"一场红十字会

---

① 　Nikolashka-durachok，意为"小蠢蛋尼古拉"。

行动"的一部分。①[110]亚历山德拉几乎无法行走，她也爬不上踏板，不得不"被使劲拉起来，然后又马上向前摔倒，手膝着地"。一支由叶夫根尼·柯贝林斯基带领的军事卫队和一批最直接的随行人员将一起乘坐这列火车；第二列火车将在附近等候其余的仆人和卫兵。[111]

当罗曼诺夫一行人全部就位后，克伦斯基跑上前喊道："他们可以走了！""整列火车立即朝着帝国铁路支线方向震动起来。"当火车开出时，聚在一起安静而警惕的人群"突然激动起来，挥舞着他们的手、围巾和帽子"，以一种诡异的沉默告别。[112]尼古拉写道，日出很美，火车向北驶向彼得格勒方向，然后又朝东南方驶向乌拉尔方向；作为一个普通人离开居住了 22 年的家，他的态度和退位时一样——无动于衷。

"我会向你描述我们是如何旅行的，"阿纳斯塔西娅在后来给西德尼·吉伯斯写的一篇短文中写到了他们的旅行，她像往常一样努力拼读着英语：

321

我们从早上出发，上车后我就去水［原文如此］了，所有人都是。我们都很雷［原文如此］，因为我们整晚都没有水［原文如此］。第一天很热，而且灰尘很重。在经过车站时我们必须拉上窗帘，不让其他人看到我们。我正往外看，我们在一所小房子附近听［原文如此］了下来，

---

① 关于火车上究竟挂着哪个国家的国旗说法不一。有人说是日本，其他人说是美国，安娜·捷米多娃的日记里写的是美国。她在日记里还清楚地谈到了在餐车里工作的中国厨师。一名铁路工人目击证人证实了这趟列车是由中东铁路提供的，这条铁路实际上是西伯利亚大铁路至中国东北的延长线，途经哈尔滨，最后到达符拉迪沃斯托克的太平洋海岸。

那不是车站所以我们可以往外看。一个小男孩来到我的窗
前问我："叔叔，如果你有报纸的话请给我吧。"我说：
"我不是叔叔，我是阿姨，而且我也没有报纸。"一开始
我很纳闷为什么他叫我"叔叔"，但随即想起来我的头发
被剪掉了，我和（站在我旁边的）士兵们大笑了起来。
路上还发生了很多滑稽的事，如果我有时间我会把后面的
旅行也都分享给你。再见。别忘了我。亲爱的，我们都吻
了你很多次。你的 A。[113]

　　直到此刻，直到坐到车上，皇室一家才被正式告知他们的
目的地。[114]在他们离开以后，瓦莲金娜·切波塔列娃在日记
中写道："悲剧的这一幕就此落幕了，皇村的最后一支插曲，
然而在托博尔斯克等待他们的又是什么呢?"[115]

第十九章
在自由大街上

"为什么火车上有这么多士兵？"四姐妹中的一人在亚历山德罗夫斯基车站下车时问道。当然，他们都惯于由军方护送，"但这次的人数之多让她感到惊讶"。[1]总共有330名士兵和6位第一、第二、第四步枪团的军官陪同罗曼诺夫家族前往西伯利亚，一家人所住的包厢两侧都是第一步枪兵团的人。在火车经过每一个车站时，百叶窗都会紧闭，车门也会紧锁，只有在侧线的乡间小站，火车才会停下来，因为那里不太会有好奇者会跑来一探究竟。

说回彼得格勒，当皇室一家被送走的消息传出后，对于他们去了哪儿引起了巨大争议。去克里米亚的说法甚嚣尘上；也有人听说火车正向西开往莫吉廖夫，之后要驶出俄国。"这在彼得格勒的纳尔瓦郊区引起了恐慌，"罗伯特·克罗齐尔·隆格回忆道：

> 一群布尔什维克工人宣称，克伦斯基反革命政府欲以诡计将沙皇安全运到德国，其结果是一场立即的、旨在复辟的入侵行动。[2]

在其他地方，谣传火车将一路开到中国东北城市哈尔滨，这个地方已经成为逃离革命的白俄人的避难所。[3]或许克伦斯基把它当作最终目的地，但此时此刻的目标是让罗曼诺夫一家摆脱彼得格勒激进分子的触手。① 323

　　尽管有这么多卫兵在附近，但女仆安娜·捷米多娃并不觉得旅途让人不快。正如她在日记中所写的那样，在火车上的第一天，天气热得令人难以忍受，但车厢里非常干净舒适，餐车里摆放的食物也出奇的好，都是由铁路线上的中国和亚美尼亚厨师准备的。[4]阿列克谢和他的母亲都筋疲力尽，他们没有和家人共进午餐，而是在亚历山德拉的包厢里吃了饭。到了晚上7：30，天气依然闷热，他们终于被允许下车舒展一下双腿，安娜和姑娘们甚至停下来摘了越橘和蓝莓。但他们都很担心自己的去向：

　　　　很难想到他们要带我们去哪里。当你在路上的时候，你会没那么思虑未来的事情，但是当你开始惦念你离家人有多远，是否及何时能再次见到他们时，你的心是沉重的。我已经五个月没见过我妹妹了。[5]

　　但那天晚上她睡得很好，在两个星期对可怕的不确定性的忧虑和极少的睡眠之后，她终于松了一口气，因为她现在至少得知了他们的目的地，尽管一想到托博尔斯克，她的心就沉了下去。那天晚些时候，当火车停靠在乡村车站时，她听到一名铁路官员向其中一个卫兵提问：

―――――――――

　　①　有人说，克伦斯基曾认为去托博尔斯克是一个权宜之计，他确实曾希望让皇室一家搭乘火车沿西伯利亚大铁路穿过中国东北，最后到达日本的安全地带。

——谁在车上？

——一个美国的红十字会使团。

——那为什么没有一个人露面，从车厢里走出来呢？

——因为他们都病得很重，快死了。[6]

亚历山德拉坐在自己的包厢里，一丝不苟地记录下他们经过的车站：季赫温—切列波维茨—沙夫拉—卡滕—柴可夫斯基—彼尔姆—卡米舍沃—博克列夫斯卡娅：除了彼尔姆，她和尼古拉从未了解过庞大帝国内这些默默无闻的车站。而从此他们将永远与之分别。

后来，在卡马的斯里瓦河附近，他们又获准下车步行一小时。他们停下来欣赏了昆古尔山谷的美景，姑娘们还采了花。现在的感觉更轻松了些，那天晚上，安娜·捷米多娃和波特金医生、伊利亚·塔吉雪夫、瓦西里·多尔戈鲁科夫一起打了惠斯特纸牌。[7]又是漫长而炎热的一天，他们穿过了俄国无边无际的大草原，广袤的成熟的谷田一直延伸到很远的地方。火车终于在4日穿过乌拉尔山脉进入西伯利亚西部，颠簸地越过叶卡捷琳堡巨大的铁路枢纽站，那天晚上11：15，尼古拉看到了秋明的站台，空气中带着明显的寒意。[8]

托博尔斯克没有通铁路，只有夏天短短的四个月时间里可以乘船到达那里，于是一行人登上了美国造的"罗斯"号轮船，继续他们余下的旅程。他们在船上没有享受任何特殊待遇，只有普通的硬床，和其他人一样。令安娜·捷米多娃非常讨厌的是，无论哪个船舱里都找不出一滴水，也没有哪怕是最原始的洗衣设备。她得出结论说这艘船是为那些不经常洗澡的人设计的。卫兵们花了一整夜才把所有的行李和随行人员装上另外两艘轮船，"科尔米列茨"号和"秋明"号。直到 8 月 5 日上午 6：00，"罗斯"号才最终驶入 189 英里（304 千米）的河道，前往托博尔斯克。[9]

　　河岸势低，人烟稀少，两岸几乎无区别。波特金医生的儿子格莱博后来回忆说两边的河岸是"同一片褐色的田野，同一片病态的桦树林。没有小山，也没有任何一点波浪来打破这单调的景色"。[10] 36 小时后，他们来到了托博尔河更宽阔的水域，船驶入了额尔齐斯河——"一条缓慢流淌的小河，排干或部分排干了西伯利亚东部的一个大沼泽"，并将他们带到了托博尔斯克。[11] 听说前沙皇即将到来，许多人聚集在一起想一睹他的真容。警卫队的政委马卡罗夫回忆说："实际上，整个镇子都冲到了岸边，我没有夸张。"[12] 8 月 6 日晚 6：30，当"罗斯"号在码头停靠下来时，教堂的钟声正在为主显圣容节鸣响，尼古拉回忆说，他们一家人第一眼看到的就是"教堂和山上房屋的景色"。[13] 下面，在额尔齐斯河岸上的托博尔斯克本身只是一片杂乱无章的低矮木屋，和数条建在光秃秃的沼泽地上的土路。它只有两个重要意义：第一，作为曾经的流放地，费奥多尔·陀思妥耶夫斯基曾于 1850 年在这里的一个牢房里待了十天，而后转往鄂木斯克；第二，蚊子的出没地，"据说它们体型之大，凶猛程度之高，让其他地方的蚊子都无法与之抗衡"。[14] 疟疾在沼泽森林的瘴气中，它在镇上绵延数英里。

　　一座 18 世纪所建的内城堡垒是西伯利亚唯一的一座白石建筑，从内陆峭壁顶端俯瞰景色几乎成了托博尔斯克为前来冒险的游客所能提供的一切。它最吸引人的地方是前主教的宫殿——现在是一个法院——圣索菲亚大教堂，还有一座博物馆，里面收藏着"大量的旧式刑具：烙铁，用来烙犯人的额

325

头和脸颊；还有用来拔鼻的工具（鲍里斯·戈东诺夫统治时期折磨人的最爱）；痛苦的镣铐和其他可怕的装置"。[15]教堂主宰了整座城市。20座教堂业已建成，为大约23000人提供服务。克伦斯基了解托博尔斯克，他1910年曾访问过它，将此地选为罗曼诺夫家族的栖身之处，并不是为了惩戒沙皇政体的罪，而是因为这里没有无产阶级工人，没有满是政治活跃分子的工厂和火车站，而且因为这里一年中有八个月都是"与世隔绝的，它像月亮一样远离了人间联系"。[16]西伯利亚冬天的看守比任何监狱都有效。正如奥尔加很快发现的："当河水结冰时，托博尔斯克就成了一个被遗忘的角落。"[17]

当一家人在"罗斯"号上等候时，柯贝林斯基、多尔戈鲁科夫、塔吉雪夫和马卡罗夫先去查看了一家人的住处。这座前州长的房子——匆忙被重新命名为"自由之家"——坐落在同样适用于革命的自由大街上。这是镇上所能提供的最好的两栋建筑之一，周围铺上了木板路，使行人免于陷入秋日令人棘手的泥淖。但两个小时后，这三个人带着严峻的面孔回来了："肮脏的、被木板钉死的、臭烘烘的房子"有着"糟糕的浴室和厕所"，在目前的状态下，完全不适合居住。[18]直到三天前，它还在被当地的工兵苏维埃代表用作营房，他们把它弄得脏兮兮的，几乎没有家具。没有椅子、桌子、盥洗台，甚至没有毛毯。冬天装上的双层窗户脏兮兮的，还没拆，到处都是垃圾。罗曼诺夫一家被迫留在"罗斯"号上，等着房子准备好。为了打发时间，他们在河上做了几次短途旅行，并充分利用一切机会下船走走路。

与此同时，安娜·捷米多娃继续帮忙筹备入住事宜，看到荒废的房子内部后，她感到非常沮丧。很快，她就和纳斯简卡·亨德里科娃、瓦西里·多尔戈鲁科夫在城里各处寻找生活用品：盥洗所需的杯杯罐罐、水桶、成罐油漆、熨斗、墨水瓶、蜡烛、用于书写的纸、缝补用的毛线。此外还急需一位洗衣妇。她停下脚步，端详着市面上的皮草大衣和保暖的"瓦连基"① ——所有这些物品的价格都在皇室一行进城的消息散播开来后被哄抬到了可怕的程度。她在日记中写道，但除此之外，"这里的一切都非常原始"。[19] 与此同时，马卡罗夫一直在为亚历山德拉和女大公们寻找钢琴和其他家具。此外，一支由室内装潢师、木匠、油漆工和电工组成的队伍被组织起来，其中有一些是德国战俘，在以最快的速度整修房子。[20] 最紧迫的是维修不完善的管道，也有人在担心当局究竟会把所有无法安置在州长府的工作人员安排到什么地方。

多尔戈鲁科夫写道："这个家庭正以极大的热情和勇气承受着一切。""他们显然对环境适应得很快，或者至少是假装适应，在经历了此前所有的奢华之后，也不会抱怨。"[21] 最后，在 8 月 13 日星期日这天，房子准备好了。只有一辆马车前来，在塔齐亚娜的陪同下，亚历山德拉被从船上带到了房子里，其余的家人、仆人和随行人员走了一英里才到城里。当他们进入时，整个一楼堆满了行李和包装箱；尽管如此，他们还是被允许做了一场由当地神父主持的即兴星期日圣体礼，神父用圣水为房间祝福。[22]

虽然他们的打包很匆忙，但亚历山德拉还是确保他们不仅带上了私人衣物及财产，还带上了他们最喜欢的很多照片，银质餐具，有字母印花的瓷器，桌布，留声机及唱片，照相机及

---

① Valenki，一种厚实的毛毡靴，通常是羊毛制的。——译者注

摄影器材，最喜欢的书，一大箱相册，还有一大箱尼古拉的信件和日记（它们没有被尼古拉销毁）。女孩们留下了所有漂亮的宫廷礼服和大礼帽，只带上了简单的亚麻套裙、白色夏装、短裙、衬衫、太阳帽，并按照指示带上了保暖的羊毛衫、围巾、帽子、皮夹克和厚毡衣。

一家人被安置在这栋两层房子的一楼，女孩们共用一间把角的临街卧室。阿列克谢和他的"叔叔"纳戈尔尼①住在旁边的一个小房间里。[23]尼古拉和亚历山德拉有一间单独的卧室，尼古拉有一间书房，亚历山德拉还有一个私人起居室，此外还有一间浴室兼厕所。尼古拉楼上书房对面的一个大舞厅将被用于做教堂圣体礼，里面陈列的家具装饰是一家人从皇村带来的，亚历山德拉的花边床罩被用作了祭坛布。教堂圣体礼将由附近报喜大教堂的神父和执事主持，镇外伊万诺夫修道院的四名修女协助，她们会来唱圣歌（还会带来受欢迎的鸡蛋和牛奶作为礼物）。[24]

四姐妹一如既往地没有抱怨，并立即着手充分利用她们的新环境，确保她们共享的房间尽可能地舒适合意。角落里有一个传统的、高高的、贴白瓷砖的炉子，一张带软垫的小沙发，桌子上很快就堆满了书、笔和纸。每个女孩朴素的露营床床脚下都摆着一张白色的、造型简单的曲木椅子，这些椅子是从亚历山大宫搬来的，屏风上挂满了五颜六色的纱巾和披肩，女孩们还把它们挂在光秃秃的透风的白墙上，试图营造出一种温暖和亲密的感觉。在她们小小的床头柜里，姐妹们塞满了她们最

① 阿列克谢的另一个"叔叔"捷列文科没有和他们一起去托博尔斯克；自革命以来他对这个男孩种种举止已经改变了。他对阿列克谢的态度变得粗暴无礼，不再被视为曾经的那个善良的、值得信赖的看护人。

喜欢的小摆件、圣像画和照片。每个女孩还在各自的床头上方的墙上贴了照片：小的一对喜欢回忆在莫吉廖夫穿着哥萨克制服的沙皇卫队，其他的朋友，亲戚，宠物以及深受爱戴的受伤军官，而她们的大姐姐们则更为清醒地将选择悬挂宗教肖像以及一张父母站在"施坦达德"号甲板上的大照片。[25]

　　餐厅设在楼下，皮埃尔·吉利亚德也在那里给孩子们上课。楼下的共享房间后来被分配给了照顾孩子的女仆亚历山德拉·切格列娃和伊丽莎白·厄尔斯伯格，以及照顾亚历山德拉的女仆玛丽亚·图切尔伯格和其他工作人员，包括尼古拉的贴身男仆捷伦提·切莫杜罗夫。其余的随行人员和仆人们——纳丝简卡·亨德里科娃和她的女仆保琳娜·梅詹茨、波特金医生（9月中旬，他的两个孩子格莱博和塔齐亚娜也来到了这里）、捷列文科医生和他的家人、塔吉雪夫和多尔戈鲁科夫——被安置在了对面准备更加不足、更不友好的科尔尼洛夫府。这里，一个漏风的大厅被粗陋地划分成了几个隔间，几乎没有任何隐私可言，随后，特琳娜·施耐德和她的两个女仆卡佳与玛莎，以及另一个家庭教师克拉夫季娅·比特纳也加入了她们的行列。[26]尽管这家人仍被软禁在家里，只能在外面的院子里走动走动，或是偶尔去附近的教堂远足，但随行人员和仆人却暂时可以在城里自由走动。

＊

　　9月，托博尔斯克的天气依然温暖明媚，但令一家人深感沮丧的是，"所谓的花园"其实只是一片"肮脏的小菜地"，最多只能种几棵卷心菜和大头菜。[27]此外，房子后面还有一个简陋的温室、一座柴棚和谷仓，还有几棵细高的桦树，根本没有花和灌木。孩子们唯一的特许行为就是荡几下秋千。尼古拉非常失望，因为花园里没有他渴望的从事体力劳动和娱乐活动的空间，尽管在几天之内，他砍倒了一棵干松树，并获准立起他的单杠，每天在上面做引体向上。在房子的一侧，当局匆忙地在一片用栅栏隔开的土路上划出了一片满是尘土的方形小院以作娱乐空间，一天可以来两次，11：00～12：00，午饭后到黄昏。

信件的接收越来越不稳定，尼古拉一家新环境的不确定性随之很快加剧。"亲爱的卡佳，"阿纳斯塔西娅在他们到达之后的几天内写道，"我写这封信给你，但确信你永远不会收到它……听不到你的消息真是太难过了。我们经常，经常想起和谈起你……你收到我7月31日寄给你的信和我很久以前写的卡片了吗？"她现在正在给信件编号，试图追踪它们。但她的思绪又飘向了快乐的时光："问问维克托，他是否仍记得去年秋天。我现在回忆起很多……当然，一切都很好！"她把一片从花园里采的罂粟花的红色花瓣放在信封里，为自己的寡言道歉："我写不出任何有意思的东西……我们乏味地打发着时间。"[28]

然而，这单调的生活很快就被一个意想不到的消息打破了：奥尔加的朋友丽塔·希特罗沃来到了托博尔斯克，迫切地想要见到皇室一家，并把大约十五封信（她藏在旅行枕头里）转交给他们，此外还送来了巧克力、香水、糖果和饼干作为礼物，还有不同的朋友寄来的圣像画。[29]这位神经紧张的、易激动的22岁女孩的聪明才智及对奥尔加近乎崇拜的忠诚，只有她的无畏才能与之相提并论，她不假思索地踏上了旅途。在进入州长府的申请被拒之后，丽塔到了对面的科尔尼洛夫府去看望纳斯简卡·亨德里科娃，在那里她向从阳台探出头来试图见她一面的四姐妹挥手和飞吻。

但她的到来使当局感到震惊。在旅途中，她寄回家的明信 330
片被截获，并被解读为可疑物品。有人认为，她可能与安娜·
维鲁博娃和其他君主主义者朋友串通，密谋营救尼古拉一家，
一场隐隐约约的"哥萨克军官"的密谋已经在托博尔斯克流
传。不久之后，在克伦斯基的命令下，有人来翻检了丽塔给一
家人带来的所有东西。这些信件经过检查后被认为是无害的，
但她仍被逮捕并被送回莫斯科接受了审问。后来听说了这件事
的瓦莲金娜·切波塔列娃认为这完全是小题大做，丽塔也坚持
说，她的旅行完全是出于个人想见家人的愿望。但她在无意中
却给他们造成了伤害。而正如瓦莲金娜说："一个有责任心的
傻瓜比敌人更危险。"[30]临时政府召回了政委马卡罗夫，取而
代之的是一个新人——瓦西里·潘克拉托夫。

潘克拉托夫是一位典型的老派革命者。他是农民之子，曾
活跃在 19 世纪 80 年代的极端组织"人民意志"运动中，并
于 1884 年因在基辅杀害一名宪兵而被判处死刑。只是因为他
的年轻，他得以逃离了绞刑架，取而代之的是，他被关在臭名
昭著的什利谢利堡监狱中服刑了 14 年，直到 1905 年的政治大
赦，他被流放到了雅库特。他的革命生涯或许是教科书式的，
但对尼古拉来说，潘克拉托夫就是个"小个子"家伙。[31]但
尼古拉确实适应了他，潘克拉托夫在种种制约下尽可能地善待
着这一家人，他将是他们与外部世界的唯一联系，在接下来的
几周里，这家人和潘克拉托夫将会对彼此了解很多，并建立起
一种礼貌的、相互尊重的关系。

令新政委首先感到震惊的是看到一家人在祈祷时的情形。
他注意到亚历山德拉是多么虔诚地来到这里布置了临时祭坛，

在牧师和修女到来主持圣体礼之前，用她的刺绣、蜡烛和圣像画将其布置妥当。这个家庭在宗教仪式的各个方面都很讲究：在整栋房子里的随从和仆人们按照等级在各自指定的地方站定之后，一家人会从侧门走进来，大家都要向他们鞠躬。在祷告当中，潘克拉托夫注意到罗曼诺夫一家是多么频繁、多么热情地画着十字。他不由得产生了一种深刻印象，"前沙皇一家全都献身于一种真正的宗教精神与情感"，即使这是他无法理解的。[32]

由于一家人的生活是以宗教信仰为基础的，所以他们很快就回到了他们在亚历山大宫软禁期间所遵循的那种安静、平淡的生活方式中。尼古拉一直很爱做各种体能活动，但在这里，由于缺乏锻炼，他感到非常沮丧，开始习惯于一个小时内在院子里来来回回走上四五十次，不过很快他就可以忙着锯木头过冬了。阿列克谢唯一的兴趣是他的狗，直至那个月晚些时候他的玩伴——捷列文科医生的儿子科利亚——的到来。女孩们的大部分时间要么花在了帮助父亲锯原木，要么花在了追逐驱赶总在后院的垃圾堆里孜孜不倦地寻找食物的奥尔蒂波和乔伊身上。[33]对于亚历山德拉来说天气太热了，除了待在室内，她偶尔会坐在阳台的阳伞下缝缝衣物。午饭前，她很少起身走出房间，当其他人在外面时，她常常独自待在房间里——画画、缝补或弹钢琴。她的大部分时间都花在宗教沉思和阅读福音书上，她不断地将自己的思想倾注在寄给朋友们的长篇布道信上，写给安娜·维鲁博娃的尤多。

与彼得格勒此时正在忍受的极度物资短缺相比，州长府的食物好得出奇，而且相当充足。许多当地人对这位前沙皇和他的家人都很友好，作为礼物的食物也开始被送来。大街上，一些人在经过他们的屋子时会脱帽致敬；有些人甚至会跪下画十字。即使是在这里，老习惯也很难改变，亚历山德拉仍然会为每天的正餐写下菜单卡。气氛也没那么紧张了。晚上大家都在玩比齐克牌和多米诺骨牌，或是"小笨狗"和"黄侏儒"，尼古拉一如既往，总是会大声朗读——他到达托博尔斯克的第一个选择就是《红花侠》（*The Scarlet Pimpernel*）。然后，他开始重温俄国文学经典。他对母亲说："我决定从头到尾重读我们所有最好的作家（我也在读英文和法文书）。"[34] 果戈理甫一读完，屠格涅夫便接了上去。但是，潘克拉托夫饶有兴趣地注意到，随行人员似乎常常厌倦了在他读书时必须安静地坐着，而开始相互耳语，甚至在他单调的声音下打瞌睡。[35] 不过，读书无疑是给全家的一种恩惠。西德尼·吉伯斯很快就带来了孩子们更喜欢的书：英国的冒险故事，如阿列克谢最爱的塞缪尔·贝克爵士的《海水冲过》（*Cast Up by the Sea*）、沃尔特·司各特的小说［塔齐亚娜和阿纳斯塔西娅很爱《艾凡豪》（*Ivanhoe*）］、萨克雷、狄更斯和 H. 里德·哈格德。事实上，对阅读材料的渴望是如此强烈，以至于特琳娜·施奈德写信给了彼得格勒的 PVP，要求他寄来更多的书——冯维辛、杰尔扎文、卡拉姆津，孩子们没读过他们写的故事，同样这里也没有俄语的语法和文学课书籍。[36] 塔齐亚娜也写信请他把她那套不幸没有带来的阿列克谢·托尔斯泰的小说寄给她。

但是，即使是书里最好的内容也无法长久地抵挡这种影响到所有人的令其窒息的无聊，在每个人的日记和信件中都能清楚反映出这一点。阿列克谢敷衍记录的日记里除了重复的抱怨什么都没有："今天和昨天一样过去了……太无聊了。"[37] 即使亚历山德拉也只能写道"我像往常一样度过了一天"……

332

"一切都和昨天一样"。尼古拉也重复着她说的话："这一天一如既往地过去了"……"这一天和往常一样"。[38] 8 月 25 日，他写道："在花园里散步变得异常乏味；在这里，被锁起来的感觉比在皇村的任何时候都要强烈得多。"[39] 为了保持自己的忙碌，他在花园里挖了一个池塘，阿列克谢也帮了忙，用来饲养被带进来的鸭子和鹅，他还在温室的屋顶上搭了一个木制的平台，他和孩子们可以坐在那里沐浴阳光，观看下面的世界。当地人看到他们出现在那里或是在阳台上时都非常感兴趣，尤其是在看到姑娘们时，"她们的头发剪得像个小男孩"……"我们认为这是彼得格勒的时尚，"一位当地人回忆说，"后来，人们说这是因为她们之前生病了……但它们仍然非常漂亮，非常干净。"[40]

333

9 月 8 日星期五中午，因这天是圣母降临日，这家人第一次被允许外出参加附近的报喜大教堂举行的宗教仪式。他们步行，推着亚历山德拉的轮椅穿过无人的公共花园，但看到教堂外有一群人在等着他们，他们感到非常不安。"沙皇仍然是托博尔斯克的沙皇"，事情似乎是这样的。[41] "这令人很不愉快"，亚历山德拉写道，但她"很感激我六个月以来第一次来到了一座真正的教堂"。[42]

潘克拉托夫注意到，这一小小的让步给他们带来了多大的愉悦：

> 当尼古拉二世和孩子们走过公共花园时，他们用法语谈论着天气①，用这种和那种眼神观察着花园，好像他们

---

① 无疑是不想让卫兵听懂他们在说什么。

以前从未见过一样，尽管花园就在他们阳台的正对面，从那里他们每天都能清楚地看到它。但从远处看、从监狱里看东西是一回事，在几乎自由的时候看东西则是另一回事。每一棵树、每一根树枝、每一丛灌木和每一条长凳都有自己独特的魅力……从他们脸上的表情和走过的方式可以看出，他们都经受了某种特殊的、对个人的考验。[43]

在穿过花园的路上，阿纳斯塔西娅伸长脖子看东西的时候摔倒了，她的姐姐和父亲嘲笑她的笨拙。亚历山德拉没有反应。"她庄严地坐在轮椅上，什么也没说。"她一晚上没睡，神经痛和牙痛又一次使她饱受折磨。当一家人经过时，最能引起公众好奇的再一次是女孩们的头发："为什么她们的头发像男孩一样短？"人们问道。[44]不过，到了9月底，她们的头发又变长了，尽管阿纳斯塔西娅告诉卡佳"留短发真是太让人高兴了"。[45]

9月14日，一家人第二次去了教堂，为躲避人群，他们早上8：00就出发了。"你可以想象我们有多快乐，"塔齐亚娜给她的克谢尼娅姑妈写信说，"你还记得我们在皇村的小小教堂是多么的不方便吧。"[46]但前一天寒冷的秋雨给周围的道路带来了变化，现在它们成了一片泥海，"如果不是他们在路上铺了木板，就不可能通过"，安娜·捷米多娃说。[47]尼古拉现在尽可能多地待在外面锯木头。潘克拉托夫对他旺盛的精力感到惊讶。阿列克谢、塔吉雪夫、多尔戈鲁科夫，甚至还有一个看上去怪怪的皮埃尔·吉利亚德（软毡帽不合时宜地搭配着燕子领）都被征召来帮忙，但尼古拉把他们都累垮了。潘克拉托夫向地方当局报告说，这位前沙皇非常喜欢锯木头，于

334

是他们送来了一大堆桦树树干让他砍。[48]全家人都指望着天气继续晴朗。"我们经常坐在花园里，或是房子前面的院子里，这很好，"塔齐亚娜告诉她的姑妈克谢尼娅：

> 拥有一个阳台真是太好了，从早到晚太阳都在温暖着我们。坐在那里看着人们在街上来来往往很好。这是我们唯一的娱乐……为了进行体能锻炼，我们设法在屋前玩滚球撞柱①，我们还会玩一种网球，当然网是没有的。然后我们会来来回回地走，这样我们就不会忘记怎么走步了——总共120步，比（"施坦达德"号的）甲板要短得多。[49]

塔齐亚娜计算出，在三分钟内就可以绕着整座厨房花园走一圈，但至少还有家畜需要照顾，现在有五头猪，它们被安置在原来的马厩里——毫无疑问，它们注定会在即将到来的冬天成为人们的食物。[50]

10月初，人们期待已久的皇村物资终于赶在迫近的冬天之前抵达，包括地毯、窗帘和百叶窗，但从皇家酒窖运来的葡萄酒被卫兵没收，倒进了额尔齐斯河。[51]不过比起物资，更加受欢迎的是西德尼·吉伯斯，10月5日，他和孩子们的一位新辅导老师克拉夫季娅·比特纳一起从秋明登上了船，这是河水冻住无法通行前的最后一批船。吉伯斯带来了现已出狱的安娜·维鲁博娃所送的贺卡和礼物，其中包括玛丽亚说的她最喜欢的香水，这让他们都想起了安娜。他们多么地想念她，玛丽

---

① Skittles，一种起源于英国的类似于保龄球的游戏。——译者注

亚给安娜写信说："我们看不到彼此，这真是太让人难过了，但上帝保佑我们能再相见，那将是多么的快乐。"[52]

没过多久，西德尼·吉伯斯发现自己不得不又开始在课堂上与阿纳斯塔西娅古怪而漫不经心的行为做斗争。有一次，他发了脾气，叫她"闭嘴"；于是下一次交作业时，阿纳斯塔西娅在练习本上加了一个新名牌——"A. 罗曼诺娃（闭嘴!）"。[53]克拉夫季娅·比特纳也发现阿纳斯塔西娅对她来说是个试炼——上课懒散，而且常常举止粗鲁。[54]她曾在皇村的马林斯基女子学校任教，战争期间曾在一家医院志愿当护士，在那里照顾过在前线受伤的柯贝林斯基，他们二人产生了感情。在柯贝林斯基随一家人被送到托博尔斯克时，他就给克拉夫季娅找了教授玛丽亚、阿纳斯塔西娅和阿列克谢俄语、文学和数学的差事。不过，她和潘克拉托夫对孩子们，尤其是阿列克谢的受教育水平显然印象平平，也许他们还不知道，后者的教育一直因疾病而中断。潘克拉托夫为他们以及他们的父亲对西伯利亚、它的地理和民族了解之少而感到震惊。[55]随着冬天的到来，一位女大公惊讶地看到街上有人穿着"奇怪的毛皮镶边的白色和灰色衣服"。潘克拉托夫意识到她指的是生活在该地区的雅库特人、汉特人和萨莫耶德人所穿的驯鹿皮制传统服装。但他想知道的是难道姐妹俩从来没有在地理课本上看到过，他们父亲庞大的俄罗斯帝国治下的这些居民的照片吗？对于女孩们来说，这种来自"外部生活"的陌生人正是她们渴望了解的那些人，但她们从未有机会去探索。潘克拉托夫有时觉得她们非常天真：你只需要和她们谈论一下外面世界上最平凡的事情，就会发现她们"好像什么也没见过、什么也没读过、什么也没听过一样"，这是一种极为偏颇的观点，但显然他不清楚女孩们在被革命打断前所接受的教育的广度。[56]

在西德尼·吉伯斯看来，尽管孩子们所接受的课程在这种高度受束的环境中存在种种限制，但它们却是一种重要的分散注意力的方式，帮助小一点的孩子们度过了一天的单调生活。事实上，他觉得女大公中唯一看起来"无聊"的是奥尔加，她没有参加任何正式的课程，尽管她确实继续着自己的独立学习，写诗，并通过给亚历山德拉读故事来练习法语。不过，吉伯斯似乎很清楚，这个家庭"最大的苦闷"，尤其是尼古拉的苦闷，是缺乏自由活动，"院子里的东西很难代替他们的亚历山大花园"。[57]有一次，玛丽亚对他说，如果不是这样她们都会过得很满足，"只要他们可以走出去一点点，她就可以永远住在托博尔斯克"。[58]但尼古拉向潘克拉托夫申请进入小城的请求一再遭到拒绝。"他们真的害怕我会逃跑吗？"他问道，"我永远不会离开我的家人。"[59]他似乎不理解这样做会带来的安全问题。托博尔斯克地方政府仍在设法撑住，但在不远处，托木斯克那里的苏维埃工人已经要求把罗曼诺夫一家送进监狱。

阿纳斯塔西娅10月8日告诉卡佳，"我们每天都在做同样的事情"，这成了这一家所有人的抱怨。一位清洁女工的到来点亮了女孩们的日子，她带着她的儿子托利亚。四姐妹喜欢和他一起玩，因为他让她们想起了在斯塔夫卡时受她们保护的一个叫连卡的小男孩。"问问你弟弟，他见过他"，阿纳斯塔西娅告诉卡佳。一提到连卡，人们又想起了在莫吉廖夫与沙皇卫队共度的快乐时光："你在干什么？我非常想见你们！……当我透过窗户望向街道时，看到所有的东西都被雪覆盖着时，我感到很难过，因为已经是冬天了，而我喜欢夏天和温暖。"[60]

奥尔加也在同一天对克谢尼娅说："在此以前我们没有理由抱怨天气，一直很暖，但是现在我们要冻僵了。"她羡慕克谢尼娅同母亲和姐妹一起在克里米亚的生活。"毫无疑问你们现在待的地方太棒了。大海如此碧蓝……我们都很好，但生活一成不变，所以我没有什么有趣的事要跟你讲。"[61]

　　10月下旬的十天时间里，前帝国牙医谢尔盖·科斯特里斯基一路从克里米亚赶来，为一家人的牙齿做检查，并为问题很多的尼古拉和亚历山德拉两人做了一些紧急的牙齿修复。科斯特里斯基带来了玛丽亚·费奥多罗夫娜、克谢尼娅以及奥尔加的信件和礼物，暂住于潘克拉托夫的寓所。不可避免的是，两人讨论了皇室一家的问题，并一致认为他们仍然将自己闷在以前宫廷里所弥漫的那种"受约束的、规范的气氛中"。这种气氛在他们身上制造出了一种"精神饥荒"，还有一种"想要与来自不同社会背景的人见面的渴望"。保守的传统"像拖动死尸一样操控着他们，使他们沦为礼节的奴隶"。[62]潘克拉托夫本希望女孩们可以拥有更多的时间接受更广泛的教育，而不是学习"如何站立、如何坐下、说什么话等"细节，但尽管如此，他还是对她们有多么乐意砍柴和扫雪印象深刻——"简单的生活给了她们很多乐趣"。[63]随着大部分冬日木材已被砍伐，女孩们正在帮助父亲把它们堆放在木材仓库里，清理院子里的积雪，以及从楼梯和外面的屋顶上清理积雪。有一天，潘克拉托夫正碰上玛丽亚在用一把破铁锹费劲地铲着积雪，于是问她为什么不找人来接手，又说没想到她会愿意做这样的事。"但我喜欢这样的工作"，她回答。[64]只要天气好，只要可以在户外工作、呼吸到新鲜空气，姑娘们就很高兴。"明亮的太阳……让我的心情立刻好起来"，奥尔加写信给

PVP，这样的天气一直持续到了 11 月。"所以不要认为总是不好的。一点也不。你知道，我们并不容易感到沮丧。"[65]但是到了月底，当这一家听说了彼得格勒的十月革命后，情绪一定低落了下来。"第二次革命，"28 日，当这一消息最终传到了托博尔斯克，亚历山德拉在日记里写道，"临时政府被撤换，列宁和托洛茨基领导的布尔什维克占领了斯莫尔尼宫。冬宫遭到了严重破坏。"[66]而就在前一天，尼古拉还给他的母亲写了一封欢快的信，他说："我正在砍伐很多木头，通常是和塔吉雪夫一起……这里的食物很好，而且非常丰富，与皇村有很大的不同，我们在托博尔斯克安顿下来，体重增加了 8 ~ 10 磅（3.5 ~ 4.5 千克）。"[67]彼得格勒和他们以前的生活对尼古拉来说已经是过去的历史了，布尔什维克革命对他来说并不特别重要，他甚至都没有在日记中提到它；天气很好，他走了很多路，伐了很多木，这就是他现在世界的全部。[68]潘克拉托夫回忆说，在很长一段时间里，他对十月革命没有发表任何评论："尼古拉二世默默地受着苦，从来没有和我谈过这件事。"最后也只是对冬宫被洗劫一事表达了愤慨。直到 11 月中旬，尼古拉才终于看到报纸的报道，并认为这第二次革命"远比混乱时期发生的事更糟糕"。16 世纪的动荡年代似乎比最近的过去更能得到他的共鸣。[69]

338

第二十章
感谢上帝，我们还在俄国，
所有人都在一起

12月3日是奥尔加的生日，迎接她的是一场极大的雪，她收到了迄今为止最朴素的礼物——三盆仙客来和一些香气浓郁的天竺葵。"亲爱的奥尔加已经22岁了，"尼古拉在日记中写道，"可怜的小家伙，很遗憾只能在这样的环境下给她过生日。"[1]对于忧伤而内省的亚历山德拉来说，奥尔加的生日是1917年这个悲哀而艰难的一年的——与其说是一个值得庆贺的日子，不如说是一个纪念日。39年前的今天，她的小妹妹梅死于白喉；14年前的同一天，厄尼的女儿伊丽莎白在斯凯尔涅维采和他们住在一起时突然去世。但亚历山德拉在日记中反驳了这一说法，并画上了她非常着迷的左旋万字符，用以表示生与死的循环。

对于奥尔加本人来说——22岁，未婚，还是一个在西伯利亚的囚犯，这一定是一个特别凄凉的生日。自从生病以来，她一直很消瘦，同时变得越来越孤僻和焦虑，以致西德尼·吉伯斯发现她有时脾气相当暴躁。但她天生的爱和善良仍然照亮了她写给朋友和家人的信。11月9日，她满怀爱意地写信给她的姑妈克谢尼娅，说他们都很好、很快乐。她从温室里救出了一棵半死不活的盆栽柠檬树，小心翼翼地给它浇水，使它恢复了生机。对于自己没有什么有趣的事情可以分享，以及克谢

340　尼娅不能来看望他们她感到很遗憾，而"我们已经把所有事情安排得很好，在这里感觉很自在"。[2]

"我们生活在这里，就像生活在船上，每天都很相似，"尼古拉带着同样的感受给克谢尼娅写信道。[3]但没有任何新消息使他感到沮丧："没有一张报纸，甚至很久没收到彼得格勒的电报了。在如此艰难的时刻，这太可怕了。"[4]但当报纸终于送到的时候上面也几乎没说什么。皮埃尔·吉利亚德回忆说，阅读《泰晤士报》的请求被拒，"我们只能看一种印在包装纸上的当地低劣小报，只会发布几天前的电报，而且通常是歪曲或删节的"。[5]尽管如此，尼古拉还是很感激收到的任何消息。西德尼·吉布斯注意到他"会从头到尾看完报纸，看完后又重新开始"。[6]他也在重读自己的往日日记，他发现这是一项"愉快的工作"，使他可以暂时抽离于他那无穷无尽的乏味生活。[7]

11月14日，阿纳斯塔西娅对卡佳说："我们的生活到目前为止还没有任何重大变化。"要么是来来回回在外面荡秋千，要么是从秋千上荡下来掉到一堆雪里，或是拉着阿列克谢的雪橇绕圈，还有就是无穷无尽地堆木头。"这项工作让我们忙活起来。我们就是这样生活的，不是很刺激，对吗？"阿纳斯塔西娅发现自己在没完没了地向卡佳道歉："我非常抱歉，我的信竟然如此愚蠢和无聊，但这里没有发生任何有趣的事情。"[8]在她的下一封信中，她显得越来越沮丧和恼怒："我开始第三次动笔给你写这封信了，因为它不是乱七八糟，就是相当愚蠢！……当然，我们已经很久没打网球了。我们荡秋千、走来走去、锯木头。在屋里我们读书，学习。"[9]

月底，安娜·捷米多娃给一位朋友写信说："无法走动让孩子们感到非常无聊。"的确，随行人员也感到极度烦闷。霜冻、解冻、阳光、黑暗。日子一晃而过。晚上的大声朗读、针线活或打比奇克牌。我们现在在制作圣诞礼物。21 日，他们突然不再允许我们去教堂，甚至不让我们在家里做圣体礼——一切都来自其他人的心血来潮。正是在如此困难的时刻，我们特别需要去教堂……当知道有别人会读我们写的信的时候会下笔很难，但我还是很感激。[10]

邮政系统的不可靠对每个人都是一大挫败。很多寄给女孩们和亚历山德拉的信件和包裹被证明从来没有抵达托博尔斯克，而她们寄出的也从未抵达收件人。潘克拉托夫回忆说："每次我到那所房子里去，总会有一位女大公会问我——有信吗？"[11]她们对自己的老朋友、以前的病人在哪里以及在做什么充满了无尽的疑问——尽管她们能知晓答案的希望正在迅速消失。"请原谅我问了这么多问题，"玛丽亚向她的朋友维拉·卡普拉洛娃道歉，"但我很想知道你在做什么，大家怎么样。"[12]"你有我们的消息吗？"她的姐姐奥尔加附和道。"一如既往，我的明信片索然无味，全是问题。"[13]同一天，她又一次对瓦莲金娜·切波塔列娃说："你收到我 10 月 12 日的信了吗？"这么长时间没有你的消息，我很难过。"[14]更加克制的塔齐亚娜似乎简直要喜欢上这种与世隔绝的感觉："在我们生活的遥远的小镇上，一切都很安静。远离铁路和大城镇是件好事，这里没有汽车，只有马。"[15]但她也向瓦莲金娜·切波塔列娃倾吐心声："我们感觉自己好像生活在一座遥远的小岛上，从另一个世界接收消息……我经常弹钢琴。时间过得很快，日子一天天过去，完全没有人注意到。"[16]

到了 12 月初，气温降到了零度以下；7 日和 8 日，气温达到了 -23℃（-9.4 ℉）。"我们在房间里瑟瑟发抖，"亚历山德拉对安娜·维鲁博娃说，"窗子总能透过很强的气流。"[17]室内太冷了，就连抗冻的尼古拉也裹起了他的哥萨克切尔克斯卡大衣。女孩们挤在一起取暖，"小狗们在我们身边跑来跑去，求着想要跳上我们的大腿"，塔齐亚娜告诉季娜伊达·托尔斯泰娅，她们都为一只友好的小动物的温暖而感到高兴。"空间不够容纳我们每个人，"阿纳斯塔西娅给卡佳写信说，"所以我们中的一个坐在沙发上，把纸放在腿上写字。房间里很冷，所以我们的字写得不太好。"[18]孩子们的情绪开始低落，直到西德尼·吉伯斯想出了一种新的方法来度过这个寒冷、黑暗的冬天。他建议孩子们排演一些独幕剧；他身边带着一个选集。下午的娱乐结束后，他们开始排练，并在楼上的舞厅里创建了一个即兴剧场。12 月 6 日晚，玛丽亚、阿列克谢和吉利亚德表演了莫里斯·亨尼昆（Maurice Hennequin）的 20 分钟短剧《流浪的约翰》（*Le fluide de John*）。[19]

终于，12 月 10 日，这家人又被允许外出参加圣体礼。"当他们允许我们去教堂的时候，我们总是那么高兴，"塔齐亚娜写信给她的姑妈克谢尼娅：

> 尽管你不能拿它和我们的大教堂①相比，但总还是比待在室内好……我常常记起皇村生活以及在医院举办的可

---

① 皇村的费奥多罗夫斯基大教堂。

爱的音乐会；你还记得当我们的伤员跳起莱兹金卡舞时是多么有趣吗；我还能回忆起我们在巴甫洛夫斯克散步和你的小马车，以及会路过你家的晨间远足。这一切看起来已经是很久之前的事了，对吧？好吧，我现在必须停笔了。[20]

圣诞节前夕，女孩们终于有了要做的事情，帮助她们的母亲为随行人员甚至卫兵做礼物，尽管她们的手都因为酷寒而生了冻疮。亚历山德拉织了毛料背心并手绘了卡片和书签。她和女孩们用尽了每一片珍贵的布料和每一根毛线，以确保每个人都能收到一份圣诞礼物。"她们的针线活儿极好，"伊扎·布克斯盖夫登回忆道，"她们用粗布、手织布、乡下的亚麻布做出了最漂亮的东西，并加入了自己的设计。"[21] "我正在为最小的这个织袜子，"15 日亚历山德拉对安娜说，

> 他问我要一双袜子，因为他自己的都穿破了。我做的袜子像之前给伤员做的那样又厚又暖和，你还记得吗？我现在什么都做。尼古拉的裤子缝缝补补，姑娘们的亚麻裤也破破烂烂了。很可怕，不是吗？我的头发都已经灰白了。阿纳斯塔西娅现在和玛丽亚一样胖，腰又圆又肥，小短腿。我真希望她能长大。奥尔加和塔齐亚娜都很瘦，但她们的头发都很漂亮，可以不用围围巾了。[22]

托博尔斯克的食物供应比彼得格勒好得多，她给安娜寄了珍贵的礼物，包括面粉、糖、通心粉和香肠，还有一条手工编织的围巾和一双长袜。安娜回寄给她一个装有香水的包裹，一

343

件给亚历山德拉的蓝色丝绸夹克，还有给孩子们的软糖。[23]亚历山德拉很遗憾自己不能像她的丈夫一样可以阅读旧日日记和信件。"我没有你的只言片语"，她对安娜说。她已经"烧掉了一切"：

> 所有的过去都是一场幻梦。只留下眼泪和充满感激的回忆。尘世间的东西一样接一样溜走，房屋和财产被毁，朋友也消失不见了。一个人一天一天地活。但上帝是万物，自然永不改变。我可以看到四周的教堂（太渴望去那里了）和小山，可爱的世界。[24]

12月19日，伊扎·布克斯盖夫登终于和她的苏格兰旅伴马瑟小姐抵达托博尔斯克，亚历山德拉的心顿时振奋起来。然而，令人失望的是，警卫团第2团的武装分子拒绝让她进入州长府，她不得不在科尔尼洛夫府安顿下来，只能满足于在那儿一瞥皇室一家。[25]当女孩们看到她时，她们开始疯狂地打手势……不一会儿，四位女大公"都来到窗口挥着手，最小的女大公还在兴奋中上蹿下跳"。[26]对于伊扎不能加入她们一事她们都感到非常失望，即使是在圣诞节也不行；三个星期后，她被告知要搬进城里的寄宿处。

"圣诞节就要到了，"特琳娜·施耐德写信给她在彼得格勒的同僚PVP，"但今年的圣诞节将是一个特别悲伤的日子，远离我们的朋友和家人"。奥尔加也在回复她姑妈克谢尼娅关于最近种种不幸的评论时，竭力不让自己感到悲伤：

> 他们总是说，没有什么好的或快乐的事情能持续很

久，或更确切地说，不会持续；但我也认为，即使是相当可怕的事情也必有竟时。不是吗？感谢上帝，我们的周遭还在尽可能地维持一种平静。我们都很好，很快乐，而且没有失去信心。

我今天梦到了祖母。我刚刚戴上一条橙色的围巾，不知为什么它让我想起了您在彼得格勒的客厅。我的思绪从一件事跳到另一件事，这就是为什么这封信显得如此语无伦次，为此我请求您的原谅。好吧，还有什么可写的？[27]

在做了许多圣诞礼物之后，姑娘们尽力装饰着圣诞树。奥尔加对丽塔·希特罗沃说："我们在角落里放了一棵圣诞树，它散发出的香气好闻极了，一点也不像皇村的那种。"

这是一种特殊的树种，被称为"香脂冷杉"。它闻起来有种强烈的橘子和橙子的味道，树脂一直从树干上滴下来。我们没有任何装饰品，只有一些银丝和蜡烛，当然是教堂里的那种，因为这里没有其他种类的。[28]

塔齐亚娜在写给 PVP 的信中说，这棵树"散发着神圣的气味"，"我不记得其他地方的树有如此强烈的气味"。[29] 它的存在不可避免地让她们想起缺席的朋友。"在圣诞节，我们会尤其怀念过去，"阿纳斯塔西娅给卡佳写信说。"我们有多快乐……我很想写下很多并告诉你，但很遗憾，你所读的就是全部！"[30]

平安夜的中午，每个人都聚集在楼上的大厅里做圣体礼，午饭后，他们把圣诞树和礼物摆好。家里还为 20 个卫兵装饰

344

了一棵树，四点半就把他们的礼物和一些特别的吃食给了他们。亚历山德拉送了每个士兵一本福音书和一个手绘书签。她没有忘记伊扎，也给科尔尼洛夫府送了礼物——一棵小小的圣诞树，她和她的女儿们绣的一些桌布和枕头，沙皇还加送了一个"有他名字押花的"小花瓶。[31]

"吃过平安夜的晚餐，"奥尔加写信给丽塔，

> 我们把礼物分发给每个人，大多数是我们自己的针线活。当我们把它们分类并决定送给谁时，我们想起了雅尔塔的慈善义卖。你还记得我们总是有多少东西要准备吗？昨晚10点左右我们举行了晚祷，树被点亮了。可爱而舒适。合唱团很大，唱得很好，但太像音乐会了，我不喜欢。[32]

345　　罗曼诺夫一家被那些在过去的九个月里一直对他们忠心耿耿的人们包围，他们怀着极大的信心和希望一起唱着歌。那年圣诞节，皮埃尔·吉利亚德感到了一种特别的"宁静的亲密感"，仿佛他们真的像"一个大家庭"。[33]

圣诞节一大早，一家人就在雪地里走向教堂，在圣母像前做晨间圣体礼，这尊圣母像是特意从距托博尔斯克17英里（27千米）的阿巴拉茨基修道院带来的。圣体礼期间，当阿列克谢·瓦西里耶夫神父吟诵《姆诺戈列季》（*mnogoletie*）——一种祝愿一家人长命百岁的祷文——时，他没有略掉他们的皇室头衔。卫兵中的激进分子听到这个后大声向潘克拉托夫抱怨。结果是这一家人完全不能再去教堂参加任何圣体礼。[34]这是圣诞节以至这一年令人沮丧的结局。尼古拉在日记中写道，

12 月 31 日傍晚喝了一杯茶后，"我们就此作别，没有等到新年"。那个年底他的最后一个想法是："上帝，拯救俄国。"[35]

同一天晚上，亚历山德拉在日记中写道："感谢上帝让我们七个人都活得很好，而且我们在一起。""一年来他一直在保护着我们以及所有我们爱的人的安全。"而她寄给伊扎的另一条类似的信息则更加强调："感谢上帝，我们还在俄国，所有人都在一起。"[36]

*

1918 年 1 月，西伯利亚的冬天终于怀着无情的愤怒来到了托博尔斯克。在那之前，零下一位数的温度通常还是可以忍受的，罗曼诺夫一家甚至开始怀疑野蛮的冬天是否只是一种神话。但随着 1 月的过去，亚历山德拉记录到了气温的骤降。17 日是 -1℃（5 ℉）；五天后，气温降到了 -29℃（-20 ℉），寒风刺骨。隆冬时节的托博尔斯克变成了一座"死亡之城""一座活人的坟墓"、一个"无精打采、死气沉沉的地方，哀伤的面容深深嵌入灵魂"。[37] 所有的孩子又一次病了——这一次是阿列克谢的玩伴科利亚·捷列文科带进来的德国麻疹，但幸运的是，他们的症状只持续了几天。[38]

严寒贯穿了整个 2 月；3 月中旬，温度才挣扎着到了 0℃以上。即使瓷质壁炉里烧着木头，室内也"冷得要命"。[39] "原木是潮湿的，所以它们根本无法使房子暖和起来；它们只是在冒烟，"阿纳斯塔西娅告诉卡佳。[40] 窗子上结满了厚厚的冰，风吹得窗框嘎嘎作响，穿透了每个缝隙。皮埃尔·吉利亚德在日记中写道："女大公们的卧室是一个真正的冰室；她们的手指冻得僵硬，几乎写不出字也穿不起针来。"[41] 由于她们

346

的房间在屋角，所以遭遇了最恶劣的冬季寒风，最近那里的温度甚至低到了 -44℃ （ -47.2 ℉）。她们把自己裹在了最厚的长毛衫里，甚至在室内也穿上毡靴，但她们仍然能感觉到风从烟囱里呼啸而下。[42] 在绝望中，她们坐在走廊里，或是挤在厨房里，尽管那里，唉，到处都是蟑螂。[43]

"迷失在遥远的西伯利亚的无垠之中"，就像皮埃尔·吉利亚德和西德尼·吉伯斯所回忆的那样，对每个人来说，黑暗而漫长的冬日在一种持续的平静接受和"家庭般的和睦"气氛当中过去了。[44] 孩子们仍然保持耐心且不抱怨，总是心地善良，愿意帮助和支持其他人，尽管吉伯斯很清楚，两个姐姐"意识到了事情变得多么严重"。甚至在离开皇村之前，奥尔加就告诉伊扎·布克斯盖夫登，她和她的妹妹们"为了父母，会摆出勇敢的面孔"。[45] 在过去的几个月里，每个与皇室一家在一起的人都注意到了她们在面对如此绝望的不确定时所表现出的平静和坚毅。格莱博·波特金回忆道："我对女大公们的尊敬只会随着流放时间的延长而增加，"

她们表现出的勇气和无私是了不起的。我父亲对于她们努力帮助和鼓励父母的那种欢快向上的表现感到惊奇，这种欢快向上常常是装出来的。

"沙皇每次进餐时，脸上都带着悲伤的表情，"父亲告诉我，"女大公们会用胳膊肘互相推搡，低声说：'爸爸今天很难过。我们必须让他振作起来。'于是她们出动了。她们开始大笑，讲有趣的故事，几分钟后，沙皇陛下露出了微笑。"[46]

姑娘们的热情使她们与卫兵，特别是第一团和第四团的 347
士兵保持着友好的关系。吉利亚德说："女大公们带着自己
朴素的魅力，喜欢和这些人谈话"。这很容易理解，在姐妹
们看来，"士兵们似乎和过去有着一样的关联。她们询问士
兵们的家庭、村庄，以及他们参加过的第一次世界大战情
况"。[47]与此同时，尼古拉和阿列克谢与第四团的人的关系越
来越密切，他们经常在晚上到警卫室坐下来与士兵们聊天，
玩国际跳棋。

最近一位加入的随行人员克拉夫季娅·比特纳，很快就对
这五个处于生命中的最后几个月的孩子们有了非常清晰的认
识。她毫不怀疑，正是那个敏捷又高效的塔齐亚娜才是州长府
的关键人物："如果这家人失去了亚历山德拉·费奥多罗夫
娜，那么它的保护者将是塔齐亚娜·尼古拉耶夫娜，"

> 她继承了她母亲的天性，身上有很多她母亲的特点：
> 性格坚强，生活有条理，有责任心。房子里的东西都是她
> 负责整理。她照看着阿列克谢·尼古拉耶维奇。她总是会
> 和沙皇一起在院子里散步。她是最接近皇后的人。她们是
> 两个朋友……她喜欢管理家务。喜欢刺绣和熨烫
> 亚麻布。[48]

但塔齐亚娜的性格中也有一个特点，那就是她与父亲的共
同点——绝对的、极度的沉默寡言。在被囚禁的最后几个月
里，她将自己的感情封闭起来、不让任何人知道的能力变得更
加强大。从来没有人能深入这种强烈的矜持之中；西德尼·吉
伯斯回忆说："即使她比她的姐妹们更能坚定地表达自己的观

点，但你不可能猜出她在想什么。"[49]

克拉夫季娅·比特纳认为温文尔雅、心地善良的奥尔加要更容易爱上得多，她在很多方面都是塔齐亚娜的反面，因为她继承了她父亲那温暖的、令人心碎的魅力。与塔齐亚娜不同，奥尔加讨厌被组织，也讨厌做家务。基于对阅读的热衷和对独处的偏爱，克拉夫季娅觉得她似乎"比家里的其他人更了解当下的情况，也意识到这种情况有多危险"。奥尔加身上流露出一种悲伤的气质，这让克拉夫季娅觉得，这里面隐藏着某种痛苦或失望。瓦莲金娜·切波塔列娃也有同感，"有几次她在笑，你会感觉到她的笑容都是表面的，而在她内心深处，不是微笑，而是悲伤。"[50]奥尔加这种精心调和的本性使她有一种大难迫近的悲剧感，这一点由于她对诗歌的热爱、越来越沉迷于对宗教文本的阅读而更加凸显。她愈发心不在焉，听着响彻托博尔斯克的教堂钟声，给朋友们写信，描述异常晴朗的夜空之美，以及月亮和星星惊人的光辉。[51]

那年冬天有一段时间，奥尔加写信给一位家族朋友谢尔盖·贝赫捷耶夫（季娜伊达·托尔斯泰娅的哥哥），后者是一位初出茅庐的诗人，并于1916年出版了他的第一本诗集。贝赫捷耶夫曾把他的一些诗句寄给了被囚禁的一家人，作为回应，尼古拉要奥尔加写信感谢他。这些幸存下来的字句，比我们所能找到的任何文本都更能概括奥尔加和她父亲在最后几个月里的心情：

父亲要我告诉所有仍在效忠于他的人和那些他们也许还能影响的人，他们不应该为他报仇，因为他已经原谅了所有人，并为他们祈祷；他们不应该让自己寻求报复；他们应当谨记，世界上现存的邪恶还将变得更加强大，可战胜邪恶的不是邪恶，而是爱①。[52]

贝赫捷耶夫后来把这封信当作自己创作的灵感，回味着这些感伤，他这样写道："上帝让我告诉每个人，没有必要哭泣和埋怨/苦难的日子应诸我们所有的人/因为我们的大罪。"[53]

在所有的罗曼诺夫姐妹中，温顺、随和的玛丽亚仍然是最谦逊的，她一贯的爱和坚忍的性格使人少有对她的非议。每个人，包括卫兵，甚至政委潘克拉托夫都喜欢她。对克拉夫季娅·比特纳来说，玛丽亚是典型的、健健康康的俄国女孩："心地善良、性格开朗、脾气温和且友好。"[54] 相比之下，阿纳斯塔西娅则从来没有获得克拉夫季娅的欣赏。课堂上不停地嬉笑和对权威的挑战很快就开始使人烦躁："她干什么都不认真。"但更糟糕的是，在克拉夫季娅看来，阿纳斯塔西娅"总是欺负玛丽亚"，她回忆说。[55] "她们两个在功课上都落后了"，这一观点也强化了潘克拉托夫的认知。"她俩都不会写作文，也没有受过如何表达思想的训练。"阿纳斯塔西娅仍然是个"绝对的孩子，你必须像对待孩子一样对待她"。西德尼·吉伯斯也比较认同这一点；在他看来，罗曼诺夫家族最小的女儿的社交能力一直因囚禁而被抑制了，他认为她是"家里唯一不争气的成员"。[56]

当然，其他人对阿纳斯塔西娅活力无限的个性看法截然不同；她是家里的"啦啦队队长"，她总是用自己超强的能量和

---

① 《罗马书》12：19 和 21 中说："亲爱的弟兄，不要自己申冤，宁可让步，听凭主怒。因为经上记着：'主说，申冤在我，我必报应。'"……"你不可为恶所胜，反要以善胜恶。"

各种模仿让每个人振作起来。[57]她有时很幼稚，波特金医生对她早熟的"黄笑话"感到震惊，想知道她是从哪听来的。[58]她也喜欢画"下流的"画，偶尔会做一些极端无礼的评论。但总的来说，在托博尔斯克，她那"欢快而热闹的性情对家里的其他成员有着不可估量的价值"，当她愿意这样做时，"阿纳斯塔西娅可以驱散任何人心中的阴霾"。[59]但现在，一想到他们的医院和那些死去的人，即使是她也常常感到极度悲伤："我想现在没有人去照料我们伤员的坟墓了"，她写信给卡佳，"大家都离开了皇村"；但她还是在写字台上放了一张费奥多罗夫斯基小城的明信片，因为"我们在医院度过的时光太美好了"。她渴望听到卡佳和她哥哥维克多的消息。"我没有收到你的第 21、23、24、26、28、29 号信——所有这些信都是你写到这个地址的"，她伤心地抱怨道，并建议卡佳以后把它们寄给安娜·捷米多娃，"这些人对写给她的信不感兴趣。""真是太可怕了，想想我们有多久没见到你了……如果上帝允许，我们还会在某个时候相见，这样就可以告诉你很多事情，或悲伤或滑稽，以及最主要的，我们是如何过活的，"但是，她补充说，"我当然不会把这些事写出来。"[60]

或许阿纳斯塔西娅的疯癫实际上象征着一种"英雄般的努力"精神，正如格莱博·波特金所见，这是一种帮助家人"保持快乐和精神振奋"的方法，她以自己的方式所进行的无情的进犯其实是一种自我保护的形式。[61]吉伯斯和吉利亚德指导排练的一系列法语和英语话剧在 1 月的最后三周和 2 月的最后两周上演，毫无疑问，阿娜斯塔西娅是话剧当中的明星。最受欢迎的是《收拾行装》（*Packing Up*）——哈利·格拉坦的一出非常粗俗但也非常有趣的闹剧，阿纳斯塔西娅扮演男主角丘格沃特先生，他妻子的扮演者是玛丽亚。[62] 2 月 4 日话剧上演①，在她精力充沛的表演中，阿纳斯塔西娅穿着的晨袍都飞了起来，露出了裹在她父亲的耶格牌衬裤里的结实双腿。每个人都"笑得直不起腰"——连亚历山德拉也少见地大笑出声。吉伯斯回忆道，这是"皇后最后一次尽情放肆的欢笑"。在亚历山德拉看来，这出戏"非常妙，演得又好又有趣"，因此必须再演一次。[63]

尽管阿纳斯塔西娅的表演引人注意，但在托博尔斯克最能赢得克拉夫季娅·比特纳的心的还是阿列克谢。"我爱他胜过爱其他人，"她后来承认，尽管在她看来，他似乎过得很压抑，非常无聊。尽管他受到的教育落后，认字不多，但她发现他是个好孩子，善良的孩子……聪明、观察力强、善于接受、非常温和、开朗、热情。和阿纳斯塔西娅一样，他天生"很能干，但有点懒"。不过他学得非常快，讨厌说谎，继承了父亲的纯朴。克拉夫季娅佩服阿列克谢忍受病痛的耐心。"他想要好起来，并希望这会实现"，他经常问她，"你觉得会好吗？"[64] 在托博尔斯克，他继续挑战着对他的限制，使用自制的木质匕首和枪支，热情地投入与科利亚·捷列文科的激烈战斗。1 月初，男孩们帮助尼古拉和另一个大人在院子里堆了一座雪山。雪一堆起来，吉利亚德和多尔戈鲁科夫就开始一桶接一桶地往上倒水，让它的表面变得冰凉光滑。亚历山德拉在给朋友的信中写道："孩子们在雪山上尽情玩耍着，一个个惊险地滑下来。""我很奇怪他们为什么还没摔断脖子。他们身上全是瘀伤，但即便如此，这依然是他们唯一能分散注意力的地

351

---

① 因与上文所提时间有冲突，此处日期疑有误。——译者注

方，不然就只能坐在窗边。"[65]阿列克谢不可避免地撞到了自己，但有点讽刺意味的是，在雪山上第一个受伤的是皮埃尔·吉利亚德，他严重扭伤了脚踝，躺了好几天。[66]很快，玛丽亚也摔倒了，青了一只眼圈。

虽然大部分人都在努力享受着雪山带来的短暂散心，并试图在雪山山顶上眺望栅栏以外的地方，但对这个国家不断恶化的局势的焦虑常常浮上心头。"他们对我们贫穷的国家所做的一切是如此让人痛苦和悲伤，"塔齐亚娜写信给丽塔·希特罗沃，"但还有一个希望——上帝不会放弃它，祂会给这些疯子一个教训。"[67]特琳娜·施奈德则非常沮丧。每当接收到外界的消息，她就坦言这使她陷入了更深的绝望。"我再也不看报纸了，即使它们设法到了我们手里，"她对PVP说，"事态变得太可怕了。现在是什么样的时代——每个人都在恣意妄为……你要是知道我的心境就好了。一点希望都没有……我不相信一个更好的未来，我已经无法活着见到它了，它太遥远了。"[68]与此同时，正如亚历山德拉对一位朋友所说，她唯一的愿望是"能实现过上平静生活的可能性，像普通家庭一样，活在政治、斗争和阴谋之外"。[69]

2月14日，官方正式起用格里高利历①的第一天，亚历山德拉沮丧地注意到"有许多优秀的士兵离开了这里"。[70]在特遣分队中他们最喜欢的一支卫兵，第四步枪团——许多在战争

---

① 1月31日，布尔什维克政府改用新历，立即向前推进14天到了2月14日（从2月1日向前推进13天）。可尼古拉还是坚持用旧式日期写日记，而亚历山德拉会将两种都注上。女孩们用不同的OS（旧历）和NS（新历）的标记注明日期，这常常使人很难区分她们用的是哪一种。为清楚起见，1918年2月14日起的所有日期我们都采用新历日期。

爆发时应征入伍的优秀士兵——被遣散，取而代之的是新一批革命红卫兵，潘克拉托夫也被免去了负责皇室事务的政委职务。24日，一家人爬上雪山山顶，以便有最好的视野，这时又有三支更大的步枪队离开了。在陪同他们从皇村前来的350人中，只有大约150人留了下来。[71]新的革命卫兵要可怕多了，塔齐亚娜说："你永远无法预测他们将会做什么。"当一家人爬上雪山，把自己暴露在围栏之上时，这些卫兵被激怒了，因为这样做他们可能会被枪击中，而卫兵可能因此被问责。[72]他们很快投票决定铲掉雪山（从中间凿出一条沟），尽管一些参与破坏雪山的人这样做了，但正如吉利亚德注意到的，他们"带着一副吊死狗的表情（因为他们觉得这是一项卑鄙的任务）"。孩子们毫无疑问感到郁闷透顶。[73]

很快，新来的卫兵又开了一次会，又投了一次票——他们认为所有人都不应该佩戴肩章，这样就可以把每个人推上一个新的、社会主义的、公平的竞争环境。对作为军官的尼古拉来说，这是奇耻大辱；他拒绝服从，而是选择在外面穿件外套来掩饰自己的秘密。但政权更迭带来了更多不受欢迎的消息。仍然在名义上掌管州长府的柯贝林斯基收到了一封电报，通知他列宁的新政府不再准备支付每人每月超600卢布的家庭生活费，换言之，就是一家七口每月总共的4200卢布花费。[74]亚历山德拉花了好几天的时间和吉利亚德核对了所有的家庭账目。一段时间以来，他们在托博尔斯克那里花费了相当多的钱，再也维持不了这么一大户人家的开销了。什么都无法消解这种痛苦，因为许多仆人都是拖家带口来加入他们的，正如吉利亚德所说，他们对皇室的忠诚，使得他们跟随一家人来到了托博尔斯克，而这将"让他们沦为乞丐"。尼古拉不得不让10

个仆人离开。最后，有几个人坚持留了下来，不要报酬。[75]

从3月1日起，除了缩紧预算外，所有人都像全国其他地方的人一样，得到了口粮。"前沙皇"尼古拉·罗曼诺夫和他的6名家属领取了一张编号为54号的配给卡，可以用来领面粉、黄油和糖。[76]（亚历山德拉所依赖的）咖啡现在几乎买不到了。尼古拉写道，但有一次，"各种各样的好心人听说我们需要节约在食物上的开支"，便开始送来食物，他觉得捐赠者的慷慨"太感人了！"[77]为此，亚历山德拉在纸上画了一些小圣像画作为感谢的礼物。几天后，尼古拉在莫吉廖夫的一位老部下带着彼得宫城的君主主义朋友所赠送的25000卢布，以及书籍和茶来到了托博尔斯克。[78]但给每个人很大打击的不仅仅是食物配给，他们无法换下越来越破旧的衣服。至3月，亚历山德拉对安娜·维鲁博娃送给他们的任何一包衣服都充满了感激：温暖的针织套衫和夹克可以抵御最后的酷寒天气，衬衫和帽子可以应付春天，还有一套给阿列克谢的军装、背心和裤子。托尔斯泰娅也从敖德萨寄来了一个很棒的包裹，里面有香水、糖果、蜡笔、相册、圣像画和书籍，尽管她寄来的一些其他东西从未抵达。[79]

随着大斋期的临近，每个人都在自食其力。亚历山德拉和姑娘们正在练习唱正统的祷文，因为她们再也付不起唱诗班的费用了。外面大街上传来的声音让每个人都很难过，现在正值俄国东正教的历法中最快乐的节日之一——送冬节所举行的庆祝活动。"每个人都很快乐。"吉利亚德写道："雪橇在我们的窗子下来回穿梭；铃铛、口琴和歌声。"阿列克谢16日在日记中自豪地指出，在大斋期开始前的午餐中，他吃了16张薄饼。每个人都将在开始的第一周禁食。他们都盼望着教堂的圣

体礼活动。亚历山德拉对莉莉·登说："如果允许的话，我们
希望下周能做一次礼拜，"

354

> 我已经在期待这些美好的圣礼——如此渴望在教堂祈
> 祷……大自然是美丽的，一切都是灿烂的……我们不能抱
> 怨，我们已经拥有了一切，我们生活得很好，感谢人民的
> 仁慈，他们秘密地给我们送来面包、鱼、馅饼……我们也
> 必须通过这一切来理解上帝比一切都伟大，它想通过我们
> 的苦难，拉近我们与它的距离……但我的上帝，我的国
> 家，我是多么热爱它，用尽了我全部的力量，它的痛苦给
> 了我真正的切肤之痛。[80]

亚历山德拉写道，3 月 20 日、22 日和 23 日，一家人在两
个月内第一次获准去教堂，在那里他们能够听到唱诗班唱出
"我们最喜爱、最熟悉的赞美诗"。[81]亚历山德拉写道，这是
"如此让人快乐和感到安慰"。"和在家里祈祷完全不是一回
事。"[82]但大斋期不可避免地成了一个令人悲伤的反省的时期。
尼古拉的思绪回到了他一年前的退位；他在莫吉廖夫与母亲的
最后一次告别；他回到皇村的那一天。"一个人会不自觉地忆
起过去艰难的一年！但还有什么在等着我们大家呢？一切都在
上帝的手中。我们所有的希望都寄托在它身上。"[83]在啃完了
列斯科夫、托尔斯泰和莱蒙托夫的作品后，尼古拉现在开始从
头至尾再读《圣经》。日复一日，他刻意忘却所有想法，砍
柴，装进木屋，孩子们在帮助他，在灿烂的春光中狂欢。但事
实上，州长府内的生活已变得令人难以置信的枯燥。吉利亚德
说，孩子们发现囚禁"令人讨厌"。"他们在院子里走来走去，

院子里用高高的栅栏围了起来，他们什么也看不见。"[84] 缺乏锻炼让阿纳斯塔西娅很担心："我还没有完全变成一头大象，"她告诉自己的姑妈克谢尼娅，"但可能就在不久的将来。我真的不知道为什么突然会这样，也许是因为运动太少，我不知道。"[85]

355　　孩子们仍然对卫兵破坏雪山的"愚蠢"行为感到非常失望，但他们正在尽最大努力于最平淡的户外活动中寻求安慰。"我们找到了新的事做：我们寻觅、砍伐并劈开木材，这是一项有用又愉快的工作……我们帮了很多忙……清理小径和入口。"阿纳斯塔西娅为他们所做的体力劳动感到骄傲："我们已经变成了真正的园艺人"；过去一年的种种悲伤教会了她和她的姐姐们要以最小的成就为乐。

第二十一章
当我和他们在一起的时候，
他们知道这就是结局

新卫兵到达后，随着对皇室态度的明显强硬，每一个随行人员都开始越来越担心自己的安全。镇上也渐渐乱成一团。俄国正陷入内战，法律和秩序的崩溃也终于抵达托博尔斯克。"我们不幸的祖国还要被内与外的敌人折磨和撕裂多久？"尼古拉在他的日记里发问。列宁政府与德国签署了《布列斯特—立托夫斯克和约》，这一消息使他更加沮丧。他认为自己为了俄国的退位成了徒劳。他在日记中吐露："有时似乎失去了所有忍受的力气，你甚至不知道该盼望什么，又该期许什么？"[1]

3月中旬，布尔什维克赤卫队鄂木斯克分队抵达托博尔斯克，并立即开始向当地政府提出要求，这在州长府里引发了"各种谣言和恐慌"。紧随其后的是甚至更加激进的秋明和叶卡捷琳堡分队，他们在这座镇上游荡，以劫持人质的威胁来恐吓当地居民，并扬言要取得对罗曼诺夫一家的控制并将他们从托博尔斯克带走。[2]对此，柯贝林斯基将州长府的卫兵增加了一倍，并加强了周围的巡逻。但没有什么能驱散这种明显的危险的感觉，在许多随行人员中它已经变成了一种宿命的态度。塔吉雪夫对格莱博·波特金说："我来到这里时就非常清楚，我不会活着逃出去了。""我所要求的就是允许我和我的陛下一起死去。"[3]纳斯简卡·亨德里科娃同样沮丧，曾毫不隐瞒地对伊扎·布克斯盖夫登说，"她预感到我们的日子已经不多了"。[4]

今年早些时候，在卫兵被换之前，皮埃尔·吉利亚德曾觉得逃跑是一个非常现实的可能——柯贝林斯基对他们流露出来明显的同情，而且当时大多数士兵的态度都比较放松。吉利亚德认为，在一群忠诚的君主主义官员的帮助下，救援行动本可以成功。但尼古拉和亚历山德拉都坚决表示，他们不会考虑任何涉及家庭分别或离开俄国领土的"营救"。[5]正如亚历山德拉所解释的那样，这样做将使他们打破"与过去的最后联系，而过去将永远消失"。"我们周围的气氛相当紧张。我们感到暴风雨即将来临，"她在3月底告诉安娜·维鲁博娃，"但我们知道上帝是仁慈的，是会照顾我们的。"然而，她承认："情势变得非常让人痛苦。"[6]

3月底，每个人的痛苦再次集中在阿列克谢身上，他因咳嗽而卧床休息。他剧烈的咳嗽引起了腹股沟出血，很快就引起了自1912年以来从未经历过的剧痛。在科尔尼洛夫府，伊扎·布克斯盖夫登看到了沮丧的捷列文科医生，他刚刚给孩子出过诊。"他看上去非常难过，说（阿列克谢的）肾脏受到了大出血的影响，在这个被上帝遗弃的小镇上，他无法获得任何他所需要的治疗。"我担心他会渡不过去这个难关"，他摇摇头，眼睛里充满了焦虑。"多日以来斯帕拉森林的可怕阴影萦绕着州长府，阿列克谢的体温上升，一阵阵剧烈的痛苦使他在某一时刻向母亲坦白："我想死，妈妈，我不怕死。"死亡本身要挟不了他，他的恐惧在别处。"我很害怕他们会对我们做什么。"[7]

　　亚历山德拉像往常一样，在儿子的床前盘桓，试图安慰　　358
他，看着他变得"又瘦又黄""大大的眼睛凹陷下去"——就
像在斯帕拉一样。[8]男仆阿列克谢·沃尔科夫觉得如果说有什
么的话，那就是这一次的病情来袭比前一次更加严重，阿列克
谢的双腿都受到了影响。"他疼极了，哭着喊着，一直在呼唤
他的母亲。"亚历山德拉为他所受的折磨和她自己的无能感到
非常痛苦。"……她只是无法应付，她从未像现在这样伤心，
也从未像现在这样哭泣过。"[9]一小时又一小时，她坐在那里
"抱着他疼痛的腿"，阿列克谢只能仰面躺着，而塔齐亚娜和
吉利亚德则轮流用之前也一直使用的电击装置按摩着他的腿，
以此来保持他的血液循环。[10]但阿列克谢的夜晚仍过得极不安
稳，一阵阵剧痛会打断他的睡眠。直到4月19日，捷列文科
医生才注意到了存在一点点希望的迹象，"吸收"（肿胀处的
血液被他的身体重新吸收）进展得还不错，尽管阿列克谢仍
然非常虚弱，非常难受。[11]

*

　　4月12日，在阿列克谢最近的一次危机中，一项命令下
达，出于安全原因，除了波特金和捷列文科这两名医生及其家
人外，科尔尼洛夫府的所有人都必须搬进州长府。这所房子本
来就拥挤不堪，但为了"避免侵犯皇室的隐私"，通过用屏风
将一些房间隔开，几人合住，每个人都设法挤进了一楼，没有
过多的抱怨。[12]西德尼·吉伯斯是个例外，他直接拒绝与吉利
亚德分享房间，因为他和吉利亚德合不来。最后，和他那牙齿
都掉光了的老女仆安菲莎一起，吉伯斯获准住在厨房附近一个
匆忙改建的石砌屋里，能闻得到猪泔水的味道。[13]从现在起，

只有医生可以自由地来回走动；其他随行人员则不再被允许进城，实际上是被软禁了。

两周后，有消息称，莫斯科的一位高级政委瓦西里·雅科夫列夫已抵达托博尔斯克，并将接管这个家庭。"每个人都焦躁不安，心烦意乱"，吉利亚德写道。"政委的到来被认为是一个邪恶的预兆，模糊但真实。"[14]亚历山德拉预感他将对她们的物品进行检查，于是立即开始焚烧她近来的信件。女孩们也是如此，玛丽亚和阿纳斯塔西娅甚至烧毁了她们的日记。[15]很快，雅科夫列夫带着150名新的红卫兵抵达，并指示将一家人转移到一个未指明的地点。但当他和他的副手阿夫迪耶夫到达这所房子时，很明显"那个面色发黄、面容憔悴的男孩似乎要死了"。[16]阿列克谢身体状况太糟，无法搬家，柯贝林斯基惊慌地争论道。雅科夫列夫同意推迟家人的离开，但遭到了列宁中央委员会的反对，列宁中央委员会命令他立即转移前沙皇。尼古拉断然拒绝独自一人前往一个秘密的目的地。当雅科夫列夫同意他带一个旅伴——要么这样，要么被强行带走——时，亚历山德拉遭遇了最痛苦的抉择。一想到丈夫如果被带到莫斯科（法国革命式法庭审判的景象），亚历山德拉就惊惧不已，她经历了数小时的精神折磨，想要决定怎样做才最好。她的女仆玛丽亚·图切尔伯格试图安慰她，但亚历山德拉说：

> 不要让我更痛苦了，图切尔。这是我最艰难的时刻。你知道我儿子对我意味着什么。我现在必须在儿子和丈夫之间做出选择。但我已经做了决定，我必须坚强。我必须离开我的儿子，与我的丈夫分享我的人生，或死亡。[17]

四姐妹很清楚，如果没有她们当中任何一人的帮助，她们的母亲是无法出门的。奥尔加的健康状况仍然很差，而且还要帮助照顾阿列克谢。塔齐亚娜必须接手一家的管理，连吉伯斯也称她"取代女大公奥尔加而被视为一家之长"。[18]经过讨论，女孩们认为应该让玛丽亚陪伴他们的父母，让"宫廷弄臣"阿纳斯塔西娅留下来"鼓舞所有人的士气"。[19]她们希望再过大约三个星期，当阿列克谢更强壮的时候，她们就能和父母团聚。

尼古拉和亚历山德拉已经打包好旅途中最重要的物品，那天下午他们大部分时间都坐在阿列克谢的床旁。塔齐亚娜问雅科夫列夫，他们将被带到哪里——她的父亲将在莫斯科受审吗？雅科夫列夫驳斥了这一想法，并坚持说她的父母将被从莫斯科"带到彼得格勒，再从那里穿过芬兰到达瑞典，而后再到挪威"。[20]那天晚上，所有人坐在一张摆得整整齐齐的桌子旁吃饭，桌上还放好了菜单，就像往常一样。"我们在悲伤中度过了一晚。"尼古拉在日记中吐露，亚历山德拉和女孩们时不时地啜泣。亚历山德拉的坚忍完全垮掉了，因为她正面临着要离开她在过去 13 年中如此痴迷地照看着的儿子的前景。后来，当大家在睡前坐在一起喝茶时，她镇静下来。吉利亚德写道，他们都"尽力掩饰（自己的）悲伤，保持外表的平静"。"我们觉得，如果有一个人让步，那么所有人都会崩溃。""这是我参加过的最悲伤、最令人沮丧的一次聚会，"西德尼·吉伯斯回忆说，"没有多少人说话，也没有人假装高兴。这是一场庄严的、哀痛的、无法逃避的悲剧的前奏曲。[21]多年后，他坚持说，"当我和他们在一起的时候，他们知道这就是结局"；那天晚上，尽管话还没有说出口，但每个人都清楚地知道未来

360

将会发生什么。[22]

尼古拉在日记中承认，他一直将外表的坚毅冷静支撑到最后，但"在这种情况下，离开几个孩子和还生着病的阿列克谢是非常困难的"，"自然，当晚没有人能入睡"。[23]4月26日凌晨4时，"尼古拉和每个人说了几句话并同他们握手，我们也都吻了皇后的手"，吉伯斯回忆说，随后，裹着长长的波斯羊皮大衣的亚历山德拉和玛丽亚便陪着尼古拉上了等候他们的四轮马车①。[24]

361　吉伯斯回忆说，"当他们离开的时候，天还很黑"，但他还是跑去拿了相机，"在长长的曝光过后，我成功地拍到了皇后的马车的照片——尽管不可能拍到他们的启程"。[25]姐妹们在吻别时啜泣着；胆小的女仆安娜·捷米多娃（她随皇后一起启程，此外还有波特金医生、多尔戈鲁科夫以及仆人捷伦提·切莫杜罗夫和伊万·谢德涅夫）是最终表达出每个人内心最深处焦虑的人。

"吉伯斯先生，我太害怕布尔什维克了。我不知道他们会对我们做什么。"随着哀伤的马车队和护送他们的红军骑兵驶入寒冷的灰色黎明，她的恐惧"让人不忍直视"。[26]

塔齐亚娜·波特金娜从科尔尼洛夫府的窗户望着他们离去：

> 马车以极快的速度驶过房子，在拐角处转弯，然后消失了。我瞥了一眼州长的住处。三个穿着灰色衣服的人在

---

① 亚历山德拉和玛丽亚获准乘坐带华盖的四轮马车，但是尼古拉和其他人则只能乘坐西伯利亚当地的一种交通工具"科舍瓦"（kosheva）——一种矮座、无轮、悬在两条长杆上的马拉车，没有座位的内部只铺着稻草。

台阶上站了很长一段时间，注视着狭长小道的远处；然后她们转过身，慢慢地走进屋里。[27]

*

在尼古拉、亚历山德拉和玛丽亚离开（目的地不详）之后，正如男仆沃尔科夫所记得的那样，"悲伤像死亡一般侵袭了这所房子"。"以前，这里还是有点热气的，但皇室夫妇走后，寂静和荒凉压倒了我们。"[28]柯贝林斯基指出："这种感觉甚至能在士兵身上看到。"[29]在父母离开时，奥尔加"哭得很惨"，但她和妹妹们很快让自己忙碌起来，专注于完成亚历山德拉交代的紧急任务。[30]此时亚历山德拉的许多大件珠宝已经被偷运到阿巴拉科斯基修道院或伊万诺夫斯基修道院安全保管，在那里，它们将被君主主义同情者用作为可能的逃跑所筹集的资金（虽然资金从未到位），但最近女孩们一直在协助安娜·捷米多娃、玛丽亚·图切尔伯格和女仆伊丽莎白·埃尔斯伯格"按照约定处理好药品"。[31]这是亚历山德拉的暗号，她们要在家里的衣服、内衣和帽子里藏好珍珠、钻石、胸针和项链，更大的石头则掩藏在纽扣下。父母离开了大概三个星期后，在塔齐亚娜的监督下，这些女孩开始疯狂地工作，以便及时完成任务，尽管有人建议她们将珠宝留在托博尔斯克妥善保管，但塔齐亚娜还是坚持按照母亲信中的指示去做。[32]阿列克谢还病着，自然也没法上课。"他在床上痛苦地辗转反侧和呻吟，总在呼唤着不在身边的母亲。"[33]

尽管有一位把尼古拉一行带到秋明的司机说他们很安全，但直到几周后，他们才收到了第一封信。河流仍然结冰，一行人不得不走陆路，但道路状况也很糟糕，"马在齐胸的河流中穿行。轮子也坏了好几次，"玛丽亚后来说道。[34] 29 日，第一封信抵达了，写于他们的第一个过夜停留处耶弗列沃。塔齐亚娜给一位朋友写信说："通往秋明的一路波折让母亲的心脏非常难受，他们不得不骑马沿着一条可怕的道路走了 200 多里路（140 英里/225 千米）。"[35] 此后，旅程有所改善，亚历山德拉发了一封电报："旅途舒适。弟弟怎么样？上帝保佑你们。"[36] 他们现在在火车上，但仍然不知道他们要去哪里。"亲爱的，你一定知道这一切有多可怕"，在共同等待消息时，奥尔加给安娜·维鲁博娃写信道。[37] 直到 5 月 3 日，也就是父母离开后的一周，孩子们才通过电报得知尼古拉、亚历山德拉和玛丽亚现在并不在莫斯科——正如他们所有人想的那样——而是在托博尔斯克西南 354 英里（570 千米）之外的乌拉尔西部小镇叶卡捷琳堡。这三个女孩和她们的弟弟现在什么也不能做，只有慢慢熬着漫长而焦虑的日子，直到他们可以会合。

女孩们忙得不可开交，轮流和恢复缓慢的阿列克谢一起看书和玩游戏。如果天气好的话，她们就推着轮椅带他到外面。晚上，在阿列克谢祈祷的时候奥尔加坐在他的身边，随后，女孩们会来到纳斯简卡的房间，而不是选择独自坐在楼上，再之后便早早地上床睡觉。"妈妈，亲爱的人，我们多么想念您！在每一个方面。这里空荡荡的，"奥尔加在分了几天写给亚历山德拉的一封长信中说道，"我时不时地走进您的房间，然后我觉得您就在那里，那是多么令人欣慰。"复活节快到了，大家正在尽最大努力做准备，尽管这是作为一个家庭，他们在俄国东正教历法中最重要的节日第一次被分开。"今天有一场教会大游行，有横幅、圣像画、很多神职人员和信徒。阳光灿烂，教堂的钟声回荡，真是太美了。"[38]季娜伊达·托尔斯泰娅给她们寄来了彩绘的复活节彩蛋、一个蛋糕和一些果酱，还有一张送给亚历山德拉的绣花餐巾。但在耶稣受难日当日，风雨交加，气温几乎下降到了零度。"不在一起，而且不知道你们究竟怎么样是很可怕的，我们被告知了很多不同的信息，"奥尔加写道。[39]但是，女孩们一起装饰了她们的小教堂，在圣像画墙的两边摆放了柔软的、散发着香气的松枝——它的气味让她们想起了圣诞节——并从温室里搬出花盆和植物（她们努力把三条狗挡在外面，以防它们试图往花盆里"浇水"）。"我们也很想知道你们是怎么庆祝这光明的节日的，你们在做什么，"奥尔加在主复活节日继续说，"午夜的仪式和守夜进行得非常顺利。美好又亲密。所有的壁灯都开了，但没有开吊灯，已经够亮了。"那天早上，她们像母亲一样，向所有成员打招呼，并分发了复活节彩蛋和小圣像画；她们还吃了传统的库里奇和帕什卡蛋糕。[40]

玛丽亚终于来信，简短地描述了他们在叶卡捷琳堡伊帕提耶夫府的新环境，她写道："我们怀念托博尔斯克安静平和的生活。""这里每天都有令人不快的突发事件。"[41]他们自己的复活节过得极其简朴：食物是从镇上的公共食堂带来的，他们的许多物品情况都不太好，在颠簸的旅途中尘土飞扬，被弄得脏兮兮的。尼古拉为阿纳斯塔西娅附上了一段辛酸的话："没有你，我很孤独，亲爱的。我想念你在桌旁做鬼脸。"[42]

叶卡捷琳堡来的信终于开始寄到了，三姐妹如释重负。亚历山德拉和玛丽亚每天都在写信，但在她们寄来的约22封信中，有许多都没有到达托博尔斯克。塔齐亚娜5月7日写道："一直没有消息真的很可怕。"

364

我们透过窗户看到，额尔齐狮河［原文如此］很平静。我们期待明天能看到季乌明［原文如此］的第一班轮船。我们的猪已经被卖掉了，但是还留下了一头母猪和它的六头小猪崽……昨天我们把可怜的火鸡吃掉了，所以现在只剩它的妻子了。花园里真无聊。我们一出去就看表，看什么时候能回去……亲爱的，我们在心里为你们受了许多苦；我们唯一的指望是上帝，在祷告中得安慰。[43]

即使是坚定果断的塔齐亚娜也发现日子很难挨："我非常害怕会失去勇气，"她对父亲说，"我为您做了很多祈祷……愿主保佑您，拯救您，保护您远离一切邪恶。您的女儿塔齐亚娜，爱您，爱您到永远。"[44]

随着冰层融化，额尔齐斯河洪水泛滥，秋明航线又恢复了通航。女孩们可以听到远处的汽笛声，她们希望不久就可以启程。[45]在叶卡捷琳堡，玛丽亚热切地期待着他们的到来。"谁知道呢，也许这封信会在你们走之前送到你们那儿。上帝保佑你们的旅程，让你们远离一切伤害……温柔的思念和祈祷环绕着你们，最重要的就是愿很快能重逢。"[46]

在那最后的日子里，在托博尔斯克和叶卡捷琳堡之间来往的所有信件中，一件也是唯一一件心事就是重逢，同时也有充满爱的讯息，"你们是怎么活下来的，你们在干什么？"奥尔加问，这是她从托博尔斯克寄去的最后一封信。"我多么想和你们在一起。我们仍然不知道什么时候会离开……愿上帝保佑你们，我亲爱的妈妈和你们大家。亲吻爸爸，亲吻你和妈妈很多次。把你们抱在怀里，爱你们。你的奥尔加。"[47]

玛丽亚在给阿列克谢的信中说道："很难写出任何令人愉快的东西，在这里几乎没有。"不过她的乐观情绪并未减少，"但另一方面，上帝没有抛弃我们，太阳照耀，鸟儿歌唱。今天早上我们就听到了破晓时的鸟鸣"。[48] 然而，新环境的现实是严峻的。他们再也不能享受到托博尔斯克给予他们的任何小小特权，而是一直受到严密监视。现在信件的接收者必须写成叶卡捷琳堡区域执行委员会主席。[49]

留在托博尔斯克的三个姐妹中，16 岁的阿纳斯塔西娅在她们日益缩小的周遭世界里，始终保持着一种未加掩饰的愉快劲儿。她写信给玛丽亚，讲述他们平淡的日常生活，告诉她：

> 我们轮流和阿列克谢吃早餐，让他吃些东西，尽管有时不主动让他吃，他也会吃。亲爱的，你一直在我们的脑子里。可怕的悲伤和空虚。我真的不知道什么会发生在我身上。我们当然有浸礼十字架，也收到了你的消息。所以上帝会帮助我们。我们为复活节布置了美丽的圣像画墙，里面全是云杉和鲜花。我们拍了照片，我希望它们能被洗出来……我们在秋千上荡来荡去，当我掉下来的时候，我笑得有多大声啊，我是怎么着地的啊，真的……我有很多事情要告诉你……我们还碰上了这样的天气！我简直要大声喊出它有多好。奇怪的是，我的晒伤比其他人更严重，是个艾拉伯［原文如此］人了！……
>
> 我们现在像往常一样坐在一起，但我们想念你也在屋里的时候……很抱歉，这封信太乱了，但你知道我的思绪是怎么飞来飞去的，我无法把它都写下来，所以我把脑子里所有想到的东西都写下来了。我很想见你，真是太难过

365

了。我会出去走走，然后回来。但里里外外都很无聊。我会荡秋千；太阳出来了，但天仍然很冷，我的手几乎冻得写不了字。[50]

阿纳斯塔西娅对玛丽亚说，她和姐姐们在复活节的圣礼上尽最大努力唱起了圣歌，但"每当我们一起唱合音的时候，总有什么不对，因为我们需要第四个音。可是你不在，我们把这个当成笑话……我们不断地想念每个人并为每个人祈祷：上帝保佑我们！上帝保佑你们，宝贝们。我吻你，我的好人胖玛什卡。你的什维布吉克"。[51]

*

366 　　5 月 17 日，迄今为止最吓人的一队卫兵从叶卡捷琳堡来到州长府，由一个名叫罗季奥诺夫的人率领。他们是格莱博·波特金见过的"最可怕的、肮脏的、衣衫不整的、醉酒的杀人犯"。罗季奥诺夫实际上是一个拉脱维亚人，名叫扬·斯维克，从一开始就没人喜欢他。柯贝林斯基认为他很残忍，"一个卑鄙的恶霸"。[52]罗季奥诺夫生性冷酷多疑，经常担心有阴谋。他下令每天进行一次羞辱性的点名，女孩们必须征得他的允许，才能从房间里下楼到院子里去。她们被勒令晚上睡觉不能关上房间的门，5 月 18 日，当牧师和修女们来主持晚祷时，罗季奥诺夫搜了他们的身，并让一个哨兵站在祭坛的右侧，以便在圣体礼时监视他们。[53]柯贝林斯基感到震惊："这让每个人都很压抑，对他们产生了巨大的影响，奥尔加·尼古拉耶娜哭着说，如果她知道这会发生，她永远不会提出举行圣体礼的请求。"[54]

阿列克谢仍然极度虚弱，坐着撑不了一个小时。尽管如此，在他抵达后的第三天，罗季奥诺夫就认为这个男孩已经可以旅行了。几天来，大家一直在为他们的离开做准备。"房间空荡荡的，东西一点一点都收拾好了。阿列克谢写信给他母亲说："没有画的墙壁看起来光秃秃的。"[55] 任何不能带走的东西都要在镇上进行"处理"——如果不是先被卫兵们洗劫了的话。大多数随行人员都准备和孩子们一起离开。波特金医生的女儿塔齐亚娜请求允许她能和她哥哥一起去，但遭到了拒绝。"像你这样俊俏的女孩，为什么要一辈子烂在监狱里，甚至被枪毙？"罗季奥诺夫冷笑道。"他们大有可能被枪杀。"当他向亚历山德拉·切格列娃讲到即将发生的事时，他同样冷酷无情："那里的生活完全不同。"[56] 在孩子们离开的前一天，格莱博去了州长府，想见他们最后一面。他看见阿纳斯塔西娅站在一扇窗户前，她挥手微笑着，罗季奥诺夫冲出来告诉他，不许任何人看窗户，如果有人想看的话，守卫们是会开枪杀人的。[57]

在托博尔斯克的最后一天，所有人聚在一起吃告别饭，中午是红菜汤和榛子鸡配米饭，晚餐是小牛肉加配菜再配通心粉，他们设法躲开了卫兵，喝掉了最后两瓶葡萄酒。[58] 翌日（1918 年 5 月 20 日）上午 11：30，孩子们被带上了码头，再次登上了"罗斯"号，伊扎·布克斯盖夫登在那里迎接他们，这让他们非常高兴。奥尔加告诉她，他们"很幸运，无论未来会怎样，至少现在仍然活着，能够再次见到他们的父母"。[59] 但伊扎对奥尔加和阿列克谢的变化感到震惊，自去年8 月以来，这是她第一次见到他们：

367

他瘦得要命，没法走路，曲着腿躺了这么久，膝盖已经很僵硬了。他的脸色很苍白，他那双又大又黑的眼睛在那张窄小的脸上显得更突出了。奥尔加·尼古拉耶夫娜也发生了很大的变化。父母不在的猜疑和焦虑……把这个可爱、聪明的 22 岁女孩变成了一个憔悴、悲伤的中年女性。[60]

孩子们似乎认为，伊扎被允许重新加入他们的行列，预示着他们的布尔什维克逮捕者做了一个小妥协。[61]但事实远非如此。在为期两天的去往秋明的途中，不断的恐吓和羞辱接踵而至。卫兵的粗野吓坏了所有人。罗季奥诺夫的行为完全冷血，他把阿列克谢和纳戈尔尼每晚锁在他们的小屋里，不管纳戈尔尼怎样抗议说生病的男孩需要上厕所。罗季奥诺夫还坚持让三姐妹和她们的女伴时刻保持舱门打开，即使卫兵就直接站在外面。没有一个女人敢在晚上脱衣服，在这期间，她们不得不忍受吵闹的卫兵在她们敞开的门外喝酒并发表淫秽言论。[62]

孩子们一到秋明，就被转移到附近一列等候的火车上，他们被安排在一节肮脏的三等车厢里，在那里，他们被和吉利亚德、吉伯斯、布克斯盖夫登及其他人分开，后者被推进一节放着简陋木质长凳的货舱车厢里。5 月 23 日午夜过后的某个时间，火车终于在叶卡捷琳堡郊区的一个郊区货运站停了下来。此时天寒地冻，他们都在那里冷得发抖，一直挨到天亮。最后，罗季奥诺夫和几个委员来接孩子们。[63]但吉伯斯、吉利亚德和伊扎·布克斯盖夫登都不能再往前走了。塔吉雪夫、纳斯简卡和特琳娜也被拒绝了，除了纳戈尔尼，其他所有的随行人员都被拒绝了。"塔齐亚娜·尼古拉耶夫娜试图表现出轻松的样子"，伊扎和她吻别。"为什么要告别?"她问。"半小时后，我们又会高高兴兴地在一起!"塔齐亚娜安慰地说。但是，正如伊扎后来所回忆的那样，就在那时，一个卫兵走到她跟前，用一种不祥的声音说："公民们，最好说声'再见'"，"在他阴沉的脸上，我看出这是一次真正的告别。"[64]

皮埃尔·吉利亚德在火车上看着四个孩子被带出来："水手纳戈尔尼……抱着那个生病的男孩走过我的窗户;在他身后的是女大公，她们带着旅行箱和小件私人物品。他们被一队身穿皮夹克的政委和武装民兵包围着。他试图下车道别，但"被哨兵粗暴地推回车厢"。他沮丧地看着塔齐亚娜疲惫地走在最后一个，她在冰冷的雨中艰难地提着沉重的手提箱，另一只胳膊抱着她的狗奥尔蒂波，她的鞋子陷进了泥里。纳戈尔尼此时已经把阿列克谢举到一辆正等待着他们的马车上，他转过身来想要提供帮助，但卫兵把他推开了。[65]

一位叶卡捷琳堡当地的工程师那天早上到了车站，他接到消息说孩子们要到了，于是站在暴雨中想要看她们一眼。突然，他看到了"三个年轻的女人，穿着漂亮的深色西装，西装上有很大的针织纽扣"。

她们走得不稳，或者说是跌跌撞撞。我认为这是因为她们每个人都提着一个很重的手提箱，也因为持续不断的春雨把路面打得泥泞了。她们有生以来不得不第一次自己拎着这么沉重的行李步行，这超出了她们的体能范围……

她们走得很慢，离我很近。我有点轻率地瞧着她们有生气的、年轻的、表情丰富的脸——在那两三分钟里，我学到了至死都不会忘记的一些东西。我的目光与那三个不幸的年轻女子的目光相遇了一会儿，这个时候，我深深地感受到了她们殉难的灵魂，我被对她们的怜悯淹没——我，一个坚定的革命者。意外地，我感觉到我们这些自称先驱者和良知之声的俄国知识分子，应该为女大公所受到的不光彩嘲笑负责。我们没有权利忘记，也没有权利原谅自己的被动和无为。[66]

当三个年轻的女人经过他身边时，工程师感到被击中：

所有的一切都被写在那些年轻、紧张的脸上。再次见到父母的喜悦，遭到压迫的年轻女性被迫向敌对的陌生人隐藏起她们精神痛苦的骄傲，最后，或许，还有对即将到来的死亡的预感……奥尔加的眼睛像羚羊的，使我想起了屠格涅夫小说中一个悲伤的年轻女孩。塔齐亚娜给人的印象是一个傲慢的贵族，她看着你的样子带着骄傲的神情。阿纳斯塔西娅似乎是一个吓坏了的恐惧的孩子，在不一样的情境下，也可能是迷人、无忧无虑和满怀柔情的。[67]

从那以后，那个工程师就一直被那些面孔所困扰。他觉得——实际上他希望是这样，"至少在一瞬间，这三个年轻女孩意识到了，我脸上印刻的不只是对她们冰冷的好奇心和漠然"。他与生俱来的人性本能使他想伸出手来认可她们，但"令我非常羞愧的是，我因性格软弱、考虑到我的地位和家庭而退缩。"[68]

　　皮埃尔·吉利亚德和西德尼·吉伯斯从火车的窗口探出脖子，想看到那些姑娘们最后一眼，看她们登上等候的马车。"所有人刚一进去，命令即被下达，在护送下马匹小跑着离开了。"[69]

　　这是从罗曼诺夫四姐妹小时候以来就爱她们、服侍她们、和她们住在一起的人看到她们的最后一眼。

第二十二章
乌拉尔苏维埃的囚犯

　　5 月下旬的那一天早晨，当孩子们从托博尔斯克回到伊帕提耶夫府时，叶卡捷琳堡的地面上仍有残雪。仅在几个小时之前，尼古拉和亚历山德拉才被告知他们的到来，尽管很高兴能和他们团聚，但只要看看他们的脸就知道"小家伙们在三天的旅程中不得不忍受巨大的精神折磨"。[1]

　　经过四个星期充满痛苦且不确定的分离，四姐妹很高兴她们的再次重聚。她们的行军床还没有从托博尔斯克运来，但在这之前，她们还是愉快地睡在了新房间铺了斗篷和一层垫子的地板上。[2]但是她们的重逢喜悦很快就被破坏了，阿列克谢滑倒并撞到了他的膝盖，这让他的父母非常懊丧。尼古拉和亚历山德拉把他放在自己的房间睡觉，在那里他痛苦地躺了几天。6 月 5 日，他才能够下地和家人们待在外面的花园里。

　　两道巨大的木质栅栏围起了伊帕提耶夫的房子，被布尔什维克逮捕者不详地命名为"有特殊用途的房子"。栅栏太高了，以至于罗曼诺夫一家在房间里甚至看不到树顶。[3]5 月中，所有房间的窗户都被刷上了白色涂料，本就单调的蓝天被抹去了 了，从外面看上去这里就像罩上了一层白雾。[4]

　　罗曼诺夫一家的新住处位于一楼，房间异常拥挤闷热。因为这里绝非一个家，而是一座监狱，每个人都清楚这一点，在这里他们必须忍受一个与托博尔斯克或亚历山大宫完全不同的严格制度。[5]到处都是武装卫兵：街道上，房子周围的栅栏内外，屋顶上，花园里。卫兵们还在地下室、屋顶、花园甚至马路对面的升天大教堂里架设了机枪。布尔什维克军委菲利普·果洛肖金在《乌拉尔生活》（*Uralskaya zhizn*）报上发表的一项声明使官方对前皇室的态度变得非常明确：

> 所有被逮捕的人都将被当作人质关押，只要镇上出现任何反革命迹象，人质就会被立即处决。[6]

托博尔斯克的日子已经够单调的了，但在叶卡捷琳堡，生活的节奏已经慢到令人无法忍受。没有一封信件。只有大公夫人艾拉在 5 月 16 日寄来的一个包裹，里面装了几个鸡蛋、一点咖啡豆和巧克力。但她自己现在也身陷囹圄，被关在北面 95 英里（153 千米）以外的阿拉帕耶夫斯克。[7]不许收寄信件，女孩们被剥夺了唯一一件能让她们一直与朋友保持联系的东西。正如亚历山德拉在日记中所说，皇室成员四处飘零，"没有任何消息"。[8]

叶卡捷琳堡的户外娱乐活动仅限于一个可怜的小花园，甚至比托博尔斯克的还小，花园里只有几棵矮壮的树。但尼古拉和女孩们一如既往地抓住每天两个短暂的日间锻炼的机会走到户外，女孩们有时会在卫兵们为她们在树间搭建的吊床上荡来荡去。但在娱乐期间，姐妹其中一个总是和妈妈待在室内，气温一直上升到 20℃（约 70℉）以上，她很少冒险外出。然而，即使是这样短暂的夏天也足够了，正如尼古拉所说，这足以让他们闻到"镇上所有的花园"释放在空气中的花香，即

372

使他们看不到栅栏外的世界。[9]6 月 10 日，他们房间的一扇小窗户被打开，微风可以吹拂进来，这是对他们极其拘束的、沉闷的生活的一个重大让步。这样的生活中不时掺杂着卫兵的羞辱行为，比如搜查他们的财物，没收他们的钱，甚至试图从亚历山德拉和女孩们的手腕上取下她们的金手镯。塔齐亚娜和玛丽亚要求将没收的相机还给她们，这样她们至少可以靠拍照解闷，但这个要求也遭到了拒绝。[10]

6 月迎来了几个家人的生日，首先是 6 日亚历山德拉的 46 岁生日，它无声无息地过去了，尼古拉躺在床上，患上了令其痛苦的痔疮，阿列克谢大部分时间也待在室内，尽管天气很好。[11]塔齐亚娜的 21 岁生日是在接下来的 6 月 11 日，但对于值此妙龄的女孩，这个生日过得的是极度乏味的，最好的时刻是哈里托诺夫在午间为她准备了糖煮水果。礼物自然是没有的。塔齐亚娜给她的母亲读了一天书——东正教牧师格里高利·吉亚申科所著的《全年循环每日简短布道》（*Complete Yearly Cycle of Brief Homilies for Each Day of the Years*），这是亚历山德拉最喜欢的一本书。[12]稍晚一些，她陪阿列克谢打牌并念书给他听，临睡前和她的姐妹们一起把每个人的手帕洗了。[13]可怜的安娜·捷米多娃一直在一个人负责清洗家里所有的个人衣物（床上用品仍被送到洗衣店），姐妹们很愉快地自愿帮忙，就像她们也为每个人缝补那些穿旧了的长裤、短袜和内衣一样。[14]

然后，阿纳斯塔西娅的 17 岁生日——6 月 18 日——是一个非常炎热的日子，又一次没有任何庆祝活动，女孩们正在花时间学习另一项新的实用技能——如何与哈里托诺夫一起揉捏、翻卷和烘烤面包。[15]很快，她们花在厨房里的时间就越来越多，以消除那种极度无聊的感觉。但是室内的新鲜空气太少

了，即使是亚历山德拉在健康允许的情况下也喜欢待在室外。　373
现在的夜晚是一场又一场没完没了地打贝齐克牌戏，以及反复
重读留给他们的几本书。塔齐亚娜似乎总是在尽最大的努力照
顾她的母亲和阿列克谢；当波特金医生开始剧烈地肾痛时，她
给他注射了一剂家人珍藏的吗啡，再一次展示了她的护理技
术。[16]奥尔加现在瘦得只剩皮包骨，脸色苍白，在叶卡捷琳堡
变得越来越孤僻和忧郁。其中一名卫兵阿列克谢·卡巴诺夫记
录了她写在脸上的难过，她几乎不说话，而且"除了她父亲
之外，她与其他家庭成员几乎不交流"——在花园休息里时，
她总是和父亲挽着胳膊走在一起。[17]但她在那里待的时间没有
她另外三个姐姐多，在她看来，另外三个姐姐要快乐得多，活
泼得多，她们在和小狗一起散步时经常唱起小调。坚强的玛丽
亚似乎仍然是最未受影响的，一个卫兵回忆道，"她是'被苦
难抬高的谦逊'的化身"，让他想起了丘切夫的一句诗。[18]起
初，和托博尔斯克一样，小的一对姐妹一直热衷于与抓捕她们
的人接触，询问他们的生活和家人，并向他们展示自己的相
册。她们非常无聊，告诉卫兵们："我们在托博尔斯克过得要
开心多了。"[19]但是，一位新的严格的指挥官亚科夫·尤罗夫
斯基的到来，使这种亲善化为泡影。

　　最后是 6 月 27 日玛丽亚 19 岁生日。根据尼古拉的说法，
当时的天气可真是"太热了"。[20]四天前，牧师和执事自 6 月
2 日来第一次被允许为这个家庭主持宗教仪式，这个家庭"为
一次真正的简短日祷（Obednitsa）感到极其欣慰"。[21]但他们
是在这种新的、非常困难的情况下见到他们的少数人中的两
个。那些站在外面试图往里看的人只能猜测，在这些令人胆寒
的逮捕者手中，俄国前皇室到底要忍受什么。

*

在罗曼诺夫家族被囚禁的最后八个星期里，许多好奇的、
隐秘的、鲁莽的人，甚至是皇室亲戚——如勇敢的埃莱娜公
主——都设法沿着升天大街来到了伊帕提耶夫府，试图看一眼
他们。但没有人获准，除了捷列文科医生，他留在镇上，已获
准治疗阿列克谢，为后者肿胀的膝盖打上石膏。

当地的孩子则更具冒险精神。他们经常走近并试图从房
子周围的栅栏里偷看一家人。一个阳光明媚的日子，在家人
到达后不久，9岁的阿纳托利·波特诺夫在早上的圣体礼结
束后从对面的升天大教堂走出，并跑过马路打算去看一看。
他发现栅栏上有一个缺口，就从栅栏里偷看过去，他后来声
称，他看到沙皇尼古拉就站在他的正前方，"正在院子里散
步"。但是一个哨兵很快冲了过来，"不客气地拎起他的外
套，叫他走开"。[22]

叶卡捷琳堡大教堂一位牧师的儿子弗拉基米尔和德米特
里·斯托罗热夫则更加执着，因为他们的家就在伊帕提耶夫府
的隔壁，他们设法"通过手势，隔着篱笆和皇室的姑娘们交
谈"。[23]11岁的弗拉基米尔喜欢在屋顶上放风筝，从这个角度
他经常可以"看到沙皇的孩子们在伊帕提耶夫府的院子里玩
耍，沙皇则每天会出来劈一个小时左右的柴"。[24]但斯托罗热
夫一家害怕那些令人丧胆的红卫兵，他们监视着罗曼诺夫一
家，经常会出去草率地搜查附近的房屋，随意逮捕人们。他们
的父亲让全家人睡在门边的一个房间里，说："如果有人进来
开枪，我们会在一起。"[25]

7月14日星期日上午10：30，伊万·斯托罗热夫神父在

伊帕提耶夫府中主持了一次圣体礼，他是最后一个从外部看到活着的皇室成员的人之一。那天一大早，伊帕提耶夫府的卫兵就敲开了他的门。斯托罗热夫神父以为他们是来抓他的，但不是，他们想让他到隔壁去为一家人做圣体礼。他们警告说："只需要严格遵守仪式内容就行了。""我们现在不信上帝了，但我们还记得圣体礼、临终仪式都需要做什么。所以，只要服务就可以了。别想和他们交流，否则我们会开枪的。"[26]

斯托罗热夫爬上楼梯，穿过荷枪实弹的年轻卫兵，看到一家人聚集在他们的客厅里，桌子是亚历山德拉特别准备的，上面摆了他们最爱的至圣圣母圣像画。女孩们只简单地穿着黑裙子和白衬衫，他注意到，自6月2日他上次来访以来，她们的头发已经长长了很多，现在都垂到了肩上。

在仪式中，整个家族似乎在精神上受到了极大的压迫——他们有一种可怕的疲倦感，这与神父上次造访时有着明显的不同，那次他们充满活力，并进行了热烈的祈祷。[27]眼前所见让他震惊到极点。当执事布米罗夫开始唱起（而不是吟诵）《与圣徒同息》（*At Rest with the Saints*）① ——俄国东正教为逝者的祈祷时，他们全都跪了下来。他指出，这似乎给了他们极大的精神慰藉，尽管他们有一阵并没有加入对祷告词的回应中，而他们以前通常会这样做。[28]圣体礼结束时，他们都上前来亲吻十字架，尼古拉和亚历山德拉接受了圣餐。当斯托罗热夫走过他们准备离开时，女孩们偷偷地轻轻说了一句谢谢。斯托罗热夫神父后来回忆道："从他们的行为举止中我知道皇室一家感受到了某种恐惧和威胁。"[29]

375

---

① 这种祈祷词通常只在俄国东正教葬礼上吟唱（而不是诵读）。

第二天早上，家里似乎重拾安宁，好管闲事的职业女佣会派来四个女人来擦洗地板。或许是来自外部世界的普通人及这些女人的单独出现让她们的心情变得愉快起来。罗曼诺夫一家似乎很放松，都聚在客厅里，当女人们进来时，他们笑了。他们被严格禁止互相交谈，但通过交换表情和微笑就能很明显地知道四姐妹非常乐意帮助她们搬动房间里的床，如果可以的话，她们也会愿意帮她们擦地板。其中一个叫叶夫多基娅·谢苗诺娃的女人还记得她们亲切友好的举止，记得"每一个温柔的眼神都像是一份礼物"。[30] 尽管尤罗夫斯基下令让她们房间的门保持打开，但女孩们还是设法在她们工作的时候和她们轻声交谈，当尤罗夫斯基把身子转过去时，阿纳斯塔西娅用一贯的不敬态度对他嗤之以鼻。女孩们告诉这些妇女她们有多想念任何形式的体力劳动，尽管奥尔加的健康状况不佳，还不能做太多。但尤其是玛丽亚还像以前一样精力充沛。她们说："我们愿意以最大的乐趣做最艰巨的工作；洗碗对我们来说是不够的。"[31] 女孩们平静地接受了她们的处境，这使女人们深受感动，同时女孩们也告诉她们，她们希望自己不必再忍受这种痛苦太久。她们向妇女们表示了感谢。是的，她们仍然抱有希望，她们是这么说的；她们善良的眼睛里仍然闪烁着光芒。

妇女们在午饭时间离开，一家人又回到了安静的生活中，读书、打牌、在花园里沿着同一条尘土飞扬的小路慢走。但在7月17日星期三凌晨，他们意外地被抓捕者叫醒，并被命令穿好衣服。他们被告知，这是为了安全地将把他们转移到楼下，以免受城市动乱和炮火的袭击，他们毫无异议地服从了。尼古拉、亚历山德拉和他们的五个孩子，波特金医生和三名忠诚的仆人捷米多娃、特鲁普和哈里托诺夫，排成一列整齐的队伍，从他们的公寓出来，安静地走下木质楼梯，穿过院子，走入了一个昏暗的地下室。他们走的时候，"没有眼泪，没有抽泣，也没有疑问"。[32]

那天早上晚些时候，年轻的弗拉基米尔·斯托罗热夫回忆说："我正在屋顶上放风筝，这时父亲叫我下来，告诉我他们被枪决了。我记得那是 7 月 17 日，天气很热。"[33]

许多个星期后，8 月 16 日，奥尔加在大斋期第一个星期给一位在基辅的朋友寄去的最后一张充满深情的明信片——就像四姐妹写的许多明信片一样，这些明信片从没有被递送——回到了彼得格勒，上面印着一枚官方印章，写着"因军事原因予以退回"。[34]

尾　声
遭受镇压的受害者

　　在他们抵达叶卡捷琳堡的那一天，陪伴孩子们的 17 名随行人员被留在了火车上，又坐了几个小时，来回又转了几次轨，最后才停了下来。后来，吉伯斯和吉利亚德看到仆人沃尔科夫、厨师哈里托诺夫、侍从特鲁普和厨房帮佣列奥尼德·谢德涅夫被带上敞篷马车，前往伊帕提耶夫府和皇室一家会合。伊利亚·塔吉雪夫、纳斯简卡·亨德里科娃和特琳娜·施奈德随后也被带走；塔吉雪夫也被带到了伊帕提耶夫府，但特琳娜和纳斯简卡同侍从沃尔科夫一起被运送到了彼尔姆。他们在监狱里苦不堪言，直到 9 月 4 日，契卡的人来找他们，他们和一群人质一起被带走，随后被枪杀。但至少他们的尸首在不久后的 5 月被白军发现。[1]

　　伊利亚·塔吉雪夫和瓦西里·多尔戈鲁科夫在抵达伊帕提耶夫府后不久被从这里带走，并于 1918 年 7 月 10 日被送进了监狱，在那里他们也被枪杀了；他们的尸体从未被发现。9 月，沃尔科夫在彼尔姆也遭遇了类似的命运，他本将同特琳娜和纳斯简卡一起被枪决，但他奇迹般地逃脱了；他得以幸存下来，讲述自己的故事，并于 1929 年死于流亡地爱沙尼亚。[2]在离开亚历山大宫之前，安娜·捷米多娃已经把她的东西送到了切列波维茨的家，期待在看到皇室安全地流亡到某处后再回到那里。在斯大林时期，她的家人出于恐惧，被迫销毁了她托付给他们的大部分珍贵照片和文件。但是她的日记在伊帕提耶夫府被发现，现保存在莫斯科的国家档案馆。[3] 其他忠诚地自愿随皇室一家一起去伊帕提耶夫府的仆人，例如安娜，也躲不过他们的暴力命运，他们的尸体被扔在叶卡捷琳堡城外科普恰吉森林的一个万人冢里。厨房帮佣列奥尼德·谢德涅夫在此前一天被带走，逃脱了大屠杀。他被送回到卡卢加的家里。但他最终还是没逃过镇压行动，他在 1941 ~ 1942 年被内务人民委员部逮捕并开枪打死。

西德尼·吉伯斯和皮埃尔·吉利亚德与伊扎·布克斯盖夫登、亚历山德拉·切格列娃以及其他一些前侍从仍被留在叶卡捷琳堡的火车上，他们越来越担心，直到 5 月 23 日下午 5：00，罗季奥诺夫终于出现，并告诉他们，他们自由了。然而，在下个月的大部分时间里火车成了他们的家，他们必须在火车上生活，同时等待离开城市的许可下达。在那段时间里，吉伯斯和吉利亚德曾多次经过伊帕提耶夫府，并一再拜访住在附近的英国领事托马斯·普雷斯顿，想找到方法帮助皇室一家，但普雷斯顿要求允许他们进入的请求也被坚决回绝了。有一次，吉利亚德和吉布斯走近房子时，碰巧看到男仆伊万·谢德涅夫（列奥尼德的叔叔）和阿列克谢的"叔叔"纳戈尔尼被带出前门。随后，叶卡捷琳堡的契卡射杀了他们二人。

5 月 26 日，火车上的这群人最终被命令返回托博尔斯克，但途中被困在当时正处于戒严状态的秋明，他们被逃离沿横贯西伯利亚铁路的大批战争难民包围。[4] 就在这里，他们的钱花光了，食物出现了短缺，他们终于在 7 月得知了沙皇被杀的消息，尽管当时没有任何关于亚历山德拉和孩子们命运的消息。

378

7月25日，当叶卡捷琳堡落入白军手中时，吉伯斯和吉利亚德回到了城市，回到了伊帕提耶夫府。室内陈设已被拆除，不过房间里还散落着沙皇一家人的大量私人物品，吉伯斯抢救出了一些东西，包括一盏挂在女大公卧室里的意大利玻璃吊灯。379 他们看到了一家人被杀的阴暗肮脏的地下室，发现那里充满"无法形容的邪恶"。[5]

最后，1919年2月，吉利亚德、吉伯斯、切格列娃和布克斯盖夫登设法向东到达了鄂木斯克，在那里吉利亚德加入了法国军事代表团。随后，他、切格列娃和吉伯斯向1918年7月底由白军领袖亚历山大·科尔恰克成立的索科洛夫委员会递交了证据，以调查谋杀这一家族的案件，克拉夫季娅·比特纳、柯贝林斯基、潘克拉托夫和许多其他人也这么做了。吉利亚德和切格列娃最终经由日本和美国前往瑞士，并于1922年在日内瓦结婚。吉利亚德回到洛桑大学教授法语。1923年，他出版了一本关于他在俄国生活的书——《在俄国宫廷的13年》（*Thirteen Years at the Russian Court*），他于1962年去世。

1919年在鄂木斯克，西德尼·吉伯斯加入了英国军事代表团，后来他离开俄国前往哈尔滨，在那里为中国海关工作了多年。1934年4月，他皈依俄国东正教，被授命为牧师。1937年回到英国后，他定居牛津，在那里建立了自己的奇迹圣尼古拉宗教社区。1963年他去世后，这个社区开始衰落，但今天它却欣欣向荣，在牛津海丁顿区有自己的教堂。

从鄂木斯克出发，伊扎·布克斯盖夫登乘坐横贯西伯利亚的铁路前往中国东北，又去了太平洋沿岸的符拉迪沃斯托克，从那里乘船前往美国，最终到达欧洲。她曾在丹麦和德国驻留了一段时间，后来在英国接受了一个职位，成为亚历山德拉的

姐姐——米尔芙德·海文侯爵夫人维多利亚的女侍官。她一直
住在汉普顿宫廷一间舒适优雅的公寓里，直到 1956 年去世，
并写了三本关于她与皇室生活的回忆录。[6]

伊丽莎白·纳雷什金娜在罗曼诺夫一家离开皇村时已经
79 岁了，她终于在 20 世纪 20 年代的某时在莫斯科向奥地利
作家勒内·菲勒普 – 米勒讲述了自己的故事。但 1931 年出版
的《在三位沙皇手下》（*Under Three Tsars*）其实是对她在皇村
度过的最后一年极为珍贵而精彩的日记精心编纂而成。这些日
记得以保存在俄罗斯国家档案馆，2008 年出版的 1917 ～ 1918
年尼古拉和亚历山德拉日记中大量引用了这些日记。纳雷什金
娜最终移民去了巴黎，1928 年在圣热讷维耶沃 – 德布瓦的俄
国移民之家去世。

380

克拉夫季娅·比特纳后来嫁给了叶夫根尼·柯贝林斯基，
他们定居在俄国中部的雷宾斯克，在那里他们有了一个儿子因
诺肯蒂。1927 年，柯贝林斯基因所谓的"反革命活动"被捕；
他被关押在莫斯科附近令人闻风丧胆的布提尔卡监狱，在 12
月被枪杀前他在那里可能遭受了酷刑。克拉夫季娅也没有逃
脱，1937 年 9 月，她被逮捕。两周后，她被带到了布托沃 –
波利贡，一个在大清洗期间内务人民委员会最喜欢的杀人地
点，位于莫斯科郊外 15 英里（24 千米）的林地之上。在这
里，她被枪杀，尸体被扔进了一个万人坑——这只是 1937 ～
1938 年被扔在那里的受害者中的一个。柯贝林斯基家的孤儿
被遗弃，他的命运不得而知。

在罗曼诺夫一家被杀后，叶卡捷琳堡出现了可怕的无政
府状态，神父伊万·斯托罗热夫面临被契卡劫持为人质的威
胁，于是迅速逃离。他和其他人在一个修道院的地窖里挖了

一个洞，用墙把自己围起来，只留下补给食物，直到捷克军团和白军占领了这座城市。[7]在那里他作为牧师加入了白军，并和家人一起逃到了中国的哈尔滨。斯托罗热夫曾在哈尔滨的俄罗斯圣尼古拉东正教教堂出任牧师，颇受尊敬，并在该市的商学院教授宗教学，在1927年去世时已经是移民社区的主要成员。[8]

在罗曼诺夫姐妹最亲密的朋友中，丽塔·希特罗沃设法把她珍贵的文件，包括奥尔加和塔齐亚娜写给她的信，运送到巴黎妥善保管。她移民到了南斯拉夫，然后又移民到了美国，1952年在纽约去世；她的文件最近被捐赠给了俄罗斯国家档案馆。维拉·格多罗伊茨医生定居基辅，继续她的工作和教学，成为基辅医学院的外科系主任。她于1932年去世。1917年底，附属医院关闭后，瓦莲金娜·切波塔列娃继续在军医院做护士。1919年5月6日，她在俄国西南部的诺沃切尔卡斯克死于斑疹伤寒。她的儿子格里高利移民到了美国，确保了他母亲的日记和信件得到保存，这是战争时期罗曼诺夫姐妹在皇村的关键证词。

革命之后，阿娜斯塔西娅的朋友和知己卡佳·兹博罗夫斯卡娅去了南方，回到了最初在库班的家。她的哥哥维克多站到了白军一方，在俄国南部同沙皇卫队的前成员一道作战，直到1920年再次负伤。他和家人被疏散到利姆诺斯岛，后定居于南斯拉夫。卡佳在他们离开的时候生病了，不能和他们一起走，但她很有远见，把阿纳斯塔西娅和其他罗曼诺夫家族的人的宝贵信件和明信片托付给了家人，让他们带着它们一起流亡。维克多死于1944年，但是他的遗孀和女儿最终在加利福尼亚定居下来，自此，他将阿娜斯塔西娅写给卡佳的信交给胡佛研究所档案馆妥善保管。

至于卡佳的命运，像她的朋友阿娜斯塔西娅一样，她将成为新苏维埃国家对"敌人"（尤其是那些与皇室有任何关联的人）进行围捕时的"遭受镇压的受害者"代表。1927 年 6 月 12 日，根据苏联《新刑法》第 58 条，她以"反革命活动"罪名被捕。1927 年 8 月 18 日，她被三人组成的私设公堂（或称 troika，三套车）判处三年监禁，未经审判，就被送往中亚的古拉格。有几封信设法抵达她的家人手中，但几乎没说什么，然后突然停了。卡佳在古拉格死去，是那个时代湮灭的数百万人中的一个。2001 年，她获得平反。[9]

而又过了 6 年，经过漫长的、一拖再拖的法庭争论，俄罗斯联邦总检察院最终认定奥尔加、塔齐亚娜、玛丽亚和阿纳斯塔西娅·罗曼诺娃，以及她们的父母和兄弟是"遭受镇压的受害者"这一说法是恰当的。[10]

致　谢

　　任何一本书都不是作家一个人在决然的孤军奋战中完成的，这是我的第十一本书，在撰写过程中，我比以往任何时候都更多地汲取了英国以及世界各地相当多人的知识、专业学识、慷慨和善意。

　　2007年，我在研究并撰写《叶卡捷琳堡》（Ekaterinburg）一书时，第一次开始考虑写一本关于罗曼诺夫四姐妹的书。当我漫步在这座城市时，她们就在我的脑海里，在我的心里，我沉思着她们的生活和性格，以及她们悲惨的命运，背景音是不断回荡着的契诃夫的《三姐妹》（Three Sisters）。因此，我对那出伟大戏剧的提及是有意的。2008年，《叶卡捷琳堡》在英国出版［美国版书名定为《罗曼诺夫家族的最后岁月》（The Last Days of the Romanovs）］后，我有幸在"皇家周末巡游"中结识了罗曼诺夫家族爱好者的关系网，"皇家周末巡游"是每年一次在东萨塞克斯郡泰斯赫斯特举行的会议。从第一天起，他们就对我的项目展现出极大的善意、兴趣和热情，很多人提出要将材料分享给我。对于我的书籍的支持就这样从泰斯赫斯特开始，我自己的罗曼诺夫家族专家网也在此期间扩大，即使是在我担心这本书不会被签下的间歇期，这样的支持也没有间断。促使我下定决心写这本书的是两位关键人物的友情和坚定的支持——苏·伍尔曼斯和露丝·亚伯拉罕斯——她们和我一样热情地认可这本书，并希望看到我来撰写。因此，我首要的感激之情要献给她们，不仅是因为她们慷慨地向我提供材料、寻找新信息、分享书籍、发送可以堆成山的影印件、照片和信息量很大的电子邮件，还因为她们从不让我认为我自己完不成这件事。

在研究过程中，还有很多人给予了我非常宝贵的帮助。首先是芬兰的鲁迪·德·卡塞雷斯，他以极大的愉快和坚持，帮助我在稀少及很难获得的俄文信息源中找到了最晦涩的信息的出处，并在最后阶段进行了严格的审查。很多人在翻译工作上帮助了我：汉娜·维勒的德语，凯伦·罗斯的丹麦语，特隆德·诺伦·伊萨克森的瑞典语。普里西拉·谢林汉姆非常好心地检查了我的法语翻译，大卫·霍罗汉和娜塔莉娅·科洛索娃则对我的俄语进行了检查。我给很多朋友、历史学家和作家发了无数邮件，他们都慷慨相授，分享了自己的想法和进一步的信息：珍妮特·阿什顿、俄罗斯皇家网站的保罗·吉尔伯特，科恩霍尔、格里夫·亨尼日、迈克尔·霍尔曼、格雷格·金、伊兰娜·米勒、沃茨基的杰弗里·蒙恩、尼尔·斯图奇·里斯、伊恩·夏皮罗，理查德·桑顿、弗朗西斯·韦尔奇、马里恩·韦恩和夏洛特·泽普特。特别感谢威尔·李分享了他对大公德米特里·帕夫洛维奇的大量研究以及德米特里一些未发表的信函的翻译件；感谢约翰·温布尔将萨克斯·科伯格转交给我的一些极有价值的信件的抄本，这些信件的发掘是他多年来在罗马尼亚档案馆辛勤工作的成果；感谢莎拉·米勒同我分享了一些难以找到的消息源，并和我通过电子邮件进行了大量关于四姐妹的讨论；感谢芝加哥公共图书馆的马克·安德森帮助我查阅了美国的旧杂志文章；感谢菲尔·托马塞利在克佑区的国家档案馆查阅资料，使我进一步了解了 1917 年流产的关于沙皇一家去英国受庇护的提议，以及关于英国参与了 1916 年拉斯普京谋杀案的意见。

这本书中的很多插图都是两位热心的私人收藏家露丝·亚伯拉罕斯和罗杰·肖特慷慨地分享给我的。如果没有他们的慷慨赠予，我根本无法负担这本书里喜欢的插图的费用。我也非常感谢另外两位向我提供了他们宝贵的家庭档案的人：约翰·斯托罗热夫向我提供了他祖父伊万·斯托罗热夫的材料；维克托·布赫利允许我特别查阅了加州胡佛研究所里卡佳·兹博罗夫斯卡娅的信件，并与我分享了许多其他有价值的信息和摄影材料。

2011 年，我有幸与苏·伍尔曼斯、凯伦·罗斯和玛吉·菲尔德一起到圣彼得堡进行了一次精彩的研究之旅，我们共同游览了所有与罗曼诺夫家族故事有关的美妙地方，并以愉快的心情忍受了我经常需要转移注意力喝杯咖啡的习惯。我感谢俄罗斯国家广播协会慷慨地为我提供了这次旅行的费用，特别感谢他们的会谈组织者大卫·霍罗汉博士安排了这次旅行。在圣彼得堡，我们受到了帕维尔·博维切夫、瓦西里·霍赫洛夫和他的兄弟叶夫根尼的悉心照料，他们回答了我无休止的提问，带着我们四处探访，远远超出了职责范围，而且总是面带微笑。帕维尔继续为我在俄罗斯寻找书籍，并为圣彼得堡相关的地点拍摄照片，对此我非常感激。

我一如既往地感谢温莎皇家档案馆的登记员帕梅拉·克拉克，她亲切而高效地为我提供了罗曼诺夫家族的人访问巴尔莫勒尔和考斯的相关材料以及家庭信件，我感谢伊丽莎白二世女王陛下允许我引用这些信件。诺丁汉档案馆准许我查阅了梅瑞尔·布坎南的文件；帝国战争博物馆同样准许我查阅了多萝西·西摩的材料；大英图书馆收藏了亚历山德拉写给毕肖普·博伊德·卡朋特的信件；博德莱恩图书馆特别收藏了西德尼·吉伯斯的文件。我还要感谢泰莎·邓洛普提醒我注意罗马尼亚国家档案馆里的资料；阿默斯特俄罗斯文化中心的斯坦利·拉比诺维茨让我查阅了罗曼·古里的档案；我在利兹俄国档案馆度过了愉快的两天，对保存在那里的大量极好的材料进行了探索；感谢塔尼娅切波塔列娃从哥伦比亚大学档案管里发来了玛丽亚·瓦西里耶夫娜·费琴柯的文献资料以及玛丽亚·亚历山德罗夫娜·瓦西里齐科娃的回忆录扫描件；尤其要感谢胡佛研究所的卡罗尔·莱登汉和尼古拉斯·西基尔斯基帮助我拿到了卡佳·兹博罗夫斯卡娅的文献资料。而我在胡佛研究所出色的研究员罗恩·巴西奇则为我检查并扫描了大量的资料。

在我的请求下，苏·伍尔曼斯、露丝·亚伯拉罕斯、鲁迪·德卡塞雷斯和克里斯·沃里克阅读了本书并撰写了评论文章。我永远感谢他们富有洞察力的评论、建议和更正。克里斯蒂娜·扎巴和菲奥娜·芒特恩的作家和朋友也阅读了重点章节并给出了他们的观点，且在整个写作过程中提供了积极而宝贵的支持。

我非常感谢查理·维尼一开始就大力支持这本书，并感谢他在我的研究和写作过程中所给予的支持。同时也非常感谢我的经纪人卡罗琳·米歇尔，感谢她对这本书从制作到出版的整个过程所付出的热情和承诺。我的出版商一直都非常支持我，充满热情，我很高兴能与他们合作。我非常感谢英国潘麦克米伦出版社的乔治娜·莫尔利的指导、严谨的编辑、她的活力，以及对这本书主题的敏感。特别感谢编辑部经理尼古拉斯·布莱克，他耐心细致地检查了文本，并使之顺利付梓。美国圣马丁出版社的查理·斯派塞多年来一直坚定地支持我的工作，我非常珍视与他的友谊。我的家人一如既往地带着自豪地支持着我的工作，我的兄弟彼得继续维护着我的网站并一直在更新，为此我要致以永远的感谢。

与罗曼诺夫四姐妹共处是一段特别激烈、情感丰富但也非常令人欣慰的经历。她们——还有我一直深爱的俄罗斯——激励了我成为一名作家，我真诚地希望我做到了，为她们本人和她们太过短暂的生命伸张了正义。我欢迎读者通过我的网站（www.helenrapport.com/）或我的代理（www.petersfraserdunlop.com/）与我分享任何新的信息、照片或有见地的评论。

海伦·拉帕波特
2014 年 1 月于希多塞特

注　释

缩写词

ASM	Zvereva, *Avgusteishie sestry miloserdiya* 兹维列娃，《皇室慈善修女》
BL	British Library 大英图书馆
Correspondence	Kleinpenning, *Correspondence of the Empress Alexandra* 克雷恩彭宁，《亚历山德拉皇后的书信》
DN I	Mironenko, *Dnevniki Imperatora Nikolaya II*, vol. I 米罗年科，《尼古拉二世沙皇日记》，第一卷
Dnevniki	Khrustalev, *Dnevniki Nikolaya . . . i . . . Aleksandry*, 2 vols 赫鲁斯塔列夫《尼古拉和亚历山德拉的日记》，两卷本
DON	*Diary of Grand Duchess Olga Nicolaievna, 1913* 《奥尔加·尼古拉耶夫娜女大公的日记》，1913年
EEZ	Ekaterina Erastovna Zborovskaia letters, Hoover Institution 叶卡捷琳娜·埃拉斯托夫娜·兹博罗夫斯卡娅的信件，胡佛研究所
Fall	Steinberg and Khrustalev, *Fall of the Romanovs* 斯泰恩伯格和赫鲁斯塔列夫，《罗曼诺夫家族的衰亡》
LD	Kozlov and Khrustalev, *Last Diary of Tsaritsa Alexandra* 科兹洛夫和赫鲁斯塔列夫，《亚历山德拉皇后最后的日子》
LP	Maylunas, *Lifelong Passion* 梅鲁纳斯，《钟爱一生》
Nikolay	*Nikolay II Dnevnik* [1913–1918] 尼古拉二世日记[1013–1918]
NZ	Chebotareva, *Novyi Zhurnal* 切波塔列娃，《新杂志》
PVP	Petr Vasilievich Petrov 彼得·瓦西里耶维奇·彼得罗夫
RA	Royal Archives 皇家档案
SA	Fomin, *Skorbnyi angel* 福明，《悲伤的天使》
SL	Bing, *Secret Letters* 宾，《秘密信件》
WC	Fuhrmann, *Wartime Correspondence* 富尔曼《战时通信》

序章　开始与结束的地方

[1]祖波洛夫卡是于1916年，在最高指挥部由沙皇的手下沃叶科夫将军交给阿列克谢的。参阅Bokhanov, *Aleksandra Feodorovna*, p. 286。然而对于这只猫的所有权是有争议的。在写给卡佳的信中，阿纳斯塔西娅说猫是奥尔加的。参阅e.g. letter 8–9 June: "奥尔加的猫生了两只小猫，漂亮极了，一只红的一只灰的"；letter to Katya, 26 June: "奥尔加的猫祖波洛夫卡（从莫吉廖夫带回的，记得吗）……它生了两只小猫。（作者在后文中已提到这只猫是阿列克谢从莫吉廖

夫带回作为礼物送给奥尔加的。——译者注）EEZ.

[2] Natalya Soloveva, 'La Tristesse Impériale', p. 12.

[3] 参阅 Long, *Russian Revolution Aspects*, p. 6; Kuchumov, *Recollections*, p. 19。

[4] Guide to Tsarskoe Selo, 1934, @: http://www.alexanderpalace.org/palace/detskoye.html

[5] 参阅 Zeepvat, *Romanov Autumn*, pp. 320–4。

[6] Kelly, *Mirror to Russia*, p. 176.

[7] Holmes, *Traveler's Russia*, p. 238; Griffith, *Seeing Soviet Russia*, p. 67.

[8] Kelly, *Mirror to Russia*, p. 178; see chapter 10.

[9] Delafield, *Straw without Bricks*, p. 105; Kelly, *Mirror to Russia*, p. 178.

[10] Bartlett, *Riddle of Russia*, p. 241.

[11] Cerutti, Elisabeta, *Ambassador's Wife* (London: Allen & Unwin, 1952), p. 99.

[12] Bartlett, *Riddle of Russia*, p. 249.

[13] 同上书；Greenwall, *Mirrors of Moscow*, p. 182。

[14] Marie Pavlovna, *Things I Remember*, p. 34.

[15] Bartlett, *Riddle of Russia*, p. 248.

[16] See Yakovlev, *Aleksandrovsky dvorets*, pp. 388–9, 393–5.

[17] Greenwall, *Mirrors of Moscow*, p. 182.

[18] Hapgood, 'Russia's Czarina', p. 108.

[19] Kuchumov, *Recollections*, pp. 20–2; Suzanne Massie, *Pavlovsk: The Life of a Russian Palace* (London: Hodder & Stoughton, 1990), p. 178.

[20] Bartlett, *Riddle of Russia*, p. 249.

[21] Chebotareva, diary for 6 August, *SA*, pp. 587–8.

[22] *Saturday Review* 159, 27 April 1935, p. 529.

第一章　母爱

[1] Seawell, 'Annual Visit', p. 324; 关于这几个女孩早期的生活另请参阅 Miller, *Four Graces*。

[2] *Evening Star*, 3 July 1862.

[3] Karl Baedeker, *A Handbook for Travellers on the Rhine from Holland to Switzerland* (London: K. Baedeker, 1864), p. 171.

[4] Seawell, 'Annual Visit', p. 323.

[5] *Davenport Daily Leader*, 8 July 1894.

[6] Helena and Sell, *Alice, Grand Duchess of Hesse*, p. 14.

[7] Duff, *Hessian Tapestry*, p. 91.

[8] Noel, *Princess Alice*, pp. 169, 177.

[9] Fulford, *Darling Child*, p. 159.

[10] 'The Czarina', *Canadian Magazine*, p. 302.

[11] Fulford, *Beloved Mama*, pp. 23, 24.

[12] *Children's Friend* 36, 1896, p. 167.

[13] 同上。

[14] Helena and Sell, *Alice, Grand Duchess of Hesse*, p. 270.

[15] Noel, *Princess Alice*, p. 215.

[16] Helena and Sell, *Alice, Grand Duchess of Hesse*, p. 304.

[17] 同上书, p. 295。

[18] Noel, *Princess Alice*, p. 230.

[19] Letter of 13 December 1882, RA VIC/Z/87/121.

[20] E.g. letter of 26 December 1891, RA VIC/MAIN/Z/90/82–3, letter 19.

[21] Letter of 15 April 1871, in Bokhanov *et al.*, *Romanovs*, p. 49.

[22] G. W. Weippiert, in *Davenport Daily Leader*, 8 July 1894.

[23] Queen Victoria's journal for 27 April 1892, in Zeepvat, *Cradle to Crown*, p. 133.

[24] Hough, *Advice to a Granddaughter*, p. 116.

[25] 15 February 1887 to Vicky, Bokhanov *et al.*, *Romanovs*, p. 53; Hough, *Advice to a Granddaughter*, p. 88.

[26] Hibbert, *Queen Victoria*, pp. 318, 329.

[27] Vacaresco, *Kings and Queens*, p. 161.

[28] Vassili, *Behind the Veil*, p. 226.

[29] 26 December 1893, RA VIC/Z/90/66.

[30] Poore, *Memoirs of Emily Loch*, p. 154.

[31] 21 October 1894, in Miller, *Four Graces*, p. 93.

[32] Mandache, *Dearest Missy*, p. 172.

[33] Poore, *Memoirs of Emily Loch*, p. 155.

[34] *Westminster Budget*, 6 June 1894, p. 37.

[35] Letters to Nicky: 22 April 1894, *LP*, p. 59; 25 May 1894, *LP*, p. 70.

[36] *Westminster Budget*, 22 June 1894, p. 4.

[37] Malcolm Neesom, *Bygone Harrogate* (Derby: Breedon Books, 1999), p. 9.

[38] *LP*, p. 68.

[39] "关于黑森公主阿历克斯殿下", *Armstrong's Harrogate Almanac* (Harrogate, Yks: J. L. Armstrong, 1895), p. 2。

[40] 同上。

[41] Swezey, *Nicholas and Alexandra*, p. 58.

[42] *Correspondence*, p. 157.

[43] *LP*, p. 110.

[44] *New Weekly Courant*, 1 December 1894.

[45] Radziwill, *It Really Happened*, pp. 88–9.

[46] 26 November 1894 OS, *Correspondence*, p. 166.

[47] 20 November 1894 OS, *Correspondence*, pp. 163 and 164.

[48] Queen Victoria to Victoria of Milford Haven, 31 March 1889 in Hough, *Louis and Victoria*, p. 149.

[49] G. E. Buckle (ed.), *Letters of Queen Victoria · · · 1886 to 1901*, 3rd series (London: John Murray, 1931), vol. 2, p. 454.

[50] *Guardian*, 7 November 1894.

第二章 小女大公

[1] Buxhoeveden, *Before the Storm*, p. 148.

[2] Vorres, *Last Grand Duchess*, p. 73.

[3] *LP*, 11 December 1894, p. 117.

[4] *Correspondence*, 20 February 1895, p. 180.

[5] 同上书, 28 February 1895, p. 181。

[6] 同上。

[7] 同上书, 7 January 1895, p. 171; 另可参阅 p. 174。

[8] 同上书, 5 March 1895, p. 183。

[9] 关于俄国继承法的讨论，请参阅Harris, 'Succession Prospects'.

[10] *Correspondence*, 17 December 1894, p. 170.

[11] W. T. Stead, 'Interview with Nicholas', in Joseph O. Baylen, *The Tsar's 'Lecturer-General': W. T. Stead and the Russian Revolution of 1905* (Atlanta: Georgia State College, 1969), p. 49.

[12] Vay de Vaya and Luskod, *Empires*, p. 10.

[13] *Correspondence*, 30 June 1895, p. 197.

[14] Ibid., 5 July 1895, p. 203.

[15] Swezey, *Nicholas and Alexandra*, pp. 2–3.

[16] *Correspondence*, 15 September 1895, p. 222.

[17] 叶夫根尼娅·甘思特（德裔俄国人）是一名备受欧洲皇室追捧的助产士，她为尼古拉和亚历山德拉几个亲戚的孩子接了生，其中包括1893年为罗马尼亚的玛丽接生了她的儿子卡尔，在1894年接生了她的女儿伊丽莎白。1895年2月，在达姆斯塔特为厄尼和达姬接生了他们的孩子伊丽莎白后，甘思特返回俄国，在7月为女大公克谢尼娅接生了她的第一个孩子伊琳娜。1915年甘思特仍在为皇室客户服务，她在那一年接生了伊琳娜和她的丈夫菲利克斯·尤苏波夫的第一个孩子。更多关于她这方面的信息，请参阅 Mandache, *Dearest Missy*。

[18] *Correspondence*, 21 August 1895, p. 216.

[19] RA VIC/MAIN/Z/90/81: 31 October (12 November NS) 1895.

[20] *SL*, pp. 98–9.

[21] 同上书, p. 100。

[22] *Correspondence*, 9 October 1895, p. 225.

[23] Reuters telegram, *North Eastern Daily Gazette*, 12 November (NS) 1895; *Aberdeen Weekly Journal*, 4 November 1895 (NS).

[24] RA VIC/MAIN/Z/90/83: 4 November (17 November NS) 1895.

[25] Collier, *Victorian Diarist*, p. 4.

[26] *DN* I, p. 234.

[27] RA VIC/MAIN/Z/90/83: 4 November (17 November NS) 1895.

[28] *LP*, p. 144; *DN* I, pp. 234, 246. See also Ella's letter to Queen Victoria: RA VIC/MAIN/Z/90/83.

[29] *DN* I, p. 235.

[30] Queen Victoria's Journal, vol. 102, p. 116, accessible @: http://www.queenvictoriasjournals.org/home.do

[31] RA VIC/Main/Z/90/82: 13 November (25 November NS) 1895.

[32] Durland, *Royal Romances*, p. 134.

[33] Collier, *Victorian Diarist*, p. 4.

[34] *Woman's Life*, 27 March 1897.

[35] Tillander-Godenhielm, 'Russian Imperial Award System', p. 357.

[36] *LP*, p. 130.

[37] p. 937; Buxhoeveden, *Life and Tragedy*, p. 56; *LP*, p. 244. 关于礼炮鸣响次数的记录并不统一, 但101/301似乎是正确的。根据1834年尼古拉一世时期制定的律法, 任何在男性继承人之后的其他儿子出生时都鸣炮201响。参阅 N. P. Slavnitsky, 'Sankt-Peterburgskaya Krepost i tseremonii, svyazannye s rossiiskim tsarstvuyushchim domom', in *Kultura i iskusstvo v epokhu Nikolaya I* [conference papers] (St Petersburg: Alina, 2008), pp. 143–4。

[38] 'Alleged Dynamite Conspiracy', *Daily News*, 15 September 1896.

[39] *Pall Mall Gazette*, 16 November 1895 (NS).

[40] *Woman's Life*, 27 March 1897 (NS), p. 81.

[41] *Westminster Budget*, 17 January 1896 (NS), p. 14.

[42] Collier, *Victorian Diarist*, p. 4; *Westminster Budget*, 29 November 1895 (NS).

[43] *DN* I, p. 235; *LP*, letter to Queen Victoria, 12 November 1895, p. 131.

[44] Collier, *Victorian Diarist*, p. 4. 关于洗礼仪式的更详细描述, 参阅 Eagar, *Five Years*, pp. 78–9 为玛利亚洗礼进行的描述。

[45] 10 December 1895, Mandache, *Dearest Missy*, p. 245.

[46] See Zeepvat, *Cradle to Crown*, p. 39; Buxhoeveden, *Life and Tragedy*, p. 99. 奥琦晚些时候返回了英格兰, 并于1906年去世。

[47] *Correspondence*, 12 December 1895, p. 227.

[48] *DN* I, p. 242; *Correspondence*, p. 229.

[49] Zeepvat, *Cradle to Crown*, p. 20; *LP*, p. 133.

[50] *Birmingham Daily Post*, 27 November 1895.

[51] *Correspondence*, 9 January 1896, pp. 229–30.

[52] 同上来源，13 April 1896, p. 230; *DN* I, p. 269。

[53] RA VIC/ADD1/166/27: 20 May 1896.

[54] 同上。

[55] Lutyens, *Lady Lytton*, p. 79.

[56] Welch, *Russian Court at Sea*, p. 56; *DN* I, p. 270.

[57] *Correspondence*, 12 July 1896, p. 232.

[58] "传闻中的炸弹阴谋"：关于这次事件的深入报道请参阅1896年7~9月的英国报纸：
http://www.britishnewspaperarchive.co.uk/

[59] RA VIC/MAIN/H/47/92.

[60] *Leeds Mercury*, 26 September 1896.

[61] *DN* I, p. 297.

[62] Ramm, *Beloved and Darling Child*, p. 195.

[63] Lutyens, *Lady Lytton*, p. 75.

[64] *Huddersfield Daily Chronicle*, 1 October 1896.

[65] *Yorkshire Herald*, 2 October 1896.

[66] *DN* I, p. 297.

[67] *Windsor Magazine* 41, no. 240, December 1914, pp. 4–5; *Hampshire Telegraph*, 23 January 1897.

[68] Buxhoeveden, *Life and Tragedy*, p. 73.

[69] *SL*, p. 114; 'Daughters of Royal Houses', *Woman's Life*, 27 March 1897, pp. 81–2. 几年以后，"施坦达德"号上的水手们提起奥尔加时还会开玩笑地称她"女大公"，奥尔加愤慨地反驳说自己不是"女大公"，而是一位俄国公主。See Sablin, *Desyat' let*, p. 140.

[70] 参阅e.g. *Church Weekly*, 14 September 1900.

[71] Zimin, *Tsarskie dengi*, p. 177. 奥尔加出生前两周，尼古拉将318913卢布以及6万法国法郎的款项存入了她名下的基金，并投资了股票。到1908年，卢布部分已增值至175.6万。

[72] 'Daughters of Royal Houses', *Woman's Life*, 27 March 1897, p. 82.

[73] Mandache, *Dearest Missy*, p. 281.

[74] Almedingen, *Empress Alexandra*, p. 64.

[75] Moe, *Prelude*, p. 100.

[76] *Correspondence*, 26 March 1897, p. 239.

[77] Ibid., p. 240.

[78] 甘思特因在塔齐亚娜出生期间熟练使用产钳而获得了养老金。养老金一直支付到1917年；她还获得了可以定期去克里米亚免费度假的奖励。See Zimin, *Tsarskie dengi*, p. 19.

[79] Marfa Mouchanow, *My Empress* (New York: John Long, 1918), p. 91.

第三章　我的上帝！多令人失望！……第四个女儿！

[1] RA VIC/ADDU/127.

[2] *DN* I, pp. 343–4; Swezey, *Nicholas and Alexandra*, p. 66.

[3] *LP*, p. 163; ibid.

[4] *Isle of Man Times*, 12 June 1897.

[5] *Boston Daily Globe*, 14 June 1897.

[6] 关于亚历山德拉淡紫色卧房的描述，参阅 King, *Court of the Last Tsar*, p. 199; Marie Pavlovna, *Things I Remember*, pp. 34–5; Buxhoeveden, *Life and Tragedy*, pp. 51–2; 'Famous Opal-hued Boudoir of Alexandra', accessible @: http://www.alexanderpalace. org/palace/mauve. html。

[7] *Brisbane Courier*, 19 October 1897.

[8] Vassili, *Behind the Veil*, pp. 291–2; *SL*, pp. 126–7.

[9] Marie Pavlovna, *Things I Remember*, p. 34.

[10] 'Something About Dolls', *English Illustrated Magazine* 24, 1901, p. 246; *Danville Republican*, 30 December 1897.

[11] *LP*, p. 166.

[12] Bariatinsky, *My Russian Life*, p. 88.

[13] *SL*, 21 November 1897, pp. 128–9.

[14] 如果亚历山德拉流产了，那一定是在孕早期。也有人认为她可能是在1896年加冕典礼期间流产，但之后不久的同年5月她还被人看到在骑自行车，所以这种推断似乎不大可能。参阅 See Hough, *Advice to a Granddaughter*, p. 13; King, *Court of the Last Tsar*, p. 123。

[15] Poore, *Memoirs of Emily Loch*, p. 194.

[16] 同上书, pp. 194–5; 'The Good Works of the Empress of Russia', *Review of Reviews* 26, no. 151, July 1902, p. 58。

[17] Poore, *Memoirs of Emily Loch*, pp. 199–200.

[18] 同上书, p. 224。

[19] Almedingen, *Empress Alexandra*, p. 76.

[20] *Correspondence*, 2 April 1898, p. 244.

[21] Mandache, *Dearest Missy*, p. 349.

[22] *LP*, 20 September 1898, p. 174.

[23] *SL*, 30 October 1898, pp. 130–1.

[24] King, *Court of the Last Tsar*, p. 124.

[25] Zeepvat, introduction to Eagar, *Six Years*, pp. 7–8, 14.

[26] Eagar, *Six Years*, p. 49.

[27] 同上书, p. 52; Marie Pavlovna, *Things I Remember*, p. 34; 关于 Vishnyakova, 参阅 Zimin, *Detskiy mir*, pp. 73–4。

[28] Marie Pavlovna, *Things I Remember*, pp. 34–5, 51.

[29] See *LP*, pp. 184–5; *DN* I, pp. 470–1; *LP*, p. 183.

[30] Buxhoeveden, *Life and Tragedy*, p. 92; *DN* I, p. 476.

[31] *LP*, p. 185.

[32] 同上书，p. 186。

[33] Mandache, *Dearest Missy*, p. 383.

[34] *Lloyds Weekly Newspaper*, 2 July 1899 (NS).

[35] *Weekly Standard and Express*, 29 July 1899 (NS).

[36] *Lloyds Weekly Newspaper*, 2 July 1899 (NS).

[37] Eagar, *Six Years*, pp. 78–9.

[38] *LP*, p. 188.

[39] *Lloyds Weekly Newspaper*, 6 August 1899; *Fort Wayne Sentinel*, 5 August 1899; *Cedar Rapids Evening Gazette*, 5 August 1899.

[40] Eagar, *Six Years*, p. 52.

[41] 同上书，pp. 70–1。

[42] 'The Czarina of Russia', *Otago Witness*, 4 January 1900; Eagar, 'Russian Court in Summer'.

[43] Vyrubova, *Memories*, p. 3; Bariatinsky, *My Russian Life*, pp. 66, 87.

[44] Buxhoeveden, *Life of Alexandra*, pp. 78–9; Almedingen, *Empress Alexandra*, pp. 70–1.

[45] Mee, 'Empress of a Hundred Millions', p. 6.

[46] Zimin, *Detskiy mir*, pp. 15–16.

[47] *Daily News*, 15 December 1900; *Sunday Gazette*, 11 December 1898. Zimin, *Detskiy mir*, pp. 17–18; W. F. Ryan, *The Bathhouse at Midnight: Magic in Russia* (Stroud, Glos: Sutton, 1999), p. 112; Boris Yeltsin, *Against the Grain* (London: Simon & Schuster, 1990), pp. 79–80.

[49] *SL*, pp. 138–9.

[50] 参阅 e.g. *Standard*, 30 November 1900。

[51] 1897年以来一直流传着很多谣言，有的称尼古拉在1891年一次到访日本途中被人袭击并留下了脑部创伤，受伤部位血液凝结对大脑产生压力，造成了后遗症。据进一步报道，尼古拉在1899年访问达姆施塔特时曾接受德国外科医生伯格曼的开颅手术以释放颅内压；这个说法已被驳斥但谣言仍盛行。

[52] 'The Truth about the Czar', *Daily News*, 15 December 1900.

[53] *DN* I, p. 564.

[54] See Harris, 'Succession Prospects', pp. 65–6.

[55] Harcave, *Memoirs of Count Witte*, p. 194; Crawford, *Michael and Natasha*, pp. 25–6.

[56] Harcave, *Memoirs of Count Witte*, p. 297; Bogdanovich, *Tri poslednykh samoderzhtsa*, p. 269.

[57] 欧内斯特·拉姆利·道森在其作品 *The Causation of Sex in Man* (London: H. K. Lewis) 中公开引用了亚历山德拉的案例，他在第218页中说："要确保生出与最后一个孩子不同性别的孩子，我们必须首先找到怀最后一个孩子的排卵月，即卵子脱落的那个月"，然后找到与最后一个卵子性别相对应的月数。在这些月份中不能进行任何性交。"他继续表示，他的方法对贵族和上层社会中的几个客户都有效，然后他研究了亚历山德拉皇后的情况，声称她连续生了四个女儿，最后才有一个儿子的原因是，"因为很不幸，有四次女性的卵子受了精"。"在长时间的等待后，沙皇的继承人于1904年8月出生。回溯一下，我们

发现这次的排卵期是在1903年11月。如果1900年9月是一次女性卵子的排卵期，诞生了阿纳斯塔西娅公主，那我们可以知道1901年9月会是一位男性，1902年9月是女性，1903年9月又是一个男性排卵期。因此1903年10月是女性排卵期，则1903年11月是一个男性排卵期，因此11月受精的卵子最终让长期等待的继承人在1904年8月出生，准确安排并预见他的出生计划的人是我。"但没有任何证据表明，尼古拉和亚历山德拉为了尝试获得一个儿子直接向道森本人咨询过或听信了他的理论。1902年申克教授去世。

[58] 'Four Little Maids', *Delphos Daily Herald*, 16 July 1901.
[59] 同上。
[60] *SL*, p. 139.
[61] *DN* I, p. 577.
[62] *LP*, p. 204; in von Spreti, *Alix an Gretchen*, p. 117, the illness is described as typhus.
[63] Letter to Toni Becker, 19 May 1901, in Kuhnt, *Briefe der Zarin*, p. 123; Eagar, *Six Years*, pp. 131–2.
[64] Zimin, *Detskiy mir*, p. 16.
[65] *DN I*, p. 599.
[66] Eagar, *Six Years*, p. 132.
[67] Anon. [Casper], *Intimacies of Court and Society*, p. 137.
[68] *LP*, p. 206.
[69] *Daily Mail*, 19 June 1901.
[70] Paléologue, *Alexandra-Féodorowna*, p. 16.
[71] Anon. [Casper], *Intimacies of Court and Society*, p. 137.
[72] Paoli, *My Royal Clients*, p. 124.
[73] Cassini, *Never a Dull Moment*, p. 150.
[74] Holmes, *Travelogues*, p. 50.
[75] Philippe stayed at Znamenka 9–21 July. See *DN I*, pp. 605–7.

第四章　俄国的希望

[1] Mintslov, *Peterburg*, pp. 37–8; Hapgood, *Russian Rambles*, p. 50.
[2] Durland, *Royal Romances*, p. 135.
[3] 关于菲利普姓名的拼写方法和顺序说法不一，但是尼济耶·昂泰尔姆·菲利普是他墓碑上记录的名字。参阅 Robert D. Warth, 'Before Rasputin: Piety and the Occult at the Court of NII', *Historian* XLVII, May 1985, pp. 323–6 (p. 327, n. 16)。华特的著作是关于菲利普最可靠的原始资料；另参阅 Spiridovich, *Les Dernières années*, vol. 1, pp. 80–4。
[4] Paléologue, *Ambassador's Memoirs*, pp. 185–6.
[5] Hall, *Little Mother of Russia*, pp. 190–1.

[6] Zimin, *Detskiy mir*, p. 19.

[7] *DN* I, p. 588.

[8] 参阅*LP*, p. 219; Shemansky and Geichenko, *Poslednye Romanovy v Petergofe*, p. 90。

[9] 参阅Nicholas's diary for July, *DN* I, pp. 605–6 and also pp. 629, 642。

[10] Paléologue, *Ambassador's Diary*, p. 188; see also Zimin, *Detskiy mir*, pp. 25–6.

[11] Shemansky and Geichenko, *Poslednye Romanovy v Petergofe*, p. 52.

[12] *LP*, p. 214.

[13] *DN* I, p. 654.

[14] Naryshkin-Kurakin, *Under Three Tsars*, p. 171.

[15] *Pravitelstvennyi vestnik*, no. 183, 21 August 1902.

[16] 亚历山德拉所患的病症在今日被称为葡萄胎妊娠。当一个不能存活的卵子（通常是受精时有两个精子同时进入的卵子）在子宫内膜着床并开始生长时，宫内就会形成葡萄胎。这些细胞不是以正常的方式繁殖，而是发生变异，在某些情况下还可能发生癌变，胎盘会发展成囊肿。在亚历山德拉的案例中，她的身体最终拒绝了这些在子宫内膜上生长的大量细胞，但这种情况会提高她的激素水平，导致恶心和疲倦，这是她在孕期的常见症状，从而使她确信怀孕进展正常。俄罗斯历史学家伊戈尔·齐明2010年在俄罗斯档案馆重新发现了这份私人报告。参阅Zimin, *Detskiy mir*, pp. 22–5。

[17] 同上书, pp. 21–2.

[18] 'The Tsar: A Character Sketch', *Fortnightly Review* 75, no. 467, 1 March 1904, p. 364.

[19] *Anglo-Russian* VI, no. 5, November 1902, p. 653.

[20] 同上书, p. 654.

[21] Moe, *Prelude*, p. 104, n. 114.

[22] Zimin, *Detskiy mir*, p. 27; Fuhrmann, *Rasputin*, p. 36.

[23] *Post-Standard*, Syracuse, 21 September 1902; *Boston Sunday Globe*, 16 November 1902; *Post-Standard*, Syracuse, 17 November 1902.

[24] *Pittsburgh Chronicle-Telegraph*, as quoted in the *Kalona News*, Iowa, 8 November 1901.

[25] Anon. [Casper], *Intimacies of Court and Society*, p. 133.

[26] *The Times*, 11 July 1903.

[27] Naryshkin-Kurakin, *Under Three Tsars*, p. 175.

[28] 参阅 Paléologue, *Ambassador's Memoirs*, pp. 190–1; *DN* I, pp. 740–1. 关于这次前往萨罗夫的旅程的更详细描述，参阅 Rounding, *Alix and Nicky*, pp. 44–7; Moe, *Prelude*, pp. 54–7. 谢拉菲姆的遗骸在苏联的治下遭到了破坏，关于它的命运，参阅 John and Carol Garrard, *Russian Orthodoxy Resurgent: Faith and Power in the New Russia* (Princeton, NJ: Princeton University Press, 2008), ch. 2。

[29] Eagar, *Six Years*, pp. 159–60.

[30] *DN I*, p. 764; Eagar, *Six Years*, pp. 164–5.

[31] Durland, *Royal Romances*, pp. 165–6; *Daily Mirror*, 29 December 1903; Eagar, *Six Years*, p. 169.

[32] *DN I*, p. 765.

[33] Eagar, 'Christmas at the Court of the Tsar', p. 30.

[34] 同上。

[35] *LP*, p. 240.

[36] Durland, *Royal Romances*, pp. 185–6; Eagar, *Six Years*, p. 172.

[37] Eagar, 'Further Glimpses', p. 366; Eagar, *Six Years*, p. 177.

[38] 引用于*Brisbane Courier*, 1 October 1904.

[39] Letter to Boyd Carpenter, 29 December 1902 (OS), BL Add. 46721 f. 238; Bokhanov, *Aleksandra Feodorovna*, p. 147, 引用了美国作家 George Miller。

[40] Almedingen, *Empress Alexandra*, p. 68.

[41] 参阅Zimin, *Detskiy mir*, pp. 28–9。

[42] 'New Czarevitch', *Daily Express*, 13 August 1904.

[43] Buxhoeveden, *Before the Storm*, pp. 237–8.

[44] *DN I*, p. 817; *LP*, p. 244.

[45] Zimin, *Tsarskie dengi*, p. 28.

[46] *Unitarian Register* 83, 1904, p. 901.

[47] 'The Cesarevitch', *The Times*, 25 August 1904.

[48] *LP*, p. 244.

[49] Ulla Tillander-Godenhielm, 'The Russian Imperial Award System during the Reign of Nicholas II 1894–1917', *Journal of the Finnish Antiquarian Society* 113, 2005, p. 358.

[50] Fedchenko Papers, 'Vospominaniya o Marii Fedorovne Geringere', ff. 27–8.

[51] Buxhoeveden, *Before the Storm*, pp. 240–1. 不知四姐妹是否全去参加了这场仪式，因为各种报道的说法彼此大相径庭。奥尔加和塔齐亚娜显然在去教堂的队伍中，但《泰晤士报》声称四姐妹并没有出席真正的典礼，而是"从一间凹室里"观看了典礼过程。参阅*Times*, 25 August 1904。

[52] Ioann Konstantinovich, letter from Livadia to his family, 9–17 September 1904, in *Rossiiskii Arkhiv* XV, 2007, p. 426.

[53] Eagar, *Six Years*, p. 223; Buxhoeveden, *Before the Storm*, p. 241.

[54] Durland, *Royal Romances*, p. 135; Almedingen, *Empress Alexandra*, p. 106.

[55] 'Passing Events', *Broad Views*, 12 September 1904, p. 266.

[56] Howe, *George von Lengerke Meyer*, p. 100.

[57] 'Passing Events', *Broad Views*, 12 September 1904, p. 266.

[58] Thomas Bentley Mott, *Twenty Years as a Military Attaché* (London: Oxford University Press, 1937), p. 131.

[59] Zimin, *Detskiy mir*, p. 31.

[60] *LP*, p. 245.

[61] Roman Romanoff, *Det var et rigt hus . . . Erindringer af Roman Romanoff prins af rusland, 1896–1919*, Copenhagen: Gyldendal, 1991, pp. 58–9. I am grateful to Karen Roth for this translation from the Danish.

[62] Fedchenko, 'Vospominaniya', f. 15.

[63] Marie Pavlovna, *Things I Remember*, p. 61.

[64] Zimin, *Tsarskie dengi*, pp. 30–1.

[65] 'The Hope of Russia – The Infant Tsarevich', *Illustrated London News*, front cover, 31 March 1906.

[66] *LP*, p. 240; Wilton and Telberg, *Last Days of the Romanovs*, p. 33.

[67] 这一寿命预期延续至1960年代，直到一个首次真正有效的治疗方法——凝血因子Ⅷ——一种凝血蛋白介入后情况才有所改善。

第五章 "大的一对"和"小的一对"

[1] See Frederick Doloman, 'How the Russian Censor Works', *Strand Magazine* 29, no. 170, February 1905, p. 213.

[2] *LP*, p. 251.

[3] Elton, *One Year*, p. 110. See also Bariatinsky, *My Russian Life* pp. 134–135; 'Cannon Fired at the Czar', *The Call*, San Francisco, 20 January 1905.

[4] 次年尼古拉的安保部队坚持要求在城外举行仪式，具体地点是皇村叶卡捷琳娜宫前的湖畔。

[5] 刺杀明将军的人，季娜伊达·冈诺普利扬尼科娃很快就在什利谢利堡要塞被处以绞刑。她是自1881年参与刺杀亚历山大二世的索菲娅别洛夫斯卡娅后第一个被处死的女性革命者。美国驻圣彼得堡大使乔治·冯·伦格克·迈耶向美国参议员洛奇整理了一份报告，总结了1900年至1906年在俄国发生的袭击和暗杀事件的数量，"用炸弹、左轮手枪造成的伤亡人员有：1937名官员和重要人物，1位大公，67位总督、省长、镇长；警官和警察985人；军官、士兵500人；文职人员214人，生产商117人，神职人员53人"。参阅 Howe, *George von Lengerke Meyer*, p. 329。

[6] Marie Pavlovna, *Things I Remember*, p. 76.

[7] 'Home Life of the Czar', *London Journal*, 14 February 1903, p. 150.

[8] 同上。

[9] See Spiridovich, *Last Years*, pp.12–17.

[10] Mossolov, *At the Court*, p. 36.

[11] See 'Terrible Bomb Outrage', *Advertiser*, Adelaide, 2 October 1906.

[12] 'Children Without a Smile', *Washington Post*, 28 May 1905.

[13] Andrei Almarik, *Rasputin: dokumentalnaya povest*, ch. IX, accessible @: http://www.erlib.com/Андрей_Амальрик/Распутин/9/

[14] 同上来源；Kokovtsov, *Iz moego proshlago* 2, p. 348; Wyrubova, *Muistelmia Venäjän*, p. 105。

[15] 同上。另可参阅 Wheeler and Rives, *Dome*, pp. 348–9。1908年，一座纪念斯托雷平别墅遭袭受害者的纪念碑在这里竖起来，且令人惊讶地在苏联时代得以幸存。

[16] 想要了解皇室一家的密友见拉斯普京后得出的关于他的更平衡的观点，参阅 Olga Alexandrovna's memoirs in Vorres, *Last Grand Duchess*, ch. 7, pp. 133–46。在 Shelley, *Blue Steppes*, ch. V, 'The Era of Rasputin' 的叙述中也可以找到一种有趣而客观的当代观点，这种观点有助于揭开他的神秘面纱。

[17] Spiridovich, *Last Years*, p. 109; see Nicholas's diary entries for 1 November 1905, 18 July, 12 October, 9 December 1906, accessible @: http://lib.ec/b/384140/read#t22

[18] Gilliard, *Thirteen Years*, p. 26.

[19] Poore, *Memoirs of Emily Loch*, p. 301.

[20] 'The Tsar's Children', *Daily Mirror*, 29 December 1903.

[21] 'Tottering House of the Romanoffs'.

[22] Marina de Heyden, *Les Rubis portent malheur* (Monte Carlo: Editions Regain, 1967), p. 27.

[23] Bonetsakaya, *Tsarskie deti*, p. 332.

[24] Spiridovich, *Last Years*, p. 26.

[25] Girardin, *Précepteur des Romanov*, p. 45.

[26] 同上。1906年，斯塔娜与公爵离婚，与她姐夫的哥哥尼古拉大公结了婚，于是在一段时间内，她与尼古拉和亚历山德拉的关系甚至更为密切，直到拉斯普京的影响力越来越大，斯塔娜和尼古拉大公才与皇室夫妇疏远。

[27] 关于皇室一家在皇村的日常生活，参阅 e.g. Alexey Volkov's *Memories*, ch. 10, accessible @: http://www.alexanderpalace. org/volkov/8.html。

[28] *LP*, letter from Alexandra when in Pskov, 4 August 1905, p. 278.

[29] Bokanov, *Love, Power and Tragedy*, p. 112.

[30] 'Tottering House of the Romanoffs'.

[31] Buxhoeveden, *Before the Storm*, p. 258.

[32] 'The Tsar's Children', *Daily Mirror*, 29 December 1903.

[33] Ibid.

[34] Wortman, *Scenarios of Power*, p. 331; Letter to Boyd Carpenter, 29 December 1902 (11 January 1903 NS), BL Add 46721 f. 238.

[35] *LP*, p. 256.

[36] Durland, *Royal Romances*, p. 187; Eagar, *Six Years*, p. 163.

[37] Eagar, 'Christmas at the Court of the Tsar', p. 27.

[38] Eagar, *Six Years*, p. 214.

[39] *LP*, p. 221.

[40] Eagar, *Six Years*, p. 169.

[41] *Daily Mirror*, 29 December 1903.

[42] Durland, *Royal Romances*, p. 197.

[43] Virubova, *Keisarinnan Hovineiti*, p. 230.

[44] Minzlov [Mintslov], 'Home Life of the Romanoffs', p. 163; Eagar, 'Further Glimpses', p. 367; Durland, *Royal Romances*, p. 188.

[45] Eagar, *Six Years*, p. 71.

[46] Minzlov, 'Home Life of the Romanoffs', p. 162. 参阅 Vorres, *Last Grand Duchess*, pp. 108–13. 内有奥尔加姑妈对阿纳斯塔西娅的记述，在众多描写阿纳斯塔西娅的文字中，奥尔加写的可能是最好的。请注意这些非常详细的个人记忆是奥尔加·亚历山德罗夫娜坚决拒绝承认假冒者安娜·安德森的基础。

[47] Minzlov, 'Home Life of the Romanoffs', p. 162.

[48] Eagar, 'Russian Court in Summer', p. 390.

[49] Durland, *Royal Romances*, pp. 202–3.

[50] Eagar, 'Further Glimpses', pp. 366–7.

[51] King and Wilson, *Resurrection of the Romanovs*, p. 24.

[52] Buxhoeveden, *Before the Storm*, p. 245.

第六章 "施坦达德"号

[1] See Zimin, *Tsarskaya rabota*, pp. 262–4.

[2] See *SL*, pp. 216–18; Hall, 'No Bombs, No Bandits'.

[3] Grabbe and Grabbe, *Private World*, p. 91.

[4] 关于"施坦达德"号的内部以及1906年舰艇上的生活，参阅 Nikolay Sablin, *Desyat let*, pp. 18–39. 另可参阅 King, *Court of the Last Tsar*, pp. 274–85 and Tuomi-Nikula, *Imperatory*。

[5] Sablin, *Desyat let*, p. 234.

[6] 生病的奥尔别里阿尼在亚历山大宫得到了自己的套房，亚历山德拉在她的健康日趋恶化时为她支付了护理的费用。索尼娅于1915年12月在她怀里死去。参阅 Vyrubova, *Memoirs*, p. 371。亚历山德拉对奥尔别里阿尼的照顾是她一向对所亲爱的人的照顾方式。参阅 Zimin, *Detskiy mir*, pp. 365–6。

[7] Dehn, *Real Tsaritsa*, p. 38; Vorres, *Last Grand Duchess*, p. 137. For an assessment of Vyrubova's character see Dehn, *Real Tsaritsa*, pp. 48–9.

[8] Grabbe and Grabbe, *Private World*, p. 57.

[9] 21 September 1906, Nikolai, accessible @: http://lib.ec/b/384140/read#t22

[10] See Linda Predovsky, 'The Playhouse on Children's Island', *Royalty Digest*, no. 119, May 2001, pp. 347–9.

[12] Kulikovsky, *25 Chapters*, p. 75.

[13] 同上。

[14] 同上书, p. 74; Vorres, *Last Grand Duchess*, p. 111。

[15] 同上。

[16] Kulikovsky, *25 Chapters*, p. 75.

[17] Vorres, *Last Grand Duchess*, p. 112.

[18] 同上书; Kulikovsky, *25 Chapters*, p. 74。

[19] Zeepvat, introduction to Eagar, *Six Years*, pp. 33, 34.

[20] Bonetskaya, *Tsarskie deti*, p. 332. 伊琳娜·施耐德是一位波罗的海德意志人，原名施耐德琳，关于她的更多信息，参阅 Chernova, *Vernye*, pp. 169–75, 565。

[21] 萨瓦娜这个昵称是索菲亚·伊万诺夫娜的缩略。参阅 Sof'ya Ivanovna Tyutcheva, 'Za neskolko let do katastrofy', Vospominaniya'。

[22] 根据一篇编者按，这些回忆是1945年1月丘切娃向一位侄女（外甥女）口述的。

[23] Dehn, *Real Tsaritsa*, p. 75.

[24] 'Children of the Czar', *Scrap-Book* V, 1908, p. 60.

[25] Eagar, *Six Years*, p. 226.

[26] 约翰·艾普斯生于1848年，1880年前往俄国时他31岁。1935年在澳大利亚过世时他的个人财产中有大量罗曼诺夫四姐妹的画作和课本。这些物品失踪多年，直到2004年和他的一位亲戚珍妮特·艾普斯一同在澳大利亚露面。遗憾的是，作者没能追踪到珍妮特或是这些珍贵的纪念品的位置。参阅 @: http://www.abc.net.au/worldtoday/content/2004/s1220082.htm。

[27] See Trewin, *Tutor to the Tsarevich*, p. 10 and Zeepvat, *Cradle to Crown*, p. 223.

[28] Zimin, *Detskiy mir*, p. 163.

[29] Nicholas [Gibbes], 'Ten Years', p. 9. C. S. Gibbes Papers, List 1 (76), Statement by Gibbes, 1 December 1928.

[30] Welch, *Romanovs and Mr Gibbes*, p. 33.

[31] 关于女孩们全部课程的细节，参阅 Girardin, *Précepteur*, p. 49, Zimin, *Detskiy mir*, pp. 162–4, Zimin, *Vzroslyi mir*, pp. 497–8, 尽管关于上课时间有些地方前后不一。

[32] 策划者——社会革命党的十一男七女，其中包括"像圣母一样的"玛丽亚·普罗科菲耶娃和同样迷人的将军女儿"费多谢耶娃女士"，西方媒体把她们描绘成玛塔·哈里的前辈——在8月份进行了闭门审判，所有媒体都被封锁了。其中三名男性同谋者被判处死刑和绞刑，数名涉案妇女被监禁，或像普罗科菲耶娃一样被流放。参阅 'Beautiful Women Accused of Plotting against the Tsar', *Penny Illustrated Paper*, 31 August 1907; *SL*, p. 228。

[33] Norregaard, 'The Czar at Home', *Daily Mail*, 10 June 1908.

[34] 同上。

[35] Vyrubova, *Memories*, p. 33.

[36] 阿列克谢叫他季纳，他强壮且机敏，皇室越来越倚仗他保护皇储免于受伤，并为此支付了不菲的薪水。此后在所有的皇室住所，他都会睡在皇储的隔壁房间。参阅 Zimin, *Detskiy mir*, pp. 82–3。

[37] Tuomi-Nikula, *Imperatory*, pp. 188–9. 另参阅 Spiridovich, *Last Years*, pp. 174–5的描述。

[38] Sablin, 'S tsarskoy semei na "shtandarte"', f. 4. See also ch. 9 of Spiridovich, *Last Years* and Sablin's account in *Desyat let*, pp. 100–4.

[39] See Tuomi-Nikula, *Imperatory*, pp. 188–90; Vyrubova, *Memories*, p. 34.

第七章　我们的朋友

[1] Dehn, *My Empress*, p. 81.

[2] 'The Three-year-old Heir to the Throne of the Czar', *Current Literature* 43, no. 1, July 1907, p. 38.

[3] Botkin, *Real Romanovs*, p. 28; Spiridovich, *Last Years*, p. 179.

[4] Durland, *Royal Romances*, p. 206; Bonetskaya, *Tsarskie deti*, p. 324.

[5] Wheeler and Rives, *Dome*, p. 356.

[6] Welch, *Romanovs and Mr Gibbes*, p. 37.

[7] René Fulop-Miller, *Rasputin: The Holy Devil* (London: G. P. Putnam, 1927), p. 25.

[8] Radziwill, *Taint*, p. 196. See also 'The Three-year-old Heir', pp. 36–8.

[9] Vorres, *Last Grand Duchess*, p. 142. 奥尔加·亚历山德罗夫娜的回忆是关于阿列克谢血友病第一次严重发作的极少数可靠的原始资料之一。另可参阅 Zimin, *Detskiy mir*, p. 35。

[10] 同上。

[11] Rasputin, *Rasputin*, p. 114.

[12] 关于1907年事件的叙述，参阅Zimin, *Detskiy mir*, p. 35; Vorres, *Last Grand Duchess*, pp. 142–3; Spiridovich, *Raspoutine*, p. 71; Rasputin, *Rasputin*, p. 115。

[13] De Jonge, *Life and Times of Rasputin*, p. 154.

[14] Vorres, *Last Grand Duchess*, p. 142.

[15] Buxhoeveden, *Before the Storm*, p. 119.

[16] Dolgorouky, 'Gone For Ever', TS, Hoover Institution, p. 11.

[17] Bokhanov, *Aleksandra Feodorovna*, p. 193; Dehn, *My Empress*, p. 103.

[18] Fedchenko, 'Vospominaniya', f. 27. See also Almarik re the 'New One' coined by Alexey, @: http://www.erlib.com/Андрей_Амальрик/Распутин/9/

[19] Vorres, *Last Grand Duchess*, p. 138.

[20] C. E. Bechhofer, *A Wanderer's Log* (London: Mills & Boon, 1922), p. 149, and also ch. VII.

[21] 同上书, p. 150。

[22] Dehn, *My Empress*, p. 103.

[23] Shelley, *Blue Steppes*, p. 85; see ch. VI, 'Days and Nights with Rasputin'.

[24] For a summary, see Nelipa, *Murder of Rasputin*, pp. 26–9.

[25] Sablin 'S tsarskoy semei na "Shtandarte"', f. 9.

[26] 同上来源, f. 10。

[27] 同上。

[28] Welch, *Romanovs and Mr Gibbes*, p. 43; Bowra, *Memories*, p. 65.

[29] 据 Almedingen, *Empress Alexandra*, p. 121, 亚历山德拉给身在巴克罗夫斯科耶的拉斯普京发了两封电报, 后者向她确保 "她的小儿子永远不会因为他的病而死"。

[30] *SL*, p. 231; Zimin, *Detskiy mir*, p. 35; Massie, *Nicholas and Alexandra*, p. 143.

[31] Almedingen, *Empress Alexandra*, p. 122.

[32] Marie of Romania, *Story of My Life*, pp. 474–5.

[33] Ular, *Russia from Within*, p. 41; Radziwill, *Taint*, p. 208.

[34] Zimin, *Detskiy mir*, p. 36.

[35] Almedingen, *Empress Alexandra*, p. 122.

[36] *LP*, pp. 315–16.

[37] *LP*, p. 320.

[38] Bonetskaya, *Tsarskie deti*, p. 400.

[39] *LP*, p. 318.

[40] 同上书, p. 319。

[41] Bonetskaya, *Tsarskie deti*, pp. 407–8.

[42] 同上书, p. 409。

[43] 同上。

[44] *LP*, p. 321; Bokhanov, *Aleksandra Feodorovna*, p. 195.

[45] *LP*, p. 321.

[46] Bokhanov, *Aleksandra Feodorovna*, p. 195.

[47] Vorres, *Last Grand Duchess*, p. 141.

[48] 总理大臣斯托雷平还委托保卫部的人秘密调查了拉斯普京。就像1902年关于菲利普的一样, 这是一份言之凿凿的报告。它被呈给尼古拉和亚历山德拉, 可他们却选择忽略它。

[49] Naryshkin-Kurakin, *Under Three Tsars*, p. 196.

[50] @: http://traditio-ru.org/wiki/Письма_царских_дочерей_Григорию_Распутину. 这封信为拉斯普京的一位僧侣兼助手伊利奥多尔（谢尔盖·特鲁范诺夫）持有, 他声称, 当1909年圣诞节拉斯普京在巴克罗夫斯科耶见到他时, 他向伊利奥多尔展示了亚历山德拉和姑娘们寄给他的数不清的信, 并把其中的七封送给他作为 "纪念品"。这些信件的内容出现在俄罗斯异见作家安德烈·阿尔马里克1982年以法语出版的一本关于拉斯普京的书中。俄语版本可参阅 @: http://www.erlib.com/Андрей Амальрик/ Some of the letters were also published in S. P. Istratova, *Zhitie*

bludnogo startsa Grishki Rasputina (Moscow: Vozrozhdenie, 1990), pp. 1015–16。请注意，这些信件似乎在某个时候被修订过，并在不同的原始资料中以不同的形式被引用。目前还没有哪一份资料将它们全部一并呈现。

[51] 另可参阅 Dehn, *Real Tsaritsa*, p. 105; Fuhrmann, *Rasputin*, pp. 94–5, quoting GARF F612, op1, d 42, 1.5。无法确知尼古拉的身份，他可能是皇室随行人员中的一位，奥尔加在每周日去教堂时注意到了他。考虑到奥尔加在"施坦达德"号上见到他并与他合影的频率，有人认为奥尔加对尼古拉·萨伯林产生了迷恋。但29岁的萨伯林是她父亲的随从中值得信赖的一位，且年龄几乎是奥尔加的两倍，所以他似乎不可能是这样年轻的一个女孩的结婚人选。

[52] @: http://traditio-ru.org/wiki/Письма_царских_дочерей_ Григорию_Распутину /

第八章 皇室表亲

[1] Tyutcheva, 'Za neskolko let'.

[2] Sablin, *Desyat let*, p. 145.

[3] Zeepvat, 'One Summer', p. 12.

[4] *Anglo-Russian* XII, 11 May 1909, p. 1265.

[5] Keith Neilson and Thomas Otte, *The Permanent Under-Secretary for Foreign Affairs, 1854–1946* (Abingdon, Oxon: Routledge, 2009), p. 133.

[6] See 'Petitions of protest against the visit to England of the Emperor of Russia', RA PPTO/QV/ADD/PP3/39. 决议书原件可以在英国国家档案馆找到。

[7] 'The Detective', *Nebraska State Journal*, 9 October 1910; 'Guarding the Tsar', *Daily Mirror*, 3 August 1909.

[8] Lord Suffield, *My Memories, 1830–1913* (London: Herbert Jenkins, 1913), p. 303.

[9] 英国报刊的报道多且详细：参阅 e.g. *Daily Mirror*, 31 July to 5 August, 刊登了大量照片。俄国方面对于此次访问的看法，参阅 Spiridovich, *Last Years*, pp. 312–19 and Sablin, *Desyat let*, pp. 148–58。

[10] Richard Hough, *Edward and Alexandra*, p. 236.

[11] See: Sablin, *Desyat let*, p. 151; Alastair Forsyth, 'Sovereigns and Steam Yachts: The Tsar at Cowes', *Country Life*, 2 August 1984, pp. 310–12; 'Cowes Week', *The Times*, 7 August 1909.

[12] 'The Cowes Week', *Isle of Wight County Press*, 7 August 1909.

[13] RA QM/PRIV/CC25/39: 6 August 1909.

[14] 1896年，当有人提议威尔士亲王出席尼古拉二世在莫斯科举行的加冕典礼时，据说一位俄国官员曾说过，"我们不能很好地保护两个沙皇"！参阅'Alien's Letter from England', *Otago Witness*, 29 September 1909。

[15] Anne Edwards, *Matriarch: Queen Mary and the House of Windsor*

(London: Hodder & Stoughton, 1984), p. 169.

[16] Duke of Windsor, *A King's Story* (London: Prion Books, 1998), p. 129.

[17] 'Cowes Regatta Week', *Otago Witness*, 29 September 1909.

[18] Hough, *Edward and Alexandra*, p. 381.

[19] Sir Henry William Lucy, *Diary of a Journalist*, vol. 2, *1890–1914* (London: John Murray, 1921), p. 285.

[20] *Correspondence*, p. 284.

[21] Zimin, *Detskiy mir*, p. 381; see also Alexandra's letter to Tatiana, 30 December 1909, *LP*, p. 307.

[22] Spirovich, *Last Years*, p. 322, though he refers to the doctor only as 'M.X.' [Monsieur X possibly]. See also Naryshkin-Kurakin, *Under Three Tsars*, pp. 192–3.

[23] Confirmed in Mackenzie Wallace, letter to Knollys, RA W/55/53, 7 August 1909. See also Spiridovich, *Last Years*, pp. 321–3.

[24] 齐明提出一种观点，即很多人怀疑维鲁博娃对亚历山德拉的举动中有潜在的同性恋情绪。费舍尔医生已经察觉到了这一点，因此被迫出局，换成了更能适应的波特金。参阅 Zimin, *Detskiy mir*, pp. 380–3 and Bogdanovich, *Tri poslednykh samoderzhtsa*, p. 483。

[25] Almedingen, *Empress Alexandra*, p. 123.

[26] *LP*, p. 320.

[27] Spiridovich, *Last Years*, p. 347.

[28] 同上。

[29] See Dorr, *Inside the Russian Revolution*, p. 113.

[30] Spiridovich, *Last Years*, p. 347.

[31] Almarik, @: http://www.erlib.com/Андрей_Амальрик/Распутин/9/

[32] Gregor Alexinski, *Modern Russia* (London: Fisher Unwin, 1915), p. 90.

[33] Spiridovich, *Last Years*, p. 409.

[34] Wheeler and Rives, *Dome*, p. 347. 珀斯特·维勒和他的妻子海莉·里弗斯在今日已被忘却的记述其实格外生动地描绘了1906年至1911年圣彼得堡的岁月。

[35] 同上书, pp. 342–3。

[36] Fraser, *Red Russia*, pp. 18, 19.

[37] Ibid., p. 20.

[38] Wheeler and Rives, *Dome*, p. 411.

[39] Ular, *Russia from Within*, pp. 71, 83. 关于女大公的一段迷人的当代记述，参阅 pp. 71–100。

[40] Wheeler and Rives, *Dome*, p. 347.

[41] 1907年出版的《三个星期》即使不说淫荡，也被认为是一部非常色情的作品，因而在许多地方被禁。有人说，这是松散的皇后亚历山德拉故事，但格林在写作之时肯定没有想到她。参阅 Joan Hardwick, *Addicted to Romance:*

Life and Adventures of Elinor Glyn, London: André Deutsch, 1994, p. 155。这本书卖了500万本，还留下一段流行的顺口溜："你可愿犯罪/和埃莉诺·格林一起/在张虎皮上/还是你更愿/和她犯错误/在其他兽皮上？"

[42] Glyn, *Elinor Glyn*, p. 178.

[43] 同上书, *Romantic Adventure*, p. 180。

[44] 同上书, pp. 183, 182。

[45] 同上书, p. 182。

[46] 同上书, p. 184。

[47] 同上。

[48] 同上书, p. 204。

[49] 同上书, pp. 194, 204–5。可悲的是，格林在俄国生活时的日记原件在1956年一场房屋火灾中被毁，这本日记肯定相当精彩。

[50] 格林于1911年出版了一本关于此次俄国之行的书，将它献给弗拉基米尔大公夫人，这本书也反映出她本人对于俄国即将发生灾祸的强烈预感。

[51] 同上书, p. 347。

[52] 同上书, p. 354。

[53] 同上。

[54] 'A Former Lady in Waiting Tells of a Visit to Tsarskoe-Selo', *Washington Post*, 2 May 1909.

[55] Wheeler and Rives, *Dome*, pp. 355–6.

[56] 'A Visit to the Czar', *Cornhill Magazine* 33, 1912, p. 747.

[57] Minzlov, 'Home Life of the Romanoffs', p. 164; Ryabinin, 'Tsarskaya Semya v Krymu osen 1913 goda', p. 83.

[58] *LP*, p. 330, letters of 7 and 11 March.

[59] *LP*, p. 334, 17 May 1910.

[60] 转引自Titov, 'OTMA', p. 44。阿纳斯塔西娅在1917年销毁了她的全部日记，但还有一些笔记本幸存于俄罗斯联邦国家档案馆，这段话似乎是引自此处。

[61] Bogdanovich, *Tri poslednykh samoderzhtsa*, pp. 506–7.

[62] See Sablin, *Desyat let*, pp. 215–16.

[63] Vyrubova, *Memories*, p. 63.

[64] *LP* p. 330; Bokhanov, *Aleksandra Feodorovna*, pp. 217–18.

[65] *LP*, p. 331; Naryshkin, *Under Three Tsars*, p. 196.

[66] *LP*, pp. 342–3.

[67] Ktorova, *Minuvshee*, p. 88; Dehn, *Real Tsaritsa*, p. 102.

[68] See Ktorova, *Minuvshee*, p. 87.

[69] Almedingen, *Empress Alexandra*, p. 125.

第九章　在圣彼得堡工作，在里瓦几亚生活

[1] *SL*, p. 254; Vyrubova, *Memories*, p. 50.

[2] King, 'Requiem', p. 106.

[3] Hunt, *Flurried Years*, p. 133.

[4] 同上。

[5] 同上书, pp. 133–4。

[6] Baroness W. Knell, in *Gleaner*, 6 December 1910.

[7] Hough, *Mountbatten*, pp. 22–3. John Terraine, *Life and Times of Lord Mountbatten* (London: Arrow Books, 1980), p. 25.

[8] Poore, *Memoirs of Emily Loch*, p. 305. 艾米莉对这次出行的记录见 pp. 302–11。1912年2月，亚历山德拉准许给小的一对姐妹每个月5卢布的零用钱。 Zimin, *Detskiy mir*.

[9] Marie, Furstin zu Erbach-Schönberg, *Reminiscences* (London: Allen & Unwin, 1925), p. 358.

[10] 同上书, p. 359。

[11] Maria Vasil'chikova, Memoir, f. 14. 另参阅 Madeleine Zanotti, 转引自 Radziwill, *Nicholas II*, p.195. 关于瑙海姆之行，参阅 King, 'Requiem'。

[12] Hough, *Mountbatten*, p. 23.

[13] Hough, *Louis and Victoria*, p. 262, letter, 29 December 1911.

[14] *LP*, p. 335.

[15] 同上书, pp. 335–6。

[16] Buxhoeveden, *Before the Storm*, p. 288.

[17] 'Tragedy of a Throne: Czarina Slowly Dying of Terror', *Straits Times*, 6 January 1910.

[18] *Advertiser*, Adelaide, 12 January 1910.

[19] Wheeler and Rives, *Dome*, p. 405.

[20] 同上。

[21] 同上。

[22] 同上书, p. 406。

[23] Hall, *Little Mother*, p. 234.

[24] Wheeler and Rives, *Dome*, p. 407.

[25] *Correspondence*, 19 April, p. 290.

[26] Korshunova *et al.*, *Pisma . . . Elizaveta Feodorovny*, p. 258.

[27] *LP*, p. 342.

[28] See letter of Prince Ioann Konstantinovich, 7 March 1903, *Rossiiskiy arkhiv* XV, p. 392.

[29] Sablin, *Desyat let*, p. 241.

[30] 19 August 1911 entry, Meriel Buchanan diary, BuB 6, MB Archive, Nottingham University. See also *Correspondence*, Alexandra's letter to Onor, 13 August, p. 350.

[31] 同上。

[32] Gavriil Konstantinovich, *Marble Palace*, p. 128.

[33] Ioann Konstantinovich, letters to his father, 2 November 1909 and 3 December 1910, *Rossiskiy arhkiv*, pp. 415–19.

[34] Bokhanov *et al.*, *Romanovs*, p. 127.

[35] *Correspondence*, p. 351.
[36] 关于丘切娃对于斯托雷平暗杀事件的记述，参阅 Tyutcheva, 'Za neskolko let'。
[37] *LP*, p. 344.
[38] Tyutcheva, 'Za neskolko let'.
[39] *Correspondence*, p. 351.
[40] Galina von Meck, 'The Death of Stolypin', in Michael Glenny and Norman Stone, *The Other Russia* (London: Faber & Faber, 1990).
[41] *Correspondence*, p. 351.
[42] Tyutcheva, 'Za neskolko let'.
[43] *Correspondence*, p. 351.
[44] 'The Creation of Nadezhda Isakovlevna Mandel'shtam', in Helena Goscilo (ed.), *Fruits of Her Plume: Essays on Contemporary Women's Culture* (New York: M. E. Sharpe, 1993), p. 90.
[45] Tyutcheva, 'Za neskolko let'.
[46] Zeepvat, 'Valet's Story', p. 304.
[47] Tyutcheva, 'Za neskolko let'.
[48] William Eleroy Curtis, *Around the Black Sea* (London: Hodder & Stoughton, 1911), p. 265.
[49] Buxhoeveden, *Before the Storm*, p. 294; Vyrubova, *Memories*, p. 37.
[50] Sergey Sazonov, introduction to Per Zhilyar, *Imperator Nikolai II i ego semya* (Vienna: Rus, 1921), p. vi. 不知是奥尔加还是塔齐亚娜说了这番话。另参阅 *Private World*, p. 75。
[51] Kalinin and Zemlyanichenko, *Romanovy i Krym*, p. 80.
[52] See Vyrubova, *Romanov Family Album*, pp. 84–7.
[53] Vorres, *Last Grand Duchess*, p. 110; Vyrubova, *Romanov Family Album*, p. 103; Zimin, *Vzroslyi mir*, p. 323.
[54] Brewster, *Anastasia's Album*, p. 30.
[55] Kalinin and Zemlyanichenko, 'Taina Velikoi Knyazhny', p. 243; Mikhail Korshunov, *Taina tain moskovskikh* (Moscow: Slovo, 1995), p. 266.
[56] Mossolov, *At the Court*, p. 61.
[57] See Victor Belyakov, 'Russia's Last Star: Nicholas II and Cinema', *Historical Journal of Film, Radio and Television* 15, no. 4, October 1995, pp. 517–24.
[58] Zemlyanichenko, *Romanovy i Krym*, p. 83.
[59] De Stoeckl, *My Dear Marquis*, p. 127. 有人认为求婚是在后来提出的，但在德·斯托克尔的回忆录里显然是在1911年。
[60] 参阅 Sablin, *Desyat let*, p. 234。
[61] 参阅 Spiridovich, *Les Dernières années*, vol. 2, pp. 142–3。
[62] Mossolov, *At the Court*, p. 247.
[63] Girardin, *Précepteur*, p. 51.

[64] 参阅Zimin, *Tsarskie dengi*; Mossolov, *At the Court*, p. 41.

[65] Spiridovich, *Les Dernières années*, vol. 2, p. 151.

[66] Vyrubova, *Romanov Family Album*, p. 86; see also Spiridovich, *Les Dernières années*, vol. 2, pp. 148–9.

[67] De Stoeckl, *Not All Vanity*, p. 119.

[68] Vyrubova, *Romanov Family Album*, p. 86.

[69] Spiridovich, *Les Dernières années*, vol. 2, p. 151.

[70] Titov, 'OTMA', p. 33. 奥尔加存于俄罗斯联邦国家档案馆的日记共有12卷，年代从1905年到1917年，但其中有很多是不完整的或简短的条目，而且1910年的缺失了。只有她1917年写的日记的前几页保留了下来。

[71] 关于舞会的记述，参阅Kamarovskaya, *Vospominaniya*, pp. 173–6; Spiridovich, *Les Dernières années*, vol. 2, pp. 150, 151.

[72] De Stoeckl, *Not All Vanity*, p. 120; Kamarovskaya, *Vospominaniya*, pp. 173–6.

[73] Mossolov, *At the Court*, p. 61.

[74] Vyrubova, *Romanov Family Album*, p. 86.

[75] Naryshkin-Kurakin, *Under Three Tsars*, p. 201.

[76] Vyrubova, *Memories*, p. 44.

第十章　王座旁的丘比特

[1] Sir Valentine Chirol, 'In Many Lands. III: Glimpse of Russia before the War', *Manchester Guardian*, 15 August 1928.

[2] Rasputin, *Rasputin My Father*, pp. 75–6.

[3] Bowra, *Memories*, pp. 65–6.

[4] Natalya Soboleva, 'La Tristesse Impériale'.

[5] Vyrubova, *Memories*, p. 64.

[6] Hall, *Little Mother*, p. 238.

[7] 有人认为这些信件是伪造的，但安娜·维鲁博娃和弗拉基米尔·科科夫佐夫都见过它们，对其真实性毫不怀疑。参阅Kokovtsov, *Iz moego proshlogo*, vol. 2, pp. 20, 27, 42–4; Moe, *Prelude*, pp. 204–7; Vyrubova, *Memories*, p. 65.

[8] 关于丘切娃的独立线路，参阅Bogdanovich, *Tri poslednykh samoderzhtsa*, p. 511. 另参阅also Bokhanov, *Aleksandra Feodorovna*, pp. 217–19，其中有对丘切娃带有强烈指控的、或许是有偏见的描写。

[9] Vyrubova, *Memories*, p. 65.

[10] *LP*, pp. 331–2.

[11] 同上书, p. 351; Buxhoeveden, *Life and Tragedy*, p. 152.

[12] 同上书, pp. 152–3.

[13] 位于莫斯科的俄罗斯联邦国家档案馆藏有616页丘切娃自1911年至1916年间写给阿纳斯塔西娅的信。

[14] Zimin, *Detskiy mir*, p. 75; *LP*, p. 331.

[15] Vyrubova, *Memories*, p. 81; Vorres, *Last Grand Duchess*, p. 141; Bokhanov, *Aleksandra Feodorovna*, p. 220.

[16] 参阅 *Correspondence*, lett r to Ernie, 29 July 1912, p. 312; Zimi n, *Detskiy mir*, p. 75。

[17] *Correspondence*, p. 317.

[18] 同上书, pp. 354–5。

[19] 关于沃利森，参阅 'Kings and Emperors Like Their American Dentists', *The Call*, San Francisco, 15 November 1903 的头版报道。

[20] 这笔开销仅覆盖1909年5月至1910年5月，但代表了姐妹们会在她们的衣着上支出的花销。引文由鲍勃·艾奇逊提供，http://www.alexanderpalace. org/palace/mexpenses.html。

[21] King, 'Livadia', p. 23.

[22] 同上书, p. 21。

[23] Buxhoeveden, *Before the Storm*, p. 296; Buxhoeveden, *Life and Tragedy*, p. 180.

[24] 关于亚历山德拉和孩子们在里瓦几亚所做的慈善工作参阅 King, 'Livadia', p. 25; King, *Court of the Last Tsar*, p. 450; Zimin, *Detskiy mir*, p. 322; Vyrubova, *Memories*, pp. 34–7, 46; Spiridovich, *Les Dernières années*, pp. 145–6; Buxhoeveden, *Before the Storm*, pp. 293–6。

[25] Sablin, *Desyat let*, p. 257.

[26] 同上。

[27] Vyrubova, *Memories*, p. 46.

[28] 同上书, p. 80。

[29] *Hackney Express*, 19 September 1903; *The Times*, 18 September 1911.

[30] Bokhanov *et al.*, *Romanovs*, p. 124.

[31] *Washington Post*, 25 June 1911.

[32] 'Won't Wed Czar's Daughter', *Washington Post*, 30 November 1913.

[33] Radzinsky, *Last Tsar*, p. 106.

[34] Marie, Grand Duchess of Russia, *Princess in Exile* (London: Cassell 1932), p. 71.

[35] See Harris, 'Succession Prospects', pp. 75–6.

[36] 致尼古拉的信，1911年10月16日（由威尔·李提供翻译）V. I. Nevsky ed., *Nikolai II i velikie knyazya*, Leningrad: Gosudarstvennoe izdatelstvo, 1925, p. 46。

[37] Lisa Davidson, profile of Dmitri Pavlovich @: http://www. alexanderpalace.org/palace/Dmitri.html

[38] 致Marie Pavlovna的信，4 May 1908（威尔·李提供翻译）。

[39] Spiridovich, *Les Dernières années*, vol. 2, p. 186.

[40] Bogdanovich, *Tri poslednykh samoderzhtsa*, p. 510.

[41] 'Cupid by the Thrones', *Washington Post*, 21 July 1912.

[42] Meriel Buchanan journal, August 1912, f. 33.

[43] 关于德米特里和尤苏波夫的关系，参阅Moe, *Prelude*, pp. 238–9 (information on Dmitri Pavlovich's gambling from Will Lee)。

[44] DON, p. 9; Meriel Buchanan journal, f. 42.

[45] See Rounding, *Alix and Nicky*, p. 190; Wortman, *Scenarios*, pp. 380–2.

[46] *SL*, pp. 270–1.

[47] Nekliudoff, *Diplomatic Reminiscences* (London: John Murray, 1920), p. 73.

[48] See Wortman, *Scenarios*, pp. 381–2; Bokhanov, *Aleksandra Feodorovna*, pp. 217–18.

第十一章　小家伙不会死

[1] *Correspondence*, 15 September 1912, p. 360.

[2] Botkin, *Real Romanovs*, pp. 73–4.

[3] De Stoeckl, *My Dear Marquis*, p. 125.

[4] TS 信件，1910年2月7日，由皇村致他的妹妹玛利亚·帕夫洛夫娜（由威尔·李提供翻译）。让人感兴趣的是，在罗伯特·K.马西和苏珊·马西关于皇室夫妇如何与自己儿子的严重血友病做斗争的书中，作者断言"相对而言，阿列克谢是"一个轻度的血友病患者……不同之处在于一旦皇储开始出血，没有任何东西可以止住"——换句话说，如果他的病情放在今天是不会有生命危险的；问题是当时的医学无法对它进行治疗。参阅 Robert Massie and Suzanne Massie, *Journey* (New York: Knopf, 1975), p. 114。

[5] Radziwill, *Taint*, p. 397.

[6] Untitled TS memoirs, List 1 (82) Sydney Gibbes Papers, Bodleian Library, fo 4.

[7] 同上。

[8] Gerald Hamilton, *The Way It Was With Me* (London: Leslie Frewin, 1969), p. 29.

[9] *LP*, p. 351.

[10] 同上。

[11] 1912年11月3日的官方声明，见于 *The Times*, 4 November。一些信息源声明，如据 Spiridovich in *Les Dernière années*, vol. 2, pp. 284–5 称，出血是

由于阿列克谢从一个大的马约利卡浴缸边跳下时撞到自己造成的。尼古拉二世本人在写给母亲的信中称是一起划船事故，*SL*, p. 275, 另参阅 Mossolov, *Court*, pp. 150–1, Vyrubova, *Duchess*, p. 143 and Gilliard, *Thirteen Years*, p. 32。

[12] See Vyrubova, *Memories*, p. 92.

[13] *SL*, p. 276.

[14] Spiridovich, *Les Dernières années*, vol. 2, p. 93; Vyrubova, *Memories*, p. 93.

[15] Gilliard, *Thirteen Years*, p. 29.

[16] 同上书, p. 27。

[17] Mossolov, *Court*, p. 151.

[18] Melnik-Botkina, *Vospominaniya*, p. 124.

[19] *LP*, p. 357.

[20] Vyrubova, *Memories*, p. 94; Rasputin, *Rasputin*, p. 177; Rasputin, *Rasputin My Father*, p. 72. Mossolov, *Court*, p. 151 有不同的说法，认为拉斯普京给皇后发去的信息是绝不要让皇储 "被医生们折磨死"。许多原始资料似乎都把这两封电报的内容合为一体了。

[21] Rasputin, *Rasputin*, p. 177.

[22] Mossolov, *Court*, p. 152.

[23] Alexandra Feodorovna, letter to Boyd Carpenter, 24 January 1913, ff. 241–2.

[24] Melnik-Botkina, *Vospominaniya*, p. 125.

[25] *SL*, p. 275.

[26] *Daily News*, Maryland, 23 October 1912.

[27] 同上。另见 'Tragedy of the Czarevitch', 12 December 1912, 它也提到德米特里·帕夫洛维奇会娶奥尔加并成为指定继承人的谣言。

[28] *The Times*, 4 November 1912.

[29] 同上。

[30] *New York Times*, 10 November 1912.

[31] Mossolov, *Court*, p. 152; see also de Jonge, *Life and Times of Rasputin*, pp. 213–14.

[32] *Correspondence*, p. 361.

[33] Letter to General Alexander Pfuhlstein, 20 December 1912, in von Spreti, *Alix an Gretchen*, pp. 187–8.

[34] Spiridovich, *Les Dernières années*, vol. 2, pp. 293–4.

[35] Letter to General Alexander Pfuhlstein, 20 December 1912, in von Spreti, *Alix an Gretchen*, p. 188.

[36] Alexandra Feodorovna, letters to Boyd Carpenter, BL Add 46721, vol. 5, 24 January/7 February, ff. 240–1.

[37] Vorres, *Last Grand Duchess*, p. 143.

[38] Alexandra Feodorovna, letters to Boyd Carpenter, BL Add 46721, vol. 5, 24 January/7 February, f. 243.

[39] *LP*, p. 364.

[40] Baroness Souiny, *Russia of Yesterday and Tomorrow* (New York: Century, 1917), p. 119.

[41] 关于300周年庆典很好的概述，参阅King, *Court of the Last Tsar*, ch. 23; Wortman, *Scenarios of Power*, pp. 383–96。

[42] *The Times*, 7 March 1913.

[43] 'Imperial Russia', *Illustrated London News*, Supplement, July 1913, pp. xviii, xxi; Radzinsky, *Last Tsar*, pp. xxi, 109.

[44] 'The Romanoff Celebrations', *The Times*, 6 March 1913.

[45] Wortman, *Scenarios of Power*, p. 383.

[46] Quoted in ibid., p. 386; see also *The Times*, 7 March 1913.

[47] Vassili, *Taint*, p. 404.

[48] Gavriil Konstantinovich, *Marble Palace*, p. 165; Buchanan, *Dissolution of an Empire*, p. 35.

[49] Wortman, *Scenarios of Power*, p. 384.

[50] Buchanan, *Dissolution of an Empire*, pp. 34–5.

[51] See Wortman, *Scenarios of Power*, p. 388.

[52] 关于裙子，参阅@: http://www.nicholasandalexandra.com/ dresso&t.html。

[53] Lidiya Leonidovna Vasilchikova, *Ischeznuvshaya Rossiya: Vospominaniya . . . 1886–1919* (St Petersburg: Peterburgskie sezony, 1995), p. 267.

[54] Vyrubova, *Memories*, p. 99.

[55] Buchanan, *Dissolution of an Empire*, p. 36.

[56] Ibid., pp. 36–7; see also Hall, *Little Mother*, pp. 244–5.

[57] *DON*, p. 23.

第十二章　上帝赐他幸福，我心爱的人

[1] Buxhoeveden, *Life and Tragedy*, p. 175.

[2] See Buchanan, *Dissolution of an Empire*, pp. 36–7; Gavriil Konstantinovich, *Marble Palace*, p. 165.

[3] Buchanan, *Dissolution of an Empire*, p. 37.

[4] *DON*, p. 24.

[5] Buchanan, *Queen Victoria's Relations*, p. 211.

[6] See Harris, 'Succession Prospects', pp. 74–5; Crawford, *Michael and Natasha*, p. 134.

[7] Meriel Buchanan diary, January 1913, BuB 6, MB Archive,

Nottingham University, f. 41.

[8] 同上书，19 February 1913, f. 45。

[9] *DON*, p. 19.

[10] 尼古拉二世显然注意到了塔齐亚娜对尼古拉·罗季奥诺夫的喜爱，但是他没有选择将他调离"施坦达德"号，以免影响他的仕途。

[11] *Correspondence*, p. 362, 18 March 1913："塔齐亚娜还在卧床，但是明天就可以给她搬到沙发上了。她看上去总是神色快活，一头短发很好看"；27 December 1913, p. 367, "塔齐亚娜的头发长得又漂亮又浓密，意味着她不用再戴假发了"。

[12] Rasputin, *Real Rasputin*, pp. 100–1.

[13] See *DON*, pp. 8, 9, 11, 12, 16, 18 and 21.

[14] Ofrosimova, 'Tsarskaya semya', p. 138.

[15] See Spiridovich, *Les Dernières années*, pp. 234–5; 'Imperial Russia: Her Power and Progress', 作为对 to the *Illustrated London News*, 19 July 1913 的补充。

[16] Sablin, *Desyat let*, pp. 297–8.

[17] For the ceremonies at Kostroma, see Wortman, *Scenarios of Power*, pp. 391–3.

[18] Naryshkin-Kurakin, *Under Three Tsars*, p. 206.

[19] *DON*, p. 61.

[20] Sablin, *Desyat let*, pp. 296–7.

[21] *DON*, p. 63.

[22] Prince Wilhelm, *Episoder* (Stockholm: P. A. Norstedt & Söners Förlag, 1951), pp. 144–5（由特龙·诺伦·伊萨克森提供翻译）。

[23] Heresch, *Blood on the Snow*, p. 41.

[24] Sergeant Alexander Bulgakov, 引用于同上书, p. 42。

[25] *DON*, p. 64.

[26] 同上书, p. 70。

[27] See Rowley, 'Monarchy and the Mundane', pp. 138–9.

[28] Elchaninov, *Tsar*, pp. 58–9. 关于罗曼诺夫家族在300周年庆典上的公共形象的讨论，参阅 Slater, *Many Deaths*, ch. 7, 'Family Portraits'。该书还出版了两先令的英文平装本。

[29] Buchanan, *Queen Victoria's Relations*, p. 212; Elchaninov, *Tsar*, p. 60.

[30] 关于这次假期参阅尼古拉二世6月10日至7月11日的日记，*Nikolay*, pp. 48–58。

[31] See e.g. *DON*, pp. 81, 82, 87.

[32] 同上书, pp. 87–8。

[33] 同上书, p. 91。

[34] *Nikolay*, 17 July 1913, p. 59.

[35] Gavriil Konstantinovich, *Marble Palace*, p. 177.

[36] Sablin, *Desyat let*, pp. 324–5.

[37] Girardin, *Précepteur*, p. 60.

[38] *Correspondence*, p. 317; Gilliard, *Thirteen Years*, p. 43.

[39] Kalinin and Zemlyachenko, 'Taina Velikoi Knyazhny', pp. 245–6. 这精彩的一章对奥尔加·沃罗诺夫的故事做了启发性的概述。

[40] Cherkashin, 'Knyazhna i Michman'.

[41] Barkovets, 'Grand Duchess Olga Nikolaevna', in Swezey, *Nicholas and Alexandra*, p. 78.

[42] *DON*, p. 126.

[43] 同上书，p. 141。

[44] Barkovets, 'Grand Duchess', in Swezey, *Nicholas and Alexandra*, p. 76.

[45] *DON*, p. 148.

[46] Kalinin and Zemlyachenko, 'Taina Velikoi Knyazhny', p. 257; *DON*, pp. 143, 148, 154.

[47] 同上书，p. 156。

[48] *Nikolay*, p. 100.

[49] Barkovets, 'Grand Duchess', in Swezey, *Nicholas and Alexandra*, p. 79.

[50] 同上。

[51] *DON*, p. 172.

[52] Swezey, *Nicholas and Alexandra*, p. 79.

[53] 1914年战争爆发时，帕维尔·沃罗诺夫在第二警卫营作战，并在沙皇卫队服役。但他因心脏病发作，在1917年2月至3月革命爆发期间被送去休假。1917年4月，他被调到克里米亚舰队；8月，他又被调到预备队。1920年冬天，帕维尔和奥尔加乘坐英国"汉诺威"号轮船逃离俄国，定居美国，帕维尔于1964年在美国去世 他从未写过任何关于他和皇室在一起时的回忆录，也许是出于对奥尔加·尼古拉耶夫娜对他的感情的恒久尊重。在他的妻子奥尔加自己的回忆录中，也没有提到二者的恋情。

第十三章　天佑吾皇!

[1] W. B., *Russian Court Memoirs*, p. 64.

[2] Almedingen, *Empress Alexandra*, p. 131.

[3] W. B., *Russian Court Memoirs*, p. 64; Anon. [Casper], *Intimacies of Court and Society*, p. 138.

[4] 在大使女儿梅瑞尔·布坎南的各种各样的回忆录中，有对最后一个社交季一些最生动的描述，参阅 e.g. *Diplomacy and Foreign Courts, Dissolution of an Empire* and *Ambassador's Daughter*. 另参阅 Kochan, *Last Days of Imperial Russia*, ch. 2, 'Haute Société in St Petersburg' 以及 King, *Court of the Last Tsar*, ch. 27, 'The Last Season'。

[6] Iswolsky, *No Time to Grieve*, p. 83.

[7] 同上。

[8] 同上。

[9] 同上书, p. 85。

[10] Buxhoeveden, *Life and Tragedy*, p. 181.

[11] Iswolsky, *No Time to Grieve*, p. 85.

[12] Duchess of Saxe-Coburg to Crown Princess Marie of Romania, 17–19 February 1914, TS (courtesy of John Wimbles).

[13] 同上。

[14] Buchanan, *Diplomacy and Foreign Courts*, p. 160.

[15] Iswolsky, *No Time to Grieve*, p. 85.

[16] Duchess of Saxe-Coburg to Crown Princess Marie of Romania, 17–19 February 1914, TS (courtesy of John Wimbles).

[17] Buchanan, *Diplomacy and Foreign Courts*, p. 160.

[18] *Lloyds Weekly Newspaper*, 2 November 1913.

[19] 'Sentimental Crisis', p. 323.

[20] 同上书, p. 323。

[21] 同上书, p. 324。就连西德尼·吉伯斯也谈到了女孩们土气的问题：她们的"妆容"有时会非常不合时宜，像平常一样简单；"施坦达德"号上的男人们也注意到，"说实话，她们的穿着方式并不总是时髦，甚至有些过时"。Gibbes, TS Memoirs, List 1 (82), f. 7; Sablin, *Desyat let*, pp. 317–18.

[22] 同上。

[23] *Lloyds Weekly Newspaper*, 2 November 1913.

[24] Biddle, 'The Czar and His Family', p. 6.

[25] *DON*, p. 162.

[26] 关于这场联姻的政治影响，参阅 Gelardi, 'Carol & Olga'。

[27] Kalinin and Zemlyachenko, *Romanovy i Krym*, p. 260; Sazonov, *Fateful Years*, p. 109.

[28] 'May Wed Czar's Daughter', *Washington Post*, 1 February 1914; Biddle, 'The Czar and His Family', p. 6.

[29] Letter to Crown Princess Marie of Romania, 27 January 1914, TS (courtesy of John Wimbles).

[30] 同上。

[31] Duchess of Saxe-Coburg to Crown Princess Marie of Romania, 7 February 1914, TS（由约翰·温布尔斯提供）。

[32] Duchess of Saxe-Coburg to Crown Princess Marie of Romania, 17–19 February 1914（由约翰·温布尔斯提供）。

[33] Duchess of Saxe-Coburg to Crown Princess Marie of Romania, 7 February 1914（由约翰·温布尔斯提供）。

[34] 同上。

[35] 同上。

[40] 'Romanians in 1910s Russia', accessible @: http://www.rri.ro/

arh-art.shtml?lang=1&sec=9&art=28280

[41] James Lawrence Houghteling, *A Diary of the Russian Revolution*, New York: Dodd, Mead & Company, 1918, p. 10; Virubova, *Keisarinnan Hovineiti*, p. 230.

[42] *The Times*, 31 March 1914.

[43] Sablin, *Desyat let*, pp. 316, 318.

[44] 同上书, p. 318。

[45] Azabal, *Countess from Iowa*, p. 144; Azabal, *Romance and Revolutions*, pp. 140–1.

[46] Azabal, *Romance and Revolutions*, p. 141.

[47] De Stoeckl, *Not All Vanity*, pp. 137–8.

[48] 同上书, p. 138。

[49] Sazonov, *Fateful Years*, p. 110.

[50] Elsberry, *Marie of Romania*, p. 101; Spiridovich, *Les Dernières années*, vol. 2, p. 455; Gilliard, *Thirteen Years*, p. 94.

[51] Bibesco, *Royal Portraits*, p. 92.

[52] 同上书, p. 93。

[53] Crown Princess Marie of Romania to the Duchess of Saxe-Coburg, 18 June 1914.

[54] Bibesco, *Royal Portraits*, p. 94.

[55] Gilliard, *Thirteen Years*, p. 95.

[56] Crown Princess Marie of Romania to the Duchess of Saxe-Coburg, 1 June 1914.

[57] 同上。

[58] Bibesco, *Royal Portraits*, p. 94.

[59] 同上书, p. 95。

[60] Marie of Romania, *Story of My Life*, p. 329.

[61] Bibesco, *Royal Portraits*, p. 96.

[62] Crown Princess Marie of Romania to Duchess of Saxe-Coburg, 18 June 1914; Elsberry, *Marie of Romania*, pp. 100–1.

[63] Marie of Romania, *Story of My Life*, p. 575.

[64] Buxhoeveden, *Life and Tragedy*, p. 182; Bibesco, *Royal Portraits*, p. 99; Elsberry, *Marie of Romania*, p. 102.

[65] Marie of Romania, *Story of My Life*, p. 330.

[66] Crown Princess Marie of Romania to Duchess of Saxe-Coburg 18 June 1914.

[67] Bibesco, *Royal Portraits*, p. 99.

[68] Buchanan, *Dissolution of an Empire*, p. 73.

[69] Buchanan, *Ambassador's Daughter*, p. 118.

[69] Buchanan, *Ambassador's Daughter*, p. 118.
[70] Sablin, *Desyat let*, p. 343.
[71] *Harold Tennyson RN*, p. 198.
[72] Buchanan, *Queen Victoria's Relations*, p. 216.
[73] 同上书, p. 217。
[74] Buchanan, *Diplomacy and Foreign Courts*, p. 164.
[75] Vyrubova, *Memories*, p. 103; *Correspondence*, p. 368.
[76] Buchanan, *My Mission to Russia*, vol. 1, p. 204.
[77] Dehn, *Real Tsaritsa*, p. 106.
[78] Gilliard, *Thirteen Years*, p. 106.
[79] *ASM*, p. 13.
[80] *The Times*, 3 August 1914 (NS).
[81] 同上。
[82] Merry, *Two Months in Russia*, p. 83.
[83] W. B., *Russian Court Memoirs*, p. 73.
[84] *ASM*, p. 13.
[85] Almedingen, *Empress Alexandra*, p. 134.
[86] Paléologue, *Ambassador's Memoirs*, p. 41.
[87] Marie Pavlovna, *Things I Remember*, p. 162.
[88] Azabal, *Romance and Revolutions*, p. 153.
[89] Cantacuzène, *Revolutionary Days*, p. 162.
[90] Azabal, *Romance and Revolutions*, p. 153; Marie Pavlovna, *Things I Remember*, p. 163.
[91] 同上。
[92] *ASM*, p. 13.
[93] *Nikolay*, p. 157.
[94] Arbenina, *Through Terror to Freedom*, pp. 20–1.
[95] *LP*, p. 398.
[96] Wortman, *Scenarios of Power*, p. 401.
[97] *The Times*, 4 August 1914 (NS).
[98] A. Varlamov, *Grigoriy Rasputin-Novyi* (Moscow: Molodaya Gvardiya, 2007), p. 424.
[99] Buchanan, *My Mission to Russia*, vol. 1, p. 214.
[100] Florence Farmborough, *Nurse at the Russian Front* (London: Constable, 1974), p. 21; Buchanan, *Queen Victoria's Relations*, p. 217; Buchanan, *Dissolution of an Empire*, p. 102.
[101] Buchanan, *My Mission to Russia*, vol. 1, pp. 214–15.
[102] Vyrubova, *Memories*, p. 105.
[103] *ASM*, p. 14.

第十四章　慈善修女

[1] Dehn, *Real Tsaritsa*, p. 69.

[2] 参阅 e.g. issue no. 25 for 5 January 1915, p. 21. 俄国皇室的其他几位女性成员也成了战时护士，特别是奥尔加·亚历山德罗夫娜女大公和玛丽亚·帕夫洛夫娜女大公，她们也登上了杂志的版面。

[3] Almedingen, *Tomorrow Will Come*, p. 84.

[4] *WC*, p. 15.

[5] Henniger, 'To Lessen Their Suffering', p. 5.

[6] Gromov, *Moi vospominaniya za 50 let*, p. 30.

[7] 关于 British Colony Hospital 的作品，参阅 Buchanan, *Dissolution of an Empire*, ch. XI。

[8] 和许多同时代的俄国女性拒绝在俄国学习医学一样，格多罗伊茨曾于1898年前往瑞士学习并在洛桑取得资格，于1900年回到俄国当医生。她是一位颇有造诣的腹部外科医生，在日俄战争期间曾在前线服役。参阅 J. D. Bennett, 'Princess Vera Gedroits: Military Surgeon, Poet and Author', *British Medical Journal*, 19 December 1992, pp. 1532–4。

[9] See *SA*, pp. 234, 250–2; *ASM*, pp. 5–7.

[10] *NZ* 181, p. 178. 请注意，SA中引用的切波塔列娃日记里的许多摘录都被编辑福明大量修改过，他删除了对女孩们和阿列克谢不良行为的所有负面评论。尤其是切波塔列娃对皇后与安娜·维鲁波娃和拉斯普京关系的批评被完全删掉了。见下文第15章第1条。因此，这方面的所有条目均取自未删节的NZ版本。

[11] 奥尔加和塔齐亚娜在附属医院的日常生活细节可以在她们于1914~1916年的信件和日记中找到，见ASM。另参阅斯捷潘诺夫和贝利亚耶夫的文章以及SA中切波塔列娃的日记，更详细的日记版本在*NZ*和Popov, *Vospominaniya*, pp. 131–2。

[12] *SA*, p. 337.

[13] Tschebotarioff, *Russia My Native Land*, p. 60.

[14] See note 12 above.

[15] Vurubova, *Memories*, p. 109.

[16] See *ASM*, pp. 18, 19; *SA*, p. 234.

[17] *WC*, p. 53.

[18] Paul P. Gronsky and Nicholas J. Astrov, *The War and the Russian Government* (New York: Howard Fertig, 1973), pp. 30–1. 关于奥尔加和塔齐亚娜在彼得格勒特别委员会接受捐赠时的照片，参见 *Stolitsa i usadba* no. 23, 1 December 1914, pp. 20–1。

[19] Tyan'-Shansky, 'Tsarstvenniya deti', p. 55.

[20] Pavlov in *SA*, p. 413.

[21] W. B., *Russian Court Memoirs*, p. 159; Vyrubova, *Romanov Family Album*, p. 117; Melnik-Botkina, *Vospominaniya*, pp. 17–18; Ofrosimova, 'Tsarskaya semya', pp. 144–5.

[22] *WC*, p. 16.

[23] *SA*, pp. 235, 249.

[24] Ofrosimova, 'Tsarskaya semya', p. 144.

[25] Gilliard, *Thirteen Years*, p. 129.

[26] Rasputin, *Real Rasputin*, p. 103.

[27] Buxhoeveden, *Life and Tragedy*, p. 155; W. B., *Russian Court Memoirs*, p. 159.

[28] Ofrosimova, 'Tsarskaya semya', p. 146.

[29] 同上。

[30] Gilliard, *Thirteen Years*, p. 75.

[31] Kleinmikhel, *Shipwrecked World*, pp. 216–17, 327; Buchanan, *Dissolution of an Empire*, p. 125. See also Rowley, 'Monarchy and the Mundane'.

[32] Kleinmikhel, *Shipwrecked World*, p. 217.

[33] Bokhanov, *Aleksandra Feodorovna*, p. 275.

[34] Kleinmikhel, *Shipwrecked World*, p. 217.

[35] *SA*, p. 251.

[36] See *SA*, pp. 812–13.

[37] *ASM*, p. 22.

[38] 同上书, p. 23。

[39] 参阅*ASM*, Anastasia's letter to Nicholas, 26 August 1916, p. 124。关于玛丽亚见 e.g. *ASM*, pp. 44, 49。亚历山德拉似乎对自己女儿喜欢上杰缅科夫比较宽容，她称他为“玛丽的胖同伴”；参阅 *WC*, p. 335。

[40] Vyrubova, *Memories*, p. 4; *LP*, p. 407.

[41] *ASM*, p. 34.

[42] *SA*, p. 271.

[43] See de Malama, 'The Romanovs'.

[44] *ASM*, p. 32.

[45] 同上书, p. 33; de Malama, 'The Romanovs', p. 185。

[46] *LP*, p. 404; *ASM*, p. 136.

[47] 同上书, p. 41。

[48] 同上书, p. 5; Vyrubova, however, talks of '85 hospitals' at Tsarskoe Selo, *Memories*, p. 108。

[49] Gibbes, untitled TS memoir, Gibbes Papers, Bodleian, f. 9.

[50] Brewster, *Anastasia's Album*, p. 46.

第十五章　我们不能丢下在医院的工作

[1] *NZ* 181, pp. 180–1. 请注意，SA第295页切波塔列娃的日记中关于拉斯普京的大部分内容已经经过修改。

[2] De Jonge, *Life and Times of Rasputin*, p. 248.
[3] Letter to Evelyn Moore, 26 December 1914 (8 January 1915), in E. Marjorie Moore (ed.), *Adventure in the Royal Navy 1847–1934: Life and Letters of Admiral Sir Arthur William Moore* (Liverpool: privately printed, 1964), pp. 121–2. 海军上将的妹妹伊芙琳·摩尔是维多利亚女王的女侍官，亚历山德拉婚前就认识她。
[4] *WC*, p. 112. See footnote p. 251.
[5] *LP*, pp. 431–2.
[6] *ASM*, pp. 99–100.
[7] *WC*, p. 28.
[8] *WC*, pp. 237–8.
[9] *WC*, pp. 122, 130.
[10] Letter to Olga Voronova, 2 June 1915, accessible @: http://www.alexanderpalace.org/palace/tdiaries.html
[11] *ASM*, p. 111.
[12] *SA*, p. 311.
[13] 同上书, p. 315。
[14] Popov, *Vospominaniya*, p. 131.
[15] *SA*, p. 315.
[16] 同上书; Popov, *Vospominaniya*, 133。
[17] 引文可访问@: http://saltkrakan.livejournal.com/658.html。另可参阅 Popov, *Vospominaniya*, p. 133。
[18] *SA*, p. 311.
[19] 同上书, pp. 298, 300。
[20] *ASM*, p. 122; *WC*, p. 181.
[21] Anon. [Stopford], *Russian Diary*, p. 37.
[22] *WC*, p. 261.
[23] Anon. [Stopford], *Russian Diary*, p. 37.
[24] Buxhoeveden, *Life and Tragedy*, pp. 210, 212.
[25] See Shavelsky, *Vospominaniya poslednego protopresverita russkoi armii i flota*, vol. I, pp. 360–2.
[26] Newton A. McCully, *An American Naval Diplomat in Revolutionary Russia* (Annapolis, MD: Naval Institute Press, 1993), p. 98.
[27] Vyrubova, *Memories*, p. 143.
[28] See Galushkin, *Sobstvennyi ego . . . konvoy*, pp. 199–202 for an account of OTMA at Stavka.
[29] 参阅 the photographs in Michael of Greece and Maylunas, *Nicholas* 以及 *Alexandra*, pp. 215–21 and Grabbe and Grabbe, *Private World*, pp. 152–8. *SA*, p. 302; 另参阅 *WC*, p. 279。
[30] *SA*, p. 302; 另可参阅 *WC*, p. 279。
[31] Vyrubova, *Memories*, p. 109.

[32] *WC*, p. 279.

[33] *ASM*, p. 145.

[34] *NZ* 181, pp. 206–7.

[35] *SA*, p. 305.

[36] *NZ* 181, p. 206.

[37] *Nikolay*, p. 285.

[38] 同上。

[39] Vyrubova, *Memories*, p. 170.

[40] *NZ*, p. 207.

[41] 同上书, p. 208。

[42] *ASM*, p. 151.

第十六章　外面的生活

[1] Stanislav Kon, *The Cost of the War to Russia* (London: Humphrey Milford, 1932), p. 33.

[2] Reproduced in *Argus*, Melbourne, 23 February 1916.

[3] *Logansport Journal-Tribune*, 2 January 1916; *New York Times*, 25 September 1916.

[4] 关于塔齐亚娜在特别委员会所做的工作，参阅 Peter Gatrell, *A Whole Empire Walking: Refugees in Russia during World War I* (Bloomington: Indiana University Press, 1999), pp. 44–7 以及 Violetta Thurstan, *The People Who Run: Being the Tragedy of the Refugees in Russia* (London: Putnam, 1916), 里面有很多关于彼得格勒妇产医院的信息。

[5] *Atlanta Constitution*, Magazine Section, 14 November 1915.

[6] Fraser, *Russia of To-Day*, pp. 24–5.

[7] *WC*, p. 366.

[8] Fraser, *Russia of To-Day*, p. 26.

[9] Richard Washburn Child, *Potential Russia* (London: T. Fisher Unwin, 1916), p. 76.

[10] *SA*, p. 337.

[11] *WC*, p. 361; see also *WC*, p. 366 re her taking opium.

[12] Ibid., p. 381.

[13] *SA*, p. 336.

[14] *Daily Gleaner*, 4 August 1915.

[15] *NZ* 181, pp. 210–11.

[16] *ASM*, p. 157.

[17] *SA*, p. 338.

[18] *NZ* 181, p. 211.

[19] *ASM*, p. 156.

[20] Farson, 'Aux Pieds', p. 16. Harmer, *Forgotten Hospital*, pp. 73–5; diary of L. C . Pocock 19 January/1 February 1916, in G. M. and L. C. Pocock Papers, IWM. 照片可见于 *Stolitsa i usadba*, no. 54, 15 March 1916, p. 9; 以及 *Ogonek*, no. 3, 31 January 1916。

[21] Farson, 'Au Pieds', p. 17.

[22] Buchanan, *Queen Victoria's Relations*, p. 218.

[23] *WC*, p. 486.

[24] Markylie, 'L'Impératrice en voile blanc', p. 17.

[25] *SA*, p. 337.

[26] *WC*, p. 404.

[27] *WC*, pp. 369–70; 请注意这段引语被弗尔曼错误地认定暗指的是尼古拉的妹妹奥尔加·亚历山德罗夫娜，但根据上下文，显然是不对的。

[28] *WC*, p. 388.

[29] 同上书, p. 356。

[30] *WC*, p. 421. 虽然1916年3月后，亚历山德拉就再没有在WC里提到他，但马拉马显然一直留在皇村，直到革命后他返回了俄国南部。1919年8月，他在乌克兰指挥一支白军部队，在乌克兰与布尔什维克作战，当时他被俘虏，不久后被行刑队处决。尽管有消息人士声称他是在战斗中被打死的，但据彼得·德·马拉马说，米佳的尸体被找回，并在克拉斯诺达尔举行了降重的军葬礼。参阅de Malama, 'The Romanovs'。

[31] *SA*, p. 339.

[32] *WC*, p. 450.

[33] *Nikolay*, p. 239; *ASM*, p. 107 and see note on p. 439.

[34] *ASM*, pp. 162–3.

[35] 同上书, p. 163。

[36] *WC*, p. 412.

[37] 同上书, pp. 432, 413。

[38] *ASM*, p. 178.

[39] Buxhoeveden, *Life and Tragedy*, p. 238.

[40] *ASM*, p. 179.

[41] 鲍里斯·拉夫托普洛从第一次看到塔齐亚娜的照片开始就对她产生了强烈的爱慕之情。1913年，作为一名年轻军官，他参加了圣彼得堡的300周年庆典，在塔齐亚娜染上伤寒病之前，他去过两姐妹参加的舞会，他违反了礼仪，请她跳舞。接着他冒着被拒绝的危险，又冒昧地邀请了第二次。后来，他把她带回到座位上，吻了吻她的手，并承诺（像他后来声称的）他"再也不会和任何人跳舞，直到进入坟墓的那一天"，他信守了诺言16年，最后于1929年结婚。参阅可访问的网站 @: http://saltkrakan.livejournal.com/2520.html。

[42] *ASM*, pp. 179, 181, 182, 186.

[43] *SA*, p. 412.

[44] *ASM*, p. 180.

[45] *WC*, p. 472.

[46] *ASM*, pp. 185–6.

[47] *NZ* 181, p. 231.

[48] *ASM*, p. 186.

[49] *WC*, p. 482.

[50] 同上书, p. 590.

[51] 同上书, p. 500.

[52] Letter to Rita Khitrovo from Stavka, July 1916; Hoover Tarsaidze Papers, Box 16, Folder 5. 这份原书抄本有一些空白。引文全篇可参阅 Galushkin, *Sobstvennyi ego . . . konvoy*, pp. 241–2。

[53] Dassel, *Grossfürstin Anastasia Lebt*, p. 16. 菲利克斯·达塞尔后来卷入了安娜·安德森也就是弗朗西斯卡的欺诈索赔案，他在1927年见到安娜·安德森前5个月发表了自己对费奥多罗夫斯基小城医院的回忆；参阅 King and Wilson, *Resurrection*, pp. 166–7, 303。

[54] 同上书, pp. 19, 22.

[55] *NZ* 181, p. 223.

[56] Dassel, *Grossfürstin Anastasia Lebt*, pp. 20, 25.

[57] Geraschinevsky, 'Ill-Fated Children of the Czar', p. 159.

[58] 同上书, p. 171.

[59] 同上书, p. 160.

[60] 同上。

[61] *WC*, p. 556.

[62] 同上。战前亚历山大·芬克曾与圣彼得堡摄影师卡尔·布拉一起工作，但此时他工作重心似乎主要转向了战争摄影。

[63] Foster Fraser, 'Side Shows in Armageddon', pp. 268–9; 另可参阅 Paléologue, *Ambassador's Memoirs*, p. 507。

[64] Foster Fraser, 'Side Shows in Armageddon', pp. 268–9.

[65] *ASM*, p. 217.

[66] 同上书, p. 220。几周后，她收到了他发来的电报，来自高加索奥塞梯北部的莫兹多卡。她在1916年12月22日短暂地见到了他（参阅 ASM, p. 237），但除了指出1917年2月9日是他的生日外，她没有再提过他。附属医院的一位军官同事听说他后来被任命为一列医用火车的指挥官。此后就再没有德米特里的消息了，除了1920年秋红军在扎卡夫卡兹某次即将得胜之时有人可能看到了他一次。当时驻扎在埃奇米亚津的一个雅兹迪抵抗组织由一位名叫沙赫-巴戈夫的军官指挥。这可能就是德米特里，就像大卫·伊迪加罗夫一样，他也可能是一个格鲁吉亚穆斯林。关于奥尔加的米佳的照片和履历信息，参阅网站 @: http://saltkrakan. livejournal.com/658.html。

[67] *WC*, p. 636.

[68] Galushkin, *Sobstvennyi ego . . . konvoy*, p. 197.

[69] Bokhanov *et al.*, *Romanovs*, p. 268.

[70] 同上书, p. 228。

[71] 同上书, p. 233。
[72] *WC*, p. 660.
[73] 同上书, p. 681。
[74] *ASM*, p. 233; see also *WC*, p. 670. Staritsa Mariya died in January 1917, and was later canonized.
[75] *WC*, p. 670.
[76] Vyrubova, *Memories*, p. 148; Buxhoeveden, *Life and Tragedy*, p. 223.
[77] *WC*, p. 670.
[78] Buxhoeveden, *Life and Tragedy*, p. 223.
[79] Paléologue, *Ambassador's Memoirs*, pp. 541, 677.
[80] 同上书, p. 676。
[81] Almedingen, *Empress Alexandra*, p. 92.
[82] *SA*, p. 349.
[83] Paléologue, *Ambassador's Memoirs*, p. 731.
[84] 同上书, p. 680。

第十七章 圣彼得堡正在发生可怕的事

[1] *ASM*, p. 236. 尽管阿纳斯塔西娅后来销毁了她的日记,但这似乎是一段罕见的幸存片段,可能是写在了笔记本里。
[2] 同上。
[3] *WC*, p. 684.
[4] 同上书, p. 651。
[5] Fuhrmann, *Rasputin*, ch. 11, p. 112.
[6] 同上书, p. 140。
[7] 同上书, p. 228。"Dark Forces"成了英国间谍用来代称拉斯普系的代号。
[8] Eugene de Savitsch, *In Search of Complications: An Autobiography* (New York: Simon & Schuster, 1940), pp. 15 and 16.
[9] *ASM*, p. 236.
[10] A. A. Mordvinov, quoted in *LP*, p. 507.
[11] *WC*, p. 68; Paléologue, *Ambassador's Memoirs*, p. 740.
[12] Dorothy Seymour, MS diary, 26 December (NS) 1916; 多萝西·尼娜·西摩是一位贵族的女儿,也是一位海军上将的孙女。在成为志愿援助支队一员之前,她是维多利亚女王的女儿海伦娜——石勒苏益格-荷尔斯泰因的王妃——的侍寝女官,她本人也是战时女性护理的一大赞助人。多萝西于1917年3月24日(新历)离开彼得格勒,同年12月与亨利·乔蒙德利·杰克逊将军结婚。她于1953年去世。她从1914年11月到1919年5月所写的生动而动人的日记保存在帝国战争博物馆,同一时期写的49封信也在那里,但其中很少有来自彼得格勒的,因为在战争和革命期间从俄国寄邮件很困难。

[13] 目前还不清楚是谁向拉斯普京的头发射了第四颗子弹。最近的研究表明，奥斯瓦尔德·雷纳和斯蒂芬·艾利——在彼得格勒活动的英国特别情报团的特工——在谋杀案中起了一定作用。现在也有人提出，拉斯普京尸体上的伤口表明，他在被杀前曾遭受酷刑，以图确认他是否真是德国间谍——英国特工很可能也参与了这一行动。特别情报团肯定与这一阴谋有关，其成员有自己的充分理由支持任何杀害拉斯普京的阴谋，或至少把他从对皇后有巨大影响力的地位上拉下来。

[14] 有大量关于拉斯普京及其谋杀情节的文献，其中很多是矛盾的，有些是有争议的。最新的书籍包括：Fuhrman, *Rasputin* (2012); Moe, *Prelude* (2011), 参阅 ch. IX, 'Death in a Cellar'; 以及 Margarita Nelipa 的深入研究见 *The Murder of Grigorii Rasputin* (2010), 其中包含详细的警方和法医证据。关于英国的插手，参阅 Cullen, *Rasputin: The Role of the British Secret Service in his Torture and Murder* (London: Dialogue, 2010) and Andrew Cook, *To Kill Rasputin* (Stroud, Glos: History Press, 2006)。

[15] Dorothy Seymour, MS diary, 30 December 1916.

[16] *ASM*, p. 237.

[17] Vyrubova, *Memories*, pp. 182–3; Dehn, *Real Tsaritsa*, pp. 122–3. 拉斯普京死后没有获得长久安息。革命后不久，他的尸体被挖出来，带到彼得格勒焚烧。最近的证据表明，它是在彼得格勒北郊理工学院的锅炉房里火化的，骨灰散落在路边。参阅 Nelipa, *Murder of Rasputin*, pp. 459–60。

[18] Oleg Platonov, *Rasputin i 'deti dyavola'* (Moscow: Algoritm, 2005), p. 351.

[19] Paléologue, *Ambassador's Memoirs*, p. 735; *NZ* 181, p. 208. Dorothy Seymour, MS diary, 6 January NS/24 December OS, IWM.

[20] Gilliard, *Thirteen Years*, p. 183.

[21] Dorr, *Inside the Russian Revolution*, p. 121.

[22] Dehn, *Real Tsaritsa*, pp. 137–8.

[23] *NZ* 182, p. 207.

[24] Spiridovich, *Les Dernières années*, vol. 2, p. 453.

[25] 同上书, p. 452; Buchanan, *Queen Victoria's Relations*, p. 220。

[26] 这本日记于1905年至1916年间的158页笔记本保存在俄罗斯联邦国家档案馆，GARF 651 1 110.

[27] Paléologue, *Ambassador's Memoirs*, p. 739.

[28] Botkin, *Real Romanovs*, p. 127.

[29] *ASM*, p. 239

[30] Gilliard, *Thirteen Years*, p. 183.

[31] 在她们后来的回忆录中，伊扎·布克斯霍夫登和安娜·维鲁博娃都说这次访问发生在1916年秋，但亚历山德拉和尼古拉在日记中记录了这次访问，有关玛利亚小事故的评论显然是在1917年1月8日。参阅 *Dnevniki* I, p. 46。

[32] *NZ* 182, p. 204.

[33] Buxhoeveden, *Life and Tragedy*, p. 235; *NZ* 181, p. 204.

[34] *NZ* 182, p. 205.

[35] Naryshkina diary, quoted in *Dnevniki* I, p. 50; Vyrubova, *Memories*, p. 86. 请注意，纳雷什金娜日记的手稿现保存于莫斯科的俄罗斯联邦国家档案馆，这是一份十分宝贵的目击者手稿，描述了皇室最后几个月在皇村的生活情形，GARF f. 6501.op.1.D.595。

[36] Naryshkina diary, quoted in *Dnevniki* I p. 96.

[37] Queen Marie of Romania diary, 12/26 January 1917. Romanian State Archives. 感谢泰莎·邓洛普提醒我这一点。

[38] Letter to her mother and sister, 1 December 1916, IWM.

[39] 17 December (4 December OS), letter to mother and sister.

[40] Dorothy Seymour, MS diary, 4 February (NS) 1917, IWM.

[41] 同上。

[42] *Dnevniki* I, pp. 134, 139; Savchenko, *Russkaya devushka*, p. 43.

[43] Alexander, *Once a Grand Duke*, pp. 282–3.

[44] *Dnevniki* I, p. 166.

[45] 同上书, p. 171; *ASM*, p. 241。

[46] 见网站 @: http://www.alexanderpalace.org/palace/mdiaries. html。

[47] *WC*, p. 691.

[48] Zinaida Gippius, *Sinyaya kniga: Peterburgskiy dnevnik 1914–1918* (Belgrade: Radenkovicha, 1929), p. 39.

[49] Almedingen, *Empress Alexandra*, p. 190.

[50] *WC*, p. 692; see also Dorr, *Inside the Russian Revolution*, pp. 129–30.

[51] Buxhoeveden, *Life and Tragedy*, p. 251.

[52] *WC*, pp. 694, 695.

[53] Naryshkina, *Under Three Tsars*, pp. 217, 212.

[54] *NZ* 182, p. 211; see also pp. 210–12, *Dnevniki* I, p. 193.

[55] *Dnevniki* I, p. 200; Buxhoeveden, *Life and Tragedy*, p. 267.

[56] Zeepvat, 'Valet's Story', p. 329.

[57] *Dnevniki* I, p. 206

[58] Buchanan, *Ambassador's Daughter*, p. 146.

[59] Dehn, *Real Tsaritsa*, p. 155.

[60] Ibid., p. 152; see also Buxhoeveden, *Life and Tragedy*, p. 254, re the night of 28 February.

[61] *NZ* 182, p. 213.

[62] Dehn, *Real Tsaritsa*, p. 156.

[63] Buxhoeveden, *Life and Tragedy*, p. 255. See also *Dnevniki* I, p. 223; Galushkin, *Sobstevennyi ego . . . konvoy*, p. 262.

[64] 同上书, p. 265。有关革命初期亚历山大宫的沙皇卫队以及维克多·兹博罗夫斯基在当时的关键作用的一段重要记述，参阅同上书, pp. 262–80。

[65] Dehn, *Real Tsaritsa*, p. 184.

[66] 同上书, pp. 151–2.

[67] 同上书, pp. 157-8。

[68] 同上书, p. 158。

[69] Naryshkina diary, quoted in *Dnevniki* I, p. 232.

[70] Buxhoeveden, *Life and Tragedy*, p. 254; Benkendorf, *Last Days*, pp. 6–7.

[71] Dehn, *Real Tsaritsa*, p. 160; *WC*, p. 698.

[72] *WC*, p. 700.

[73] Naryshkina diary, quoted in *Dnevniki* I, p. 253.

[74] *Dnevniki* I, p. 253.

[75] 同上书, pp. 254, 266。

[76] Paul Grabbe, *Windows on the River Neva* (New York: Pomerica Press, 1977), p. 123.

[77] Letter to Nicholas, 3 March, accessible @: http://www. alexanderpalace.org/palace/mdiaries.html

[78] Ibid.; Dehn, *Real Tsaritsa*, p. 164; Buxhoeveden, *Life and Tragedy*, p. 251.

[79] *Dnevniki* I, p. 258.

[80] *Fall*, p. 138.

[81] *Dnevniki* I, p. 259; P. Savchenko, *Gosudarynya imperatritsa Aleksandra Feodorovna* (Belgrade: Nobel Press, 1939), p. 91.

[82] *WC*, p. 701.

[83] *Dnevniki* I, p. 290.

[84] 同上书, p. 293。

[85] Buxhoeveden, *Life and Tragedy*, p. 262.

[86] Galushkin, *Sobstvennyi ego . . . konvoy*, p. 274.

[87] Dehn, *Real Tsaritsa*, p. 166.

[88] Vyrubova, *Memories*, p. 338.

[89] 同上。

[90] Markov, quoted in *Dnevniki* I, p. 309.

[91] Markov, *Pokinutaya Tsarskaya Semya*, pp. 93, 95–7; see also Dehn, *Real Tsaritsa*, p. 170; *Dnevniki* I, pp. 309–10.

[92] Galushkin, *Sobstvennyi ego . . . konvoy*, p. 276.

[93] 同上。

[94] 同上。

[95] Penny Wilson, 'The Memoirs of Princess Helena of Serbia', *Atlantis Magazine* 1. no. 3, 1999, p. 84.

[96] *NZ* 182, p. 215.

[97] Ktorova, *Minuvshee*, p. 96. 革命爆发时，莉莉的丈夫查尔斯正在英国执行军事任务，他是沙皇卫队的一名中尉。

[98] Naryshkina diary, quoted in *Dnevniki* I, p. 333.

[99] Dehn, *Real Tsaritsa*, p. 174. 亚历山德拉提到销毁她的日记是从3月8日开始

的，尽管莉莉回忆时说这是3月7日开始的进程。参阅 *Dnevniki* I, pp. 340, 366, 378, 382, etc。

[100] Dehn, *Real Tsaritsa*, pp. 173–4, 176. 因此，尼古拉和亚历山德拉之间在战时的1700封信件和电报得以保存，现存于莫斯科的俄罗斯联邦国家档案馆。参阅 Fuhrmann's introduction to *WC*, pp. 8–11。

[101] Dehn, *Real Tsaritsa*, p. 178.

[102] 同上书, pp. 174, 184。

[103] *Fall*, p. 42.

[104] Benkendorf, *Last Days*, p. 8; *Fall*, p. 114.

[105] *Fall*, p. 114.

[106] Naryshkina diary, quoted in *Dnevniki* I, p. 352.

[107] Botkin, *Real Romanovs*, pp. 141, 142. 其中一个似乎在这个时候抛弃了皇室一家的人是他们的前密友尼古拉·萨伯林，他一生大部分时间都在美国流亡，试图证明他为什么不和皇室一家一起去托博尔斯克。1937年，罗曼·居尔去世前不久，萨伯林在巴黎与他交谈时，几次坚持说，"沙皇通过尼洛夫（上将）传话说，我没有和他们一起去是正确的"。然而，正如居尔所注意到的，萨伯林似乎被这一事实所困扰，许多流亡的君主主义者对他说"你的位置是一直和皇室在一起"。伊利亚·塔季舍夫将军自愿代替萨布林前往托博尔斯克，1918年在叶卡捷琳堡与皇室一起被杀。参阅 Roman Gul, 'S Tsarskoy semi na "Shtandarte"', TS, Amherst Center for Russian Culture. See also Radzinsky, *Last Tsar*, p. 189。

[108] 同上。

[109] Dehn, *Real Tsaritsa*, p. 183.

[110] Buxhoeveden, *Life and Tragedy*, p. 270.

[111] Dehn, *Real Tsaritsa*, p. 183.

[112] Gilliard, *Thirteen Years*, p. 215.

[113] Galushkin, *Sobstvennyi ego . . . konvoy*, pp. 279, 280.

[114] 同上书, p. 279。

[115] 同上书, p. 280。

[116] Benkendorf, *Last Days*, p. 17; Gilliard, *Thirteen Years*, p. 165.

[117] Dehn, *Real Tsaritsa*, p. 185.

第十八章 再见，别忘了我

[1] *Dnevniki* I, p. 367.

[2] Botkina, *Vospominaniya*, p. 63; *Dnevniki* I, p. 370.

[3] Dehn, *Real Tsaritsa*, p. 189.

[4] Naryshkin-Kurakin, *Under Three Tsars*, p. 220.

[5] Long, *Russian Revolution Aspects*, p. 13.

[6] Dorr, *Inside the Russian Revolution*, p. 132.

[7] *Dnevniki* I, p. 378; see also *The Times*, 22 March 1917 (NS).

[8] Dehn, *Real Tsaritsa*, p. 1297; Buxhoeveden, *Life and Tragedy*, pp. 262–3.

[9] Buxhoeveden, *Life and Tragedy*, p. 274.

[10] 一个引人遐想的故事流传下来，说的是亚历山德拉早在那之前，也许是在1916年底，就想到要把她的孩子送到安全的地方。戈斯波特的皇家海军潜艇博物馆档案馆里有一封信描述了一位名叫弗兰克·贝斯特的英国商人，他在波罗的海的里加和利巴瓦有一家大型木材公司，在第一次世界大战期间通过阿尔汉格尔港出口木材，1916年晚些时候，他被召集到英国大使馆参加一次秘密会议。在这里，他见到了皇后和其他人，他们讨论了他是否有可能在他的锯木厂秘密地为罗曼诺夫家族的孩子们提供住处，直到他们被皇家海军的一艘船接走并带到英国。贝斯特欣然同意了，作为她感激的象征，皇后给了他一幅圣尼古拉的圣像，孩子们的守护神，遗憾的是，除了1978年回溯性地写了一封信简要描述了这个计划外，还没有找到任何书面证据来支持这个故事。然而，这幅圣像仍然存在，它是由贝斯特的遗孀在1962年捐赠给皇家海豚号小教堂的。参阅 letter of Rev. G. V. Vaughan-James, 13 March 1978, Royal Navy Submarine Museum, A 1917/16/002。

[11] Botkin, *Real Romanovs*, p. 140.

[12] Buchanan, *Dissolution of an Empire*, p. 195.

[13] Buxhoeveden, *Life and Tragedy*, p. 276.

[14] Almedingen, *Empress Alexandra*, p. 211.

[15] *LP*, p. 567.

[16] Pipes, *Russian Revolution*, p. 332.

[17] Quoted in Ariadna Tyrkova-Williams, *From Liberty to Brest-Litovsk* (London: Macmillan, 1919), p. 60.

[18] Quoted in *Dnevniki* I, pp. 384–5.

[19] Dehn, *Real Tsaritsa*, p. 198. 关于未能让皇室一家及时撤离的问题，人们进行了多年的辩论和相互指责，指控多种多样——针对克伦斯基及其政府、英国大使布坎南、首相劳合·乔治和乔治五世本人。布坎南的女儿梅瑞尔后来断定说是因为劳合·乔治建议反对，他担心这样会失去英国公众对俄国作为战时盟友的支持。但历史学家伯纳德·帕雷斯（他是当时俄国研究的一位权威人士）认为，为罗曼诺夫家族提供庇护"不可能对俄国军队造成任何影响，因为它已经在瓦解"，而克伦斯基已经"尽其所能地拯救皇室"。一百年过去了，我们从事后来看，考虑到1917年春革命中的彼得格勒局势极为动荡，要把皇室一家带出这样一个庞大的国家，组织管理上的问题是很明显的，唯一可行的方法是铁路，但想要从俄国离开，到摩尔曼斯克或任何其他海上出口几乎是不可能的。因此没有做到这一点不是意愿的缺乏，而是环境条件的结果。后来，在七月流血事件发生之前，又出现了一次疏散皇室一家的机会，这个话题将被再次讨论。更全面地讨论罗曼诺夫一

家的庇护问题，参阅 Rappaport, *Ekaterinburg: Last Days of the Romanovs*, ch. 11。

[20] Long, *Russian Revolution Aspects*, pp. 5, 7.

[21] Naryshkin-Kurakin, *Under Three Tsars*, p. 222.

[22] Almedingen, *Empress Alexandra*, p. 211.

[23] Kleinmikhel, *Shipwrecked World*, p. 245.

[24] 同上书, p. 246; Dehn, *Real Tsaritsa*, p. 183; Buxhoeveden, *Life and Tragedy*, p. 284。

[25] Long, *Russian Revolution Aspects*, p. 14.

[26] Naryshkina diary, quoted in *Dnevniki* I, pp. 434, 436, 438, 439.

[27] Marie Pavlovna, *Things I Remember*, p. 305.

[28] Long, *Russian Revolution Aspects*, p. 13.

[29] *Dnevniki* I, p. 383.

[30] Buxhoeveden, *Life and Tragedy*, p. 262.

[31] See *Dnevniki* I, pp. 398, 399; Naryshkin, *Under Three Tsars*, p. 221.

[32] Quoted in *Dnevniki* I, pp. 400–1.

[33] Vyrubova, *Memories*, p. 221; Anon. [Stopford], *Russian Diary*, p. 144. Buxhoeveden, *Life and Tragedy*, pp. 266–7.

[34] *Dnevniki* I, p. 405.

[35] Dehn, *Real Tsaritsa*, p. 211; Benkendorf, *Last Days*, p. 29.

[36] Dehn, *Real Tsaritsa*, pp. 213–14; Vyrubova, *Memories*, p. 225.

[37] 同上。莉莉后来获准南下，与提提一起经放德萨离开了俄国。她设法把信件和文件送到英国，在那里她和丈夫团聚了。他们又生了两个女儿，在英国住了七年。她于1932年丧偶，在波兰继承了一处遗产，但在1939年又被迫逃亡。1947年，她随提提移居委内瑞拉，最终与女儿玛丽亚团聚。她于1963年在罗马去世。从监狱获释后，安娜·维鲁博娃被软禁在她姑姑在彼得格勒位于旗帜大街的家中。后来她被驱逐到芬兰，1964年在那里去世。

[38] *Dnevniki* I, p. 424.

[39] 兹博罗夫斯基一家有着服务皇室的传统。维克多和卡佳的父亲埃拉斯特·格利高里耶维奇是亚历山大手下一名长期服役的多次获得奖章的军官，曾任沙皇卫队的副指挥官。亚历山大三世还是克谢尼娅·兹博罗夫斯卡娅的教父。

[40] Galushkin, *Sobstvennyi ego . . . konvoy*, p. 329: "两位从女大公的费奥多罗夫斯基小城医院来的护士获准面见皇后。其中一位还是兹博罗夫斯基指挥官的妹妹。每次她们从宫廷回来都会捎来皇后和女大公们的问候。"

[41] 同上书, p. 362。

[42] Almedingen, *Empress Alexandra*, pp. 209–10; see also Buxhoeveden, *Life and Tragedy*, p. 288.

[43] Benkendorf, *Last Days*, pp. 65–6.

[44] 同上书, p. 65; *Dnevniki* I, pp. 430, 433。

[45] 同上书, pp. 429, 434。

[46] 同上书, pp. 429, 452。

[47] Belyaev's description of the Easter services in *Fall*, pp. 140–6.

[48] Bokhanov, *Aleksandra Feodorovna*, p. 145.

[49] Belyaev, quoted in *Dnevniki* I, p. 447; Buxhoeveden, *Life and Tragedy*, p. 296.

[50] *Dnevniki* I, p. 449.

[51] Gilliard, *Thirteen Years*, p. 226.

[52] *NZ* 182, p. 220.

[53] *Dnevniki* I, p. 451.

[54] *NZ* 182, p. 217; *Dnevniki* I, p. 473.

[55] *NZ* 182, p. 218; *Dnevniki* I, p. 472.

[56] *NZ* 182, p. 218.

[57] 同上。

[58] Anon. [Stopford], *Russian Diary*, p. 145.

[59] *Dnevniki* I, p. 460.

[60] 同上书, p. 465。

[61] *NZ* 182, p. 222.

[62] *SA*, p. 584.

[63] *NZ* 182, p. 224.

[64] Letter to Katya, 12 April 1917, EEZ.

[65] M. K. Diterikhs, 'V svoem krugu', in Bonetskaya, *Tsarskie deti*, p. 366; Melnik-Botkina, *Vospominaniya*, pp. 57–8. See also letter in *Dnevniki* I, p. 492.

[66] *Dnevniki* I, p. 478.

[67] 同上书, p. 484。

[68] *Fall*, p. 148; original Russian in *Dnevniki* I, p. 486.

[69] Letter to Katya, 30 April 1917, EEZ.

[70] Naryshkin-Kurakin, *Under Three Tsars*, p. 227.

[71] Maria to Katya, 8–9 June 1917, EEZ; See also Anastasia to Katya, 29 June 1917, EEZ.

[72] *Dnevniki* I, p. 503.

[73] 同上书, p. 548。

[74] 同上书, p. 518。另可参阅 Anastasia to Katya, letter no. 4, 30 May, EEZ。

[75] Anastasia to Katya, unnumbered letter, 20 May 1917, EEZ.

[76] Quoted in *Dnevniki* I, p. 598.

[77] Letter to Katya, no. 8, 4 July 1917, EEZ.

[78] Letter to Katya, no. 11, 12 July 1917, EEZ; Benkendorf, *Last Days*, p. 97.

[79] Dehn, *Real Tsaritsa*, p. 233.

[80] *NZ* 182, p. 233.

[81] Letter to Alexander Syroboyarsky, 28 May 1917, Bokhanov,

Aleksandra Feodorovna, p. 277. 这封信是亚历山德拉在那个时候所写的信的典型，饱含宗教色彩。

[82] Anastasia to Katya, letter, 11 June 1917, EEZ.

[83] Gilliard, *Thirteen Years*, p. 232. See also *Dnevniki* I, pp. 576–7 and Tatiana's letter to Grand Duchess Xenia, 20 July, in ibid., p. 599.

[84] *Fall*, p. 154.

[85] Naryshkina diary, quoted in *Dnevniki* I, p. 578.

[86] *Dnevniki* I, p. 587; Kerensky, *Catastrophe*, p. 271.

[87] Benkendorf, *Last Days*, p. 49; *Dnevniki* I, pp. 588–9.

[88] Ibid., p. 613; see also *Dnevniki* II, p. 11.

[89] Bulygin, *Murder of the Romanovs*, pp. 119–20.

[90] *Dnevniki* I, p. 591.

[91] Ibid., pp. 592, 593; Long, *Russian Revolution Aspects*, p. 240.

[92] Melnik-Botkina, *Vospominaniya*, pp. 62–3.

[93] Letter of 17 July, quoted in *Dnevniki* I, pp. 596–7.

[94] 同上书, p. 606。

[95] Gilliard, *Thirteen Years*, p. 95; Naryshkin-Kurakin, *Under Three Tsars*, p. 228.

[96] Girardin, *Précepteur*, p. 119.

[97] Buxhoeveden, *Life and Tragedy*, p. 306.

[98] *Dnevniki* I, p. 611.

[99] *NZ* 182, p. 235.

[100] 'Iz Dnevnika A. S. Demidovoi', in Kovalevskaya, *S Tsarem*, p. 57, entry for 2 August.

[101] 同上。

[102] Buxhoeveden, *Life and Tragedy*, pp. 305–6; *NZ* 182, p. 236.

[103] Kerensky, *Catastrophe*, p. 275; Bulygin, *Murder of the Romanovs*, p. 129.

[104] *Dnevniki* II, p. 8.

[105] Dorr, *Inside the Russian Revolution*, p. 137.

[106] *NZ* 182, p. 237.

[107] 'Vospominaniya o Marii Fedorovne Geringere', ff. 38, 39.

[108] Galitzine, *Spirit to Survive*, p. 60.

[109] Richard Abraham, *Alexander Kerensky* (London: Sidgwick & Jackson, 1987), p. 157; Kerensky, *Catastrophe*, p. 275.

[110] 'Iz Dnevnika A. S. Demidovoi' in Kovalevskaya *S Tsarem* p. 57, entry for 2 August.

[111] Bykov, *Last Days of Tsardom*, p. 40; Naryshkin-Kurakin, *Under Three Tsars*, p. 229.

[112] Melnik-Botkina, *Vospominaniya*, p. 63; *Dnevniki* II, p.80.

[113] Trewin, *Tutor to the Tsarevich*, p. 75.

[114] *Dnevniki* II, p. 8.
[115] *NZ* 182, p. 237.

第十九章　在自由大街上

[1] Dorr, *Inside the Russian Revolution*, p. 139.
[2] Long, *Russian Revolution Aspects*, p. 241.
[3] 档案文件显示，即使到了8月份乌拉尔当局仍然担心火车会一路开往哈尔滨，认为这是一场将皇室一家疏散到日本的秘密计划。参阅 TsAGOR CCCP f. 1235 (VTsIK op.53.D.19.L.91, quoted in Ioffe, *Revolyutsiya I semya Romanovykh*, p. 197.
[4] 'Iz Dnevnika A. S. Demidovoi', in Kovalevskaya, *S Tsarem*, p. 57, entry for 2 August.
[5] 同上书, p. 58。
[6] 同上书, p. 59。
[7] 同上。
[8] *Dnevniki* II, p. 17.
[9] 'Iz Dnevnika A. S. Demidovoi', in Kovalevskaya, *S Tsarem*, p. 60, entry for 4 August.
[10] Botkin, *Real Romanovs*, p. 155.
[11] Dorr, *Inside the Russian Revolution*, p. 140.
[12] Sergeant Major Petr Matveev, 'Notes and Reminiscences about Nicholas Romanov', in Sverdlovsk Archives; quoted in Radzinsky, *Last Tsar*, p. 192.
[13] *Dnevniki* II, p. 21.
[14] Durland, *Red Reign*, p. 373; De Windt, *Russia as I Know It*, p. 121.
[15] Durland, *Red Reign*, pp. 373–4; De Windt, *Russia as I Know It*, pp. 121–2.
[16] Dorr, *Inside the Russian Revolution*, p. 140. See also Kerensky, quoted in *Dnevniki* I, pp. 589–90.
[17] Letter to Zinaida Tolstaya, Nepein, *Pered Rasstrelom*, p. 136.
[18] Vasili Dolgorukov, letter to his brother, 14 August; quoted in *LP*, p. 583.
[19] 'Iz Dnevnika A. S. Demidovoi', in Kovalevskaya, *S Tsarem*, p. 65; Buxhoeveden, *Life and Tragedy*, pp. 310–11; 'Iz Dnevnika A. S. Demidovoi', in Kovalevskaya, *S Tsarem*, pp. 62–3.
[20] Melnik-Botkina, *Vospominaniya*, p. 69.
[21] *LP*, p. 583.
[22] *Dnevniki* II, pp. 29–30.

[23] 捷列文科在革命后的行为还没有定论。他的薪水和待遇都非常优厚，皇室对他的孩子甚至生病的亲戚都慷慨解囊，但他似乎因被发现偷窃阿列克谢的财物而被送走。他在彼得格勒多次要求重新加入身在托博尔斯克的皇室一家（这表明他仍然对皇室一家有一定程度的忠诚），但从未被允许前往那里，导致他被指控背叛了皇室。他被认为于1921年在彼得格勒死于斑疹伤寒。参阅 Zimin, *Detskii Mir*, pp. 86–8。

[24] *Dnevniki* II, p. 50; see Maria's letter of 17 May, in Nepein, *Pered Rasstrelom*, p. 166.

[25] 这一描述是参照女孩房间的照片做出的，有三张从不同角度拍摄的照片保存了下来。参阅 e.g. Trewin, *Tutor to the Tsarevich*, pp. 84–5. 有一张严重受损、寄给 Katya Zborovskaya 的照片可以在 EEZ 找到。

[26] 'Iz Dnevnika A. S. Demidovoi', in Kovalevskaya, *S Tsarem*, p. 68.

[27] *Dnevniki* II, p. 30.

[28] Anastasia, letter to Katya, no. 13, 15 August, EEZ.

[29] Bulygin, *Murder of the Romanovs*, p. 195; Elizabeth Zinovieff, *A Princess Remembers* (New York: Galitzine, 1997), p. 119.

[30] Chernova, *Vernye*, p. 449; NZ 2, pp. 246, 248. 'Iz Dnevnika A. S. Demidovoi', in Kovalevskaya, *S Tsarem*, p. 65; Wilton and Telberg, *Last Days of the Romanovs*, p. 183. 希特罗沃后来用她婚后的名字M.叶尔杰利撰写了自己的记述：M. Erdeli, 'Razyasnenie o moei poezdke v Tobolsk', *Dvuglavyi orel*, no. 30, 1922, pp. 6–11。有关该事件的详细讨论，参阅 Ioffe, *Revolyutsiya i semya Romanovykh*, pp. 201–7 and Chernova, *Vernye*, pp 447–53. See also Buxhoeveden, *Life and Tragedy*, pp. 314–15。

[31] Radzinsky, *Last Tsar*, p. 199.

[32] *Dnevniki* II, p. 64.

[33] See Olga's letter to PVP: 23 November, in *Dnevniki* II, p. 175.

[34] Letter to Maria Feodorovna, 27 October, quoted in *Dnevniki* II, p. 138.

[35] Pankratov memoirs, quoted in *Dnevniki* II, p. 75.

[36] Schneider, letter to PVP, 9 October 1917, quoted in *Dnevniki* II, p. 114.

[37] Brewster, *Anastasia's Album*, p. 53.

[38] See e.g. *Dnevniki* II, pp. 45, 46, 52, 54, 55. For Nicholas see ibid., e.g. pp. 54–5.

[39] 同上书, p. 47。

[40] Radzinsky, *Last Tsar*, p. 195.

[41] Buxhoeveden, *Life and Tragedy*, p. 313.

[42] *Dnevniki* II, p. 72. See also Tatiana's description in a letter to Xenia, Nepein, *Pered Rasstrelom*, pp. 147–8.

[43] Pankratov, quoted in *Dnevniki* II, p. 73.

[44] Pankratov, quoted in *Fall*, p. 265.

[45] Anastasia, letter to Katya, no. 14, 20 September, EEZ.

[46] *Dnevniki* II, p. 80.

[47] 'Iz Dnevnika A. S. Demidovoi', in Kovalevskaya, *S Tsarem*, p. 670.

[48] *Dnevniki* II, p. 87; *Fall*, pp. 265–6.

[49] Quoted in *Dnevniki* II, p. 86.

[50] Quoted in *Dnevniki* II, p. 106.

[51] *Dnevniki* II, p. 88.

[52] Vyrubova, *Memories*, p. 325.

[53] Trewin, *Tutor to the Tsarevich*, p. 73.

[54] Ross, *Gibel tsarskoy semi*, p. 424.

[55] *Dnevniki* II, p. 148.

[56] Pankratov, quoted in ibid., p. 142. 有关潘克拉托夫回忆录的摘录翻译件，*Fall*, pp. 259–97, 尽管它和俄文日记原件的摘录并不总是相符。

[57] Gibbes, untitled TS memoir, Bodleian, f. 8.

[58] 同上书, f. 12。

[59] Pankratov, quoted in *Dnevniki* II, pp. 160–1.

[60] Anastasia, letter to Katya, no. 16, 8 October, EEZ.

[61] Quoted in *Dnevniki* II, p. 112.

[62] 同上书, p. 128。

[63] 同上书, p. 129。

[64] 同上书, p. 148。

[65] 引用于*Fall*, pp. 199–200。

[66] *Dnevniki* II, p. 139.

[67] 引用于同上书, p. 138。

[68] 同上书, p. 139。

[69] 同上书, pp. 163, 168。

第二十章　感谢上帝，我们还在俄国，所有人都在一起

[1] *Dnevniki* II, p. 150. 另可参阅 Nicholas's letter to Xenia, 9 November, 同上书, p. 159。

[2] Trewin, *Tutor to the Tsarevich*, p. 72; *Dnevniki* II, p. 159.

[3] *Fall*, p. 201.

[4] *Dnevniki* II, p. 161.

[5] Gilliard, *Thirteen Years*, p. 243.

[6] Bowra, *Memories*, p. 66.

[7] *Dnevniki* II, p. 164.

[8] Anastasia, letter to Katya, 14 November, EEZ.

[9] 同上书, 21 November, EEZ。

[10] Quoted in *Dnevniki* II, p. 176.

[11] 同上书, p. 85。

[12] Nepein, *Pered Rasstrelom*, p. 163.

[13] 同上书, p. 126。

[14] 同上书, p. 158。

[15] Quoted in *Dnevniki* II, p. 183.

[16] 同上书, p. 197。

[17] Vyrubova, *Memories*, p. 242.

[18] Letter to Zinaida Tolstaya, 10 December, quoted in *Dnevniki* II, p. 199; Anastasia, letter to Katya, no. 22, 10 December, EEZ.

[19] See *Dnevniki* II, p. 193–4. Other plays would follow in the New Year on 14, 21, 28 January, 4, 11, 18 and 25 February (OS). See Trewin, *Tutor to the Tsarevich*, pp. 78–83.

[20] *Dnevniki* II, p. 199.

[21] Buxhoeveden, *Left Behind*, p. 29.

[22] Vyrubova, *Memories*, p. 249.

[23] *Fall*, p. 211; Vyrubova, *Memories*, p. 318.

[24] 同上书, p. 313; *Fall*, pp. 213–14。

[25] See *Dnevniki* II, p. 216; Buxhoeveden, *Left Behind*, pp. 23–4.

[26] *Dnevniki* II, p. 217.

[27] Nepein, *Pered Rasstrelom*, p. 121.

[28] *Dnevniki* II, p. 224.

[29] Letter to PVP, 27 December, *Dnevniki* II, p. 218.

[30] Anastasia, letter to Katya, 5 December, EEZ.

[31] Buxhoeveden, *Left Behind*, p. 29.

[32] Quoted in *Dnevniki* II, p. 224.

[33] Gilliard, *Thirteen Years*, p. 128.

[34] Botkin, *Real Romanovs*, pp. 178–9.

[35] *Dnevniki* II, p. 230.

[36] 同上书; Buxhoeveden, *Life and Tragedy*, p. 313。

[37] Harry de Windt, 'Ex Czar's Place of Exile: A Picture of Tobolsk', reproduced from *Manchester Guardian* in *Poverty Bay Herald*, 6 February 1918.

[38] See Alexey diary, in Eugénie de Grèce, *Le Tsarévitch*, p. 207; Hendrikova diary quoted in Ross, *Gibel tsarskoy semi*, p. 226. Massie, *Last Diary*, p. 21, 这些文献证实阿纳斯塔西娅确实感染了麻疹, 尽管还有一些资料进行了否认。在给卡佳的信中也证实了这一点，参阅 letter to Katya, no. 25, 19 January 1918, EEZ。

[39] Alexandra, letter to Anna Vyrubova, *Memories*, p. 327.

[40] Letter, 26 January 1918, EEZ.

[41] Gilliard, *Thirteen Years*, p. 253.

[42] 关于那个冬天的寒冷，参阅 Anastasia to Anna Vyrubova, 23 January 1918 in Vyrubova, *Memories*, p. 327; Olga, letter to Rita Khitrovo, 21 January 1918 in Nepein, *Pered Rasstrelom*, p. 129; Nicholas, diary entries for 17–23 January, *Dnevniki* II, pp. 258–65。

[43] See Anastasia to Katya, letter, 26 January, EEZ; Nepein, *Pered Rassrelom*, p. 129.

[44] Gilliard, *Thirteen Years*, p. 253. Nicholas [Gibbes], 'Ten Years', p. 12.

[45] 同上书; Buxhoeveden, *Life and Tragedy*, p. 322。

[46] Botkin, *Real Romanovs*, pp. 178–9.

[47] Gilliard, *Thirteen Years*, p. 245.

[48] Bitner in Ross, *Gibel tsarskoy semi*, pp. 422–3.

[49] Trewin, *Tutor to the Tsarevich*, p. 73.

[50] Bitner in Ross, *Gibel tsarskoy semi*, p. 423.

[51] See e.g. letter to Zinaida Tolstaya, 14 January 1918, Coutau-Begari, p. 35 and to Valentina Chebotareva, 12 January 1918, in Alferev, *Pisma iz zatocheniya*, p. 200.

[52] *Pravoslavnaya zhizn* July 1968, no. 7 pp. 3–4. 这段摘录的出处在芭芭拉·多尔戈鲁卡娅（疑为瓦尔瓦拉·多尔戈鲁科娃——译者注）公爵小姐未出版的回忆录中得到证实，'Gone For Ever: Some Pages from My Life in Russia, 1885–1919', Hoover Institution Archives, TS fo. 82。别赫捷耶夫于1920年流亡，先在塞尔维亚、后在尼斯定居，这封信的存在和别赫捷耶夫以此为基础所写的诗歌在俄国流亡者圈子里广为人知。另参阅 Chernova, *Vernye*, pp. 476–7。

[53] Quoted in Titov, 'OTMA', p. 36.

[54] Bitner, quoted in Ross, *Gibel tsarskoy semi*, pp. 423–4.

[55] 同上。

[56] Trewin, *Tutor to the Tsarevich*, p. 74.

[57] Botkin, *Real Romanovs*, p. 179.

[58] 同上书, p. 180。

[59] 同上书, p. 179。

[60] Letter no. 25 to Katya, 19 January; letter no. 24, 24 January, EEZ.

[61] Botkin, *Real Romanovs*, pp. 179, 180.

[62] List 1 (14) Tobolsk books, Sydney Gibbes Papers; Trewin, *Tutor to the Tsarevich*, pp. 82–3.

[63] 同上书, p. 74; *LD*, p. 41。

[64] Bitner testimony in Ross, *Gibel tsarskoy semi*, p. 424.

[65] *LD*, p. 17.

[66] For Alexey see Alexandra's diary for 26 and 30 January, in ibid., pp. 32, 36.

[67] Quoted in *Dnevniki* II, p. 252.

[68] 引用于同上书, p. 267。

[69] 同上书, p. 268。

[70] *LD*, p. 38.

[71] *Dnevniki* II, p. 292.

[72] Letter to Zinaida Tolstoya, 6 January 1918, Coutau-Begari, p. 35.

[73] Wilton and Telberg, *Last Days of the Romanovs*, p. 196; Gilliard, *Thirteen Years*, p. 255.

[74] Kobylinsky statement in Wilton and Telberg, *Last Days of the Romanovs*, p. 197.

[75] Gilliard, *Thirteen Years*, p. 255. For the household economies see *Dnevniki* II, pp. 296–8.

[76] *LP*, p. 609.

[77] *Dnevniki* II, p. 312.

[78] 同上书, p. 332。

[79] Vyrubova, *Memories*, p. 337; Coutau-Begari, p. 35.

[80] Dehn, *Real Tsaritsa*, pp. 244, 246.

[81] *Dnevniki* II, p. 325.

[82] Quoted in *LD* p. 72.

[83] *Dnevniki* II, p. 328.

[84] Gilliard, *Thirteen Years*, p. 256.

[85] *Dnevniki* II, pp. 327–8.

第二十一章　当我和他们在一起的时候，他们知道这就是结局

[1] *Dnevniki* II, p. 316.

[2] 同上书, p. 336。

[3] Botkin, *Real Romanovs*, p. 192.

[4] Buxhoeveden, *Left Behind*, pp. 68–9.

[5] Gilliard, *Thirteen Years*, p. 256.

[6] Vyrubova, *Memories*, p. 341.

[7] Trewin, *Tutor to the Tsarevich*, p.95; Buxhoeveden, *Left Behind*, p. 49.

[8] Vyrubova, *Memories*, p. 338.

[9] Volkov statement, in Ross, *Gibel tsarskoy semi*, p. 450.

[10] Vyrubova, *Memories*, p. 338.

[11] *LD*, p. 102.

[12] Wilton and Telberg, *Last Days of the Romanovs*, p. 200.

[13] Melnik-Botkina, *Vospominaniya*, pp. 95–6.
[14] Gilliard, *Thirteen Years*, p. 259.
[15] *Dnevniki* II, p. 368.
[16] *Fall*, p. 238.
[17] Ross, *Gibel' tsarskoy semi*, p. 412.
[18] Wilton and Telberg, *Last Days of the Romanovs*, p. 250.
[19] *LD*, p. 108.
[20] Melnik-Botkina, *Vospominaniya*, p. 106; Botkin, *Real Romanovs*, p. 194.
[21] Gilliard, *Thirteen Years*, p. 262; Trewin, *Tutor to the Tsarevich*, p. 98.
[22] 'British Abbot who was Friend of Murdered Czar', *Singapore Free Press*, 20 March 1936. 现在已经是尼古拉神父的吉伯斯在途经新加坡前往圣地的途中接受了采访。Nicholas [Gibbes], 'Ten Years', pp. 13–14.
[23] *Dnevniki* II, p. 374.
[24] Trewin, *Tutor to the Tsarevich*, p. 98; Buxhoeveden, *Life and Tragedy*, p. 331.
[25] Nicholas [Gibbes], 'Ten Years', p. 14; Bulygin, *Murder of the Romanovs*, p. 209; Kobylinsky statement in Ross, *Gibel tsarskoy semi*, p. 304.
[26] Trewin, *Tutor to the Tsarevich*, p. 98.
[27] Melnik-Botkina, *Vospominaniya*, p. 104.
[28] Zeepvat, 'Valet's Story', p. 332.
[29] Statement in Ross, *Gibel tsarskoy semi*, p. 304.
[30] Bitner statement in ibid., p. 423.
[31] Trewin, *Tutor to the Tsarevich*, p. 100.
[32] Ibid., p. 130; Melnik-Botkina, *Vospominaniya*, p. 108.
[33] Gibbes, TS memoirs, f. 12.
[34] Gilliard, *Thirteen Years*, p. 263.
[35] Tschebotarioff, *Russia My Native Land*, p. 197.
[36] Gilliard, *Thirteen Years*, p. 263.
[37] Vyrubova, *Memories*, p. 342.
[38] Olga's letter, 28 April to 5 May 1918, Wilson, 'Separation and Uncertainty', no. 25, p. 4. 1918年4月至5月翻译成英文的一系列信件（文章nos.25-8）摘自 *Journal Intime de Nicolas II*, 1934, 以及 Eugénie de Grèce, *Le Tsarévitch: enfant martyr*，这是俄文原件的法文翻译版本。所以这些英文译文是第三手的，因为原始的俄文资料如果仍然存在的话，目前仍不可获得。
[39] 同上书，p. 5。
[40] 同上。
[41] 查阅网址 @: http://www.tzar-nikolai.orthodoxy.ru/n2/pism/12.htm#9。
[42] Wilson, 'Separation and Uncertainty', no. 26, p. 41.
[43] 同上书，no. 27, p. 82。

[44] 同上书，p. 83。
[45] 同上书，p. 84。
[46] Quoted in *Dnevniki* II, p. 417.
[47] Wilson, 'Separation and Uncertainty', no. 28, p. 114.
[48] 同上书，p. 115。
[49] Maria, postcard to Ella, quoted in *Dnevniki* II, p. 430.
[50] *Dnevniki* II, pp. 425–6. 请注意，这封被广泛引用的信的抄本各不相同，所以（如 *Fall*, pp. 301–2）可能包含了一些错误。
[51] 同上书，p. 426。
[52] Bulygin, *Murder of the Romanovs*, p. 228.
[53] 同上书，p. 229。
[54] Wilton and Telberg, *Last Days of the Romanovs*, p. 213.
[55] Wilson, 'Separation and Uncertainty', no. 28, p. 114.
[56] Bulygin, *Murder of the Romanovs*, p. 230; Botkin, *Real Romanovs*, p. 207.
[57] 同上书，p. 208。
[58] Trewin, *Tutor to the Tsarevich*, pp. 101–2.
[59] Buchanan, *Queen Victoria's Relations*, p. 231.
[60] Buxhoeveden, *Left Behind*, pp. 68–9.
[61] 同上书，p. 71。
[62] Bulygin, *Murder of the Romanovs*, p. 230; Nicholas [Gibbes], 'Ten Years', p. 14.
[63] 罗季奥诺夫留在了叶卡捷琳堡帮助组织伊帕提耶夫府的警卫。据 Plotnikov, *Gibel tsarskoy semi*, pp. 195, 475–6，运送皇室一家到叶卡捷琳堡的72人中，大部分是拉脱维亚契卡。1930年代罗迪奥诺夫继续为苏联内务人民委员部工作。
[64] Buxhoeveden, *Left Behind*, p. 73.
[65] Gilliard, *Thirteen Years*, p. 269.
[66] Speranski, 'La Maison', pp. 158–9.
[67] 同上书，pp. 159–60, 161。
[68] 同上书，p. 161。
[69] Trewin, *Tutor to the Tsarevich,* p. 104; Nicholas [Gibbes], 'Ten Years', p. 14.

第二十二章 乌拉尔苏维埃的囚犯

[1] *Dnevniki* II, p. 438.
[2] 同上。
[3] *LD*, p. 157.
[4] *Dnevniki* II, p. 427.
[5] 同上书，p. 458。

[6] Quoted in ibid., p. 456.

[7] *LD*, p. 137.

[8] 同上书, p. 151。

[9] *Dnevniki* II, p. 487.

[10] *Dnevniki:*, p. 475.

[11] *LD*, p. 159; *Dnevniki* II, p. 465.

[12] *LD*, p. 194.

[13] *Dnevniki*, p. 469; *LD*, p. 163.

[14] See *LD*, 27 May, 10 June, pp. 148, 162.

[15] 同上书, pp. 169, 170; *Dnevniki* II, p. 479。

[16] 同上书, p. 490; *LD*, p. 175。

[17] Testimony of Alexander Strekotin, in Zhuk, *Ispoved tsareubiits*, p. 450; Testimony of Alexey Kabanov, in ibid, p. 129; see also p. 144.

[18] Speranski, 'La Maison', p. 164.

[19] Testimony of Alexander Strekotin in Zhuk, *Ispoved tsareubiits*, p. 446 and variant of this on p. 450.

[20] *Dnevniki* II, p. 497.

[21] *LD*, p. 175.

[22] 'The 90th Birthday of A. E. Portnoff', accessible @: http://www.holyres.org/en/?p=223

[23] Peter Hudd (Hudiakovsky), taped reminiscences, University of Illinois at Springfield Archives, accessible @: http://www.uis.edu/archives/memoirs/HUDD.pdf

[24] Shoumatoff, *Russian Blood*, p. 142.

[25] Peter Hudd (Hudiakovsky), taped reminiscences, University of Illinois at Springfield Archives, accessible @: http://www.uis.edu/archives/memoirs/HUDD.pdf

[26] 同上。

[27] Storozhev's testimony, in Ross, *Gibel tsarskoy semi*, p. 98.

[28] 同上书, p. 100; Shoumatoff, *Russian Blood*, p. 142。

[29] 'Kak eto bylo', *Tientsin Evening Journal*, Russian edition, 17 July 1948, front page.

[30] Speranski, 'La Maison', p. 119. See also Starodumova statement in Ross, *Gibel tsarskoy semi*, pp. 81–2.

[31] Speranksi, 'La Maison', p. 120.

[32] Statement of Pavel Medvedev, in Radzinsky, *Last Tsar*, p. 336.

[33] Shoumatoff, *Russian Blood*, p. 142.

[34] Christie's catalogue, 29 November 2012, lot 116. Card sent from Tobolsk, 29 March 1918.

尾声　遭受镇压的受害者

[1] *Dnevniki* II, p. 572.

[2] See Alexei Volkov, *Souvenirs d'Alexis Volkov* (Paris: Payot, 1928); 摘录的翻译版本参阅 Zeepvat, 'Valet's Story'。

[3] 捷米多娃的日记可参阅: GARF f. 601. Op. 1. D. 211. 日记在慕尼黑出版, 参阅 *Veche. Nezavisimyi ruskii almanakh*, 1989, no. 36, pp. 182–92。 关于她的罗曼诺夫家族藏品的命运, 参阅 http://www.ogoniok.com/archive/ 1916/4461/30-40-42。

[4] 关于吉伯斯、吉利亚德和布克斯盖夫登与皇室一家分离后的经历, 参阅 Trewin, *Tutor to the Tsarevich*, Gilliard, *Thirteen Years* 以及 Buxhoeveden, *Left Behind*.

[5] Gilliard, *Thirteen Years*, p. 274. 吉伯斯将玻璃吊灯带回了英国。一段时间内 存放于他位于牛津的小教堂里, 后来随着他的其他罗曼诺夫家族藏品被带到了卢顿 山庄, 直到这栋乡村别墅被卖掉并改建成一座酒店。目前这盏灯的下落不明。

[6] See Buxhoeveden, *Before the Storm*, *Life and Tragedy* and *Left Behind*.

[7] Shoumatoff, *Russian Blood*, p. 142.

[8] 移民至哈尔滨后, 阿纳托尔·波特诺夫加入了斯托罗热夫神父的唱诗班 (参阅 第22章注释22)。私人信息。

[9] 私人信息。

[10] 参阅网址 @: http://rt.com/news/members-of-russia- s-royal-family-rehabilitated/。

参考文献

档案

Alexandra Feodorovna, memoir [in French], Mariia Aleksandrovna
    Vasil'chikova Papers, Bakhmeteff Archive, Columbia University.
Alexandra of Hesse, Princess, letters to Queen Victoria, Royal Archives.
Barbara Dolgorouky, Princess, Memoirs ('Gone For Ever: Some Pages from
    My Life in Russia, 1885–1919'), Hoover Institution Archives.
Bosanquet, Dorothy, letters from Tsarskoe Selo, Bosanquet Family Papers,
    Leeds University Library, GB 206 MS 1456/182–4.
Buchanan, Meriel, diaries 1910–17 and newspaper cuttings, Buchanan
    Collection, Bu B 6, Nottingham University Library.
Elizaveta Feodorovna, Grand Duchess, letters to Queen Victoria, Royal
    Archives.
Imperial family, papers relating to visit to Balmoral 1896 and Cowes 1909,
    Royal Archives.
Pocock, L. C., Petrograd Diary 1916–17, box ref.: 85/28/1, Imperial War
    Museum.
Ryabinin, A., 'Tsarskaya Semya v Krymu osen 1913 goda', 'Zhizn' i
    Tsarstvovanie Imperatora Nikolaya II: Sbornik', in Tarsaidze Papers,
    part 2, Hoover Institution Archives.
Sablin, Nikolay Pavlovich, 'S tsarskoy semei na "shtandarte"', TS, Roman
    Gul' Archive, Amherst Center for Russian Culture, Massachusetts.
Seymour, Dorothy, manuscript diary, Petrograd 1916–17, box ref. 95/28/1,
    catalogue no. 3210, Imperial War Museum.
Tyan-Shansky, N. D. Semonov, 'Tsarstvennyya Deti', in 'Zhizn' i
    Tsarstvovanie Imperatora Nikolaya II: Sbornik', part I, TS, Tarsaidze
    Papers, Hoover Institution Archives.
'Vospominaniya o Marii Fedorovne Geringere', MS in Mariia Vasil'evna
    Fedchenko, Papers, Bakhmeteff Archive, Columbia University.
Zborovskaia, Ekaterina Erastovna, letters, 1917–18, collection no. 2000C3,
    Hoover Institution Archives.

报纸和杂志

Anglo-Russian, The
Atlantis Magazine
Cassell's Magazine
Cosmopolitan
Current Literature
Current Opinion
European Royal History Journal
Daily Mirror
Girl's Own Paper
Girls' Realm
Harper's Weekly
Illustrated London News
Ladies' Home Journal
Letopis' voiny, 1913–18
Literary Digest
Littell's Living Age

McClure's Magazine
Munsey's Magazine
New York Times
Niva
Noviy Zhurnal
Novoe Vremya
Ogonek
Outlook
Pearson's Magazine
Penny Illustrated Paper
Quiver
Review of Reviews (UK edition)
Royalty Digest
Russkoe Slovo
Scribner's Magazine
Stolitsa i usad'ba, 1913–18
Strand Magazine
Washington Post
Westminster Review
World's Work
Young Woman
Youth's Companion

数字版报纸和历史档案

Alexander Palace Time Machine

Newspaperarchive.com

19th-century UK Periodicals, British Library

19th-century Newspapers, British Library

New York Times Digital Archive

Papers Past, New Zealand

Proquest British Periodicals

Proquest Periodicals Archive

Proquest Periodicals Index

Royal Russia News Archive

The Times Digital Archive

Trove Digitised Newspapers

Washington Post Digital Archive

主要资料

1. 罗曼诺夫家族信件和日记

因四姐妹的信件和日记一直未出现完整合集版本，所以这些记录散落于各种不同的资料来源之中。

Alferev, E. E., *Pisma svyatykh tsarstvennykh muchenikov iz zatocheniya*, St Petersburg: Spaso-Preobrazhenskogo Valaamskogo monastyrya, 1998, 3rd edn, revised and enlarged.

Baker, Raegan, ed., *1913 Diary of Grand Duchess Olga Nikolaievna*, trans. Marina Petrov, Ontario: Gilbert's Royal Books, 2008.

Bing, Edward J., *The Secret Letters of the Last Tsar: Being the Confidential Correspondence between Tsar Nicholas II and the Dowager Empress Marie*, New York: Longmans, Green & Co., 1938.

Bokhanov, Alexander, *Aleksandra Feodorovna*, Moscow: Veche, 2008 [letters written March 1917 to April 1918, pp. 276–352].

Bokhanov, Alexander *et al.*, *The Romanovs: Love, Power and Tragedy*, London: Leppi Publications, 1993.

Bonetskaya, N. K., *Tsarskie deti*, Moscow: Izdatelstvo Sretenskogog Monastyrya, 2004.

Brewster, Hugh, *Anastasia's Album*, London: Little Brown, 1996.

Eugénie de Grèce, *Le Tsarévitch, enfant martyre*, Paris: Perrin, 1990 [Alexey's letters and diaries 1916–1918; OTMA's letters 1918].

Fjellman, Margit, *Louise Mountbatten, Queen of Sweden*, London: Allen & Unwin, 1968 [Appendix: Letters from the Russian Imperial Family, pp. 222–8].

Foman, S. V., *Skorbnyi angel; tsaritsa-muchenitsa Alexandra Feodorovna, novaya v pismakh, dnevnikakh i vospominaniyakh*, Moscow: S. F. Fomin, 2005.

Fuhrman, Joseph T., ed., *The Complete Wartime Correspondence of Tsar Nicholas II and the Empress Alexandra, April 1914–March 1917*, Westport, CT: Greenwood Press, 1999.

Galushkin, N. V., *Sobstvennyi ego imperatorskogo velichestva konvoy*, Moscow: Tsentrpoligraf, 2008.

Goncharenko, Oleg, *Pisma tsarskoy semi iz zatocheniya*, new edn, Moscow: Veche, 2013.

Ioann Konstantinovich, Grand Duke, letters to his family, in *Rossisskii arkhiv: Istoriya otechestva v svidetelstvakh i dokumentakh*, Moscow: Studiya TRITE, vol. XV, 2007, pp. 392, 419–20, 435–6.

Khrustalev, V. M., ed., *Dnevniki Nikolaya II i Imperatritsy Aleksandry Fedorovny, 1917–1918*, 2 vols, Moscow: Vagrius, 2008.

Kleinpenning, Petra H., ed., *The Correspondence of the Empress Alexandra of Russia with Ernst Ludwig and Eleonore, Grand Duke and Duchess of Hesse, 1878–1916*, Norderstedt: Herstellung und Verlag, 2010.

Korshunova, T. V., *et al.*, *Pisma prepodobnomuchenitsy velikoi knyagini Elizavety Feodorovny*, Moscow: Pravoslavnoe Sestrichestvo vo Imya Prepodobnomuchenitsy, 2011.

Kozlov, V. A. and Khrustalev, V. M., *The Last Diary of Tsaritsa Alexandra*, intro. Robert K. Massie, London: Yale University Press, 1997.

Kudrina, Yu V., *Imperatritsa Mariya Feodorovna: Dnevniki, pisma, vospominaniya*, Moscow: Olma-Press, 2001.

Kuhnt, Lotte Hoffmann, *Briefe der Zarin von Russland an ihre Jugendfreundin Toni Becker* (1887–94), Norderstedt: Herstellung und Verlag, 2009.

Kulikovsky, Paul *et al.*, *25 Chapters of My Life*, Forres: Librario Publishing, 2009.

Lichnevsky, M., *Lettres des Grands Ducs à Nicholas*, Paris: Payot, 1926.

McLees, Nectaria, *Divnyi svet*, Moscow: Palomnik, 1998.

Maliyutin, A. Yu., *Tsesarevich: dokumenty, vospominaniya, fotografii*, Moscow: Vagrius, 1998.

Mandache, Diana, *Dearest Missy*, Falkopin: Rosvall Royal Books, 2010.

Maylunas, Andrei and Sergei Mironenko, *A Lifelong Passion: Nicholas and Alexandra, Their Own Story*, New York: Doubleday, 1997.

Mironenko, S. V., ed., *Dnevniki imperatora Nikolaya II 1894–1918*, vol. 1, *1894–1904*, Moscow: ROSSPEN, 2011.

Olivier Coutau-Begari, sale catalogue [in French], 14 November 2007 [autograph letters by Alexandra, Olga, Maria and Tatiana sent from Tobolsk October 1917–May 1918], accessible @: http://tinyurl.com/culcvbq

Nepein, Igor, *Pered rasstrelom: Poslednie pisma tsarskoi semi . . . 1917–18*, Omsk: Knizhnoe Isdatelstvo, 1992.

Nicholas II, *Dnevnik Nikolaya Romanova* [1913–18], Moscow: Zakharov, 2007.

Spreti, Heinrich, Graf von, ed., *Alix an Gretchen, Breife der Zarin Alexandra Feodorovna an Freilin Margarethe v. Fabrice aus den Jahren 1891–1914*, Germany: privately printed, 2002.

Steinberg, Mark D. and Vladimir M. Khrustalev, *The Fall of the Romanovs*, London: Yale University Press, 1995.

Syroboyarsky, General A. V., *Skorbnaya pamyatka, 1918–17 July–1928*, New York: privately printed, 1928.

Tschebotarioff, Gregory P., *Russia My Native Land*, New York: McGraw Hill, 1964 [letters from Olga and Tatiana].

Wilson, Rev. Terence A. MacLean, 'Separation and Uncertainty' – translated extracts from the *Journal Intime de Nicolas*, 1934, vol. II, and letters of the imperial family in exile (from Princess George of Greece, *Le Tsaréevitch*), covering April–May 1918, in *Royalty Digest: A Journal of Record* 3, nos. 25, 26, 27, 28, June–October, 1993.

Zvereva, Nina, *Avgusteishie sestry miloserdiya*, Moscow: Veche, 2006.

2. 与英国和俄国宫廷相关的回忆录，日记，信件和传记

Alexander, Grand Duke, *Once a Grand Duke*, New York: Garden City Publishing, 1932.

Almedingen, E. M., *The Empress Alexandra 1872–1918*, London: Hutchinson, 1961.

Anon. [Albert Stopford], *The Russian Diary of an Englishman, Petrograd, 1915–1917*, London: Heinemann, 1919.

Anon. [Rebecca Insley Casper], *Intimacies of Court and Society: An Unconventional Narrative of Unofficial Days by the Widow of an American Diplomat*, New York: Dodd Mead, 1912.

Bariatinsky, Princess Anatole Marie, *My Russian Life*, London: Hutchinson, 1923.

Benkendorff, Pavel Konstantinovich, *Last Days at Tsarskoe Selo*, London: Heinemann, 1927.

Bogdanovich, A. V., *Tri poslednykh samoderzhtsa*, Moscow: Novosti, 1990.

Botkin, Gleb, *The Real Romanovs*, London: Putnam, 1932.

Buchanan, Sir George, *My Mission to Russia*, vol 1, London: Cassell, 1923.

Buchanan, Meriel, *Diplomacy and Foreign Courts*, London: Hutchinson, 1928.

—— *The Dissolution of an Empire*, London: John Murray, 1932.

——'The Grand Duchess Olga Nicholaievna', in *Queen Victoria's Relations*, London: Cassell, 1954.

—— *Ambassador's Daughter*, London: Cassell, 1958.

Bulygin, Captain Paul, *The Murder of the Romanovs*, London: Hutchinson, 1935.

Buxhoeveden, Baroness Sophie, *The Life and Tragedy of Alexandra Fyodorovna*, London: Longmans, Green, 1928.

—— *Left Behind: Fourteen Months in Russia During the Revolution*, London: Longmans, Green, 1929.

—— *Before the Storm*, London: Macmillan, 1938.

Chebotareva, Valentina, 'V dvortsovom lazarete v Tsarskom Sele: Dnevnik 14 Iyuliya 1915–5 Yanuarya 1918', in *Novyi Zhurnal* 181, 1990, pp. 173–243 and 182, 1990, pp. 202–72.

Collier, Mary, *A Victorian Diarist: Extracts from the Journals of Mary, Lady Monkswell*, London: John Murray, 1944.

Dehn, Lili, *The Real Tsaritsa*, London: Thornton Butterworth, 1922.

Demidova, Anna, 'Iz dnevnika A. S. Demidovoi', in O. T. Kovalevskaya, *S tsarem i za tsarya: Muchenicheskii venets tsarskikh slug*, Moscow: Russkii Khronograf, 2008, pp. 56–70.

Duff, David, *Hessian Tapestry*, London: David & Charles, 1979.

De Stoeckl, Agnes, *Not All Vanity*, London: John Murray, 1951.

—— *My Dear Marquis*, London: John Murray, 1952.

Durland, Kellogg, *Royal Romances of To-day*, New York: Duffield, 1911.

Eagar, Margaretta, *Six Years at the Russian Court*, Bowmanville, Ont.: Gilbert's Books, [1906], with an introduction by Charlotte Zeepvat, 2011.

Elton, Renee Maud, *One Year at the Russian Court 1904–1905*, London: John Lane, 1918.

Eulalia, Infanta of Spain, *Court Life from Within*, New York: Dodd, Mead, 1915.

Fabritsky, S. S., *Iz proshlogo: Vospminaniya fligel-adyutanta gosudarya imperatora Nikolai II*, Berlin: n.p., 1926.

Fulford, Roger, ed., *Darling Child: Private Correspondence of Queen Victoria and the German Crown Princess, 1871–1878*, London: Evans Brothers, 1976.

—— *Beloved Mama: Private Correspondence of Queen Victoria and the German Crown Princess, 1878–1885*, London: Evans Brothers, 1981.

Galitzine, Princess Nicholas, *Spirit to Survive: Memoirs of Princess Nicholas Galitzine*, London: William Kimber, 1976.

Gavriil Konstantinovich, Grand Duke, *Memories in the Marble Palace*, Bowmanville, Ont.: Gilbert's Books, 2009.

Gilliard, Pierre, *Thirteen Years at the Russian Court*, London: Hutchinson, 1921.

Girardin, Daniel, *Précepteur des Romanov*, Lausanne: Actes Sud, 2005.

Grabbe, Paul and Beatrice Grabbe, eds, *The Private World of the Last Tsar*, London: Collins, 1985.

Gromov, A. M., *My Recollections through Fifty Years: Recollections of an Artisan Worker of the Winter Palace . . . 1879–1929*, ed. and trans. Stephen R. de Angelis, Sunnyvale, CA: Bookemon, 2009.

Harcave, Sidney, ed., *The Memoirs of Count Witte*, New York: M. E. Sharpe, 1990.

Helena Augusta Victoria and Karl Sell, *Alice, Grand Duchess of Hesse*, London: G. P. Putnam's Sons, 1885.

Hibbert, Christopher, *Queen Victoria in Her Letters and Journals*, London: Viking, 1984.

Hough, Richard, *Louis and Victoria: The First Mountbattens*, London: Hutchinson, 1974.

—— *Advice to a Granddaughter: Letters from Queen Victoria to Princess Victoria of Hesse*, London: Heinemann, 1975.

—— *Mountbatten: Hero of Our Time*, London: Weidenfeld & Nicolson, 1985.

Iswolsky, Helene, *No Time to Grieve*, Philadelphia, PA: Winchell, 1985.

Kalinin, Nikolay and Marina Zemlyachenko, 'Taina Velikoi Knyazhny', ch. 8 of *Romanovy i Krym*, Simferopol: Biznes-Inform, pp. 237–64.

Kamarovskaya, E., *Vospominaniya*, Moscow: Zaharov, 2003.

Kleinmikhel, Countess, *Memories of a Shipwrecked World*, London: Brentano's, 1923.

Kokovtsov, Graf V. N., *Iz moego proshlago: Vospominaniya 1903–1919 gg.*, 2 vols, Paris: Mouton, 1933.

Kovalevskaya, O. T., *S tsarem i za tsarya: Muchenicheskii venets tsarskikh slug*, Moscow: Russkii Khronograf, 2008.

Lutyens, Mary, ed., *Lady Lytton's Court Diary*, London: Rupert Hart-Davis, 1961.

Marie, Queen of Romania, *The Story of My Life*, New York: Scribner's, 1934.

Marie Pavlovna, Grand Duchess, *Things I Remember*, London: Cassell, 1930.

Markov, Sergey, *Pokinutaya tsarskaya semya, 1917–18, Tsarskoe Selo–Tobolsk–Ekaterinburg*, Moscow: Palomnik, 2002.

Melnik-Botkina, Tatiana, *Vospominaniya o tsarskoi seme*, Moscow: Zakharov, 2009.

Mossolov, A. A., *At the Court of the Last Tsar*, London: Methuen, 1935.

Naryshkin-Kurakin, Elizaveta, *Under Three Tsars*, New York: E. P. Dutton, 1931.

Noel, Gerard, *Princess Alice: Queen Victoria's Forgotten Daughter*, London: Michael Russell, 1974.

Paléologue, Maurice, *An Ambassador's Memoirs 1914–1917*, London: Hutchinson, 1973.

Paoli, Xavier, *My Royal Clients*, London: Hodder & Stoughton, 1911.

Poore, Judith, *The Memoirs of Emily Loch, Discretion in Waiting*, Forres, Moray: Librario Publishing, 2007.

Popov, K., *Vospominaniya kavkazskogo grenadera, 1914–1920*, Belgrade: Russkaya Tipografiya, 1925.

Radziwill, Catherine, *The Taint of the Romanovs*, London: Cassell, 1931.

Ramm, Agatha, ed., *Beloved & Darling Child: Last Letters Between Queen Victoria & Her Eldest Daughter 1886–1901*, Stroud: Sutton Publishing, 1990.

Ross, Nikolay, *Gibel tsarskoy semi*, Frankfurt am Main: Posev, 1987.

Sablin, Nikolay, *Desyat let na imperatorskoi yakhte 'Shtandart'*, St Petersburg: Petronius, 2008.

Sazonov, Serge, *The Fateful Years 1906–1916*, London: Jonathan Cape, 1928.

Speranski, Valentin, *'La Maison à destination spéciale': La tragédie d'Ekaterinenbourg*, Paris: J. Ferenczi & Fils, 1929.

Spiridovich, Alexandre, *Les Dernières années de la court de Tsarskoe Selo*, 2 vols, Paris: Payot, 1928.

—— *Last Years of the Court at Tsarskoe Selo*, Bowmanville, Ont.: Gilbert's Books, 2010.

Trewin, J. C., *Tutor to the Tsarevich: Charles Sydney Gibbes*, London: Macmillan, 1975.

Tyutcheva, Sofya, 'Za neskolko let do katastrofy, Vospominaniya', @ http://bib.rus.ec/b/327889/read

Vassili, Paul, *Behind the Veil at the Russian Court*, London: Cassell, 1913.

Virubova [Vyrubova], Anna, *Keisarinnan Hovineiti*, Helsinki: Otava, 1987.

Volkov, A. a., *Okolo tsarskoy semi*, Moscow: Chastnaya Firma 'Ankor', 1993.

Vorres, Ian, *The Last Grand Duchess*, London: Hutchinson, 1964.

Vyrubova, Anna, *Memories of the Russian Court*, New York: Macmillan, 1923.

—— *Romanov Family Album*, London: Allen Lane, 1982.

W. B. [a Russian], *Russian Court Memoirs, 1914–1916*, London: Herbert Jenkins, 1917.

Wheeler, Post and Hallie Erminie Rives, *Dome of Many Coloured Glass*, New York: Doubleday, 1955.

Woronoff, Olga, *Upheaval*, New York: G. P. Putnam's, 1932.

Zimin, Igor, *Detskiy mir imperatorskikh rezidentsii. Povsednevnaya zhizn rossiiskogo imperatorskogo dvora*, St Petersburg: Tsentropoligraf, 2010.

3. 报刊中的文章

'Alien's Letter from England: Cowes Regatta Week', *Otago Witness*, 29 September 1909.

'Autocrat of the Nursery', 20 June 1912 and 'Forming the Tsarevitch's Character', 11 July 1912, *Youth's Companion* 86, 1912, pp. 330, 356.

Belloc, Marie, 'Her Imperial Majesty the Czarina of Russia', *Woman at Home*, February 1895, pp. 427–33.

Biddle, Winthrop, 'The Czar and His Family', *Munsey's Magazine* LI, February 1914, no. 1, pp. 3–5.

'Camera Bug to Czar Nicholas Photograph Album of G. N. Taube', *Life Magazine* 72, 9 June 1972, pp. 69–70.

Cherkashin, Nikolay, 'Knyazhna i michman: istoriya poslednei lyubvi docheri Nikolaya II', *Rossiiskaya gazeta*, no. 3336, 1 November 2003, @: http://www.rg.ru/2003/11/01/olga.html

Chernavin, T., 'The Home of the Last Tsar', *Slavonic and East European Review* 17, 1938–9, pp. 659–67.

'The Children of the Tsar', *The Scrap-Book* 5, part 1, January–June 1908, p. 60.

'Children Without a Smile', *Washington Post*, 28 May 1905.

'The Czar at Home', *Harper's Weekly* 48, 17 September 1904, pp. 143–5.

'The Czarina', *Canadian Magazine* 19, May–October 1902, pp. 301–4.

'Daughters of Royal Houses: The Grand-duchess Olga of Russia', *Woman's Life* 68 no. 6, 27 March 1897, pp. 81–2.

Demidova, Anna, 'Dnevnik 1917', *Veche: nezavisimyi russkii almanakh*, Munich, 1989, no. 36, pp. 182–92.

Dubensky, Major-General, 'With the Tsar and Tsarevitch at the Front', *20th Century Russia and Anglo-Russian Review*, October 1916, pp. 31–3.

Eagar, Margaretta, 'Christmas at the Court of the Tsar', *Quiver*, January 1906, pp. 26–30.

—— 'Further Glimpses of the Tsaritsa's Little Girls', *Girl's Own Paper and Woman's Magazine* vol. XXX, 1909, pp. 366–7.

—— 'More about the Little Grand Duchesses of Russia', *Girl's Own Paper and Woman's Magazine* vol. XXX, 1909, pp. 535–5.

[Eagar, Margaretta] 'The Russian Court in Summer', *The Star* [Christchurch, NZ], 30 September 1905, reprinted from *Woman at Home*.

Erdeli, Margarita [Rita Khitrovo], 'Razyasnenie o moei poezdke v Tobolsk', *Dvuglavyi orel* 30, no. 1, (14) May 1922, pp. 6–11.

Farson, Daniel, 'Au Pieds de l'Impératrice', *Wheeler's Review* 27, no. 3, 1983, pp. 14–18.

Foster Fraser, Sir John, 'Side Shows in Armageddon', *Harper's Monthly*, January 1919, pp. 264–9.

'Four Little Maids: Home Life of the Children in the Royal Family of Russia', *Delphos Daily Herald* (Ohio, USA), 16 July 1901.

Gelardi, Julia P., 'Carol & Olga: "They must decide for themselves"', *Royalty Digest* X, no. 2, August 2000, pp. 50–7.

Geraschinevsky, Michael Z., 'The Ill-Fated Children of the Tsar', *Scribner's Magazine* 65, no. 2, February 1919, pp 158–76.

Gibbes, 'Ten Years', see Nicholas, Very Revd Archimandrite, below.

Hall, Coryne, 'The Tsar's Visit to Cowes', *Royalty Digest* VI no. 2, August 1996, pp. 39–42.

—— '"No Bombs, No Bandits". Holidays in Finland', part 2, *Royalty Digest* 144, June 2003, pp. 360–5.

—— 'Why Can Other Boys Have Everything . . .?', *European Royal History Journal*, June 2004, pp. 3–7.

—— 'The Tsar's Floating Palace: *The Shtandart*', *European Royal History Journal* LXXXII, August 2011, pp. 23–30.

Hapgood, Isabel, 'Russia's Czarina', *Harper's Bazaar* 40, February 1906, pp. 103–9.

Harris, Carolyn, 'The Succession Prospects of Grand Duchess Olga Nikolaevna (1895–1918)', *Canadian Slavonic Papers* LIV, nos 1–2, March–June 2012, pp. 61–84.

Helena, Princess of Serbia, 'I Was at Ekaterinburg', *Atlantis Magazine: In the Court of Memory* 1, no. 3, 1999, pp. 78–92.

Henninger, Griffith, '"To Lessen Their Suffering": A Brief History of the Empress Alexandra's War Relief Organizations, July 23 1914–March 2 1919', unpublished paper, Southern Conference of Slavic Studies, Savannah, 30 March 2012.

Hodgetts, Bradley, 'The Czar of Russia at Home, Minute Picture of Court Life at St. Petersburg During the Last Century', *Cassell's Magazine* 30, September 1904, pp. 342–3.

'How the Czar's Five Children Live in the Shadow of Death', *Current Literature* 53, December 1912, pp. 642–6.

'How the Czarina's Superstitions Helped to Bring the Russian Revolution', *Current Opinion* 69, September 1920, pp. 358–60.

'How the Russian Censor Works', *Strand Magazine* 29, no. 170, 1905, pp. 206–16.

Hulme, John, 'The Homely Tsar', *Pearson's Magazine* 7–8, January 1902, pp. 34–41.

'Imperial Russia: Her Power and Progress', *Illustrated London News*, 31-page special supplement, July 1913.

Janin, Général M., 'Au G.Q.G. russe', *Le Monde Slave*, May 1916, pp. 1–24.

Khitrovo, Rita, see above, Erdeli, Margarita.

King, Greg, 'Livadia under Nicholas II', *Atlantis Magazine: In the Courts of*

Memory. Special double issue on the Romanovs and the Crimea, 3, no. 3 (no date) pp. 5–35.

—— 'Requiem: The Russian Imperial Family's Last Visit to Darmstadt, 1910', *Atlantis Magazine: In the Courts of Memory* 2, no. 2, (no date), pp. 104–14.

King, Greg and Penny Wilson, 'The Departure of the Imperial Family from Tsarskoe Selo', *Atlantis Magazine: In the Courts of Memory*, special *Fate of the Romanovs* edition, September 2003, pp. 12–31. Also available @: http://www.kingandwilson.com/fotrextras/

Malama, Peter de, 'The Romanovs – The Forgotten Romance', *Royalty Digest* 162, December 2004, pp. 184–5.

Markylie, M., 'L'Impératrice en voile blanc: Tsarskoié-Sélo et les Hopitaux de Sa Majesté Alexandra Féodorovna', *Revue des deux mondes*, 1 April 1916, pp. 566–83.

Mee, Arthur, 'Empress of a Hundred Millions', *The Young Woman* VIII, October 1899, pp. 1–6.

Minzlov, S. R. [Sergey Mintslov], 'Home Life of the Romanoffs, II', *Littell's Living Age* 322, 1924, pp. 161–6.

Morris, Fritz, 'The Czar's Simple Life', *Cosmopolitan* 33, 5 September 1902, pp. 483–90.

'The Most Beautiful Woman on any Throne', *Current Literature* XLI, no. 5, November 1906, pp. 514–16.

'A Nestful of Princesses: the Four Little Daughters of the Tsar', see below, Two Russian Girls.

Nicholas, Very Revd Archimandrite [Charles Sydney Gibbes], 'Ten Years with the Russian Imperial Family', *Russian American Monthly* VI, no. 87, December 1949, pp. 9–15.

Norregaard, B. W., 'The Czar at Home', *Daily Mail*, 10 June 1908.

Ofrosimova, Svetlana, 'Tsarskaya semya (iz detskikh vospominanii)', *Bezhin lug* 1, 1995, pp. 135–48.

'People of Note: The Home Life of the Czar', *The London Journal*, 14 February 1903, p. 150.

Rowley, Alison, 'Monarchy and the Mundane: Picture Postcards and Images of the Romanovs 1890–1917', *Revolutionary Russia* 22, no. 2, December 2009, pp. 125–52.

'Royal Mothers and Their Children', *Good Housekeeping* 54, no. 4, April 1912, p. 457.

Schwartz, Theodore, 'The Czarina and Her Daughters', *Munsey's Magazine* 39, 1908, pp. 771–8.

Seawell, Molly Elliot, 'The Annual Visit of the Czar and Czarina to Darmstadt', *Alaskan Magazine* 1, no. 7, October 1900, pp. 323–34.

'Sentimental Crisis in the Careers of the Czar's Eldest Daughters', *Current Opinion* 55, 1913, pp. 323–4.

Soloveva, Natalya, 'La Tristesse Impériale', *Rodnye dali* 202 (Los Angeles), 1971, pp. 12–15.

Svitkov, N., 'Olga Nikolaevna, Velikaya Knyazhina i Tsarevna-Muchenitsa (1895–1918), *Pravoslavnaya Zhizn* 7, 1951, pp. 8–13.

Titov, I. V., 'OTMA: O velikikh knyazhnyakh Olge, Tatyane, Marii i Anastasii Nikolaevnykh', *Dvoryanskoe sobranie* 4, 1996, pp. 28–45.

'The Tottering House of the Romanoffs', *Washington Post*, 26 November 1905.

'The Truth about the Tsar', *Daily News*, 15 December 1900.

'The Tsar's Children', *Daily Mirror*, 29 December 1903.

Two Russian Girls, 'A Nestful of Princesses: The Four Little Daughters of the Tsar', *Girls' Realm* 4, June 1901, pp. 937–41.

'A Visit to the Czar', *Cornhill Magazine* 33 [new series], December 1912, pp. 741–8.

Warth, R. D., 'Before Rasputin: Piety and Occult at the Court of Nicholas II', *Historian* 47, no. 3, 1985, pp. 323–37.

'Which Prince Shall She Wed', *The Woman's Magazine* 29–30, 1914, p. 7.

Wilson, Rev. Terence A. McLean, 'Granny is Marvellously Kind and Amiable to Us', *Royalty Digest* XXX, September 1996, pp. 66–70.

Wynn, Marion, 'Romanov Connections with the Anglo-Russian Hospital in Petrograd', *Royalty Digest*, XII no. 7, January 2003, pp. 214–19.

—— '"Princess Alix was Always Extremely Homely": Visit to Harrogate, 1894', *Royalty Digest*, XI, no. 1, pp. 51–4.

Zeepvat, Charlotte, '"This Garden of Eden", The Russian Imperial Family and the Crimea', *Royalty Digest* II, no. 1, July 1992, pp. 2–14.

—— 'The Lost Tsar', *Royalty Digest*, VIII no. 1, July 1998, pp. 2–6.

—— 'The Valet's Story' (Alexis Volkov), part 1, *Royalty Digest* 105, March 2000, pp. 258–63; part 2, 106, May 2000, pp. 302–7; part 3, 107, June 2000, pp. 329–34.

—— 'Two Olgas – and the Man They Loved', *Royalty Digest* 129, March 2002, pp. 258–63.

次要资料

Alekseeva, Irina, *Miriel Byukenen: svidetelnitsa velikikh potryasenii*, St Petersburg: Liki Rossii, 1998.

Almedingen, Edith, *Tomorrow Will Come*, London: The Bodley Head, 1961.

Arbenina, Stella, *Through Terror to Freedom*, London: Hutchinson, 1929.

Ashton, Janet, *The German Woman*, Huddersfield, Yks: Belgarun, 2008.

Azabal, Lilie Bouton de Fernandez- (Countess Nostitz), *The Countess from Iowa*, New York: G. P. Putnam's Sons, 1936.

Azabal; Lilie de Fernandez, (Countess Nostitz), *Romance and Revolutions*, London: Hutchinson, 1937.

Barkovets, A. and V. Tenikhina, *Nicholas II: The Imperial Family*, St Petersburg: Arbris, 2002.

Bartlett, E. Ashmead, *The Riddle of Russia*, London: Cassell, 1929.

Bibesco, Marthe, *Royal Portraits*, New York: D. Appleton, 1928.

Bowra, Maurice, *Memories 1898–1939*, London: Weidenfeld & Nicolson, 1966.

Buchanan, Meriel, *Queen Victoria's Relations*, London: Cassell, 1954.

Cantacuzène, Julia, *Revolutionary Days*, Chicago, IL: Donnelley, 1999.

Cassini, Countess Marguerite, *Never a Dull Moment*, New York: Harper & Brothers, 1956.

Chernova, O. V., *Vernye: O tekh, kto ne predal Tsarstvennykh muchennikov*, Moscow: Russkii Khronograf, 2010.

Crawford, Rosemary and Donald Crawford, *Michael and Natasha: The Life and Loves of the Last Tsar of Russia*, London: Weidenfeld & Nicolson, 1997.

Dassel, Felix, *Grossfürstin Anastasia Lebt*, Berlin: Verlagshaus fur Volks-
· literatur und kunst, 1928.

De Jonge, Alex, *Life and Times of Grigory Rasputin*, London: Collins, 1982.

Delafield, E. M., *Straw without Bricks: I Visit Soviet Russia*, London: Macmillan, 1937.

De Windt, Harry, *Russia as I Know It*, London: J. B. Lippincott, 1917.

Dorr, Rheta Childe, *Inside the Russian Revolution*, New York: Macmillan, 1917.

Durland, Kellogg, *Red Reign: The True Story of an Adventurous Year in Russia*, New York: Century, 1908.

Elchaninov, Major-General Andrey, *The Tsar and His People*, London: Hodder & Stoughton, 1914.

Elsberry, Terence, *Marie of Romania*, London: Cassell, 1973.

Emery, Mabel S., *Russia through the Stereoscope: A Journey across the Land of the Czar from Finland to the Black Sea*, London: Underwood & Underwood, 1901.

Fraser, John Foster, *Red Russia*, London: Cassell, 1907.

—— *Russia of To-day*, London: Cassell, 1915.

Fuhrmann, Joseph T., *Rasputin: The Untold Story*, New York: John Wiley, 2012.

Ganz, Hugo, *Russia the Land of Riddles*, New York: Harper, 1904.

Glyn, Anthony, *Elinor Glyn: A Biography*, London: Hutchinson, 1968.

Glyn, Elinor, *Romantic Adventure*, New York: E. P. Dutton, 1937.

Greenwall, Harry James, *Mirrors of Moscow*, London: Harrap, 1929.

Griffith, Hubert Freeling, *Seeing Soviet Russia*, London: John Lane, 1932.

Hall, Coryne, *Little Mother of Russia*, Teaneck, NJ: Holmes & Meier, 2006.

Hapgood, Isabel, *Russian Rambles*, London: Longman, Green, 1895.

Harmer, Michael, *The Forgotten Hospital*, Chichester, Sx: Chichester Press, 1982.

Heresch, Elisabeth, *Blood on the Snow: Eyewitness Accounts of the Russian Revolution*, New York: Paragon House, 1990.

Holmes, Burton, *Burton Holmes Travelogues*, vol. 8, *St. Petersburg, Moscow, The Trans-Siberian Railway*, New York: The McClure Company, 1910.

—— *The Traveler's Russia*, New York: G. P. Putnam's Sons, 1934.

Hough, Richard, *Edward and Alexandra: their Private and Public Lives*, London: John Muray, 1921.

Howe, M. A. De Wolfe, *George von Lengerke Meyer: His Life and Public Services*, New York: Dodd Mead, 1918.

Hunt, Violet, *The Flurried Years*, London: Hurst & Blackett, 1926.

Ioffe, Genrikh, *Revolyutsiya i semya Romanovykh*, Moscow: Algoritm, 2012.

Kelly, Marie Noele, *Mirror to Russia*, London: Country Life, 1952.

Kerensky, Alexander, *The Catastrophe*, New York: Kraus Reprint, 1927.

King, Greg, *The Court of the Last Tsar*, New York: John Wiley, 2006.

—— *The Last Empress*, London: Aurum Press, 1995.

King, Greg and Penny Wilson, *Resurrection of the Romanovs*, New York: John Wiley, 2011.

Kochan, Miriam, *The Last Days of Imperial Russia 1910–1917*, London: Weidenfeld & Nicolson, 1976.

Ktorova, Alla, *Minuvshee: prashchury i pravnuki*, Moscow: Minuvshee, 2007.

Kuchumov, Mikhail A., *Recollections and Letters of Chief Curator Mikhail A. Kuchumov*, ed. and trans. Stephen R. Angelis, Sunnyvale, CA: Bookemon, 2011.

Long, Robert Crozier, *Russian Revolution Aspects*, New York: E. P. Dutton, 1919.

Malofeev, Gennadiy, 'Russkie knyazhny', in Vladimir Dolmatov (ed.), *Romanovy, podvig vo imya lyubvi*, Moscow: Dostoinstvo, 2010, pp. 63–84.

Massie, Robert K., *Nicholas and Alexandra*, New York: Atheneum, 1967.

Merry, W. Mansell, *Two Months in Russia July–September 1914*, Oxford: B. H. Blackwell, 1916.

Michael, Prince of Greece, and Andrei Maylunas, *Nicholas and Alexandra: The Family Albums*, London: Tauris, 1992.

Miller, Ilana, *The Four Graces: Queen Victoria's Hessian Granddaughters*, East Richmond Heights, CA: Kensington House Books, 2011.

Miller, Sarah, *The Lost Crown*, New York: Atheneum, 2011.

Mintslov, Sergey, *Peterburg v 1903–1910 gg.*, Riga: Izd. 'Kniga dlya vsekh', 1931.

Moe, Ronald C., *Prelude to the Russian Revolution: The Murder of Rasputin*, Chula Vista, CA: Aventine Press, 2011.

Nekliudoff, A., *Diplomatic Reminiscences*, London: John Murray, 1920.

Nelipa, Margarita, *The Murder of Grigorii Rasputin*, Bowmanville, Ont.: Gilbert's Books, 2010.

Paléologue, Maurice, *Alexandra-Féodorowna impératrice de Russie*, Paris: Librairie Plon, 1932.

Pipes, Richard, *The Russian Revolution*, London: Fontana Press, 1999.

Plotnikov, Ivan F., *Gibel Tsarskoi semi: Pravda istorii*, Ekaterinburg: Sverdlovskaya Regionalnaya Obshchestvennaya Organizatsiya 'Za dukhovnost I nravstvennost', 2003.

Radzinsky, Edvard, *The Last Tsar: The Life and Death of Nicholas II*, London: Hodder & Stoughton, 1992.

Radziwill, Catherine, *Nicholas II, the Last of the Tsars*, London: Cassell, 1931.

—— *It Really Happened: An Autobiography*, New York: Dial Press, 1932.

Rappaport, Helen, *Ekaterinburg: The Last Days of the Romanovs*, London: Hutchinson, 2008.

Rasputin, Maria, *The Real Rasputin*, London: John Long, 1929.

—— *Rasputin My Father*, London: Cassell, 1934.

—— *Rasputin: The Man Behind the Myth*, London: W. H. Allen, 1977.

Rounding, Virginia, *Alix and Nicky: The Passion of the Last Tsar and Tsarina*, New York: St Martin's Press, 2012.

Savchenko, P., *Russkaya devushka*, Moscow: Trifonov Pechensky Monastyr 'Kovcheg', 2001.

Shavelsky, Georgiy, *Vospominaniya poslednego protopresverita russkoi armii i flota*, 2 vols, New York: Izd. Im. Chekhova, 1954.

Shelley, Gerard, *The Blue Steppes: Adventures Among the Russians*, London: J. Hamilton, 1925.

—— *The Speckled Domes: Episodes in an Englishman's Life in Russia*, London: Duckworth, 1925.

Shemansky, A. and O. Geichenko, *Poslednye Romanovy v Petergofe: Putevoditel po Nizhnei Dache*, 2nd edn, Leningrad: Gosudarstvennyi Petergofskii Muzei, 1930.

Shoumatoff, Alex, *Russian Blood: A Family Chronicle*, New York: Vintage Books, 1990.

Slater, Wendy, *The Many Deaths of Tsar Nicholas II: Relics, Remains and the Romanovs*, London: Routledge, 2007.

Souny-Sedlitz, Baroness, *Russia of Yesterday and Today*, privately printed, 1917.

Spiridovich, A., *Raspoutine, d'apres les documents russes et les archives privés de l'auteur*, Paris: Payot, 1935.

—— *Velikaya voina i fevralsakya revolyutsiya 1914–1917 godov*, 3 vols, New York: Vseslavyanskoe Izdatelstvo, 1960–2.

Swezey, Marilyn Pfeifer (ed.), *Nicholas and Alexandra: At Home with the Last Tsar and His Family*, Washington, DC: American–Russian Cultural Cooperation Foundation, 2004.

Sydacoff, Bresnitz von, *Nicholas II: Behind the Scenes in the Country of the Tsar*, London: A. Siegle, 1905.

Tillander-Godenhielm, Ulla, 'The Russian Imperial Award System during the Reign of Nicholas II 1894–1917', *Journal of the Finnish Antiquarian Society (Helsinki)* 113, 2005, pp. 357–9.

Tuomi-Nikula, Jormaand Paivi, *Imperatory na otdykhe v Finlyandii*, St Petersburg: Izdatelstvo Dom "Kolo", 2003.

Ular, Alexander, *Russia from Within*, London: Heinemann, 1905.

Vacaresco, Hélène, *Kings and Queens I Have Known*, London: Harper & Brothers, 1904.

Vasyutinskaya, E. F., *et al.*, *Na detskoi polovine: Detstvo v tsarskom dome OTMA i Alekseya*, Moscow: Pinakoteka, 2000.

Vay de Vaya and Luskod, Count Peter, *Empires and Emperors of Russia, China, Korea and Japan*, London: John Murray, 1906.

Vecchi, Joseph, *The Tavern in My Drum: My Autobiography*, London: Odhams Press, 1948.

Warwick, Christopher, *Ella, Princess, Saint and Martyr*, Hoboken, NJ: John Wiley, 2006.

Welch, Frances, *The Romanovs and Mr Gibbes*, London: Short Books, 2002.

—— *The Russian Court at Sea*, London: Short Books, 2011.

Wilton, Robert and George Gustav Telberg, *The Last Days of the Romanovs*, London: Thornton Butterworth, 1920.

Wortman, Richard, *Scenarios of Power: Myth and Ceremony in Russian Monarchy*, abridged edn, Princeton, NJ: Princeton University Press, 2006.

Wyrubowa, Anna, *Muistelmia Wenäjän howista ja wallankumouksesta*, Pori, Finland: Satakunnan Kirjateollisuus Oy, 1923.

Yakovlev, V. I., *Alekandrovsky Dvorets-muzei v Detskom Sele*, Leningrad: Izd. Upravlenie Destskoselskimi I Pavlovskimi Dvortsami-Muzeyami, 1927.

Zeepvat, Charlotte, *Romanov Autumn: Stories from the Last Century of Imperial Russia*, Stroud, Glos: Sutton, 2000.

—— *From Cradle to Crown: British Nannies and Governesses at the World's Royal Courts*, Stroud, Glos: Sutton, 2006.

Zimin, Igor, *Vzroslyi mir: Povsednevnaya zhizn rossiiskogo imperatorskogo dvora*, St Petersburg: Tsentrpoligraf, 2010.

—— *Tsarskie dengi: Dokhody i raskhody doma Romanovykh*, St Petersburg: Tsentropoligraf, 2011.

—— *Tsarskaya rabota, XIX – nachalo XX v. Povsednevnaya zhizn rossiiskogo imperatorskogo dvora*, Moscow: Tsentropoligraf, 2011.

索　引

索引中的页码为原英文书页码，即本书页边码。

图书在版编目（CIP）数据

　　罗曼诺夫四姐妹：末代沙皇的女儿们／（英）海伦
·拉帕波特（Helen Rappaport）著；杨慧译. －－北京：
社会科学文献出版社，2021. 6
　　书名原文：Four Sisters：The Lost Lives of the
Romanov Grand Duchesses
　　ISBN 978 － 7 － 5201 － 7242 － 4

　　Ⅰ. ①罗…　Ⅱ. ①海…　②杨…　Ⅲ. ①罗曼诺夫王朝
（1613 － 1917）－ 历史 － 通俗读物　Ⅳ. ①K512. 09

　　中国版本图书馆 CIP 数据核字（2020）第 170434 号

罗曼诺夫四姐妹：末代沙皇的女儿们

著　　　者／［英］海伦·拉帕波特（Helen Rappaport）
译　　　者／杨　慧

出 版 人／王利民
组稿编辑／董风云
责任编辑／张　骋

出　　　版／社会科学文献出版社·甲骨文工作室（分社）（010）59366527
　　　　　　地址：北京市北三环中路甲 29 号院华龙大厦　邮编：100029
　　　　　　网址：www. ssap. com. cn
发　　　行／市场营销中心（010）59367081　59367083
印　　　装／南京爱德印刷有限公司

规　　　格／开 本：889mm × 1194mm　1/32
　　　　　　印 张：18. 5　插 页：0. 75　字 数：420 千字
版　　　次／2021 年 6 月第 1 版　2021 年 6 月第 1 次印刷
书　　　号／ISBN 978 － 7 － 5201 － 7242 － 4
著作权合同
登 记 号　／图字 01 － 2016 － 0059 号
定　　　价／102. 00 元

本书如有印装质量问题，请与读者服务中心（010 － 59367028）联系